KB263673

광야의 순례자

광야의 순례자

광야의 순례자

지은이 · 정도열
초판 1쇄 찍은날 · 2000년 5월 6일
초판 1쇄 펴낸날 · 2000년 5월 17일
펴낸이 · 김승태
편집장 · 하미경
편집 · 대구UBF
표지디자인 · 한영애
영업 · 김석주
등록번호 · 제2-1349호(1992. 3. 31.)
펴낸곳 · 예영커뮤니케이션
110-616 서울 광화문우체국 사서함 1661
　　　　(편집부) T.(02)2264-7211　F.(02)2264-7214
　　　　(출판유통사업부) T.(02)830-8566　F.(02)830-8567
　　　　E-mail: jeyoung@chollian.net

ISBN 89-8350-185-5　03230

값 8,000원

▪ 잘못 만들어진 책은 언제든지 교환해 드립니다.

민수기 강해
광야의 순례자

정도열 지음

예영커뮤니케이션

머리말

　출애굽기가 애굽에서 탈출하여 시내산에 도착하기까지의 기록이라면 민수기는 이스라엘 백성들이 38년 동안 광야에서 유랑하던 생활을 기록한 책입니다. 이스라엘의 광야 생활은 향방 없이 방황하는 것처럼 보였지만 사실은 그렇지 않았습니다. 그들에게는 분명한 목적지가 있었습니다. 하나님께서 그들과 함께 하셨으며 불기둥과 구름기둥으로 그들의 광야 생활을 인도하셨습니다. 그래서 그들의 삶은 약속의 땅으로 나아가는 거룩한 순례의 삶이었습니다. 본서의 제목을 『광야의 순례자』라고 정한 이유도 여기에 있습니다. 민수기의 히브리어 책제목도 "광야에서(בְּמִדְבַּר)"입니다. 광야는 거칠고 황량한 곳, 사람이 살기에 적합하지 않은 곳입니다. 그렇지만 살아 계신 하나님을 체험하고, 영원한 하나님 나라를 소망하게 되는 가장 좋은 훈련의 장소입니다.

　이스라엘의 광야 생활은 천국을 향해 가는 우리 신자들의 나그네 인생길을 보여 줍니다. 이스라엘이 38년 간 광야에서 유리 방황하게 된 원인은 그들의 죄악 때문이었습니다. 민수기에 기록된 여러 가지 사건들을 통해 인간이 근본적으로 얼마나 연약하고 완악하며, 본질상 하나님의 진노를 받아 마땅한 죄인인가를 깨닫게 됩니다. 우리 신자들도 광야와 같은 세상에서 크고 작은 어려움에 부딪힐 때마다 슬퍼하고 절망하고, 하나님을 원망할 때가 많습니다. 민수기 말씀을 통해서 영원한 하나님 나라를 사모하는 우리 성도들이 광야와 같은 이 세상에서 어떤 자세로 하나님을 섬겨야 하는지를 배울 수 있습니다.

민수기는 이스라엘의 광야 생활 38년 간 역사를 기록한 책이면서, 동시에 율법을 기록한 책입니다. 출애굽기에는 율법의 기초가 되는 십계명이 기록되었으며, 레위기에는 시내산에서 받은 율법이 모아져 있습니다. 민수기에는 이미 받은 율법을 보충하는 규례들이 기록되어 있습니다. 출애굽기가 "구속의 책"이고 레위기가 "예배의 책"이라면 민수기는 "봉사의 책"이라 할 수 있습니다.

또한 민수기에는 오실 그리스도의 모형이 되는 사건들이 많습니다. 놋뱀을 든 사건, 반석에서 샘물이 나게 한 사건, 40년 간 만나로 그 백성을 먹이신 사건, 불기둥과 구름기둥으로 인도하신 사건 등이 그러합니다. 따라서 우리는 민수기를 통해서 죄인을 구원하러 오신 예수 그리스도를 인격적으로 만날 수 있습니다. 뿐만 아니라 택하신 자들을 크신 사랑으로 품어 주시고 훈련하시는 하나님을 만날 수 있습니다.

민수기 공부를 통해서 광야와 같은 세상에서 우리를 훈련하시는 하나님의 크신 사랑을 영접하고, 전폭적으로 순종하며 헌신하는 성도들이 될 수 있기를 기도합니다. 이 강해서가 민수기를 읽는 모든 분들에게 자상한 안내서가 되고, 민수기를 가르치는 목회자들과 성경 교사들에게 작은 길잡이가 될 수 있기를 기도합니다.

2000년 2월 1일
대현동에서
정도열

차 례

민수기 소개

민수기 소개

1. 책의 이름

민수기는 영어 성경에 "Numbers"로 기록되어 있습니다. 이는 칠십인 역 성경의 헬라어 명칭(ἀριθμοί)을 따른 것입니다. 책이름을 『민수기』라고 한 것은 성전(聖戰)을 대비한 군대를 소집하기 위해서 인구 조사를 한 데서 유래되었습니다. 민수기에는 두 번의 인구 조사가 기록되어 있습니다. 그 외에도 지파별 인구, 제사장 및 레위 지파의 총인원, 기타 숫자 등과 같은 통계들이 포함되어 있습니다. 저자는 인구 조사를 통해서 아브라함의 씨가 하늘의 별같이 많아지리라고 한 하나님의 언약이 성취된 것을 보여 주고 있습니다. 반면에 현대 히브리 성경의 명칭은 "광야에서(בְּמִדְבַּר)"인데 이는 첫 문장의 다섯번째 글자입니다. 이 제목이 영어 제목보다 내용적으로 더 정확한 명칭입니다. 민수기에는 출애굽 제 2년 2월부터 40년 10월에 이르는 약 38년 동안의 광야 생활이 기록되어 있기 때문입니다. 이스라엘은 이 기간 동안은 주로 시내 광야와 바란 광야에서 보냈습니다. 그래서 '광야에서'라는 제목이 민수기의 내용을 가장 잘 나타내 줍니다.

2. 민수기의 저자

민수기의 저자는 '모세 오경'의 다른 책과 마찬가지로 모세입니다. 민수기에는 모세가 기록했다는 말은 없지만 내용적으로 모세 오경에서 분리할 수 없습니다. 왜냐하면 민수기에서 가장 중요한 인물은 모세이기 때문입니다. 모세는 민수기의 대부분의 사건에 직접 참여하였거나 직접 목격한 인물입니다. 민수기에는 **"여호와가 모세에게 이르시기를"**, **"모세가 그들이 진행한 것을 기록하였으니"**라는 말이 80회 이상 언급되어 있습니다. 이러한 사실은 모세의 저작설을 뒷받침해 줍니다. 물론 모세의 저작설을 의심할 수 있는 요소들이 전혀 없는 것은 아니지만[1], 모세에 의해 기록되었다는 사실을 확증해 주는 증거들을 제시해 보면 다음과 같습니다.

⑴ 민수기에는 모세가 직접 썼거나 모세 시대에 쓰여진 여러 구절들이 내포되어 있습니다. 민수기 33장 2절에 보면 모세가 하나님의 명령에 따라서 이스라엘의 광야 여정을 기록했습니다. 이 기록은 후대 사람들에게는 별 의미가 없는 여러 산들의 지형 묘사로 가득 차 있습니다. 또 21장에 담겨 있는 노래들(21:17,18; 27-30)은 모세 시대의 환경과 연관시키지 않으면 전혀 이해되지 않습니다. 이는 이러한 기사들이 그 시대에 기록되었을 뿐 아니라 기록된 대로 후대에 전수되었음을 보여 줍니다. 또 19장에 기록된 붉은 암송아지의 재를 만들어 주검에 닿

---

1) 모세 한 사람이 기록했다는 사실에는 여러 가지 의문점들이 있다. 왜냐하면 민수기에 모세를 3인칭으로 기록하고 있는 부분들이 있기 때문이다. 예를 들면 "이 사람 모세는 온유함이 지면의 모든 사람보다 승하더라(12:3)."와 같은 문장은 모세가 기록했다고 하기에는 약간 어색한 것이 사실이다. 그래서 모세와 함께 민수기를 기록하던 어떤 서기관에 의해서 기록되었다고도 볼 수 있다. 또한 모세가 죽은 후에라야 기록할 수 있는 내용, 즉 갓, 르우벤, 므낫세 자손이 건축한 성읍들에 관한 기록(민 32:34-42)은 여호수아나 어떤 서기관에 의해서 보충되었다고 보는 것이 자연스럽다.

은 사람들을 정결케 하는 의식은 광야에서 백성들이 진과 장막에 거할 때에만 필요한 의식이었습니다. 백성들의 환경이 크게 바뀌어 진과 장막에 관한 지시 사항을 실행할 수 없을 때에 제정되었을 가능성은 희박합니다. 은나팔에 관한 율례(10:1-10)나 인구 조사와 진의 진행에 관한 규례(1-4장)는 광야 행진에 필요한 규례들로서 그 당시에 기록된 것으로 볼 수밖에 없습니다. 제사장의 축복(6:24-26)과 진이 행진할 때와 정지할 때 내려진 군사 명령(10:35,36)도 그 때에 기록된 것임을 부인하기 어렵습니다.

(2) 민수기에는 사건에 직접 참여한 자나 목격한 자에 의하지 않고는 기록될 수 없는 기록들이 많습니다. 민수기에 기록된 율례들은 아직 약속의 땅에 들어가지 못하고, 진과 장막에 거하고 있었던 상황을 항상 전제로 하고 있습니다(5:3,4; 6:10,13; 8:1; 15:2; 18:2,6,21). 민수기에 기록된 여러 지역들이 지리학적으로 정확한 것을 보면 저자가 사막을 잘 알고 있는 사람임에 틀림없습니다. 이 지리학적 지식의 정확성은 고고학자들에 의해서 많은 부분에서 증명되었습니다. 민수기에는 역사에 대한 기록과 그 상황에서 주어질 수밖에 없는 율례가 번갈아 가며 나옵니다. 이는 사건이나 일 자체에 직접 참여한 자가 아니면 기록할 수 없는 전개입니다.

(3) 민수기의 저자는 애굽의 풍습과 관습을 잘 알고 있는 사람이었습니다. 11장 5절에 언급된 맛있는 음식들, 생선과 외와 수박과 부추와 파와 마늘들은 고대 애굽 지방에서 풍부한 것들이었습니다. 13장 22절에서 헤브론을 세운 것과 관련하여 언급한 말은 애굽에서 태어난 사람으로 애굽의 행정과 역사에 참여했던 사람의 기록이었음을 암시해 주고 있습니다.

(4) 민수기에는 모세 시대에 기록된 것을 입증하는 흔적이 있습니다. 21장 13절에는 모압과 아모리 족속 사이의 경계를 아르논이라고 언급

하고 있습니다. 이는 이스라엘 군대가 아르논 강 남쪽 연안에 있을 때 쓰여진 것임을 암시해 주고 있습니다. 또 이스라엘이 역사적으로 소유했던 것보다 훨씬 큰 범위의 영토를 이스라엘의 땅으로 기록한 34장은 저자가 모세임을 간접적으로 확인해 주고 있습니다. 32장 34-42절에 기록된 두 지파 반의 거주지와 나중에 실제로 그들이 소유한 거주지(수 13:15-33)가 서로 일치하지 않습니다. 이는 그 당시의 사람이 이 책의 저자임을 말해 줍니다. 모세 시대 이후의 저자가 썼다면 민수기와 여호수아의 두 기록을 실제 사실과 일치하게 재구성하여 기록했을 것이기 때문입니다.

이상에서 볼 때 민수기는 모세 오경의 다른 책들처럼 모세의 손에 의해 편집되어 전래되었다는 믿음을 가질 수 있습니다. 무엇보다 예수님께서 율법은 모세가 쓴 것임을 분명하게 밝히셨습니다(눅 24:44). 그러므로 민수기에 기록된 모든 중요한 자료들은 모세에게서 나왔다는 사실을 믿을 수 있습니다.

3. 오경에서의 민수기의 위치

모세 오경의 기록 목적은 하나님께서 이스라엘 민족을 인류 구속을 위한 제사장 나라로 삼으신 사실을 알리려는 것이었습니다. 민수기는 오경의 네번째 책으로서 앞 뒤 책들을 살펴보면 그 위치를 짐작할 수 있습니다.

첫번째 책인 『창세기』 에는 하나님께서 이스라엘의 조상 아브라함을 택하신 사건과 그 후손들이 애굽에 내려가게 된 유래가 기록되어 있습니다.

두번째 책인 『출애굽기』 에는 하나님께서 고역으로 부르짖는 이스라엘 백성을 출애굽시키시고 그들을 제사장 나라로 삼으시고, 율법을 주시고 언약을 맺으신 사건들이 기록되어 있습니다. 그 언약의 관계를 유지하기 위해서 성막을 세우게 하셨습니다.

세번째 책인 『레위기』에는 하나님께서 제사 제도와 각종 규례를 통해서 이방 문화와 애굽의 죄악에 물든 이스라엘을 구별하시고 거룩한 백성이 되도록 주신 율법이 기록되어 있습니다.

네번째 책인 『민수기』에는 시내산에서 가나안 땅 맞은 편 모압 광야에 이르는 여정이 기록되어 있습니다. 이 여정에서 가장 중요한 것은 거룩하신 하나님께서 그 백성의 진 가운데 살아 계시며 동행하신다는 사실이었습니다. 이를 위해서 민수기 전반부에서는 레위 지파의 역할이 강조되었으며, 백성이 거룩하신 하나님을 어떤 자세로 모시고 살아야 하는지를 가르쳐 주고 있습니다(1:1-10:10). 민수기 후반부에는 택한 백성을 약속하신 땅으로 인도하시는 하나님의 손길과 가나안 정복과 정착에 필요한 율법이 기록되어 있습니다(10:11-36:13).

다섯번째 책인 『신명기』에는 이스라엘이 가나안 땅에 들어갈 준비를 하고, 하나님께 충성을 다하도록 명하신 율례들이 기록되어 있습니다.

이상에서 볼 때 창세기는 택한 백성의 성립에 관한 기록이고, 출애굽기는 택한 백성의 구속(救贖)에 관한 기톤입니다. 레위기는 그들이 거룩한 백성이 되는 방법에 관한 율법입니다. 민수기는 하나님의 택하심을 입고 구속받고 거룩하게 된 백성들이 하나님께 봉사하는 모습을 기록한 책입니다. 다시 말하면 거룩한 백성들이 하나님을 섬기는 일을 주로 기록하고 있습니다.

4. 민수기의 집필 목적

(1) 시내산에서 모압 평지에 이르는 여정을 전해 주기 위함이었습니

다. 출애굽기는 출애굽에서 시내산까지의 여정을 알려 주고 있지만 민수기는 시내산에서 약속의 땅 가나안까지의 여정을 기록하고 있습니다. 민수기가 없다면 이스라엘 백성이 어떤 여정을 거쳐서 어느 방향으로 가나안 땅에 이르게 되었는지 알 수 없을 것입니다.

(2) 광야에서 겪은 이스라엘의 고난을 후손들에게 전해 주기 위함이었습니다. 이스라엘은 노예 근성이 몸에 배여 하나님을 원망하고 불신에 시달렸습니다. 이로 인해 하나님의 징계가 끊이지 않았으며, 38년 동안 광야 훈련을 받게 되었습니다. 따라서 민수기는 이스라엘 백성들이 받은 징계와 훈련을 통해서 후손들이 올바른 삶을 살도록 하기 위해 기록되었음을 알 수 있습니다.

(3) 언약을 신실하게 지키시는 하나님에 대한 신앙을 불러일으키기 위함이었습니다. 이스라엘은 여러 가지 곤경과 위험에 부딪힐 때마다 하나님을 원망하고, 모세를 대적했습니다. 하나님께서는 그들을 다 멸하시고 신세대들로 구성된 새 이스라엘이 약속의 땅을 차지하도록 하셨습니다. 하나님께서는 이스라엘의 불신앙에도 불구하고 그 백성과 맺으신 언약을 신실하게 지키셨습니다. 이스라엘은 연약하여 실패할 수밖에 없었지만 하나님은 신실하셔서 약속을 성취하셨습니다. 이것이 언약의 백성으로서의 정체성을 형성하는 중대한 전환점이 되었습니다.

(4) 두 번의 인구 조사에 관한 기록을 남기기 위함이었습니다. 첫번째 계수된 장정들은 여호수아와 갈렙을 제외하고 모두 광야에서 죽었습니다. 두번째 계수된 장정들은 모두 광야에서 태어났거나 출애굽할 때 20세 미만의 어린 사람들로 구성되었습니다. 광야 생활은 교회 생활의 그림자이고, 가나안에 들어간 신세대는 거듭난 신자들에 대한 모형입니다. 가나안에 들어가는 것은 영원한 하나님 나라에 들어가는 것의 그림자였습니다.

이상을 볼 때 민수기는 하나님의 택함 받은 백성이 광야와 같은 세

상에서 어떤 자세로 하나님을 섬기며 살아야 목적지인 천국에 들어갈
수 있는가를 가르쳐 주기 위해 기록되었습니다. 또한 그 백성들에게
하나님은 택한 백성을 광야에서도 친히 먹이시고 입히시며 훈련하셔서
축복의 땅으로 인도하신다는 믿음을 심어 주기 위해 기록되었습니다.
따라서 민수기는 이스라엘 백성이 광야훈련을 통해서 언약의 백성으로
서의 정체성을 확립하고, 인류 구속 역사에 귀히 쓰임 받도록 하기 위
해 기록된 책임을 알 수 있습니다.

5. 민수기의 주제

이스라엘은 가나안 정탐 후 불신에 빠져 하나님을 반역함으로 약속
의 땅에 들어가지 못하게 되었습니다. 그렇지만 하나님께서는 이스라
엘 백성에게 소망을 두시고 광야에서 훈련하셨습니다. 출애굽 제 2세
대가 그 수를 다 채울 때까지 38년 동안 그들을 훈련하시고, 마침내
약속의 땅에 들어가게 하셨습니다. 이런 내용 속에 담긴 주제는 다음
과 같습니다.

(1) 하나님께서는 택한 백성이 성막을 중심으로 철저한 신앙 공동체
를 이루어 약속의 땅에 들어가도록 훈련하신 것입니다. 하나님께서는
성막에 임재하시고, 성막을 중심으로 동서남북으로 이스라엘의 진을
배치하시고, 성막 주위에 레위인들이 거하도록 하셨습니다. 성막을 향
해 이스라엘의 모든 장막을 치도록 하셨습니다. 그래서 성막을 중심으
로 거하고, 성막을 중심으로 광야 행진을 하도록 하셨습니다. 이스라
엘 백성이 하나님의 율법과 말씀에 의하여 움직여지고, 하나님의 뜻에
절대 복종하는 신앙 공동체가 되도록 훈련하셨습니다. 이스라엘이 하
나님의 말씀을 듣고, 하나님 자신에게 목적을 두고 사는 생활 방식을
가지도록 가르치셨습니다. 이처럼 하나님께 전폭적으로 헌신할 때 약

속의 땅을 기업으로 받을 수 있고, 안전하게 그 땅에 거할 수 있다는 사실을 가르쳐 주고 있습니다.

(2) 하나님께서 공동체 안에 있는 권위에 도전하려는 인간의 본성과 그 결과가 어떠한가를 보여 주신 것입니다. 이스라엘은 여행이 힘들다고 불평하고, 모세의 리더십에 도전하고 대적하였습니다(민 11:1-12:16; 16:12-15; 21:4-9). 전 국민적으로 하나님의 뜻을 거역하고 반역했습니다(민 14:1-38). 아론과 미리암이 모세의 리더십에 반역했습니다(12:1-16). 이러한 이스라엘의 불신과 반역은 광야 생활에서 자주 반복되었으며 그들은 결국 약속의 땅에 들어갈 수 없었습니다. 이를 통해서 불평과 불신으로 하나님을 대적하는 자는 반드시 하나님의 징벌을 받는다는 진리를 선포하고 있습니다(민 11:1-3; 21:6; 25:1-13). 동시에 인간은 근본적으로 타락하여 반복하여 범죄할 수밖에 없는 연약한 존재요, 하나님의 준엄한 심판을 피할 수 없는 존재임을 말해 주고 있습니다.

(3) 이스라엘의 광야 생활이 목적지가 없는 유랑이 아니라 목적지가 분명한 행진이요, 순례의 길이었음을 말해 줍니다. 이스라엘의 여행 행로를 보면 종잡을 수 없을 만큼 구불구불하고 이리저리 방황하는 것처럼 보입니다. 실제로 광야 생활 기간 동안에 택한 백성들은 암담한 상황에 놓일 때가 많았습니다. 그러나 신실하신 하나님께서 백성들의 필요를 채워 주셨고 외적의 침략을 막으시고 마침내 약속의 땅으로 인도셨습니다. 하나님께서는 크신 뜻과 섭리 가운데 택한 백성을 가장 안전한 곳으로 인도하시고, 가장 합당한 때에 약속의 땅으로 인도하여 들이셨습니다. 이는 하나님께서 택한 자녀들을 광야와 같은 세상에서 가장 안전한 곳으로 인도하시며 마침내 영원한 하나님 나라로 인도하실 것을 말해 줍니다.

(4) 중보자 모세의 역할의 중요성과 그의 위대한 지도력을 강조하고 있습니다. 하나님께서는 백성들의 허물과 약점은 끝까지 감당해 주시

면서도 모세의 단 한 번의 실수를 용납치 아니하시고 약속의 땅에 들어가지 못하게 하셨습니다. 이는 중보자는 하나님에 대한 절대적인 충성심이 있어야 함을 말해 줍니다. 하나님께서는 모세뿐만 아니라 지도자들에게(14:36,37), 레위인들에게(16장), 미리암에게(12:10), 아론에게도(20:12) 더 엄격한 순종과 철저한 헌신을 요구하셨습니다.

그 외에도 민수기에는 여러 가지 주제들이 있습니다. 사명을 완수하기 위해서는 거기에 합당한 조직이 필요함을 말해 줍니다. 또 하나님의 택한 백성은 매사에 하나님의 인도하심에 감사드리며 규칙적으로 예배를 드려야 함을 말해 줍니다. 이상에서 가장 뚜렷한 주제는 지도자와 백성들의 끊임없는 반역에도 불구하고 크신 뜻과 섭리 가운데 그들의 모든 필요들을 채워 주시며 훈련하여 약속의 땅으로 인도하신다는 것입니다.

6. 민수기의 특징

(1) 민수기에는 역사와 율법이 번갈아 가며 기록되어 있습니다. 모세오경에서 창세기는 순수한 역사의 책이고, 출애굽기는 역사와 율법이 구분된 책입니다. 레위기는 순수한 율법의 책이라 할 수 있습니다. 그러나 민수기에는 역사와 율법에 대한 기록이 서로 엮어져 있습니다. 하나님께서는 광야 기간 동안 이스라엘 백성에게 사회 생활과 국민 생활에 필요한 율법과 규례들을 주셨습니다. 그래서 민수기에 나오는 율법들은 크게 세 부류로 나눌 수 있습니다. 첫째는 시내산에서 군대의 조직과 관련하여 주신 것이었습니다(5,6장; 8:1-10:10). 둘째는 광야로 진군해 나가는 동안 일어나는 여러 가지 상황에 필요한 율법과 규례였습니다(15장; 18,19장). 셋째는 요단강 건너편 모압 평지에서 가나안 땅 정복과 정착에 관련하여 주신 것들이었습니다(27-30장). 율법에 관

한 내용이 12장에 걸쳐서 기록되어 있습니다. 그런데 율법이 주어진 순서가 자연스럽고 율법의 독특한 성격과 내용이 역사적인 상황에 잘 어울립니다. 그래서 민수기의 율법은 독립적인 것이나 체계적인 것이 아니라 출애굽기와 레위기의 율법을 보충하고, 새로운 환경에서 새롭게 적용시키는 법이라고 할 수 있습니다.

(2) 민수기에는 다양한 문학 형태와 주제가 담겨져 있습니다. 이야기와 율법, 여행 여정, 인구 목록, 개인 명단, 예배에 관한 교훈, 정탐 보고, 명예 훼손 등 다양한 자료들이 모여 있습니다. 그래서 전통의 잡다한 잡동사니가 무질서하게 어질러진 골방과 같다고 합니다. 그렇지만 민수기에는 그 나름대로 질서가 있습니다. 특히 상반된 대립 개념들이 쌍을 이루고 있습니다. 생명과 죽음, 이야기와 율법, 옛 것과 새 것, 거룩하신 하나님과 죄악된 인간, 지도자와 백성, 광야와 약속의 땅, 축제의 시간과 장소, 속됨과 거룩함, 축복과 저주, 심판과 용서, 절망과 희망, 약속과 경고, 과거의 경고와 미래의 희망 등이 대조되어 나옵니다.

(3) 민수기에는 인구 조사에 관한 기록이 담겨 있습니다. 인구 조사의 의미는 하나님께서 자기의 택한 백성, 한 사람 한 사람을 소중히 여기시고, 일일이 그 수를 헤아리고 계심을 보여 줍니다. 민수기에는 두 번의 인구 조사가 기록되어 있습니다. 첫번째 인구 조사는 이스라엘이 시내산을 떠날 때 여호와의 군대를 조직하기 위해서 실시한 것이었습니다. 두번째 인구 조사는 40년 광야 생활을 마친 후 가나안에 들어가기 직전에 실시한 것이었습니다. 그런데 첫번째 인구 조사에 있었던 사람들 중에 여호수아와 갈렙을 제외하고는 아무도 두번째 인구 조사 때까지 살아남지 못했습니다. 그들의 불신앙 때문에 모두 광야에서 엎드러져 죽었습니다. 심지어 모세와 아론과 미리암까지도 가나안 땅에 들어갈 수 없었습니다. 오직 믿음 있는 사람만이 약속의 땅에 들어갈 수 있음을 말해 줍니다.

⑷ 민수기는 이스라엘이 국가 형태를 갖추어 가는 과정을 기록한 책입니다. 민수기에는 시내산을 출발하여 가데스 바네아까지, 그리고 광야의 여러 곳을 통과해 마침내 요단 강 동편 모압 평지에 이르기까지의 여정이 기록되어 있습니다. 이 기간 동안은 이스라엘이 국가 형태를 갖추기 위한 준비 기간으로 볼 수 있습니다. 모세가 진두 지휘하던 출애굽 시대는 하나님을 왕으로 모시고 사는 신정 시대였습니다. 그런데 장기적인 안목에서 국가의 형태를 갖추기 위해서는 새로운 질서 체계가 필요했습니다. 그래서 하나님께서는 광야 여행 중 민사법과 종교법을 제정하셨습니다. 새로운 지도자로 여호수아를 세우셨습니다. 또한 지파의 영토 분할을 통하여 행정 구역을 분명히 정하셨습니다.

7. 민수기에 나타난 하나님의 성품

민수기에 나타난 하나님의 성품은 다음과 같습니다.

⑴ 백성 중에 임재하시는 하나님

하나님께서는 택한 백성 중에 계시며 광야에서 유리하는 백성들과 늘 함께 거하셨습니다(14:14). 구름기둥과 불기둥으로 그 백성에게 보이시며 인도하셨습니다(9:15-23). 이스라엘 백성은 구름이 가는 곳에 따라갔고, 구름이 멈추어 서면 섰습니다. 구름기둥과 불기둥은 그 백성들을 약속의 땅으로 인도하였습니다. 그 땅은 하나님께서 거하심으로 거룩하게 된 땅이었습니다(35:34). 또 자기 백성을 원수들로부터 보호하셨습니다(10:33-36). 위기의 순간에 나타나서 사악한 자들을 심판하였습니다(12:5,10; 14:10,36,37; 16:19,42; 20:6). 이처럼 하나님은 눈에 보이는 형태로 자기 백성들과 함께 거하시며, 그 백성들을 보호하시고, 광야 길을 인도하셨습니다. 이는 그리스도께서 육신의 장막을 입고 이 땅에 오셔서 우리 가운데 거하실 것을 계시해 줍니다(요 1:14). 지금도 하나님께서는 성령으로 우리 안에 거하십니다(고전 3:16,17; 6:19). 영원한 하나님 나라에도 하나님의 장막이 사람들과 함께 있으며, 하나님께서 우리와 함께 거하십니다(계 21:3). 민수기의 하나님은 자기 백성과 함께 하시는 임마누엘의 하나님이십니다.

(2) 거룩하신 하나님

하나님은 백성 중에 임재하시지만 거룩하신 분이시기 때문에 부정한 백성들이 가까이 할 수 없었습니다. 하나님의 얼굴을 보고도 살 수 있는 사람은 아무도 없었습니다(출 33:20). 그래서 하나님이 임재하시는 성막 주위에 레위인들만이 거할 수 있게 했습니다. 이는 일반 백성들이 성막에 가까이 접근하여 죽임을 당하지 않도록 하기 위함이었습니다. 또 레위인들 위에 거룩한 제사장들을 세워 성막에서 드리는 제사를 관할하도록 하셨습니다. 그리고 제사장이라도 하나님의 거룩하심을 범하였을 때는 가차없이 심판을 내리셨습니다(레 10:1,2). 나아가 중보자 모세라 할지라도 하나님의 거룩하심을 드러내지 않았을 때는 준엄한 심판을 피할 수 없었습니다(20:12). 민수기의 하나님은 거룩하신 하나님이십니다.

(3) 긍휼의 하나님

하나님께서 레위인들과 제사장들에게 거룩한 직분을 위임하신 것은 그 백성들을 하나님의 진노에서 구원하시기 위함이었습니다(3,4장; 16-18장). 이스라엘은 범죄하여 수시로 진멸당할 위기에 처하게 되었지만 하나님께서 모세의 중보 기도를 들어주시고 이스라엘을 진노에서 구원해 주셨습니다(11:2; 12:13; 14:13-20; 21:7). 또 고라와 그 일당을 멸하신 후 백성들이 모세를 대적하였을 때 하나님께서 염병으로 이스라엘을 치셨습니다. 이 때 아론이 모세의 명을 따라 향로를 취하여 백성 중에 들어갔을 때 염병이 그쳤습니다(16:47,48). 또 이스라엘이 모압 여인들과 행음하여 하나님의 진노를 받았을 때도 염병으로 수많은 사람이 죽었습니다. 이 때 비느하스가 손에 창을 들고 들어가 음행하는 자들을 찔러 죽였을 때 염병이 그쳤습니다(25:7,8). 발람의 저주를 축복으로 바꾸어 주셨습니다(22-24장). 민수기의 하나님은 거룩하시지만 회개하고 긍휼을 구하는 자에게는 언제나 자비를 베풀어주시는 긍휼의 하나님이십니다.

8. 민수기와 신약과의 관계

신약 성경에서는 민수기에 관한 기록이 많이 나옵니다. 무엇보다 예수님께서 민수기에 나오는 모세가 뱀을 든 사건(민 21:9)을 통해서 니고데모에게 구원의 도리를 설명해 주셨습니다. **"모세가 광야에서 뱀을 든 것같이 인자도 들려야 하리니 이는 저를 믿는 자마다 영생을 얻게 하려 하심이니라."(요 3:14,15)** 예수님께서는 구원의 도리를 이해하지 못하는 니고데모에게 구원의 방법은 오직 하나님께 달려 있는 것이며, 하나님의 약속을 믿고 순종하는 자만이 구원의 능력을 덧입을 수 있음을 깨우쳐 주셨습니다.

사도 바울은 고린도전서에서 민수기를 인용했습니다(고전 10:5- 11). 바울은 이스라엘 백성이 광야에서 멸망 받은 사건(민 14:29-35)이 우리 신자들의 삶의 거울이 된다고 했습니다(고전 10:6,11). 모압 여인과 행음하다가 24,000명이 죽임을 당한 사건(민 25:1-9)을 근거로 우상 숭배와 음란한 죄가 얼마나 심각한 죄인가를 깨우쳐 주었습니다(고전 10:7,8). 또한 하나님을 시험하다가 불뱀에게 물려 죽게 된 사건(민 21:4-6)을 통해서 불신의 죄, 하나님을 시험하는 죄에 대해서 경고했습니다(고전 10:9). 하나님과 영적인 지도자를 원망하다가 하나님의 징계를 받은 사건들(민 16:41-50)을 통해서 원망하는 죄에 대해서 경고했습니다(고전 10:9,10). 사도 베드로는 발람 선지자의 망령된 행위(민 22-24장)를 근거로 불의의 삯을 좋아가는 거짓 교사들을 경고했습니다(벧후 2:15,16). 사도 요한은 발람의 사주로 모압 여인들과 행음하다가 심판을 받은 사건(민 25:1-9)을 근거로 우상 숭배와 음행의 죄에 대해 경계했습니다(계 2:14). 예수님의 동생 유다는 불의의 삯을 좋아간 발람의 어그러진 길(민 22-24장)과 고라의 패역(민 16:1-50)을 좋아 멸망 받은 백성을 생각하며 복음 진리를 떠난 자들을 경고했습니다(유 1:11).

이상에서 볼 때 신약 성경 기자들은 이스라엘의 38년 광야 생활을 그리스도인의 교회 생활의 그림자로, 가나안에 들어간 신세대는 거듭난 신자들에 대한 모형으로 보았으며, 가나안에 들어가는 것은 영원한 하나님 나라에 들어가는 것으로 여겼음을 알 수 있습니다. 출애굽 세대가 광야에서 멸망한 원인이 그들의 죄악 때문임을 지적하고 있습니다. 그래서 신약 성경은 민수기에 기록된 이스라엘의 실패를 거울삼아 신자들의 경건치 못한 삶을 경고하고 있습니다. 이를 통해서 하나님 나라를 소망하는 신자들이 광야와 같은 세상에서 어떻게 하나님을 섬겨야 하는지를 말해 주고 있습니다.

9. 민수기와 그리스도와의 관계

38년 간 광야 생활 속에 일어난 여러 가지 사건들 중에는 오실 그리스도의 사역에 대한 모형이 되는 사건들이 많습니다.

(1) 모세가 놋뱀을 든 사건(21:4-9)은 예수 그리스도의 십자가 수난(요 3:14)에 대한 모형입니다.

(2) 반석에서 샘물이 나게 하여 그 백성을 마시게 한 사건은 생수의

근원이 되시는 그리스도의 모형입니다(요 4:10-15; 7:37-39; 고전 10:4).

(3) 하나님께서 40년 간 만나로 그 백성을 먹이신 사건은 생명의 떡이신 그리스도의 모형입니다(요 6:26-58).

(4) 이스라엘을 40년 동안 불기둥과 구름기둥으로 인도하신 사건(민 9:15-23)은 세상의 빛으로 오신 예수 그리스도의 모형이요(요 8:12), 성도들을 천국으로 인도해 주시는 선한 목자 예수 그리스도의 모형입니다(요 10:1-18).

(5) 살인자를 보호하기 위해서 짓도록 하신 도피성(민 35:15)은 죄인들의 피난처가 되시는 그리스도의 모형입니다.

(6) 유월절 어린 양(민 9:1-14)은 유월절 어린 양으로 죽으실 예수 그리스도의 모형입니다(고전 5:7).

(7) 하나님께서 이스라엘의 진 가운데 거하신 것은 성육신 하셔서 우리 가운데 거하신 그리스도의 모형입니다(요 1:14-18).

(8) 발람은 '야곱의 별(민 24:17)'에 관한 예언을 했습니다. 야곱의 별은 곧 그리스도를 가리킵니다(마 2:9,10).

10. 민수기 구조

민수기에는 시내산에서 율법이 주어진 후 가나안 정복 직전까지 38년 동안의 이야기가 기록되어 있습니다. 단순한 역사의 기록이 아니라 특정한 시대에 하나님께서 택한 백성에게 무엇을 기대하셨는가, 그들은 어떻게 반응했는가를 보여주는 역사의 기록입니다. 이스라엘은 하나님의 은혜로 노예 신분에서 해방되어 거룩한 하나님의 백성이 되었지만 너무나 쉽게 구속의 은혜를 망각하고, 모세와 하나님을 원망하고 대적했습니다. 결국 출애굽 제 1세대가 광야에서 전멸하는 심판을 받게 되었습니다. 그렇지만 하나님께서는 언약을 지키시기 위해서 제 2

세대를 중심으로 그 수를 채우시고 약속의 땅으로 인도하셨습니다. 그
래서 민수기의 구조를 보면 광야에서 엎드러진 반역의 옛 세대와 약속
의 땅에 들어가는 희망의 새 세대가 대조되어 있습니다.[2]

구세대 1-25장	공통적인 내용	신세대 26-36장
1:1-54	열두 지파의 인구 조사	26:1-56
3:1-51	레위인의 인구 조사	26:57-62
5:1-31	여자들을 포함한 법적 담화	27:1-11
6:1-21	서원에 관한 율법	30:1-16
7, 15장	제물의 목록과 제사	28:1-29:40
9:1-14	유월절과 무교절 축제	28:16-25
10:1-10	전쟁을 알리는 은 나팔	31:6
13:1-16	약속의 땅에 대한 정탐 및 분배를 맡은 12두령	34:16-29
13:25-14:11	가나안 정탐 보고로 인한 반역 및 회상	32:6-15
10-25장	이스라엘이 행진한 광야의 장소들	33:1-49
18:21-32	레위인들을 위한 배려	35:1-35
21:21-34	요단 동쪽 지역 정복 및 분배	32:1-42
25:1-18	범죄의 원인이 된 미디안과 그들에 대한 징벌	31:1-54

　　민수기는 하나님께서 반역하는 구세대를 멸하신 것과 그들을 대신
하여 광야에서 훈련하신 신세대를 중심으로 약속의 땅에 들어가게 하
신 내용으로 구성되어 있습니다. 이러한 구성에 입각하여 민수기의 내
용을 소개하면 다음과 같습니다.

　(1) 반역자들을 광야에서 멸하신 하나님(1:1-25:18)
　　① 인구 조사를 명령하신 하나님(1:1-2:34)
　　② 레위인을 택하신 하나님(3:1-4:49)
　　③ 진 가운데 거하시는 하나님(5:1-7:89)

---

2) 이 도표는 Dennis T. Olson, *Numbers, Interpretation A Bible Commentary for Teaching and Preaching*(John Knox Press, 1996), pp.5-6.을 참조하여 재작성한 것이다.

④ 레위인을 정결케 하신 하나님(8:1-10:10)

⑤ 충성된 종, 모세를 세우신 하나님(10:11-12:16)

⑥ 38년 광야 훈련을 명하신 하나님(13:1-14:45)

⑦ 고라와 그 무리를 멸하신 하나님(15:1-16:50)

⑧ 아론의 지팡이에 싹을 내신 하나님(17:1-19:22)

⑨ 모세와 아론을 징계하신 하나님(20:1-29)

⑩ 놋뱀을 달게 하신 하나님(21:1-35)

⑪ 저주를 축복으로 바꾸신 하나님(22:1-24:25)

⑫ 바알브올의 죄를 징벌하신 하나님(25:1-18)

(2) 신세대를 약속의 땅으로 인도하신 하나님(26:1-35:13)

① 땅 분배를 위한 인구 조사를 명하신 하나님(26:1-27:11)

② 모세의 후계자를 세우신 하나님(27:12-23)

③ 절기와 제사에 관한 규례(28:1-30:16)

④ 미디안과의 전쟁을 명하신 하나님(31:1-54)

⑤ 요단 건너편 땅을 기업으로 준 모세(32:1-42)

⑥ 애굽에서 요단까지의 여정(33:1-49)

⑦ 땅의 경계를 정해 주신 하나님(34:1-29)

⑧ 레위인들의 성읍과 도피성을 예비하신 하나님(35:1-34)

⑨ 여성들의 상속에 관한 규례(36:1-13)

11. 민수기 공부의 의의

민수기에 기록된 38년 간의 광야 생활은 천국을 향해 가는 우리 신자들의 나그네 인생길을 상징합니다. 우리는 38년 간의 이스라엘 백성들의 광야 생활에서 우리 자신의 모습을 거울로 보는 듯합니다. 따라서 우리는 민수기를 통해서 눈앞의 유익에 얽매여 불평하고 원망하는 죄악을 회개하고, 하나님을 기쁘시게 하는 삶을 살 수 있습니다. 또한 우리는 연약하여 넘어질 수밖에 없지만 하나님께서 끊임없이 긍휼과 자비를 베푸시고, 택하신 자들을 끝까지 포기치 아니하시고 훈련하시는 사랑을 깨달을 수 있습니다. **"여호와께서 그를 황무지에서, 짐승의 부르짖는 광야에서 만나시고 호위하시며 보호하시며 자기 눈동자같이 지키셨도다. 마치 독수리가 그 보금자리를 어지럽게 하며 그 새끼 위에 너풀거리며 그 날개를 펴서 새끼를 받으며 그 날개 위에 그것을 업는 것같이 여호와께서 홀로 그들을 인도하셨고 함께한 다른 신이 없었도다."(신 32:10-12)** 하나님께서는 독수리가 그 새끼를 키우듯이 자기 백성을 훈련하시고, 크신 사랑으로 품어 주셨습니다. 시편 95편 10절에서도 하나님께서는 **"내가 사십 년을 그 세대로 인하여 근심하였느니라"**고 말씀하셨습니다. 민수기를 통해서 광야와 같은 세상에서 우리를 택하시고 거룩한 하나님의 백성으로 훈련하시는 하나님의 크신 사랑을 깨닫고 천성을 향해 가는 거룩한 순례자로서 전폭적인 순종과 헌신을 드릴 수 있기를 기도합니다.

12. 민수기 참고 지도

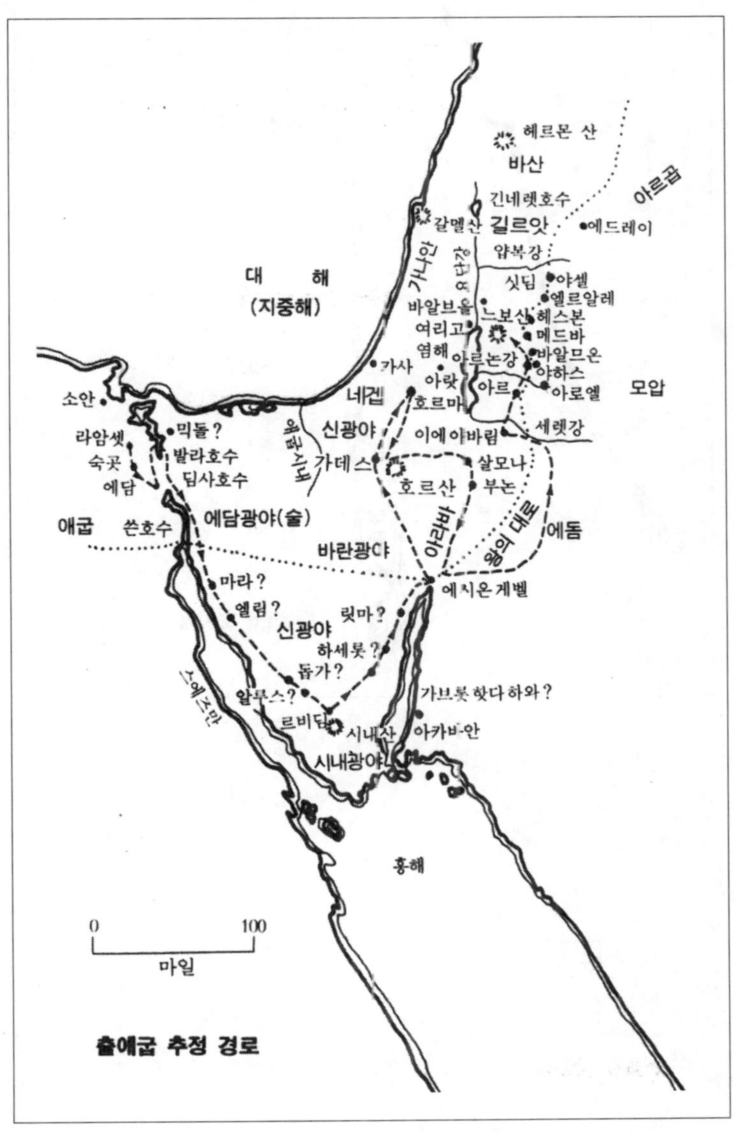

출애굽 추정 경로

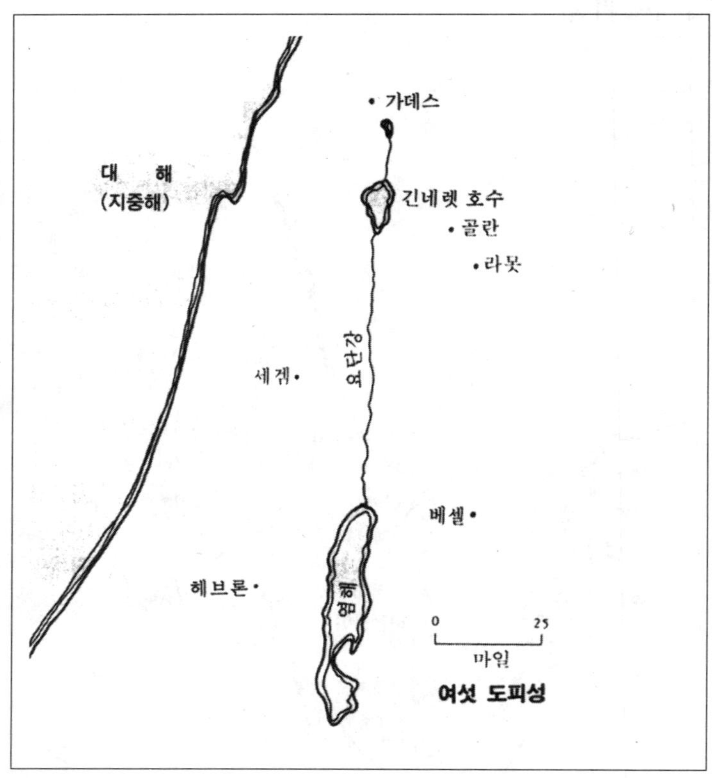
• 가데스
대   해
(지중해)
긴네렛 호수
• 골란
• 라못
세겜 •
여단강
배셀 •
헤브론 •
염해
0   25
마일
여섯 도피성

민수기 강해

민 수 기 강 해

제 1 강

인구 조사를 명령하신 하나님

(1:1 – 2:34)

요절 1:3, 4   "이스라엘 중 이십 세 이상으로 싸움에 나갈 만한 모든 자를 너와 아론은 그 군대대로 계수하되 매 지파의 각기 종족의 두령 한 사람씩 너희와 함께 하라."

1:1. 이스라엘 자손이 애굽 땅에서 나온 후 제 이 년 이월 일일에 여호와께서 시내 광야 회막에서 모세에게 일러 가라사대

2. 너희는 이스라엘 자손의 모든 회중 각 남자의 수를 그들의 가족과 종족을 따라 그 명수대로 계수할지니

3. 이스라엘 중 이십 세 이상으로 싸움에 나갈 만한 모든 자를 너와 아론은 그 군대대로 계수하되

4. 매 지파의 각기 종족의 두령 한 사람씩 너희와 함께 하라

5. 너희와 함께 설 사람들의 이름은 이러하니 르우벤에게서는 스데울의 아들 엘리술이요

6. 시므온에게서는 수리삿대의 아들 슬루미엘 이요

7. 유다에게서는 암미나답의 아들 나손이요

8. 잇사갈에게서는 수알의 아들 느다넬이요

9. 스불론에게서는 헬론의 아들 엘리압이요

10. 요셉 자손에게서는 에브라임에 암미훗의 아들 엘리사마와 므낫세에 브다술의 아들 가말리엘이요

11. 베냐민에게서는 기드오니의 아들 아비단이요

12. 단에게서는 암미삿대의 아들 아히에셀이요

13. 아셀에게서는 오그란의 아들 바기엘이요

14. 갓에게서는 드우엘의 아들 엘리아삽이요

15. 납달리에게서는 에난의 아들 아히라니라 하시니

16. 그들은 회중에서 부름을 받은 자요 그 조상 지파의 족장으로서 이스라엘 천만인의 두령 이라

17. 모세와 아론이 지명된 이 사람들을 데리고

18. 이월 일일에 온 회중을 모으니 그들이 각기 가족과 종족을 따라 이십 세 이상으로 그 명수를 의지하여 자기 계통을 말하매

19. 여호와께서 모세에게 명하신 대로 그가 시내 광야에서 그들을 계수하였더라

20. 이스라엘의 장자 르우벤의 아들들에게서 난 자를 그들의 가족과 종족을 따라 이십 세 이상으로 싸움에 나갈 만한 각 남자를 그 명수대로 다 계수하니

21. 르우벤 지파의 계수함을 입은 자가 사만 육천 오백 명이었더라

22. 시므온의 아들들에게서 난 자를 그들의 가족과 종족을 따라 이십 세 이상으로 싸움에 나갈 만한 각 남자를 그 명수대로 다 계수하니

23. 시므온 지파의 계수함을 입은 자가 오만 구천 삼백 명이었더라

24. 갓의 아들들에게서 난 자를 그들의 가족과 종족을 따라 이십 세 이상으로 싸움에 나갈 만한 자를 그 명수대로 다 계수하니

25. 갓 지파의 계수함을 입은 자가 사만 오천육백 오십 명이었더라

26. 유다의 아들들에게서 난 자를 그들의 가족과 종족을 따라 이십 세 이상으로 싸움에 나갈 만한 자를 그 명수대로 다 계수하니

27. 유다 지파의 계수함을 입은 자가 칠만 사천육 백 명이였더라

28. 잇사갈의 아들들에게서 난 자를 그들의 가족 과 종족을 따라 이십 세 이상으로 싸움에

나갈 만한 자를 그 명수대로 다 계수하니
29. 잇사갈 지파의 계수함을 입은 자가 오만
사천사백 명이었더라
30. 스불론의 아들들에게서 난 자를 그들의 가족
과 종족을 따라 이십 세 이상으로 싸움에
나갈 만한 자를 그 명수대로 다 계수하니
31. 스불론 지파의 계수함을 입은 자가 오만
칠천사백 명이었더라
32. 요셉의 아들 에브라임의 아들들에게서 난
자를 그들의 가족과 종족을 따라 이십 세
이상으로 싸움에 나갈 만한 자를 그 명수대
로 다 계수하니
33. 에브라임 지파의 계수함을 입은 자가 사만
오백 명이었더라
34. 므낫세의 아들들에게서 난 자를 그들의 가족
과 종족을 따라 이십 세 이상으로 싸움에
나갈 만한 자를 그 명수대로 다 계수하니
35. 므낫세 지파의 계수함을 입은 자가 삼만
이천이백 명이었더라
36. 베냐민의 아들들에게서 난 자를 그들의 가족
과 종족을 따라 이십 세 이상으로 싸움에
나갈 만한 자를 그 명수대로 다 계수하니
37. 베냐민 지파의 계수함을 입은 자가 삼만
오천사백 명이었더라
38. 단의 아들들에게서 난 자를 그들의 가족과
종족을 따라 이십 세 이상으로 싸움에 나갈
만한 자를 그 명수대로 다 계수하니
39. 단 지파의 계수함을 입은 자가 육만 이천칠백
명이었더라
40. 아셀의 아들들에게서 난 자를 그들의 가족과
종족을 따라 이십 세 이상으로 싸움에 나갈
만한 자를 그 명수대로 다 계수하니
41. 아셀 지파의 계수함을 입은 자가 사만 일천오
백 명이었더라
42. 납달리의 아들들에게서 난 자를 그들의 가족
과 종족을 따라 이십 세 이상으로 싸움에
나갈 만한 자를 그 명수대로 다 계수하니
43. 납달리 지파의 계수함을 입은 자가 오만
삼천사백 명이었더라
44. 이 계수함을 입은 자는 모세와 아론과 각기
이스라엘 종족을 대표한 족장 십이 인이 계
수한 자라
45. 이같이 이스라엘 자손의 그 종족을 따라
이십 세 이상으로 싸움에 나갈 만한 자가
이스라엘 중에서 다 계수함을 입었으니
46. 계수함을 입은 자의 총계가 육십만 삼천오백
오십 명이었더라
47. 오직 레위인은 그 조상의 지파대로 그 계수에

들지 아니하였으니
48. 이는 여호와께서 모세에게 일러 가라사대
49. 레위 지파만은 너는 계수치 말며 그들을 이스
라엘 자손 계수 중에 넣지 말고
50. 그들로 증거막과 그 모든 기구와 그 모든
부속품을 관리하게 하라 그들은 그 장막과
그 모든 기구를 운반하며 거기서 봉사하며
장막 사면에 진을 칠지며
51. 장막을 운반할 때에는 레위인이 그것을 걷고
장막을 세울 때에는 레위인이 그것을 세울
것이요 외인이 가까이 오면 죽일지며
52. 이스라엘 자손은 막을 치되 그 군대대로 각각
그 진과 기 곁에 칠 것이나
53. 레위인은 증거막 사면에 진을 쳐서 이스라엘
자손의 회중에게 진노가 임하지 않게 할 것이
라 레위인은 증거막에 대한 책임을 지킬지니
라 하셨음이라
54. 이스라엘 자손이 그대로 행하되 여호와께서
모세에게 명하신 대로 행하였더라

2:1. 여호와께서 모세와 아론에게 일러 가라사대
 2. 이스라엘 자손은 각각 그 기와 그 종족의
기호 곁에 진을 치되 회막을 사면으로 대하여
치라
 3. 동방 해돋는 편에 진 칠 자는 그 군대대로
유다의 진 기에 속한 자라 유다 자손의 족장은
암미나답의 아들 나손이요
 4. 그 군대는 계수함을 입은 자 칠만 사천육백
명이며
 5. 그 곁에 진 칠 자는 잇사갈 지파라 잇사갈
자손의 족장은 수알의 아들 느다넬이요
 6. 그 군대는 계수함을 입은 자 오만 사천사백
명이며
 7. 또 스불론 지파라 스불론 자손의 족장은 헬론
의 아들 엘리압이요
 8. 그 군대는 계수함을 입은 자 오만 칠천사백
명이니
 9. 유다 진에 속한 군대의 계수함을 입은 군대의
총계가 십팔만 육천사백 명이라 그들은 제
일 대로 진행할지니라
10. 남편에는 르우벤 군대의 진 기가 있을 것이라
르우벤 자손의 족장은 스데울의 아들 엘리술
이요
11. 그 군대는 계수함을 입은 자 사만 육천오백
명이며
12. 그 곁에 진 칠 자는 시므온 지파라 시므온 자손
의 족장은 수리삿대의 아들 슬루미엘이요
13. 그 군대는 계수함을 입은 자 오만 구천삼백

명이며

14. 또 갓 지파라 갓 자손의 족장은 르우엘의 아들 엘리아삽이요

15. 그 군대는 계수함을 입은 자 사만 오천육백오십 명이니

16. 르우벤 진에 속한 계수함을 입은 군대의 총계가 십오만 일천사백오십 명이라 그들은 제 이 대로 진행할지니라

17. 그 다음에 회막이 레위인의 진과 함께 모든 진의 중앙에 있어 진행하되 그들의 진친 순서대로 각 사람은 그 위치에서 그 기를 따라 앞으로 행할지니라

18. 서편에는 에브라임의 군대의 진기가 있을 것이라 에브라임 자손의 족장은 암미훗의 아들 엘리사마요

19. 그 군대는 계수함을 입은 자 사만 오백 명이며

20. 그 곁에는 므낫세 지파가 있을 것이라 므낫세 자손의 족장은 브다술의 아들 가말리엘이요

21. 그 군대는 계수함을 입은 자 삼만 이천이백 명이며

22. 또 베냐민 지파라 베냐민 자손의 족장은 기드오니의 아들 아비단이요

23. 그 군대는 계수함을 입은 자 삼만 오천사백 명이니

24. 에브라임 진에 속한 계수함을 입은 군대의 총계가 십만 팔천일백 명이라 그들은 제

삼 대로 진행할지니라

25. 북편에는 단 군대의 진기가 있을 것이라 단 자손의 족장은 암미삿대의 아들 아히에셀이요

26. 그 군대는 계수함을 입은 자 육만 이천칠백 명이며

27. 그 곁에 진칠 자는 아셀 지파라 아셀 자손의 족장은 오그란의 아들 바기엘이요

28. 그 군대는 계수함을 입은 자 사만 일천오백 명이며

29. 또 납달리 지파라 납달리 자손의 족장은 에난의 아들 아히라요

30. 그 군대는 계수함을 입은 자 오만 삼천사백 명이니

31. 단의 진에 속한 계수함을 입은 군대의 총계가 십오만 칠천육백 명이라 그들은 기를 따라 후대로 진행할지니라 하시니라

32. 이상은 이스라엘 자손이 그 종족을 따라 계수함을 입은 자니 모든 진의 군대 곧 계수함을 입은 자의 총계가 육십만 삼천오백오십 명이었으며

33. 레위인은 이스라엘 자손과 함께 계수되지 아니하였으니 여호와께서 모세에게 명하심과 같았느니라

34. 이스라엘 자손이 여호와께서 모세에게 명하신 대로 다 준행하여 각기 가족과 종족을 따르며 그 기를 따라 진치기도 하며 진행하기도 하였더라

출애굽한 이스라엘은 시내산에 도착한 후 십계명을 받았고, 성막을 지은 후 레위기 말씀을 받았습니다. 레위기에 이어지는 민수기는 시내산을 떠나서 젖과 꿀이 흐르는 가나안 땅에 도착하기까지 38년 동안의 광야 생활을 기록하고 있습니다. 바로의 노예 생활에서 벗어난 출애굽의 역사가 죄로부터의 탈출을 의미한다면 젖과 꿀이 흐르는 가나안 땅을 향해 나가는 민수기의 역사는 천성을 행해 가는 신자들의 나그네 삶을 의미합니다.

민수기는 이스라엘이 머문 장소를 중심으로 크게 세 부분으로 나눌 수 있습니다. 첫째는 시내산에서 떠날 준비를 하는 과정(1:1-10:10)이

요, 둘째는 광야에서 유랑하는 생활(10:11-21:35)이며, 셋째는 가나안 땅 맞은 편 모압 평지에서 일어난 사건들(22:1-36:13)입니다. 민수기 1,2장은 약 1년 정도 머물렀던 시내 광야를 떠날 준비를 하기 위해서 인구 조사를 실시하고, 12지파의 진과 행군할 때의 위치를 정하는 사건입니다. 우리는 인구 조사에 나타난 특징들과 진영을 짜고 배치하시는 사건을 통해서 택한 백성들에게 두신 하나님의 소망을 배울 수 있습니다. 본문을 통해서 우리는 하늘 나라를 향해 나가는 우리 신자들의 하나님에 대한 자세와 성도의 공동체를 대하는 자세가 어떠해야 하는가를 배울 수 있습니다.

1. 싸움에 나갈 만한 자를 계수하라 (1:1-54)

1-4절을 보십시오. 하나님께서는 애굽 땅에서 나온 지 제 2년 2월 1일에 모세에게 인구 조사 명령을 내리셨습니다. "너희는 이스라엘 자손의 모든 회중 각 남자의 수를 그들의 가족과 종족을 따라 그 명수대로 계수할지니 이스라엘 중 이십 세 이상으로 싸움에 나갈 만한 모든 자를 너와 아론은 그 군대대로 계수하되 매 지파의 각기 종족의 두령 한 사람씩 너희와 함께 하라." 하나님께서는 이스라엘 중 20세 이상으로 싸움에 나갈 만한 자들을 계수하라고 명하셨습니다. 이는 너무 어린 사람들이나 신체적으로 허약한 자, 지체부자유자나 환자들을 제외시키고, 군대 병력으로 싸움에 나갈 수 있는 사람들만 조사하라는 것이었습니다. 이스라엘은 애굽에서 430년 동안 노예 생활을 하였기 때문에 노예 근성에 찌들어서 스스로 방어할 능력이 없었습니다. 그렇지만 이제 그들은 스스로 국가를 지켜야만 광야에서 살아남을 수 있었습니다. 언제, 어떤 적들이 공격해 오더라도 단호하게 물리쳐야지 단 한 번이라도 실패하는 날에는 진멸당할 수밖에 없었습니다. 따라서 군대

를 조직하고 훈련하는 일은 그들의 생존이 달려 있는 아주 중대한 문제였습니다. 이를 볼 때 하나님께서 이스라엘 백성들의 인구 조사를 명하신 것은 그들을 여호와의 군대로 편성하기 위함이요, 앞으로 닥쳐올 거룩한 전쟁에 대비하여 군사 조직을 강화하기 위함이었습니다. 이스라엘 백성은 젖과 꿀이 흐르는 약속의 땅을 정복하기 위하여, 거룩하신 하나님을 위하여 싸워야 했습니다. 그러므로 그들에게는 신속한 기동력이 필요하였습니다.

천성을 향해 나가는 우리 신자들도 하나님의 백성이요, 예수 그리스도의 군사들로 모집된 자들입니다(딤후 2:3,4). 우리 신자들은 마귀와 죄의 세력이 지배하고 있는 이 세상과 싸워 이 땅에 하나님 나라를 건설해야 할 사명을 받았습니다. 따라서 우리는 온 천하에 다니며 만민에게 복음을 전파해야 합니다. 복음으로 세계를 정복해야 합니다. 이를 위해서 우리는 예수 그리스도의 좋은 군사로 항상 하나님의 전신갑주(全身甲冑)를 입고 완전무장을 해야 합니다. 진리의 허리띠와 의의 흉배(胸背), 복음의 신과 믿음의 방패, 구원의 투구와 성령의 검, 곧 하나님의 말씀으로 무장해야 합니다(엡 6:14-17). 날마다 깨어서 영적으로 무장하여 자신을 지키고 어린양들을 지켜야 합니다. 마귀는 기회만 있으면 하나님의 교회와 성도의 공동체를 파괴하려고 합니다. 그러므로 하나님의 교회는 마귀의 세력에 대항하기 위해서 신속한 기동력을 갖추어야 합니다. 성도의 공동체는 일사불란(一絲不亂)하게 영적인 위기에 대처할 수 있는 능력을 길러야 합니다. 이런 의미에서 우리는 항상 우리의 영적인 군사력을 점검하고 새롭게 구장해야 합니다.

하나님께서는 인구 조사를 위해서 먼저 조사 위원들을 선정하도록 명하셨습니다. 5-16절은 하나님께서 각 지파를 대표할 수 있는 종족의 두령 한 사람씩을 선정하여 주신 내용입니다. 르우벤 지파에게서는 스데울의 아들 엘리술이요, 시므온에게서는 수리삿대의 아들 슬루미엘이요, 유다에게서는 암미나답의 아들 나손이요, 잇사갈에게서는 수알의 아들 느다넬이요, 스불론에게서는 헬론의 아들 엘리압이요, 요셉 자손에게서는 에브라임에 암미훗의 아들 엘리사마와 므낫세에 브다술의 아들 가말리엘이요, 베냐민에게서는 기드오니의 아들 아비단이요, 단에게서는 암미삿대의 아들 아히에셀이요, 아셀에게서는 오그란의 아들 바기엘이요, 갓에게서는 드우엘의 아들 엘리아삽이요, 납달리에게서는 에난의 아들 아히라였습니다.

이 열두 두령들의 이름을 보면 거의 '엘'이라는 말이 들어 있습니다. '엘'은 '하나님'이라는 뜻입니다. 엘리술은 '하나님은 반석'이라는 뜻입니다. 슬루미엘은 '하나님의 평화'라는 뜻입니다. 느다넬은 '하나님이 주신다'는 뜻입니다. 엘리압은 '하나님은 아버지'라는 뜻입니다. 가말리엘은 '하나님은 나의 보수(報酬)이시다'는 뜻입니다. 엘리아삽은 '하나님이 더하신다'는 뜻입니다. 이들의 이름은 '하나님'을 믿는 신앙에 기초한 이름이었습니다. 이 이름들은 그 부모들의 신앙의 표현이요, 자녀들을 하나님의 사람들로 키우고자 하는 소원을 말해 줍니다. 이러한 부모의 철저한 신앙 교육을 통해서 이들이 각 지파의 두령들로 성장하게 되었습니다. 이 열두 두령들은 회중에서 부름을 받은 자요, 그 조상 지파의 족장으로서 이스라엘 천만인의 두령이었습니다.

17-19절에 보면 모세와 아론은 지명된 두령들을 데리고 2월 1일에 온 회중을 모았습니다. 그들이 각기 가족과 종족을 따라 이십 세 이상으로 그 명수를 의지하여 여호와의 군대를 계수하였습니다. 인구 조사의 결과가 어떠합니까? 20-43절에 의하면 르우벤 지파의 장정들은 46,500명이었습니다. 시므온 지파는 59,300명이었습니다. 갓 지파의 계수함을 입은 자가 45,650명이었습니다. 유다 지파는 74,600명이었습니다. 잇사갈 지파는 54,400명이었습니다. 스불론 지파는 57,400

명이었습니다. 에브라임 지파는 40,500명이었습니다. 므낫세 지파는 32,200명이었습니다. 베냐민 지파는 35,400명이었습니다. 단 지파는 62,700명이었습니다. 아셀 지파는 41,500명이었습니다. 납달리 지파는 53,400명이었습니다. 총계는 603,550명이었습니다(46). 이 숫자는 20세 이상으로 싸움에 나갈 만한 남자들의 숫자입니다. 여기에다 20세 이상의 여자들을 약 60만 명으로 잡고, 20세 이하 남녀를 합하면 최소한 200만은 넘었을 것입니다. 이 많은 인구를 광야에서 40년 동안 먹이시고 가나안까지 인도하신 것은 하나님의 특별한 은총이 아니고는 불가능한 일이었습니다. 그래서 어떤 학자들은 이와 같은 민족 대이동은 현실적으로 불가능하기 때문에 장정 60만이 아니라 5,550명이었다고 주장합니다.[3] 그러나 이는 하늘에서 양식을 비같이 내려 주신 하나님의 전능하심을 믿지 못하는 사람들의 주장에 불과합니다.

이상의 지파별 인구 통계를 보면 몇 가지 중요한 진리를 발견할 수 있습니다.

첫째, 아브라함에게 주신 언약의 말씀대로 큰 민족을 이루셨습니다.

---

3) 1,000명을 가리키는 히브리어 에렙(אֶלֶף)이 가족 또는 종족과 같은 사회적 단위를 지시하는 단어로 이해되어야 한다는 것이다(삿 6:15; 삼상 10:19; 미 5:2). 예를 들어 르우벤 지파의 총수는 46,500명이 아니라 46종족에 개인 500명이 된다(민 1:20,21). 이렇게 계산하면 총계 603,550명은 603종족 550명이 된다. 그러나 실제로 지파별로 종족과 개인을 합하면 598종족과 5,550명이 되므로 성경에 기록된 숫자와 일치하지 않는다. 또 에렙(אֶלֶף)은 '두령' 또는 '지휘관'을 의미하는 알룹(אַלּוּף)으로도 읽혀질 수 있다. 그렇다면 르우벤 지파의 경우, 총수는 46두령과 500명이 된다. 이렇게 계산하면 598두령과 5,550명이 된다. 그러나 이 역시 성경 자체의 총 계수인 603두령과 550명이라는 숫자와 일치하지 않는다. Eugene H. Merrill & Jack S. Deere, 문동학 역, 「민수기 · 신명기」(도서출판두란노, 1996), p.15.

하나님께서는 아브라함을 부르실 때 큰 민족을 이루게 하겠다고 약속하셨습니다(창 12:1). 그리고 그 자손을 티끌같이 많게 하시겠다고 약속하셨습니다. 야곱의 아들들이 애굽에 내려갈 때 그 권속들이 모두 75명밖에 되지 않았습니다(행 7:14). 그런데 400년만에 200만이 넘는 큰 민족을 이루게 되었습니다. 이는 출애굽기 1장에 기록된 대로 하나님께서 그 백성을 창성케 하셨기 때문이었습니다. 하나님께서는 아브라함이 절망 가운데 있을 때 그를 찾아 오셔서 그 후손들이 이방의 객이 되겠고, 그 후에 그 자손이 큰 재물을 이끌고 나오리라고 약속하셨습니다(창 15:13,14). 하나님께서는 아브라함에게 하신 언약대로 애굽에서 큰 민족을 이루게 하시고 약속의 땅으로 인도해 내셨습니다.

둘째, 야곱의 믿음대로 유다와 요셉의 두 아들을 축복하셨습니다.

열두 지파 중 가장 인구가 많은 지파가 유다 지파였습니다. 유다 지파에는 다른 작은 지파의 배에 가까운 장정들이 있었습니다. 이는 야곱이 열두 아들을 축복할 때 유다에게 축복한 대로 이루어졌음을 말해 줍니다. 야곱은 유다로부터 메시야 왕이 나오고 그가 형제들의 찬송이 될 것이라고 축복하였습니다(창 49:8-11). 이 축복대로 하나님께서 유다를 특별히 번성케 하셨습니다. 그래서 가장 강력한 지파가 되었으며, 광야를 행진할 때도 선두에서 인도하는 역할을 담당하였습니다. 예수 그리스도께서도 이 유다 지파의 자손으로 세상에 오셨습니다.

뿐만 아닙니다. 인구 조사 통계를 보면 요셉의 두 아들이 각각 한 지파를 형성하게 되었습니다. 이는 야곱이 요셉의 두 아들을 야곱의 친아들로 삼아 요셉에게는 두 몫을 상속해 주겠다고 약속하였기 때문이었습니다. **"내가 애굽으로 와서 네게 이르기 전에 애굽에서 네게 낳은**

두 아들 에브라임과 므낫세는 내 것이라. 르우벤과 시므온처럼 내 것이 될 것이요."(창 48:5) 이 약속대로 요셉의 두 아들은 각각 한 지파를 이루게 되었습니다. 그런데 야곱이 므낫세와 에브라임을 축복할 때 오른손을 에브라임의 머리 위에, 왼손을 장남인 므낫세의 머리 위에 얹고 축복하였습니다. 요셉이 그렇게 하지 말라고 하며 야곱의 손을 옮기고자 하니 야곱이 **"나도 안다, 내 아들아, 나도 안다"**라고 하며 옮기지 않았습니다(창 48:19). 야곱은 므낫세가 형인 것을 알면서도 에브라임을 오른손으로 축복해 주었습니다. 이 축복대로 에브라임 지파의 수가 므낫세 지파의 수보다 훨씬 더 많아졌습니다(33-35).

야곱에게는 자기가 축복한 대로 하나님께서 반드시 이루신다는 확고한 믿음이 있었습니다. 그래서 히브리서 기자는 야곱의 믿음을 증거할 때 **"믿음으로 야곱은 죽을 때에 요셉의 각 아들에게 축복하고"**라고 기록하고 있습니다(히 11:21). 야곱의 믿음은 한마디로 축복하는 믿음이었습니다. 하나님의 역사는 당대에 끝나는 것이 아닙니다. 우리 주님께서 오실 때까지 계속 이어져 내려가야 합니다. 그러므로 후손들을 바라보며 축복하는 믿음을 가져야 합니다. 믿음의 후손들이 어리고 연약할지라도 우리가 믿음으로 축복하면 하나님께서 반드시 그 축복한 대로 이루실 줄을 믿어야 합니다.

셋째, 레위 지파가 계수에 빠졌습니다.

레위인은 그 조상의 지파 대로 그 계수에 들지 아니하였습니다. 이는 여호와 하나님께서 모세에게 레위 지파는 계수치 말라고 명하셨기 때문이었습니다. 48-54절을 보십시오. 하나님께서는 레위인들에게 증거막과 그 모든 기구와 부속품을 관리하게 하셨습니다. 그들에게 그 장막과 그 모든 기구를 운반하며 거기서 봉사하며 장막을 걷고 세우는 일을 맡기셨습니다. 레위인들은 증거막 사면에 진을 쳐서 하나님의 거

룩함을 지키고, 이스라엘 자손의 회중에게 하나님의 진노가 임하지 않
도록 완충 역할을 하도록 명하셨습니다. 레위인들에게는 군대를 면제
해 주는 대신에 영적인 일, 하나님을 섬기는 일에 전념하도록 하셨습
니다. 하나님께서 레위인들을 구별하신 것은 근본적으로 하나님의 주
권이지만, 금송아지 사건 때 레위인들이 하나님을 기쁘시게 하는 일을
하였기 때문입니다. 온 백성이 금송아지를 섬기고 범죄했을 때 레위인
들은 하나님 편에 서서 회개하고 하나님의 진노를 대신하여 쏟을 만큼
여호와에 대한 열심히 많았습니다(출 32:26-28).

　이사야서에서는 장차 이방인 중에서 제사장과 레위인을 삼으시겠다
고 약속하셨습니다(사 66:18-21). 이 말씀대로 하나님께서 이 시대에
우리를 부르시고 레위인과 제사장으로 삼으셨습니다. 우리를 하나님의
말씀을 선포하고, 하나님의 양들을 섬기고, 구속 역사를 섬기는 종들로
세워 주셨습니다. 우리 신자들은 가정에서, 학교에서, 사회에서, 직장
에서 레위인과 제사장으로서 직분을 감당해야 합니다. 우리가 레위인
들처럼 구별된 자들로서 전폭적으로 하나님께 헌신하는 삶을 살 수 있
기를 기도합니다.

2. 회막을 중심으로 진을 치라 (2:1-34)

　1,2절을 보십시오. **"여호와께서 모세와 아론에게 일러 가라사대
이스라엘 자손은 각각 그 기와 그 종족의 기호 곁에 진을 치되 회
막을 사면으로 대하여 치라."** 기(旗)는 세 지파로 구성된 네 개 진영
의 군기를 가리키는 말입니다. 기호(記號)는 각 지파와 종족들을 대표
하는 군기를 가리킵니다. 이스라엘 자손은 각기 자기가 소속된 그 깃
발 아래 진을 치되 회막을 중심으로 회막을 향하여 진을 치도록 명하
셨습니다. 3-31절을 보면 하나님께서는 열두 지파의 군대를 네 개의

진으로 나누어 배치하셨습니다.

제일 먼저 언급된 진은 유다 진입니다. 유다의 진을 구성하는 지파는 잇사갈, 스불론, 유다 지파입니다. 이 세 지파를 합한 군대의 수는 186,400명이었습니다. 이 유다의 진은 동방 해 돋는 편, 곧 성막의 동쪽 입구가 있는 쪽에 치도록 명하셨습니다.

둘째는 르우벤 진입니다. 르우벤 진을 구성하는 지파는 르우벤 지파, 시므온 지파, 갓 지파입니다. 이 군대의 수는 151,450명입니다. 이 군대는 회막 남쪽에 진을 치도록 명하셨습니다.

셋째는 에브라임 진입니다. 에브라임 진을 구성하는 지파는 에브라임 지파, 므낫세 지파, 베냐민 지파입니다. 이 군대의 총수는 108,100명이었습니다. 이 군대는 회막 서쪽에 진을 치도록 명하셨습니다.

넷째는 단 진입니다. 단 진을 구성하는 지파는 단 지파와 아셀 지파 그리고 납달리 지파입니다. 이 군대의 총수는 157,600명이었습니다. 이 군대는 회막 북쪽에 진을 치도록 명했습니다. 그리고 가운데는 레위 지파가 회막을 둘러싸며 진을 치도록 했습니다.

17절을 보십시오. **"그 다음에 회막이 레위인의 진과 함께 모든 진의 중앙에 있어 진행하되 그들의 진친 순서대로 각 사람은 그 위치에서 그 기를 따라 앞으로 행할지니라."** 레위 진을 가운데 두고 그 둘레에 진을 치도록 하셨습니다. 일반 백성들의 진과 성막 사이의 거리는 2,000규빗 이상을 띄우도록 명하셨습니다(수 3:4). 2,000규빗이면 약 915m나 됩니다. 약 1km 정도 떨어지도록 명하신 것입니다. 이상의 진의 배치도를 그려보면 다음의 〈진 배치도〉와 같습니다.

<진 배치도>

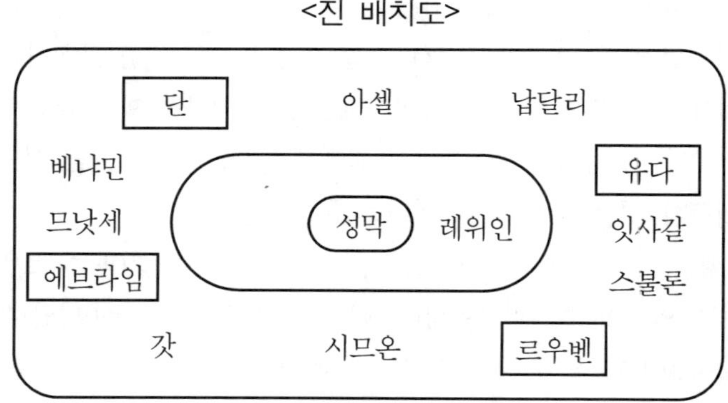

〈진 배치도〉를 보면 몇 가지 특징을 살펴 볼 수 있습니다.

첫째, 사랑의 공동체를 이루도록 배치하셨습니다.

하나님께서는 각 지파가 서로 조화를 이루면서 공동체 의식을 가지고 사랑의 공동체를 이루도록 배치하셨습니다. 이를 위해 자연스러운 혈연 관계를 중심으로 배치를 하였습니다. 유다 진은 레아의 세 아들 중심으로, 르우벤 진은 르우벤과 레아의 몸종 실바의 두 아들 시므온과 갓을 중심으로 배치하였습니다. 또 에브라임 진은 라헬의 아들들인 요셉와 베냐민의 후손들이었습니다. 이처럼 자연스러운 혈연 관계를 깨뜨리지 않고 진을 구성하도록 하셨습니다. 그래서 사랑으로 뭉쳐진 유기체를 이루게 하셨습니다.

그리고 진 배치도를 보면 정지해 있을 때와 이동할 때의 위치를 달리하도록 명하셨습니다. 정지해 있을 때는 위에서 설명한 대로 위치해 있어야 합니다. 그러나 이동할 때는 유다 진이 앞장서고, 그 뒤에 르우벤 진이 따르고, 다음에 레위 진이 따르고, 그 다음에 에브라임 진, 맨 뒤에 단 진이 따르도록 했습니다. 이를 보면 유다 지파가 가장 중요한 위치를 차지하고 있다는 사실을 알 수 있습니다. 정지해 있을 때나 움직일 때 유다 지파가 제일 앞에 서서 이스라엘을 이끌어야 한다는 것이었습니다. 이를 통해서 하나님께서는 이스라엘이 무질서한 오합지졸과 같은 군대가 되지 않고 휴식할 때나 행군할 때 질서 있고 기동성 있는 모임이 되도록 하셨습니다. 하나님께서는 이처럼 각 지파가 서로 시기하거나 분쟁하지 않고 사랑의 공동체를 이루어 질서 있고 기동성 있는 군대가 되도록 조직을 편성하셨습니다.

하나님의 교회는 사랑의 공동체가 되어야 할 뿐만 아니라 질서 있고 기동성 있는 하나님의 군대가 되어야 합니다. 복음 역사는 생명의 역사입니다. 그러므로 할 수 있는 대로 자연스러운 목자와 양의 관계를 중심으로 사랑의 공동체를 이루어야 합니다. 그래야 생명이 태어나고 자라는 생명 구원의 역사가 자연스럽게 일어날 수 있습니다. 질서있고 기동성이 있어야 새로운 환경에 잘 적응하며 광야와 같은 세상에서 살아 남을 수 있습니다.

둘째, 자기의 소속을 분명히 하도록 명하셨습니다.

자기 소속을 따라 진을 치도록 했으며, 각 지파의 깃발 아래 모이도록 했습니다. 랍비들의 전승에 의하면 유다의 기(旗)는 사자의 형상을 했고, 르우벤의 기는 사람의 머리 형상을 그렸으며, 에브라임은 송아지의 형상을, 단의 기는 독수리의 형상을 각각 지니고 있었다고 합니다.[4] 각 진마다 진기(陣旗)가 있었고, 그 아래 각 지파의 깃발이 있었으며, 또 종족마다 자기 종족의 문장을 새긴 깃발이 있었습니다. 이는 소속이 명확하지 않으면 자기의 위치를 잃고 광야에서 방황할 수밖에 없기 때문입니다. 그래서 각 군대는 군기를 정하여 세우도록 하였고, 각 지파의 표지판을 분명히 하고 자기 종족의 기호도 표시하여 항상

---

4) Keil & Delitzschtzsch, 김만풍 역, 「민수기」(기독교문화출판사, 1984), pp.56,57.

자기의 위치를 찾도록 훈련하였습니다. 그래야 소속이 분명해지고, 자기의 해야 할 일이 무엇인지를 알게 됩니다. 하나님께서는 이스라엘 백성이 자기 자신의 뿌리와 소속이 무엇인지를 분명히 알도록 하셨습니다. 그래서 서로 자리 싸움을 하지 않고 항상 자기의 위치를 지키도록 자리를 정해 주셨습니다. 그래야 분명한 소속감을 가지고 맡은 일에 충성할 수 있습니다. 또한 자기 지파의 지도자를 중심으로 합심하여 견고한 그릇을 이룰 수 있습니다.

선지자 이사야는 **"그 날에 이새의 뿌리에서 한 싹이 나서 만민의 기호로 설 것이요 열방이 그에게로 돌아오리니 그 거한 곳이 영화로우리라."** (사 11:10)고 예언했습니다. 이 말씀대로 이새의 뿌리에서 난 싹은 바로 예수 그리스도이십니다. 예수님은 만인의 기호로 세움을 받으셨습니다. 예수님은 열방이 모여들고 만민이 따라야 할 깃발이요, 기호입니다. 우리 신자들이 따라야 할 푯대입니다. 예수님은 우리 신자들의 총사령관이시며 우리의 군대 장관이십니다. 이 예수님을 중심으로 모든 성도들이 합심 동역해야 성서한국과 세계선교 사명을 감당할 수 있습니다.

셋째, 회막을 중심으로 신앙 공동체를 이루도록 명하셨습니다.

회막은 이스라엘이 거룩하신 하나님과 만나는 장소입니다. 그곳은 여호와 하나님께서 임재해 계시는 거룩한 곳입니다. 그곳은 하나님의 언약의 말씀이 있는 곳이요, 속죄소가 있는 곳입니다. 또한 죄인들이 언제든지 거룩한 하나님께 나아갈 수 있는 곳입니다. 정지해 있을 때는 모든 백성들의 진 한 가운데 회막이 위치했습니다. 모든 문이 회막을 향하도록 장막을 쳤습니다. 이는 백성들이 언제나 하나님을 향하고, 장막 문에서 하나님께 경배를 드리도록 하기 위함이었습니다. 또 움직일 때도 회막은 한 가운데 위치해 있어야 합니다. 이는 이스라엘 백성들이 여호와 하나님을 섬기는 신앙 공동체가 되어야 함을 말해 줍니다. 하나님께서는 백성 한 가운데서 가나안 진군을 진두지휘하기를 원하셨습니다. 이를 통해서 하나님께서 그들과 동행하신다는 사실을 깨닫게 해 주셨습니다. 이사야 선지자는 말했습니다. **"하나님이 그 성 중에 거하시매 성이 요동치 아니할 것이라."**(시 46:5a) 하나님의 임재(臨在)를 상징하는 성막이 이스라엘 백성 가운데 위치함으로 이스라엘은 두려워하거나 흔들리지 않게 되었습니다.

하나님의 교회는 살아 계신 하나님을 중심으로 견고한 신앙 공동체를 이루어야 합니다. 모든 신자들의 마음이 하나님을 향하고, 하나님의 말씀을 사모하고, 하나님을 경외하는 마음으로 모아져야 합니다. 그래야 교회가 살아 있고 생명력이 있습니다. 세상에는 여러 가지 공동체가 있습니다. 같은 학교를 졸업한 사람들이 모이는 동문회가 있습니다. 같은 고향을 가진 사람들끼리 모이는 향우회도 있습니다. 같은 취미를 가진 사람들끼리 모이는 여러 가지 동호회도 있습니다. 돈을 벌 목적으로 조직된 주식회사도 있습니다. 피를 나눈 가족 공동체도 있습니다. 그러나 하나님의 교회는 여호와 하나님을 섬기는 신앙을 중심으로 신앙 공동체를 이루도록 명하셨습니다. 하나님께서는 그들 생활의 중심에 늘 하나님께서 임재해 계심을 알게 하시고, 모든 문제를 이곳에 와서 해결하도록 명하셨습니다. 심지어 전쟁을 할 때도 하나님의 작전 지시를 받고 싸우도록 명하셨습니다. 하나님의 교회는 성경을 읽고 하나님의 말씀대로 살기 위해서 모인 공동체요, 하나님을 경외하는 믿음을 중심으로 모인 신앙 공동체입니다. 그러므로 모든 모임은 철저하게 '하나님 중심'이 되어야 합니다. 만일 성도의 모임이 인간적인 교제(human fellowship)가 중심이 되어 버리면 더 이상 존재 의미가 없어지게 됩니다. 따라서 우리 성도들은 우리 가운데 살아 계시며, 지금도 성경을 통해서 우리에게 말씀하시는 하나님을 중심으로 견고한 신앙 공동체를 이루어야 합니다.

32,33절을 보십시오. **"이상은 이스라엘 자손이 그 종족을 따라 계수함을 입은 자니 모든 진의 군대 곧 계수함을 입은 자의 총계가 육십만 삼천오백 오십 명이었으며, 레위인은 이스라엘 자손과 함께 계수되지 아니하였으니 여호와께서 모세에게 명하심과 같았느니라."** 이스라엘 자손은 여호와께서 모세에게 명하신 대로 다 준행하여 각기 가족과 종족을 따르며 그 기를 따라 진치기도 하며 진행하기도 하였습니다.

결론

우리 신자들은 천성을 향해 가는 하나님의 거룩한 백성이요, 우리의 대장 되시는 예수 그리스도의 군사입니다. 우리가 하나님을 중심으로 견고한 신앙 공동체를 이루고, 뜨거운 사랑의 공동체를 이루어 성서한 국과 세계선교 사명을 완수 할 수 있기를 기도합니다.

제 2 강

레위인을 택하신 하나님

(3:1 – 4:49)

요절 3:11,12 "여호와께서 모세에게 일러 가라사대 보라 내가 이스라엘 자손 중에서 레위인을 택하여 이스라엘 자손 중 모든 첫 태에 처음 난 자를 대신케 하였은즉 레위인은 내 것이라."

3:1. 여호와께서 시내 산에서 모세와 말씀하실 때에 아론과 모세의 낳은 자가 이러하니라

2. 아론의 아들들의 이름은 장자는 나답이요 다음은 아비후와 엘르아살과 이다말이니

3. 이는 아론의 아들들의 이름이며 그들은 기름을 발리우고 거룩히 구별되어 제사장 직분을 위임받은 제사장들이라

4. 나답과 아비후는 시내 광야에서 다른 불을 여호와 앞에 드리다가 여호와 앞에서 죽었고 무자하였고 엘르아살과 이다말이 그 아비 아론 앞에서 제사장의 직분을 행하였더라

5. 여호와께서 또 모세에게 일러 가라사대

6. 레위 지파로 나아와 제사장 아론 앞에 서서 그에게 시종하게 하라

7. 그들이 회막 앞에서 아론의 직무와 온 회중의 직무를 위하여 회막에서 시무하되

8. 곧 회막의 모든 기구를 수직하며 이스라엘 자손의 직무를 위하여 장막에서 시무할지니

9. 너는 레위인을 아론과 그 아들들에게 주라 그들은 이스라엘 자손 중에서 아론에게 온전히 돌리운 자니라

10. 너는 아론과 그 아들들을 세워 제사장 직분을 행하게 하라 외인이 가까이 하면 죽임을 당할 것이니라

11. 여호와께서 모세에게 일러 가라사대

12. 보라 내가 이스라엘 자손 중에서 레위인을 택하여 이스라엘 자손 중 모든 첫 태에 처음 난 자를 대신케 하였은즉 레위인은 내 것이라

13. 처음 난 자는 다 내 것임은 내가 애굽 땅에서 그 처음 난 자를 다 죽이던 날에 이스라엘의 처음 난 자는 사람이나 짐승을 다 거룩히 구별하였음이니 그들은 내 것이 될 것임이니라 나는 여호와니라

14. 여호와께서 시내 광야에서 모세에게 일러 가라사대

15. 레위 자손을 그들의 종족과 가족을 따라 계수하되 일 개월 이상의 남자를 다 계수하라

16. 모세가 여호와의 말씀을 좇아 그 명하신 대로 계수하니라

17. 레위의 아들들의 이름은 이러하니 게르손과 고핫과 므라리요

18. 게르손의 아들들의 이름은 그 가족대로 이러하니 립니와 시므이요

19. 고핫의 아들들은 그 가족대로 이러하니 아므람과 이스할과 헤브론과 웃시엘이요

20. 므라리의 아들들은 그 가족대로 말리와 무시니 이는 그 종족대로 된 레위인의 가족들이니라

21. 게르손에게서는 립니 가족과 시므이 가족이 났으니 이들이 곧 게르손의 가족들이라

22. 계수함을 입은 자의 수효 곧 일 개월 이상 남자의 수효 합계가 칠천오백 명이며

23. 게르손 가족들은 장막 뒤 곧 서편에 진을 칠 것이요

24. 라엘의 아들 엘리아삽은 게르손 사람의 종족의 족장이 될 것이며

25. 게르손 자손의 회막에 대하여 맡을 것은 성막과 장막과 그 덮개와 회막 문장과

26. 뜰의 휘장과 및 성막과 단 사면에 있는 뜰의 문장과 그 모든 것에 쓰는 줄들이니라

27. 고핫에게서는아므람 가족과 이스할 가족과 헤브론가족과웃시엘가족이났으니이들이 곧 고핫 가족들이라
28. 계수함을 입은 일 개월 이상 모든 남자의 수효가팔천육백명인데성소를맡을것이며
29. 고핫 자손의 가족들은 성막 남편에 진을 칠 것이요
30. 웃시엘의아들 엘리사반은고핫사람의가족 과 종족의 족장이 될 것이며
31. 그들의 맡을 것은 증거궤와 상과 등대와 단들과성소에서 봉사하는데쓰는기구들과 휘장과 그것에 쓰는 모든 것이며
32. 제사장 아론의 아들 엘르아살은 레위인의 족장들의 어른이 되고 또 성소를 맡을 자를 통할할 것이니라
33. 므라리에게서는 말리 가족과 무시 가족이 났으니 이들이 곧 므라리 가족들이라
34. 그 계수함을 입은 자 곧 일 개월 이상 남자의 수효 총계가 육천이백 명이며
35. 아비하일의 아들 수리엘이 므라리 가족과 종족의 족장이 될 것이요 이 가족은 장막 북편에 진을 칠 것이며
36. 므라리 자손의 맡을 것은 성막의 널판과 그 띠와 그기둥과 그 받침과 그 모든 기구와 그것에 쓰는 모든 것이며
37. 뜰 사면 기둥과 그 받침과 그 말뚝과 그 줄들이니라
38. 장막 앞 동편 곧 회막 앞 해돋는 편에는 모세와 아론과 아론의 아들들이 진을 치고 이스라엘 자손의 직무를 대신하여 성소의 직무를 지킬 것이며 외인이 가까이 하면 죽 일지니라
39. 모세와아론이 여호와의 명을 좇아 레위인을 각 가족대로 계수한즉 일 개월 이상 남자의 수효가 이만 이천 명이었더라
40. 여호와께서 또 모세에게 이르시되 이스라엘 자손의 처음 난 남자를 일 개월 이상으로 다 계수하여 그명수를 기록하라
41. 나는 여호와라 이스라엘 자손 중 모든 처음 난 자의 대신에 레위인을 내게 돌리고 또 이스라엘 자손의 가축 중 모든 처음 난 것의 대신에 레위인의 가축을 내게 돌리라
42. 모세가 여호와께서 자기에게 명하신 대로 이스라엘 자손 중 모든 처음 난 자를 계수하 니
43. 일 개월 이상으로 계수함을 입은 처음 난 남자의 명수의 총계가이만 이천이백칠십삼 명이었더라

44. 여호와께서 모세에게 일러 가라사대
45. 이스라엘 자손 중 모든 처음 난 자의 대신에 레위인을 취하고또그들의 가축 대신에 레위 인의 가축을 취하라 레위인은 내 것이라 나는 여호와니라
46. 이스라엘 자손의 처음 난 자가 레위인보다 이백칠십삼 인이 더한즉 속하기 위하여
47. 매명에 오 세겔씩 취하되 성소의 세겔대로 취하라 한 세겔은 이십 게라니라
48. 그 더한 자의 속전을 아론과 그 아들들에게 줄 것이니라
49. 모세가 레위인으로 대속한 이외의 사람에게 서 속전을 받았으니
50. 곧 이스라엘 자손의 처음 난 자에게서 받은 돈이 성소의 세겔대로 일천삼백육십오 세겔 이라
51. 이 속전을 여호와의 말씀대로 아론과 그 아들 들에게 주었으니 여호와께서 모세에게 명하 심과 같았느니라

4:1. 여호와께서 또 모세와 아론에게 일러 가라사 대
2. 레위 자손 중에서 고핫 자손을 그들의 가족과 종족을 따라 총계할지니
3. 곧 삼십 세 이상으로 오십 세까지 회막의 일을 하기 위하여 그 역사에 참가할 만한 모든 자를 계수하라
4. 고핫 자손의 회막 안 지성물에 대하여 할 일은 이러하니라
5. 행진할 때에 아론과 그 아들들이 들어가서 간 막는 장을 걷어 증거궤를 덮고
6. 그 위에 해달의 가죽으로덮고그위에 순청색 보자기를 덮은 후에 그 채를 꿰고
7. 또 진설병의 상에 청색 보자기를 펴고 대접들 과 숟가락들과 주발들과 붓는 잔들을 그 위에 두고 또 항상 진설하는 떡을 그 위에 두고
8. 홍색 보자기를 그 위에 펴고 그것을 해달의 가죽 덮개로 덮은 후에 그 채를 꿰고
9. 또 청색 보자기를 취하여 등대와 그 등잔들과 그 불집게들과 불똥 그릇들과 그 쓰는 바 모든 기름 그릇을 덮고
10. 등대와 그 모든 기구를 해달의 가죽 덮개 안에 넣어 메는 틀 위에 두고
11. 또 금단 위에 청색 보자기를 펴고 해달의 가죽 덮개로 덮고 그 채를 꿰고
12. 또 성소에서 봉사하는 데 쓰는 모든 기명을 취하여 청색 보자기에 싸서 해달의 가죽 덮개 로 덮어 메는 틀 위에 두고

13. 또 단의 재를 버리고 그 단 위에 자색 보자기를 펴고
14. 봉사하는 데 쓰는 모든 기구 곧 불 옮기는 그릇들과 고기 갈고리들과 부삽들과 대야들과 단의 모든 기구를 두고 해달의 가죽 덮개를 그 위에 덮고 그 채를 꿸 것이며
15. 행진할 때에 아론과 그 아들들이 성소와 성소의 모든 기구 덮기를 필하거든 고핫 자손이 와서 멜 것이니라 그러나 성물은 만지지 말지니 죽을까 하노라 회막 물건 중에서 이것들은 고핫 자손이 멜 것이며
16. 제사장 아론의 아들 엘르아살의 맡을 것은 등유와 분향할 향품과 항상 드리는 소제물과 관유며 또 장막의 전체와 그 중에 있는 모든 것과 성소와 그 모든 기구니라
17. 여호와께서 또 모세와 아론에게 일러 가라사대
18. 너희는 고핫 족속의 지파를 레위인 중에서 끊어지게 말지니
19. 그들이 지성물에 접근할 때에 그 생명을 보존하고 죽지 않게 하기 위하여 너희는 이같이 하여 아론과 그 아들들이 들어가서 각 사람에게 그 할 일과 그 멜 것을 지휘할지니라
20. 그들은 잠시라도 들어가서 성소를 보지 말 것은 죽을까 함이니라
21. 여호와께서 또 모세에게 일러 가라사대
22. 게르손 자손도 그 종족과 가족을 따라 총계하되
23. 삼십 세 이상으로 오십 세까지 회막 봉사에 입참하여 일할 만한 모든 자를 계수하라
24. 게르손 가족의 할 일과 멜 것은 이러하니
25. 곧 그들은 성막의 앙장들과 회막과 그 덮개와 그 위의 해달의 가죽 덮개와 회막 문장을 메이며
26. 뜰의 휘장과 및 성막과 단 사면에 있는 뜰의 문장과 그 줄들과 그것에 사용하는 모든 기구를 메이며 이 모든 것을 어떻게 맡아 처리할 것이라
27. 게르손 자손은 그 모든 일 곧 멜 것과 처리할 것에 아론과 그 아들들의 명대로 할 것이니 너희는 그들의 멜 짐을 그들에게 맡길 것이니라
28. 게르손 자손의 가족들이 회막에서 할 일이 이러하며 그들의 직무는 제사장 아론의 아들 이다말이 감독할지니라
29. 너는 므라리 자손도 그 가족과 종족을 따라 계수하되
30. 삼십 세 이상으로 오십 세까지 회막 봉사에 입참하여 일할 만한 모든 자를 계수하라
31. 그들이 직무를 따라 회막에서 할 모든 일 곧 그 멜 것이 이러하니 곧 장막의 널판들과 그 띠들과 그 기둥들과 그 받침들과
32. 뜰 사면 기둥들과 그 받침들과 그 말뚝들과 그 줄들과 그 모든 기구들과 무릇 그것에 쓰는 것이라 너희는 그들의 맡아 멜 모든 기구의 명목을 지정하라
33. 이는 제사장 아론의 아들 이다말의 수하에 있을 므라리 자손의 가족들이 그 모든 사무대로 회막에서 행할 일이니라
34. 모세와 아론과 회중의 족장들이 고핫 자손들을 그 가족과 종족대로 계수하니
35. 삼십 세 이상으로 오십 세까지 회막 봉사에 입참하여 일할 만한 모든 자
36. 곧 그 가족대로 계수함을 입은 자가 이천칠백오십이니
37. 이는 모세와 아론이 여호와께서 모세로 명하신 대로 회막에서 종사하는 고핫인의 모든 가족 중 계수한 자니라
38. 게르손 자손의 그 가족과 종족을 따라 계수함을 입은 자는
39. 삼십 세 이상으로 오십 세까지 회막 봉사에 입참하여 일할 만한 모든 자라
40. 그 가족과 종족을 따라 계수함을 입은 자가 이천육백삼십 명이니라
41. 이는 모세와 아론이 여호와의 명대로 회막에서 종사하는 게르손 자손의 모든 가족 중 계수한 자니라
42. 므라리 자손의 가족 중 그 가족과 종족을 따라 계수함을 입은 자는
43. 삼십 세 이상으로 오십 세까지 회막 봉사에 입참하여 일할 만한 모든 자라
44. 그 가족을 따라 계수함을 입은 자가 삼천이백 명이니
45. 이는 모세와 아론이 여호와께서 모세로 명하신 대로 므라리 자손들의 가족 중 계수한 자니라
46. 모세와 아론과 이스라엘 족장들이 레위인을 그 가족과 종족대로 다 계수하니
47. 삼십 세 이상으로 오십 세까지 회막 봉사와 메는 일에 입참하여 일할 만한 모든 자
48. 곧 그 계수함을 입은 자가 팔천오백팔십 명이라
49. 그들이 그 할 일과 멜 일을 따라 모세에게 계수함을 입었으되 여호와께서 모세에게 명하신 대로 그들이 계수함을 입었더라

본문은 하나님께서 레위인들을 구별하시고, 그들에게 성막을 섬기는 직분을 맡기시는 사건입니다. 1,2장에서 하나님께서는 이스라엘 군대를 계수하시고, 진영을 짜고 배치하셨습니다. 이제 3,4장에서 레위인들을 따로 계수(計數)하도록 명하셨습니다. 이는 레위인들을 택하여 하나님 자신의 소유로 삼고, 회막을 섬기도록 하시기 위함이었습니다. 본문은 레위인들의 인구 조사와 그들에게 주어진 임무가 무엇인가를 말해 줍니다. 본문 말씀을 통해서 우리는 이 시대에 우리를 구별하신 하나님의 은혜를 새롭게 영접할 수 있으며, 하나님의 교회를 섬기는 자세를 배울 수 있습니다.

1. 레위인을 아론에게 돌리신 하나님 (3:1-51)

1절을 보십시오. **"아론과 모세의 낳은 자가 이러하니라."** 이 말씀은 아론과 모세의 계보(generation)를 말합니다. 아론은 제사장들의 조상이 되었고(출 40:12-15), 모세는 레위인의 대표로 언급되었습니다(대상 23:13,14). 하나님께서는 제사장들과 레위인들을 엄격히 구별하시고 영적인 질서를 세우셨습니다.

첫째, 거룩한 제사장 직분 (2-4)

2절을 보십시오. 아론에게는 나답과 아비후, 엘르아살과 이다말 등 네 명의 아들들이 있었습니다. 이들은 기름을 발리우고[5], 거룩하게 구별되어 제사장 직분을 위임받았습니다. 출애굽기 28,29장에 보면 모세가 아론과 그 아들들에게 영화롭고 아름다운 예복을 입히고 위임식을

---

5) '기름을 발리우고(מְשֻׁחִים)'는 '기름부음을 받은 자' 메시야, 그리스도의 어근이 된다. 구약에서는 이스라엘이 제사장과 왕(왕상 1:34), 예언자(왕상 19:16)에게 기름을 부어 성별하여 임직하도록 하였다.

거행하는 장면이 나옵니다. 이 위임식은 온 백성들이 보는 앞에서 7일 동안이나 계속되었으며, 매일 속죄제와 번제와 화목제를 드렸습니다. 그만큼 제사장의 직분은 중요하고, 영광스러운 직분이었기 때문이었습니다. 제사장의 직분은 크게 세 가지로 구분해 볼 수 있습니다.[6]

첫째는 하나님께 제사를 드리는 일이었습니다. 제사장은 제사를 드림으로 죄 지은 사람이 죄 사함을 받게 하고, 감사의 뜻을 하나님께 전달하였습니다.

둘째로 율법을 가르치는 일이었습니다. 제사장은 하나님께서 내리시는 복을 선포하고 용서를 선언하며 하나님의 말씀, 곧 율법으로 백성을 가르치는 일을 했습니다.

셋째로 '정결'을 유지하는 일이었습니다. 제사장은 성전을 정결케 하고, 제사의식을 정결케 하고, 제사장 자신을 정결케 하고, 하나님을 섬기는 공동체를 정결케 하는 사명을 받았습니다(레 10:10,11). 이 직분을 잘 감당치 못할 때 하나님을 섬기는 공동체는 큰 재앙을 만나 파멸의 위기에 처하게 됩니다. 그러므로 제사장 직분을 위임받은 자는 모든 면에서 구별된 삶을 살아야 합니다. 온 힘을 다하여 공동체를 정결케 하는 사명을 감당해야 합니다.

그러나 4절을 보십시오. **"나답과 아비후는 시내 광야에서 다른 불을 여호와 앞에 드리다가 여호와 앞에서 죽었고 무자하였고, 엘르아살과 이다말이 그 아비 아론 앞에서 제사장의 직분을 행하였더라."** 장남 나답과 아비후는 다른 불을 여호와 앞에 드리다가 변을 당했습니다(레 10:1,2). 이들은 하나님께서 인치신 번제단의 불을 취하여 분향하지 않고 다른 숯불을 향로에 담아 분향하였습니다(레 16:12). 하나님께서 나답과 아비후를 치신 후에 아론에게 **"너나 네 자손들이 회막에 들어갈 때에는 포도주나**

---

6) 정중호, "구약성서와의 대화", 「기독교 이해」(계명대학교출판부, 1998), p.80.

독주를 마시지 말아서 너희 사망을 면하라(레 10:9a)."고 하신 것을 보면, 이들이 술에 취한 상태로 경외심이 없이 공인되지 않은 불을 사용하여 분향을 하다가 변을 당했을 가능성이 많습니다. 어쨌든 이들은 하나님에 대한 경외심 없이 경솔하게 제사를 드리다가 죽임을 당했습니다. 이들은 자식도 없이 죽었기 때문에 제사장직은 물론 백성 중에서도 끊어지게 되었습니다. 두 제사장이 죽은 사건은 제사장 직분을 감당하는 자의 자세가 어떠해야 하는가를 보여 주는 경고가 되었습니다. 그 후 아론과 그 아들들은 두렵고 떨림으로 제사장 직분을 감당했을 것입니다. 하나님께서 우리를 일방적으로 택하시고 복음의 제사장 직분을 맡기셨습니다 (롬 15:16). 우리가 이 직분을 하나님의 법대로 두렵고 떨림으로 감당할 수 있기를 기도합니다.

둘째, 아론에게 온전히 돌리운 레위인 (5-10)

5,6절을 보십시오. **"여호와께서 또 모세에게 일러 가라사대 레위 지파로 나아와 제사장 아론 앞에 서서 그에게 시종하게 하라."** 하나님께서는 레위인들이 제사장 아론 앞에서 종처럼 섬기며 보좌하게 하라고 명하셨습니다. 레위인들이 아론을 위하여 또 이스라엘의 모든 백성을 위하여 성막에서 거룩한 임무를 수행하도록 하셨습니다. 따라서 레위인들은 제사 드리러 오는 백성들을 위해서 성막에서 봉사할 뿐만 아니라 성막의 모든 비품들을 관리하고, 제사를 드리는 제사장들의 온갖 잡일을 해야 했습니다.

9절을 보십시오. 하나님께서는 모세에게 **"너는 레위인을 아론과 그 아들들에게 주라. 그들은 이스라엘 자손 중에서 아론에게 온전히 돌리운 자니라."**고 하셨습니다. 레위인들은 아론에게 온전히 돌리운 자(to be given wholly to him)였습니다. 그러므로 이들은 아론에게 소속된 사람들로서 하나님을 섬겨야 했습니다. 이는 우리 신자들이 영원한 대제사장 예수 그리스도께 완전히 주어진 자들로서 예수님께 속하여 하나님을 섬기는 것과 같습니다(롬 1:6). 우리 신자들은 제사장이신 예수님 앞에 서서 주님의 말씀에 순종하여 사는 영적인 레위인들입니다. 동시에 하나님께서 세우신 종들을 보좌하러 예수 그리스도의 몸 된 교회를 섬기는 일꾼들입니다. 브리스길라와 아굴라는 사도 바울을 위해서 목이라도 내 놓을 만큼 절대적인 자세로 하나님의 교회를 섬겼습니다(롬 16:4). 하나님께서는 이런 자들을 통해서 당신의 구속 역사를 이루어 가십니다.

동시에 하나님께서는 제사장과 레위인을 엄격히 구별하여, 영적인 질서를 세우셨습니다. 10절을 보십시오. **"너는 아론과 그 아들들을 세워 제사장 직분을 행하게 하라. 외인어 가까이 하면 죽임을 당할 것이니라."** 하나님께서는 아론과 그 아들들에게만 제사장 직분을 행하도록 하시고, 레위인은 제사장들을 보좌하는 일만 하도록 엄격하게 제한하셨습니다. 제사장들과 레위인 사이에 영적인 질서가 무너지면 제사 제도가 무너지고, 하나님께서 자기 백성과 함께 하실 수 없게 되기 때문이었습니다.

셋째, 레위인을 택하신 하나님 (11-13)

11,12절을 보십시오. **"여호와께서 모세에게 일러 가라사대, 보라 내가 이스라엘 자손 중에서 레위인을 택하여 이스라엘 자손 중 모든 첫 태에 처음 난 자를 대신케 하였은즉 레위인은 내 것이라."** 하나님께서는 레위인을 택하여 이스라엘의 장자를 대신하게 하셨기 때문에 레위인은 하나님의 소유라고 말씀하셨습니다. 하나님께서 애굽에서 열 가지 재앙을 내리실 때 애굽의 장자들은 다 멸하시고 이스라엘의 처음 난 자를 구원하셨습니다(13). 그래서 이스라엘의 장자들과 짐승의 초태생은 하나님의 소유가 되었습니다(출 13:2). 그런데 하나님께서는 이스라엘의

처음 난 자들을 대신하여 레위인들을 자신의 소유로 삼으셨습니다. 그래서 **"레위인은 내 것이라."**고 하셨습니다. 하나님께서는 그들을 구별하셔서 성막에서 하나님과 백성을 위하여 제사장을 보좌하는 일을 하도록 하셨습니다. 이는 이스라엘 백성들이 영원히 출애굽의 사건과 구원의 하나님을 기억하도록 하기 위함이었습니다.

그런데 하나님께서 왜 레위인들을 택하여 자신의 소유로 삼으셨는지는 알 수 없습니다. 이는 하나님의 일방적인 은혜라고 할 수밖에 없습니다. 창세기에서 야곱은 레위에게 두 번씩이나 **"레위는 저주를 받을 것이라."**고 예언했습니다(창 49:5-7). 그런데 하나님께서 이런 레위 자손에게 긍휼을 베풀어 주시고, 하나님을 풀 타임(full time)으로 섬길 수 있는 특권을 주셨습니다. 이는 하나님의 일방적인 은혜요 긍휼이라고 할 수밖에 없습니다. 하나님께서는 선지자 이사야를 통해서 **"너는 두려워 말라. 내가 너를 구속하였고 내가 너를 지명하여 불렀나니 너는 내 것이라(사 43:1b)"**라고 하셨습니다. 우리 신자들은 이 말씀대로 어린양의 피가 아니라 예수님의 피로 구속(救贖)받은 자요, 하나님의 소유가 되었습니다(벧전 1:18,19; 2:9). 우리도 레위와 같이 본질상 저주를 받아 마땅한 자들이었습니다(엡 2:3). 그러나 예수님께서 우리 대신 저주를 받으심으로 우리를 율법의 저주에서 속량(贖良)해 주셨습니다(갈 3:13). 그래서 우리는 하나님을 가장 가까이 모시고 섬길 수 있는 특권을 누리게 되었습니다. 이는 참으로 하나님의 일방적인 은혜입니다. 그래서 사도 바울은 **"나의 나 된 것은 하나님의 은혜"**라고 고백했습니다(고전 15:10).

넷째, 이스라엘의 장자를 대신한 레위인(14-51)

14,15절을 보십시오. **"여호와께서 시내 광야에서 모세에게 일러 가라사대 레위 자손을 그들의 종족과 가족을 따라 계수하되 일 개월 이상의**

남자를 다 계수하라." 일반 백성을 계수할 때는 20세 이상의 남자만 계수하였습니다. 그런데 하나님께서 레위인을 계수할 때는 1개월 이상의 남자를 다 계수하도록 하셨습니다. 이는 이스라엘의 장자를 대신하도록 하기 위함이었습니다. 레위에게는 세 아들이 있었는데 게르손과 고핫과 므라리였습니다(17). 게르손 자손은 7,500명이었으며, 장막 서편에 진을 치도록 하셨으며, 엘리아삽을 족장으로 세우셨습니다(18-26). 그들에게 성막과 장막과 그 덮개와 회막 문장과 뜰의 휘장과 및 성막과 단 사면에 있는 뜰의 문장과 그 모든 것에 쓰는 줄들을 맡도록 하셨습니다(25,26).

고핫 자손들은 8,600명이었으며, 성막 남편에 진을 치도록 하셨습니다. 엘리사반을 족장으로 세우시고, 그들에게는 증거궤와 상과 등대와 단들과 성소에서 봉사하는 데 쓰는 기구들과 휘장과 그것에 쓰는 모든 것을 관리하는 책임을 맡기셨습니다(30,31).

므라리 자손은 6,200명이었으며, 장막 북편에 진을 치도록 하셨으며 수리엘을 족장으로 세우셨습니다(33-37). 이들에게는 성막의 널판과 그 띠와 그 기둥과 그 받침과 그 모든 기구와 그것에 쓰는 모든 것과 뜰 사면 기둥과 그 받침과 그 말뚝과 그 줄들을 맡기셨습니다(36,37). 장막 앞 동편 곧 회막 앞 해 돋는 편에는 모세와 아론과 아론의 아들들이 진을 치게 하셨습니다(38). 모세와 아론과 그 아들들은 이스라엘 자손의 직무를 대신하여 성소의 직무를 감당하도록 하셨습니다. 이 직무는 특별히 구별된 거룩한 직무이기 때문에 외인이 가까이 할 수 없도록 엄히 경계하셨습니다. 이상에서 레위인들의 총계는 22,000명이었습니다(39).[7]

---

7) 레위 지파의 세 족속을 모두 합하면 22,300명이 된다. 그래서 레위기 저자가 말하는 총계보다 300명이 많다. 매튜 헨리(Matthew Henry)에 의하면 이 300명은 레위인들의 장자로 태어난 자들이기 때문에 대속할 자격이 없어 계산에서 빠졌다고 한다. 그러나

레위 지파와 이스라엘 열두 지파의 진의 배치도를 그려보면 다음과
같습니다.

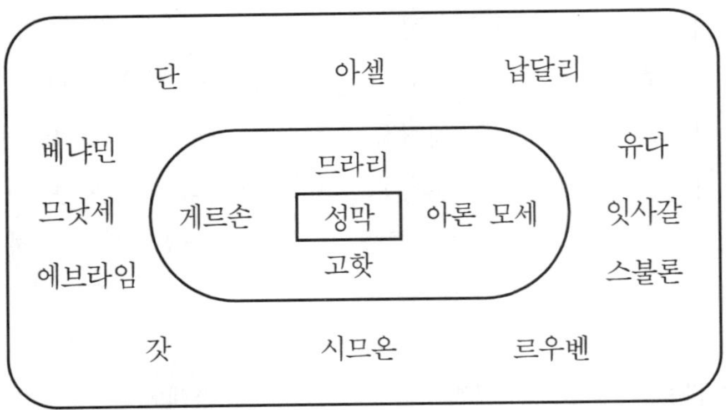

40-51절을 보면 모세가 여호와께서 명하신 대로 이스라엘의 장자를
계수하니 총 22,273명이었습니다. 이스라엘의 장자가 레위인보다 273
명이 더 많았습니다. 그래서 그들을 속하기 위해서 일인당 5세겔씩,
1,365세겔을 받아서 아론과 그 아들들에게 주었습니다. 이를 통해서
레위인들은 이스라엘의 장자를 대신하게 되었고, 이스라엘 백성들은
레위인들이 자신을 대신해서 하나님을 섬긴다고 생각하게 되었습니다.

이상에서 볼 때 하나님께서는 제사장 아론에게 레위인들을 온전히
돌리심으로 제사 제도가 지속적으로 진행되도록 제도적인 장치를 마련

델리취(Delitzschtzsch)는 성경을 필사하는 사람이 고핫 자손의 수를 기록할 때 8,300명
을 8,600명으로 잘못 기록했을 것으로 추정한다. 히브리어로 300은 600과 발음이 비슷
하기 때문이다. 문헌학적으로 필사의 잘못으로 볼 수도 있지만 그것이 아니라면 저자
의 입장에서 볼 때 레위인의 장자가 이스라엘의 장자를 대속할 수 없는 것은 너무나
당연하기 때문에 언급하지 않은 채 총계를 기록하였을 가능성이 많다. Keil & Delitzsch,
김만풍 역, 「민수기」, p.63; Matthew Henry, 김현영 역, 「민수기」(기독교문사, 1991),
p.55.

하셨습니다. 레위인들의 직무는 아론을 섬겨서 백성들을 위하여 봉사하는 것이었습니다. 동시에 하나님이 거하시는 회막과 백성이 거하는 진 사이에 살면서 하나님을 섬기고, 백성을 보호하는 역할을 감당하는 것이었습니다.

2. 레위 자손들에게 직무를 주신 하나님 (4:1-49)

3장에서 하나님께서 레위 자손 전체를 계수하게 하셨습니다. 그러나 4장에서는 레위 자손 중 성막을 이동할 때 섬기는 일에 동참할 수 있는 인원을 조사하도록 명하셨습니다. 그리고 각 족속에게 구체적인 임무를 맡기셨습니다. 1-3절을 보십시오. **"여호와께서 또 모세와 아론에게 일러 가라사대 레위 자손 중에서 고핫 자손을 그들의 가족과 종족을 따라 총계할지니, 곧 삼십 세 이상으로 오십 세까지 회막의 일을 하기 위하여 그 역사에 참가할 만한 모든 자를 계수하라."** 하나님께서는 군대를 계수할 때는 20세 이상 싸움에 나갈 만한 자를 계수하도록 하셨습니다. 그런데 레위인을 계수할 때는 30세 이상 50세 미만의 사람을 계수하도록 명하셨습니다. 이는 하나님의 일에 수종 드는 사람은 육체도 튼튼해야 하지만 정신적으로 영적으로 성숙해야 함을 말해 줍니다. 30세까지는 어린아이와 같고, 청년처럼 혈기가 많아서 위험성이 있습니다. 50세 이상을 제외시킨 것은 인생에 있어서 가장 건강하고 활동적인 시기에만 봉사하도록 규정하신 것입니다.[8]

고핫 자손들에게 주어진 임무가 무엇입니까? 고핫 자손은 회막 안

---

8) 그후 얼마 안 되어 회막 봉사의 의무가 지워진 나이는 25세로 낮추어졌다(민 8:24, 70인역에서는 30세로 일치시킴). 이는 30세 이상은 성막을 옮길 때 봉사할 수 있는 나이이고, 25세는 성막을 짓고 머물러 있을 때에 봉사할 수 있는 나이이다. 그러나 25세에서 30세까지는 수습기간이었다고 보는 견해도 있다. 또 30세 이상으로 정했으나 인원이 부족하여 낮추었을 가능성도 있다.

지성물에 대해서 운반하고 관리하는 책임을 맡았습니다. 그렇지만 고핫 자손들이 여호와의 성물들을 함부로 만지거나 성소를 들여다보지 못하게 하셨습니다. 지성물(至聖物)들은 제사장들이 친히 덮고 싸고 한 후에야 고핫 자손들이 들고 운반할 수 있었습니다. 5-14절을 보면 행진할 때 제사장들이 성막에 들어가서 휘장을 걷어 증거궤, 떡상, 향단, 등잔, 거기에 따르는 많은 기구들을 덮고 싸고 채를 꿰어야 했습니다. 15a절을 보십시오. **"행진할 때에 아론과 그 아들들이 성소와 성소의 모든 기구 덮기를 필하거든 고핫 자손이 와서 멜 것이니라."** 이처럼 제사장들이 모든 것을 챙긴 후에야 고핫 자손들이 메고 운반할 수 있었습니다. 또 운반할 때도 절대로 지성물에 손을 대서는 안 되었습니다. 지성물을 만지면 죽음을 면할 수 없었습니다. 또 제사장 아론의 아들, 엘르아살은 등유(출 27:20)와 분향할 향품(출 30:34,35)과 항상 드리는 소제물(출 29:40)과 관유(출 30:23-25)를 맡고, 장막의 전체와 그 중에 있는 모든 것과 성소와 그 모든 기구들을 맡아야 했습니다(16). 하나님께서는 다시 한번 지성물을 접근할 때에 주의하여 그 생명을 보존하여 죽지 않도록 제사장들이 일일이 지휘하도록 모세에게 경계를 시키셨습니다(17-19).

다음으로 하나님께서는 30세에서 50세까지의 게르손 자손들을 계수하게 하셨습니다(21-23). 그들에게는 성막의 앙장들과 회막과 그 덮개와 그 위의 해달의 가죽 덮개와 회막 문장을 메고, 뜰의 휘장과 및 성막과 단 사면에 있는 뜰의 문장과 그 줄들과 그것에 사용하는 모든 기구를 메고, 이 모든 것을 맡아 처리하도록 하는 임무를 맡기셨습니다(25,26). 게르손 자손의 가족들은 제사장 아론의 아들 이다말의 감독하에 두셨습니다(28).

다음으로 30세 이상으로 50세까지 회막 봉사에 입참하여 일할 만한 므라리 자손을 계수하도록 하셨습니다(29,30). 그들의 직무는 장막의 널판들과 그 띠들과 그 기둥들과 그 받침들과 뜰 사면 기둥들과 그 받침들과 그 말뚝들과 그 줄들과 그 모든 기구들과 무릇 그것에 쓰는 것을 운반하는 것이었습니다. 장막의 널판은 성막의 골조로서 넓이가 67.5cm 길이가 4.5m 되는 조각목으로 만들어졌으며, 금으로 싸도록 되었기 때문에 상당히 무거웠을 것입니다(출 26:15-18,29). 또한 띠는 널판을 연결하는 것이며(출 26:26-28), 기둥은 조각목으로 금으로 쌌고, 받침은 은으로 만들었습니다(출 26:32,37). 뜰 사면 기둥은 회막 뜰의 담장 역할을 한 장막을 치기 위한 기둥들이며, 그 받침은 놋으로 만들었습니다. 그러므로 므라리 자손들이 운반해야 하는 짐들은 상당히 무겁고 힘든 일들이었습니다. 이들도 제사장 아론의 아들 이다말의 수하에 있도록 했습니다.

이상에서 볼 때 하나님께서는 레위 자손들에게 다양한 직분을 맡기셨음을 알 수 있습니다. 고핫 족속에게는 지성물을 옮기는 가장 중요한 일을 맡기셨습니다. 이 일은 중요한 일인만큼 목숨이 위태로운 직분이었습니다. 조금만 잘못하면 생명을 잃을 위험성이 있었습니다. 게르손 자손에게는 천막을 걷고 치는 일이었기 때문에 다른 사람보다 먼저 가서 천막을 쳐야 했습니다. 또 므라리 자손들은 무거운 기둥과 받침들을 운반해야 하는 어려움이 있었습니다. 하나님께서 보실 때 이 모든 직분이 다 요긴합니다. 회막을 섬기는 데 어느 한 가지 일만 있는 것이 아니었습니다. 허드렛일도 필요하고, 막노동꾼도 필요했습니다. 또 언약궤나 금향단을 옮기는 일도 필요했습니다. 고핫 자손들의 직분이 무거운 골조와 무쇠덩어리를 옮기는 므라리 자손들의 직분보다 더 귀하다고 할 수 없었습니다. 하나님 편에서는 그런 일보다 레위인들 자신들이 가장 소중한 존재들이기 때문입니다. 그래서 하나님께서는 각 족속들이 회막을 중심으로 동서남북으로 진을 치도록 배치하시고, 고유한 직무를 분담시키셨습니다. 각 족속의 인원과 재능과 모든 것을 고려해서 직분을 맡기셨기 때문에 하나님 앞에서 맡은 직무에 충성을 다해야 합니다. 이는 마치 우리 몸에 여러 지체가 있는 것과 마찬가지입니다. 우리 몸에 눈이 귀하다고 온 몸이 다 눈이 될 수는 없습니다(고전 12:17). 다 손이 될 수도 없습니다. 모든 사람이 다 가벼운 것만 운반하려고 한다면 무거운 것은 누가 운반하겠습니까?

회막은 광야 교회를 가리킵니다(행 7:38). 우리가 하나님의 교회를 섬기는 데 있어서도 다양한 직분이 있습니다. **"그가 혹은 사도로, 혹은 선지자로, 혹은 복음 전하는 자로, 혹은 목사와 교사로 주셨으니 이는 성도를 온전케 하며 봉사의 일을 하게 하며 그리스도의 몸을 세우려 하심이라."(엡 4:11,12)** 모든 직분은 그리스도의 몸 된 교회를 섬기고 봉사하는 역할을 합니다. 어떤 직분이 귀하고 어떤 직분이 덜 귀한 것이 아닙니다. 개 교회나 여러 선교 기관에도 다양한 직분이 있습니다. 하나님께서는 각 사람의 재능과 믿음의 분량에 따라서 각각 다른 직분을 맡겨 주십니다. 그러므로 어떤 직분이 주어지든지 하나님 앞에서 영접하고 충성을 다해야 합니다. 우리가 어떤 직분을 맡게 되든지 자기의 은사를 살려서 힘을 다하여 섬길 수 있기를 기도합니다.

34-48절을 보십시오. 모세와 아론이 레위 자손들을 가족과 종족에 따라 삼십 세 이상으로 오십 세까지 회막 봉사에 입참하여 일할 만한 모든 자를 그 가족대로 계수하였습니다. 고핫 자손이 2,750명이었습니다. 게르손 자손은 2,630명이었습니다. 므라리 자손은 3,200명이었습니다. 그래서 총계는 8,580명이었습니다.

결론

하나님께서는 쓸모 없는 인생들을 택하시고, 예수 그리스도의 피로 구속하시고 하나님의 소유로 삼으셨습니다. 뿐만 아니라 하나님을 가장 가까이 모시고 아름다운 포도원에서 일할 수 있는 특권과 사명을 주셨습니다. 우리가 예수 그리스도에게 속한 자로서 세상에서 방황하는 양들을 섬기며, 교회 안에서 맡겨진 직분을 충성스럽게 감당할 수 있기를 기도합니다.

제 3 강

진 가운데 거하시는 하나님

(5:1 – 7:89)

요절 5:3　"무론 남녀하고 다 진 밖으로 내어 보내어 그들로 진을 더럽히게 말라. 내가 그 진 가운데 거하느니라 하시매"

5:1. 여호와께서 모세에게 일러 가라사대

2. 이스라엘 자손에게 명하여 모든 문둥병 환자와 유출병이 있는 자와 주검으로 부정케 된 자를 다 진 밖으로 내어 보내되

3. 무론 남녀하고 다 진 밖으로 내어 보내어 그들로 진을 더럽히게 말라 내가 그 진 가운데 거하느니라 하시매

4. 이스라엘 자손이 그같이 행하여 그들을 진 밖으로 내어 보내었으니 곧 여호와께서 모세에게 이르신 대로 이스라엘 자손이 행하였더라

5. 여호와께서 또 모세에게 일러 가라사대

6. 이스라엘 자손에게 이르라 남자나 여자나 사람들이 범하는 죄를 범하여 여호와께 패역하여 그 몸에 죄를 얻거든

7. 그 지은 죄를 자복하고 그 죄 값을 온전히 갚되 오분지 일을 더하여 그가 죄를 얻었던 그 본주에게 돌려 줄 것이요

8. 만일 죄 값을 받을 만한 친족이 없거든 그 죄 값을 여호와께 드려 제사장에게로 돌릴 것이니 이는 그를 위하여 속죄할 속죄의 숫양 외에 돌릴 것이니라

9. 이스라엘 자손의 거제로 제사장에게 가져오는 모든 성물은 그의 것이 될 것이라

10. 각 사람의 구별한 물건은 그의 것이 되나니 누구든지 제사장에게 주는 것은 그의 것이 되느니라

11. 여호와께서 모세에게 일러 가라사대

12. 이스라엘 자손에게 고하여 그들에게 이르라 만일 어떤 사람의 아내가 실행하여 남편에게 범죄하여

13. 타인과 정교를 하였으나 그 남편의 눈에 숨겨 드러나지 아니하였고 그 여자의 더러워진 일에 증인도 없고 그가 잡히지도 아니하였어도

14. 그 더러워짐을 인하여 남편이 의심이 생겨서 그 아내를 의심하든지 또는 아내가 더럽히지 아니하였어도 그 남편이 의심이 생겨서 그 아내를 의심하거든

15. 그 아내를 데리고 제사장에게로 가서 그를 위하여 보리 가루 에바 십분지 일을 예물로 드리되 그것에 기름도 붓지 말고 유향도 두지 말라 이는 의심의 소제요 생각하게 하는 소제니 곧 죄악을 생각하게 하는 것이니라

16. 제사장은 그 여인으로 가까이 오게 하여 여호와 앞에 세우고

17. 토기에 거룩한 물을 담고 성막 바닥의 티끌을 취하여 물에 넣고

18. 여인을 여호와 앞에 세우고 그 머리를 풀게 하고 생각하게 하는 소제물 곧 의심의 소제물을 그 두 손에 두고 제사장은 저주가 되게 할 쓴 물을 자기 손에 들고

19. 여인에게 맹세시켜 그에게 이르기를 네가 네 남편을 두고 실행하여 사람과 동침하여 더럽힌 일이 없으면 저주가 되게 하는 이 쓴 물의 해독을 면하리라

20. 그러나 네가 네 남편을 두고 실행하여 더럽혀서 네 남편 아닌 사람과 동침하였으면

21. (제사장이 그 여인으로 저주의 맹세를 하게 하고 그 여인에게 말할지니라) 여호와께서 네 넓적다리로 떨어지고 네 배로 부어서 너로 네 백성 중에 저줏거리, 맹셋거리가 되게 하실

지라
22. 이 저주가 되게 하는 이 물이 네 창자에 들어가서 네 배로 붓게 하고 네 넓적다리로 떨어지게 하리라 할 것이요 여인은 아멘 아멘 할지니라
23. 제사장이 저주의 말을 두루마리에 써서 그 글자를 그 쓴 물에 빨아 넣고
24. 여인으로 그 저주가 되게 하는 쓴 물을 마시게 할지니 그 저주가 되게 하는 물이 그의 속에 들어가서 쓰리라
25. 제사장이 먼저 그 여인의 손에서 의심의 소제물을 취하여 그 소제물을 여호와 앞에 흔들고 가지고 단으로 가서
26. 그 소제물 중에서 기념으로 한 움큼을 취하여 단 위에 소화하고 그 후에 여인에게 그 물을 마시울지라
27. 그 물을 마시운 후에 만일 여인이 몸을 더럽혀서 그 남편에게 범죄하였으면 그 저주가 되게 하는 물이 그의 속에 들어가서 쓰게 되어 그 배가 부으며 그 넓적다리가 떨어지리니 그 여인이 그 백성 중에서 저줏거리가 될 것이니라
28. 그러나 여인이 더럽힌 일이 없고 정결하면 해를 받지 않고 잉태하리라
29. 이는 의심의 법이니 아내가 그 남편을 두고 실행하여 더럽힌 때나
30. 또는 그 남편이 의심이 생겨서 그 아내를 의심할 때에 그 여인을 여호와 앞에 두고 제사장이 이 법대로 행할 것이라
31. 남편은 무죄할 것이요 여인은 죄가 있으면 당하리라

6:1. 여호와께서 모세에게 일러 가라사대
 2. 이스라엘 자손에게 고하여 그들에게 이르라 남자나 여자가 특별한 서원 곧 나실인의 서원을 하고 자기 몸을 구별하여 여호와께 드리거든
 3. 포도주와 독주를 멀리하며 포도주의 초나 독주의 초를 마시지 말며 포도즙도 마시지 말며 생포도나 건포도도 먹지 말지니
 4. 자기 몸을 구별하는 모든 날 동안에는 포도나무 소산은 씨나 껍질이라도 먹지 말며
 5. 그 서원을 하고 구별하는 모든 날 동안은 삭도를 도무지 그 머리에 대지 말 것이라 자기 몸을 구별하여 여호와께 드리는 날이 차기까지 그는 거룩한즉 그 머리털을 길게 자라게 할 것이며
 6. 자기 몸을 구별하여 여호와께 드리는 모든

날 동안은 시체를 가까이 하지 말 것이요
 7. 그 부모 형제 자매가 죽은 때에라도 그로 인하여 몸을 더럽히지 말 것이니 이는 자기 몸을 구별하여 하나님께 드리는 표가 그 머리에 있음이라
 8. 자기 몸을 구별하는 모든 날 동안 그는 여호와께 거룩한 자니라
 9. 누가 홀연히 그 곁에서 죽어서 스스로 구별한 자의 머리를 더럽히거든 그 몸을 정결케 하는 날에 머리를 밀 것이니 곧 제 칠 일에 밀 것이며
10. 제 팔 일에 산비둘기 두 마리나 집비둘기 새끼 두 마리를 가지고 회막문에 와서 제사장에게 줄 것이요
11. 제사장은 그 하나를 속죄제물로, 하나를 번제물로 드려서 그의 시체로 인하여 얻은 죄를 속하고 또 그는 당일에 그의 머리를 성결케 할 것이며
12. 자기 몸을 구별하여 여호와께 드릴 날을 새로 정하고 일 년 된 숫양을 가져다가 속건제로 드릴지니라 자기 몸을 구별한 때에 그 몸을 더럽혔은즉 지나간 날은 무효니라
13. 나실인의 법은 이러하니라 자기 몸을 구별한 날이 차던 그 사람을 회막문으로 데리고 갈 것이요
14. 그는 여호와께 예물을 드리되 번제물로 일 년 된 흠 없는 숫양 하나와 속죄제물로 일 년 된 흠 없는 어린 암양 하나와 화목제물로 흠 없는 숫양 하나와
15. 무교병 한 광주리와 고운 가루에 기름 섞은 과자들과 기름 바른 무교전병들과 그 소제물과 전제물을 드릴 것이요
15. 제사장은 그것들을 여호와 앞에 가져다가 속죄제와 번제를 드리고
17. 화목제물로 숫양에 무교병 한 광주리를 아울러 여호와께 드리고 그 소제와 전제를 드릴 것이요
18. 자기 몸을 구별한 나실인은 회막문에서 그 머리털을 밀고 그것을 화목제물 밑에 있는 불에 둘지며
19. 자기 몸을 구별한 나실인이 그 머리털을 민 후에 제사장이 삶은 숫양의 어깨와 광주리 가운데 무교병 하나와 무교전병 하나를 취하여 나실인의 두 손에 두고
20. 여호와 앞에 요제로 흔들 것이며 그것과 흔든 가슴과 든 넓적다리는 성물이라 다 제사장에게 돌릴 것이니라 그 후에는 나실인이 포도주를 마실 수 있느니라

21. 이는 곧 서원한 나실인이 자기 몸을 구별한
일로 인하여 여호와께 예물을 드림과 행할
법이며 이 외에도 힘이 미치는 대로 하려니와
그 서원한 대로 자기 몸을 구별하는 법을
따라 할 것이니라

22. 여호와께서 모세에게 일러 가라사대

23. 아론과 그 아들들에게 고하여 이르기를 너희
는 이스라엘 자손을 위하여 이렇게 축복하여
이르되

24. 여호와는 네게 복을 주시고 너를 지키시기를
원하며

25. 여호와는 그 얼굴로 네게 비취사 은혜 베푸시
기를 원하며

26. 여호와는 그 얼굴을 네게로 향하여 드사 평강
주시기를 원하노라 할지니라 하라

27. 그들은 이같이 내 이름으로 이스라엘 자손에
게 축복할지니 내가 그들에게 복을 주리라

7:1. 모세가 장막 세우기를 필하고 그것에 기름을
발라 거룩히 구별하고 또 그 모든 기구와
단과 그 모든 기구에 기름을 발라 거룩히
구별한 날에

2. 이스라엘 족장들 곧 그들의 종족의 두령들이
요 그 지파의 족장으로서 그 계수함을 입은
자의 감독 된 자들이 예물을 드렸으니

3. 그들의 여호와께 드린 예물은 덮개 있는 수레
여섯과 소 열둘이니 족장 둘에 수레가 하나씩
이요 하나에 소가 하나씩이라 그것들을 장막
앞에 드린지라

4. 여호와께서 모세에게 일러 가라사대

5. 그것을 그들에게서 받아 레위인에게 주어
각기 직임대로 회막 봉사에 쓰게 할지니라

6. 모세가 수레와 소를 받아 레위인에게 주었으
니

7. 곧 게르손 자손들에게는 그 직임대로 수레
둘과 소 넷을 주었고

8. 므라리 자손들에게는 그 직임대로 수레 넷과
소 여덟을 주고 제사장 아론의 아들 이다말로
감독케 하였으나

9. 고핫 자손에게는 주지 아니하였으니 그들의
성소의 직임은 그 어깨로 메는 일을 하는
까닭이었더라

10. 단에 기름을 바르던 날에 족장들이 단의 봉헌
을 위하여 예물을 가져다가 그 예물을 단
앞에 드리니라

11. 여호와께서 모세에게 이르시기를 족장들은
하루 한 사람씩 단의 봉헌 예물을 드릴지니
라

하셨더라

12. 제 일 일에 예물을 드린 자는 유다 지파 암미나
답의 아들 나손이라

13. 그 예물은 성소의 세겔대로 일백삼십 세겔
중 은반 하나와 칠십 세겔 중 은바리 하나라
이 두 그릇에는 소제물로 기름 섞은 고운
가루를 채웠고

14. 또 십 세겔 중 금숟가락 하나라 그것에는
향을 채웠고

15. 또 번제물로 수송아지 하나와 숫양 하나와
일 년 된 어린 숫양 하나이며

16. 속죄제물로 숫염소 하나이며

17. 화목제물로 소 둘과 숫양 다섯과 숫염소 다섯
과 일 년 된 어린 숫양 다섯이라 이는 암미나답
의 아들 나손의 예물이었더라

18. 제 이 일에는 잇사갈의 족장 수알의 아들
느다넬이 드렸으니

19. 그 드린 예물도 성소의 세겔대로 일백삼십
세겔 중 은반 하나와 칠십 세겔 중 은바리
하나라 이 두 그릇에는 소제물로 기름 섞은
고운 가루를 채웠고

20. 또 십 세겔 중 금숟가락 하나라 그것에는
향을 채웠고

21. 또 번제물로 수송아지 하나와 숫양 하나와
일 년 된 어린 숫양 하나이며

22. 속죄제물로 숫염소 하나이며

23. 화목제물로 소 둘과 숫양 다섯과 숫염소 다섯
과 일 년 된 어린 숫양 다섯이라 이는 수알의
아들 느다넬의 예물이었더라

24. 제 삼 일에는 스불론 자손의 족장 헬론의
아들 엘리압이 드렸으니

25. 그 예물도 성소의 세겔대로 일백삼십 세겔
중 은반 하나와 칠십 세겔 중 은바리 하나라
이 두 그릇에는 소제물로 기름 섞은 고운
가루를 채웠고

26. 또 십 세겔 중 금숟가락 하나라 이것에는
향을 채웠고

27. 또 번제물로 수송아지 하나와 숫양 하나와
일 년 된 어린 숫양 하나이며

28. 속죄제물로 숫염소 하나이며

29. 화목제물로 소 둘과 숫양 다섯과 숫염소 다섯
과 일 년 된 어린 숫양 다섯이라 이는 헬론의
아들 엘리압의 예물이었더라

30. 제 사 일에는 르우벤 자손의 족장 스데울의
아들 엘리술이 드렸으니

31. 그 예물도 성소의 세겔대로 일백삼십 세겔
중 은반 하나와 칠십 세겔 중 은바리 하나라
이 두 그릇에는 소제물로 기름 섞은 고운

가루를 채웠고

32. 또 십 세겔 중 금숟가락 하나라 이것에는
향을 채웠고

33. 또 번제물로 수송아지 하나와 숫양 하나와
일 년 된 어린 숫양 하나이며

34. 속죄제물로 숫염소 하나이며

35. 화목제물로 소 둘과 숫양 다섯과 숫염소 다섯
과 일 년 된 어린 숫양 다섯이라 이는 스데울의
아들 엘리술의 예물이었더라

36. 제 오 일에는 시므온 자손의 족장 수리삿대의
아들 슬루미엘이 드렸으니

37. 그 예물도 성소의 세겔대로 일백삼십 세겔
중 은반 하나와 칠십 세겔 중 은바리 하나라
이 두 그릇에는 소제물로 기름 섞은 고운
가루를 채웠고

38. 또 십 세겔 중 금숟가락 하나라 이것에는
향을 채웠고

39. 또 번제물로 수송아지 하나와 숫양 하나와
일 년 된 어린 숫양 하나이며

40. 속죄제물로 숫염소 하나이며

41. 화목제물로 소 둘과 숫양 다섯과 숫염소 다섯
과 일 년 된 어린 숫양 다섯이라 이는 수리삿대
의 아들 슬루미엘의 예물이었더라

42. 제 육 일에는 갓 자손의 족장 드우엘의 아들
엘리아삽이 드렸으니

43. 그 예물도 성소의 세겔대로 일백삼십 세겔
중 은반 하나와 칠십 세겔 중 은바리 하나라
이 두 그릇에는 소제물로 기름 섞은 고운
가루를 채웠고

44. 또 십 세겔 중 금숟가락 하나라 이것에는
향을 채웠고

45. 또 번제물로 수송아지 하나와 숫양 하나와
일 년 된 어린 숫양 하나이며

46. 속죄제물로 숫염소 하나이며

47. 화목제물로 소 둘과 숫양 다섯과 숫염소 다섯
과 일 년 된 어린 숫양 다섯이라 이는 드우엘의
아들 엘리아삽의 예물이었더라

48. 제 칠 일에는 에브라임 자손의 족장 암미훗의
아들 엘리사마가 드렸으니

49. 그 예물도 성소의 세겔대로 일백삼십 세겔
중 은반 하나와 칠십 세겔 중 은바리 하나라
이 두 그릇에는 소제물로 기름 섞은 고운
가루를 채웠고

50. 또 십 세겔 중 금숟가락 하나라 이것에는
향을 채웠고

51. 또 번제물로 수송아지 하나와 숫양 하나와
일 년 된 어린 숫양 하나이며

52. 속죄제물로 숫염소 하나이며

53. 화목제물로 소 둘과 숫양 다섯과 숫염소 다섯
과 일 년 된 어린 숫양 다섯이라 이는 암미훗의
아들 엘리사마의 예물이었더라

54. 제 팔 일에는 므낫세 자손의 족장 브다술의
아들 가말리엘이 드렸으니

55. 그 예물도 성소의 세겔대로 일백삼십 세겔
중 은반 하나와 칠십 세겔 중 은바리 하나라
이 두 그릇에는 소제물로 기름 섞은 고운
가루를 채웠고

56. 또 십 세겔 중 금숟가락 하나라 이것에는
향을 채웠고

57. 또 번제물로 수송아지 하나와 숫양 하나와
일 년 된 어린 숫양 하나이며

58. 속죄제물로 숫염소 하나이며

59. 화목제물로 소 둘과 숫양 다섯과 숫염소 다섯
과 일 년 된 어린 숫양 다섯이라 이는 브다술의
아들 가말리엘의 예물이었더라

60. 제 구 일에는 베냐민 자손의 족장 기드오니의
아들 아비단이 드렸으니

61. 그 예물도 성소의 세겔대로 일백삼십 세겔
중 은반 하나와 칠십 세겔 중 은바리 하나라
이 두 그릇에는 소제물로 기름 섞은 고운
가루를 처웠고

62. 또 십 세겔 중 금숟가락 하나라 이것에는
향을 채웠고

63. 또 번제물로 수송아지 하나와 숫양 하나와
일 년 된 어린 숫양 하나이며

64. 속죄제물로 숫염소 하나이며

65. 화목제물로 소 둘과 숫양 다섯과 숫염소 다섯
과 일 년 된 어린 숫양 다섯이라 이는 기드오니
의 아들 아비단의 예물이었더라

66. 제 십 일에는 단 자손의 족장 암미삿대의 아들
아히에셀이 드렸으니

67. 그 예물도 성소의 세겔대로 일백삼십 세겔
중 은반 하나와 칠십 세겔 중 은바리 하나라
이 두 그릇에는 소제물로 기름 섞은 고운
가루를 채웠고

68. 또 십 세겔 중 금숟가락 하나라 이것에는
향을 채웠고

69. 또 번제물로 수송아지 하나와 숫양 하나와
일 년 된 어린 숫양 하나이며

70. 속죄제물로 숫염소 하나이며

71. 화목제물로 소 둘과 숫양 다섯과 숫염소 다섯
과 일 년 된 어린 숫양 다섯이라 이는 암미삿대
의 아들 아히에셀의 예물이었더라

72. 제 십일 일에는 아셀 자손의 족장 오그란의
아들 바기엘이 드렸으니

73. 그 예물도 성소의 세겔대로 일백삼십 세겔

중 은반 하나와 칠십 세겔 중 은바리 하나라 이 두 그릇에는 소제물로 기름 섞은 고운 가루를 채웠고

74. 또 십 세겔 중 금숟가락 하나라 이것에는 향을 채웠고

75. 또 번제물로 수송아지 하나와 숫양 하나와 일 년 된 어린 숫양 하나이며

76. 속죄제물로 숫염소 하나이며

77. 화목제물로 소 둘과 숫양 다섯과 숫염소 다섯과 일 년 된 어린 숫양 다섯이라 이는 오그란의 아들 바기엘의 예물이었더라

78. 제 십이 일에는 납달리 자손의 족장 에난의 아들 아히라가 드렸으니

79. 그 예물도 성소의 세겔대로 일백삼십 세겔 중 은반 하나와 칠십 세겔 중 은바리 하나라 이 두 그릇에는 소제물로 기름 섞은 고운 가루를 채웠고

80. 또 십 세겔 중 금숟가락 하나라 이것에는 향을 채웠고

81. 또 번제물로 수송아지 하나와 숫양 하나와 일 년 된 어린 숫양 하나이며

82. 속죄제물로 숫염소 하나이며

83. 화목제물로 소 둘과 숫양 다섯과 숫염소 다섯과 일 년 된 어린 숫양 다섯이라 이는 에난의 아들 아히라의 예물이었더라

84. 이는 곧 단에 기름 바르던 날에 이스라엘 족장들이 드린 바 단의 봉헌 예물이라 은반이 열둘이요 은바리가 열둘이요 금숟가락이 열둘이니

85. 은반은 각각 일백삼십 세겔 중이요 은바리는 각각 칠십 세겔 중이라 성소의 세겔대로 모든 기명의 은이 도합이 이천사백 세겔이요

86. 또 향을 채운 금숟가락이 열둘이니 성소의 세겔대로 각각 십 세겔 중이라 그 숟가락의 금이 도합이 일백이십 세겔이요

87. 또 번제물로 수송아지가 열둘이요 숫양이 열둘이요 일 년 된 어린 숫양이 열둘이요 그 소제물이며 속죄제물로 숫염소가 열둘이며

88. 화목제물로 수소가 이십사요 숫양이 육십이요 숫염소가 육십이요 일 년 된 어린 숫양이 육십이라 이는 단에 기름 바른 후에 드린 바 단의 봉헌 예물이었더라

89. 모세가 회막에 들어가서 여호와께 말씀하려 할 때에 증거궤 위 속죄소 위의 두 그룹 사이에서 자기에게 말씀하시는 목소리를 들었으니 여호와께서 그에게 말씀하심이었더라

본문 말씀은 하나님께서 이스라엘 진 가운데서 최초로 모세에게 말씀하신 사건입니다. 하나님께서 회막이 건립되기 전에는 시내산 꼭대기에서 모세를 불러 말씀하셨습니다. 그러나 이제는 회막에 거하시면서 늘 이스라엘 백성에게 말씀하시게 되었습니다. 게다가 이 회막은 이동식이었기 때문에 이스라엘 백성이 가는 곳마다 회막을 옮겨갈 수 있었습니다. 그래서 이스라엘은 항상 그들 가운데 거하시는 하나님을 만날 수 있게 되었습니다. 이는 참으로 놀라운 은혜였습니다. 반면에 거룩하신 하나님과 함께 거해야 하기 때문에 이스라엘은 항상 진을 성결하게 해야 했습니다. 그렇지 아니하면 하나님의 진노를 받아 진멸당할 위험이 있었습니다. 그래서 하나님께서는 진을 더럽히지 말라고 경고하셨습니다. 본문 말씀을 통해서 우리는 진 가운데 거하시는 거룩하신 하나님 앞에서 우리의 삶이 어떠해야 하는가를 배울 수 있습니다.

1. 내 진을 더럽히지 말라 (5:1-31)

하나님께서는 이스라엘 백성들에게 진을 정결케 할 것을 촉구하셨습니다.

첫째, 부정한 자를 내어 보내라 (5:1-4)

여호와께서 모세에게 말씀하셨습니다. **"이스라엘 자손에게 명하여 모든 문둥병 환자와 유출병이 있는 자와 주검으로 부정케 된 자를 다 진 밖으로 내어 보내되 무론 남녀하고 다 진 밖으로 내어 보내어 그들로 진을 더럽히게 말라. 내가 그 진 가운데 거하느니라."(2,3)** 거룩하신 하나님께서 이스라엘 진 가운데 거하시기 때문에 모든 부정한 자들을 진 밖으로 내어 보내라고 명하셨습니다. 본문에는 세 부류의 부정한 자가 나옵니다.

첫째는 문둥병자입니다. 문둥병자는 육체적으로 부정한 자였습니다. 문둥병은 '치다', '때려눕히다'는 뜻으로 하나님께서 치신 천형(天刑)으로 여겼습니다. 당시 문둥병은 전염성 피부병으로 불치의 병이었습니다. 이런 문둥병자를 격리시키지 않으면 온 이스라엘이 문둥병에 걸려 죽을 수도 있었습니다.

둘째는 유출병자입니다. 유출병은 남자나 여자의 생식기에 병이 있어서 피나 이물질이 나오는 질병입니다. 유출병자는 도덕적으로 부정한 자였습니다. 이들은 주로 부도덕하고 문란한 성생활(性生活)로 성병을 옮기는 자들이었습니다. 이들을 격리시키지 않으면 성병이 급속도로 퍼져서 온 이스라엘을 병들게 할 수도 있습니다.

셋째는 주검으로 부정케 된 자입니다. '주검으로 부정케 된 자'란 제의적(祭儀的)으로 부정한 자를 가리킵니다. 율법에 의하면 시체에 접촉하는 자는 일주일 동안 부정케 됩니다(민 19:11). 죽음은 죄의 결과로 하나님의 저주를 상징합니다(창 3:19; 약 1:15). 그래서 주검과 접촉하게 되면 하나님의 저주를 받은 것으로 간주되었습니다. 그리고 시체와 무덤을 부정한 것으로 간주하는 것은 이방 민족들의 통상적인 사자숭배(死者崇拜; Tetenkult)를 피하기 위함이었습니다.[9]

하나님께서 위의 세 부류의 사람들을 진에서 내보내게 하신 것은 하나님의 백성들이 육체적으로 건강하고, 도덕적으로 성결하고, 종교적으로 거룩한 백성이 되기를 원하셨기 때문입니다. 하나님께서는 남녀 불문하고 공동체를 파괴하는 자들을 철저히 격리시켜서 진을 정결케 하도록 명하셨습니다. 진을 더럽히면 거룩하신 하나님께서 그 백성과 함께 거하실 수 없고, 그렇게 되면 그들은 원수들에게 진멸당할 수밖에 없었습니다. 4절에 보면 이스라엘은 하나님께서 모세에게 이르신 대로 다 행하였습니다.

이스라엘의 진은 오늘날의 교회를 상징합니다. 하나님의 자녀들은 육체적으로 건강하고, 도덕적으로 성결하고, 신앙적으로 거룩해야 합니다. 죄는 모양이라도 버려야 합니다. 그래야 성령께서 그들 중에 거하시며 인도해 주십니다. 죄는 문둥병이나 성병과 같이 삽시간에 온 공동체를 병들게 할 수도 있습니다. 그러므로 우리 신자들은 항상 몸과 마음을 정결케 하고, 신앙적인 순결을 지켜야 합니다. 또 하나님의 공동체를 보호하기 위해서 죄를 퍼뜨리거나 하나님의 자녀들을 미혹하게 하는 요소들을 가려내어 멀리 해야 합니다. 요즘은 도덕적인 성결과 종교적인 성결이 매우 요구되는 시대입니다. 다양한 대중매체를 통해서 정욕의 누룩이 독버섯처럼 젊은이들 속에 퍼져나가고 있습니다. 이런 시대에 우리 신자들은 몸과 마음을 정결케 하기 위해 많은 영적 투쟁을 해야 합니다.

---

9) 한동구, "성경 신학으로 본 민수기(I)-거룩의 질서를 세우는 광야를 지나다", 「목회와 신학」제12월호(도서출판두란노, 1996), p.173.

사도 바울은 음란하고 부도덕한 항구 도시에 사는 고린도 성도들에게 말했습니다. **"너희가 하나님의 성전인 것과 하나님의 성령이 너희 안에 거하시는 것을 알지 못하느뇨? 누구든지 하나님의 성전을 더럽히면 하나님이 그 사람을 멸하시리라. 하나님의 성전은 거룩하니 너희도 그러하니라."**(고전 3:16,17) 우리 신자들의 몸과 우리 공동체는 하나님께서 거하시는 성전(聖殿)입니다. 이 하나님의 성전을 더럽히면 하나님께서 반드시 멸하십니다. 하나님께서는 죄인은 사랑하시지만 죄는 미워하십니다. 죄를 회개하는 자에게는 한없는 긍휼과 자비를 베풀어주시지만 회개치 않는 자들에게는 준엄한 심판을 내리십니다. 사도 베드로는 흩어진 성도들에게 말했습니다. **"너희가 순종하는 자식처럼 이전 알지 못할 때에 좇던 너희 사욕을 본 삼지 말고, 오직 너희를 부르신 거룩한 자처럼 너희도 모든 행실에 거룩한 자가 되라."**(벧전 1:14,15) 우리 가운데 거하시는 하나님은 거룩하신 분이십니다. 그러므로 우리의 몸과 마음을 거룩하게 하여 하나님의 교회가 거룩하고 경건한 모임이 될 수 있도록 해야 합니다.

둘째, 피해를 온전히 갚으라(5-10)

5-10절은 우리가 사람에게 물질적인 피해를 입힌 죄를 범하였을 때 해결하는 방법을 제시해 주고 있습니다. 이렇게 함으로써 사람의 죄를 온전히 씻도록 명하셨습니다. **"이스라엘 자손에게 이르라. 남자나 여자나 사람들이 범하는 죄를 범하여 여호와께 패역하여 그 몸에 죄를 얻거든 그 지은 죄를 자복하고 그 죄 값을 온전히 갚되 오분지 일을 더하여 그가 죄를 얻었던 그 본주에게 돌려 줄 것이요."**(5:6,7) 여기에서 "사람들이 범하는 죄"는 이웃에게 재산상의 피해를 입힌 죄를 가리킵니다. 이 죄가 "여호와께 패역한 죄"라고 했습니다. 이스라엘 공동체 안에서 이웃에게 행한 죄는 모두 하나님을 거스르는 반역죄에 해당합니다.

우리는 가정이나 사회에서나 신앙 공동체 안에서 살아가면서 알게 모르게 많은 죄를 짓습니다. 본의 아니게 이웃에게 큰 피해를 입히는 경우도 있습니다. 자기 밭에 불을 놓았는데 그 불이 번져 이웃집 밭의 곡식을 태워 버릴 수도 있습니다. 사업하는 사람이 경영을 잘못하여 회사원들과 국가 경제에 엄청난 피해를 입힐 수도 있습니다. 이런 경우 어떻게 해야 합니까?

첫째로 지은 죄를 자복해야 합니다. 알고 죄를 범했건, 모르고 죄를 범했건 이웃에게 피해를 주고 마음에 큰 상처와 아픔을 준 것은 하나님께 죄를 범한 것입니다. 그러므로 먼저 하나님 앞에서 자신의 죄를 회개하고 죄를 자복해야 합니다.

둘째로 그 죄 값을 온전히 갚아야 합니다. **"그 죄 값을 온전히 갚되 오 분지 일을 더하여 그가 죄를 얻었던 그 본주에게 돌려 줄 것이요."(7b)** 피해액을 보상하되 오 분의 일을 더하여 보상하라고 하셨습니다. 오 분의 일의 보상금은 자신의 연약함과 부주의로 인해서 상처받은 그 사람의 마음을 위로하고, 사랑의 관계성을 회복하기 위한 것이었습니다. 그런데 죄 값을 갚고자 하는데 피해를 입은 이웃이 죽었다든지, 혹은 그 가족이나 친족도 찾지 못할 경우는 어떻게 해야 합니까? 8-12절을 보면 그 죄 값을 여호와께 드려 제사장에게로 돌리라고 했습니다.

셋째로 여호와께 속건제를 드려야 합니다. 죄를 자복하고, 죄 값을 온전히 보상한 후에 속건제를 드려야 합니다(8). 흠 없는 수양을 잡아서 속건 제물로 드려야 합니다(레 5:18,19; 6:6). 이렇게 해야 죄 문제를 온전히 해결 받을 수 있습니다. 하나님께서 이처럼 죄 값을 철저히 갚도록 하신 것은 회개는 했지만 마음속에 남아 있는 죄책감을 온전히 없애고, 하나님과 사람들 앞에 떳떳하게 살도록 돕기 위함이었습니다.

우리도 신앙 생활을 하면서 본의 아니게 크고 작은 죄를 많이 짓게 됩니다. 몰라서 그릇 행하는 경우도 있고, 알면서도 연약하기 때문에 남에게 상처를 줄 수도 있습니다. 어떤 연유이든지 이웃에게 피해를 주고 아픔을 준 것은 하나님의 공동체를 파괴한 죄요, 하나님께 범죄한 것입니다. 그러므로 우리는 하나님과 사람 앞에 우리 죄를 자백하고 용서를 구해야 합니다. 우리가 우리 죄를 자백하면 하나님께서는 미쁘시고 의로우셔서 우리 죄를 사하시고 모든 불의에서 우리를 깨끗케 하십니다 (요일 1:9). 그런데 거기에서 끝나서는 안됩니다. 피해를 입은 그 사람을 찾아가서 자신의 허물을 고하고 용서를 구해야 합니다.

그런데 하나님 앞에 회개했으면 됐지 꼭 사람을 찾아가서 죄를 자복하고 용서를 구해야 하는가 하는 의문이 듭니다. 그러나 사람에게 지은 죄는 반드시 그가 죄를 얻었던 그 사람을 찾아가서 용서를 구해야 합니다. 예수님께서도 **"예물을 제단에 드리다가 거기서 네 형제에게 원망들을 만한 일이 있는 줄 생각나거든 예물을 제단 앞에 두고 먼저 가서 형제와 화목하고 그 후에 와서 예물을 드리라"**(마 5:23,24)라고 말씀하셨습니다. 물질적인 피해뿐만 아니라 그 마음에 입은 상처까지도 보상해 줄 때 이웃 간에 사랑의 관계성을 회복할 수 있습니다. 율법의 근본 정신은 사랑입니다. 성경에 삭개오라는 세리장이 나옵니다. 이 사람은 온 동네 사람들이 손가락질하는 악명 높은 죄인이었습니다. 그런데 그가 예수님을 영접한 후 고백했습니다. **"주여, 보시옵소서. 내 소유의 절반을 가난한 자들에게 주겠사오며, 만일 뉘 것을 토색한 일이 있으면 사배나 갚겠나이다."**(눅 19:8) 회개를 입으로만 해서는 안 됩니다. 구체적으로 이웃의 피해를 보상해야 참된 회개를 했다고 할 수 있습니다.

셋째, 의심의 소제를 드리라(11-31)

11-31절은 아내가 부정을 행한 것으로 의심될 경우에 남편이 의심의 소제를 드리도록 한 규례입니다. 의심의 소제를 드리는 경우는 두 경우인데 하나는 아내가 타인과 간통죄를 지었으나 증인이 없을 경우이

며, 다른 하나는 아내가 범죄하지 않았지만 아내의 순결을 의심하게 된 경우입니다. 15절을 보십시오. **"그 아내를 데리고 제사장에게로 가서, 그를 위하여 보리 가루 에바 십 분지 일을 예물로 드리되 그것에 기름도 붓지 말고 유향도 두지 말라. 이는 의심의 소제요, 생각하게 하는 소제니 곧 죄악을 생각하게 하는 것이니라."** 일반적으로 소제는 '고운 가루'로 제사를 드렸지만 의심의 소제는 '보리 가루'로 드려야 합니다. 기름도 붓지 말고 유향도 두지 말아야 합니다. 이는 감사와 헌신의 제사가 아니라 죄악을 생각나게 하는 제사였기 때문입니다. '의심의 소제'는 범죄한 인간이 자신을 하나님 앞에서 돌아보고 지은 죄를 기억하고 회개케 하기 위한 제사였습니다.

16-28절은 의심의 소제를 드리는 과정이 잘 나타나 있습니다. 이 과정이 매우 복잡하게 설명되어 있지만 간단히 설명하면 다음과 같습니다.

첫째로 제사장이 여인을 '여호와 앞에 세우고 머리를 풀게' 했습니다 (16-18). 의심을 받는 여인에게 창녀처럼 머리를 풀게 한 것은 범죄한 여인이 당할 수치가 어떠한가를 기억하도록 하기 위함이었습니다.

둘째로 여인으로 하여금 '저주의 맹세'를 하게 했습니다(19-24). 제사장은 저주의 물을 마시는 여인에게 범죄한 일이 없으면 전혀 해를 받지 않지만 범죄한 일이 있으면 그 저주의 물이 창자에 들어가서 배를 붓게 하고 넓적다리를 떨어지게 한다는 사실을 알리고 맹세를 시켰습니다. '넓적다리로 떨어지게 한다'는 말은 여자의 생식기가 썩게 된다는 뜻입니다.[10] 제사장이 저주의 맹세를 하게 한 후 여인에게 **"여호**

---

10) 이 저주로 인한 질병이 무엇이냐에 관해서는 이견이 많다. 미카엘리스(Michaelis)는 난소수종(hydrops ovarii)으로 추정한다. 이 병은 난소에 종양이 생겨서 100파운드의 양에 달하는 복수가 차며 이로 인해 환자는 극도로 쇠약해지는 병이다. 요세푸스에 의하면 이는 일반수종(hydrops ascites)를 가리킨다. Keil & Delitzsch, 「민수기」, p.75; 어떤 유대 학자들에 의하면 이 물의 효력도 즉시 나타나 얼굴이 창백해지고 눈이 튀어나오게 되었다. 라이트푸트(Lightfoot)에 의하면 때로는 그 효력이 2,3년간 나타나지

와께서 네 넓적다리로 떨어지고 네 배로 부어서 너로 네 백성 중에 저주거리, 맹세거리가 되게 하실지라(21)"라고 말하면 여인은 "아멘, 아멘(22)"으로 응답해야 합니다.

셋째로 '의심의 소제'를 드렸습니다(25). 제사장은 의심의 소제물을 취하여 여호와 앞에 요제로 드리고, 단으로 가서 기념물을 불살랐습니다(26).

넷째로 '저주의 물'을 마시게 했습니다(26-23). 이 물은 '거룩한 물'을 담은 토기에 성막 바닥의 티끌을 취하여 넣고, 저주의 말을 기록한 양피지를 물에 빨아 넣은 물이었습니다.

그러면 하나님께서 왜 이런 법을 제정하셨을까요? 가정의 순결을 지키도록 하기 위함이었습니다. 가정이 파괴되는 가장 큰 원인은 부부(夫婦)의 부정(不貞)입니다. 아내가 바람을 피운다든지 남편이 바람을 피우기 때문입니다. 1998년 통계청의 통계자료에 의하면 세 쌍이 결혼하고 한 쌍이 이혼을 했습니다. 이혼한 가정의 68%가 배우자의 부정 때문이었습니다. 문화가 발달하면 도덕적인 수준도 높아져야 하는데 도리어 낮아져서 짐승의 모습으로 전락해 가고 있습니다. 얼마 전 신문에는 컴퓨터 통신으로 '부부교환동우회'를 조직하여 음란한 행위를 즐기다가 적발된 낯뜨거운 사건이 실렸습니다. 이런 시대에 우리 신자들은 몸과 마음의 순결을 지키고 가정의 순결을 지켜야 합니다. 특히 부부 간에 의심을 일으킬 만한 어떤 행위도 해서는 안 됩니다. 부부 간에 발생한 의심은 스스로의 힘으로는 해결하기 어렵습니다. 그래서

않으나 아기를 갖지 못하게 되고, 병을 앓고 쇠약해져서 결국 살이 썩게 된다고 했다. 랍비들은 그 음녀가 죽는 그 날 그 시에 그녀와 상관한 남자도 같은 방식으로 죽는다고 했다. 매튜 헨리는 이 병은 하나님께서 부정한 자에게 재앙을 내리셔서 음녀와 음부들이 걸리는 질병이나 악질과 대동소이했을 것이라고 했다. 또 유대 학자들은 남편에게도 동일한 범죄가 있었다면 하나님께서 그 피해를 갚은 아내에게 불리한 심판을 하지 않았다고 한다(호 4:14). Henry, 「민수기」, pp.77,78.

어떤 남편은 의심이 가는 아내에게 폭력을 행사하기도 하고, 의처증에 걸려서 비참하게 인생을 망치기도 합니다. 주관적인 판단이나 감정에 치우쳐서 멀쩡한 가정을 파괴하는 경우도 있습니다. 하나님께서는 이런 문제를 하나님 앞에 내놓고, 객관적으로 자신을 돌아보고 객관적인 판단 기준에 의해서 가정 문제를 해결 받도록 도와주셨습니다.

요즘 기독교 서점에 가 보면 가정 문제 상담에 관한 책들이 많이 쏟아져 나오고 있습니다. 가정 문제 세미나도 많이 열립니다. 이는 그만큼 부부 사이의 갈등이 많고, 가정 문제가 많다는 증거입니다. 그렇기 때문에 직장 생활을 하는 분들은 음란한 회사 분위기를 핑계삼지 말고 하나님 앞에서 정절을 지켜야 합니다. 요셉은 안주인의 유혹을 받았을 때 **"내가 어찌 이 큰 악을 행하여 하나님께 득죄하리이까(창 39:9b)?"**하며 끈질긴 유혹을 뿌리쳤습니다. 이로 인해 안주인의 미음을 받아 감옥살이까지 했지만 하나님께서 그를 애굽의 총리로 세우셨습니다. 우리가 저주의 물을 마신 여인처럼 날마다 하나님 앞에서 자신을 깊이 돌아보고 몸과 마음을 지키고, 가정의 순결을 지켜야 합니다.

2. 자기 몸을 구별하여 드린 나실인 (6:1-27)

'나실인'이라는 말은 '분리하다', '봉헌하다'는 동사에서 온 말로 특별한 목적을 위해서 자기 몸을 구별하여 여호와께 드린 사람을 가리킵니다. 나실인은 종신(終身) 나실인[11]과 일시적인 나실인이 있는데 여기

---

[11] 초기 이스라엘의 역사에서 자녀를 서원하여 얻을 경우 하나님께 드렸다. 이들은 술을 먹지 아니하며 머리에 삭도(削刀)를 대지 않았다(세례 요한-눅 1:15; 삼손-삿 13:5; 사무엘-삼상 1:11). 산모는 임신 중에 술을 삼가야 했다(삿 13:7). 이처럼 하나님께 드려진 아이를 나실인이라고 했다. 그는 부모의 서원이 지켜졌다는 점에서 하나님의 영을 지닌 자로 하나님의 일과 백성들의 일을 할 때 특별한 능력을 지닌 자로 인정되었다. 삼손은 전쟁에서 영웅적인 힘이 있었으며, 사무엘과 세례 요한은 예언적인 능력이 있

에 있는 규례는 하나님께 특별한 서원을 드리고, 그 서원을 이루기 위해서 자신을 구별하여 일정 기간 동안 하나님께 드리는 규례입니다. 전통적으로 나실인은 최소한 30일 이상 자기 몸을 구별하여 드려야 하며, 7년까지도 가능하였습니다. 나실인이 되면 율법 연구와 예배에 힘쓰고, 가르치는 일과 경건에 힘쓰는 생활을 하였습니다. 나실인에게는 세 가지 금지 사항이 있었습니다.

첫째, 포도주와 독주를 멀리하라(3,4). 포도주로 만든 식초나 독주로 만든 식초를 마시지 말며, 포도즙도 마시지 말고 생포도나 건포도도 먹지 말아야 합니다. 심지어 포도나무 소산은 껍질이나 씨도 먹지 말아야 합니다. 술은 사람의 판단력을 흐리게 하고, 자제력을 잃게 하여 죄의 유혹에 빠지게 합니다. 그러므로 할 수 있는 대로 멀리 해야 합니다.

둘째, 머리에 삭도를 대지 말라(5). 서원을 하고 구별하는 모든 날 동안은 삭도를 도무지 그 머리에 대지 달아야 합니다. 머리를 길게 하는 것은 하나님께 전폭적으로 자신을 복종시키는 표현이었으며, 육체의 소욕을 멀리하고 하나님께 헌신된 사람임을 나타내는 표현이었습니다.

셋째, 시체를 가까이 하지 말라(6-8). 시체를 가까이 하면 7일 동안 부정하게 됩니다(9). 그러므로 하나님께 자기 몸을 구별하여 드린 나실인들은 어떤 상황 속에서도 몸을 부정하게 해서는 안 됩니다. 심지어 자기 부모 형제 자매가 죽은 때에라도 그로 인하여 몸을 더럽히지 말라고 했습니다. 그런데 첫째와 둘째 사항은 본인의 의지에 의해서 지킬 수 있지만 셋째 사항은 본의 아니게 지키지 못할 경우도 있습니다. 갑자기 옆에 있던 나실인 친구가 죽을 수도 있습니다. 그럴 경우에 어떻게 해야 합니까? 9-12절을 보십시오. 칠일 동안 정결하게 되기를 기다리다가 머리를 밀고, 속죄제와 속건제를 드리고 새로 날을 정하고

었다. 한동구, "성경 신학으로 본 민수기(I)", 「목회 와신학」1월호(1999), p.174.

지켜야 합니다. 그때까지 여호와께 드린 지나간 날은 무효가 되어 버립니다.

하나님께서 나실인에게 세 가지 규례를 엄격히 지키도록 하신 것은 세상적인 욕망과 세속적인 일을 멀리 하고 전적으로 하나님께만 봉사하는 사람이 되도록 하기 위함이었습니다. 나실인은 자기 몸을 구별한 날이 차면 번제와 속죄제, 화목제를 드린 후에 머리털을 밀고 제단에 태워야 합니다(13-18). 그후 제사장이 요제를 드리고 나면 나실인의 법에서 해방을 받게 됩니다(19-21).

이상에서 나실인은 제사장도 아니며 레위인도 아니었지만 자신을 전폭적으로 하나님께 드리는 열심 있는 평신도들이었습니다. 나실인은 하나님께 헌신된 사람들의 삶이 어떠해야 하는가를 보여 줍니다. 하나님께서는 아모스 선지자를 통해서 이스라엘을 책망하셨습니다. **"또 너희 아들 중에서 선지자를, 너희 청년 중에서 나시르 사람을 일으켰나니 이스라엘 자손들아 과연 그렇지 아니하냐? 이는 여호와의 말씀이니라. 그러나 너희가 나시르 사람으로 포도주를 마시게 하며 또 선지자에게 명하여 예언하지 말라 하였느니라."**(암 2:11,12) 하나님께서는 젊은이들 중에 나실인을 일으켰지만, 백성들은 그들이 하나님께 헌신하지 못하도록 포도주를 마시게 하였다고 책망하셨습니다.

하나님께서는 오늘날도 많은 청년들 중에서 하나님께 자신을 온전히 드리는 나실인들을 일으키고 계십니다. 사도 바울은 다음과 같이 권면했습니다. **"그러므로…너희 몸을 하나님이 기뻐하시는 거룩한 산 제사로 드리라. 이는 너희의 드릴 영적 예배니라. 너희는 이 세대를 본받지 말고 오직 마음을 새롭게 함으로 변화를 받아 하나님의 선하시고 기뻐하시고 온전하신 뜻이 무엇인지 분별하도록 하라."**(롬 12:1,2) 예수 그리스도의 피로 구속함을 받은 우리 성도들은 오늘날의 나실인들입니다. 우리는 하나님께 자신을 헌신한 자들로서 첫째, 이 세대를 본받지 말아야 합니다. 둘째, 마음을 새롭게 함으로 변화를 받아야 합니다. 셋째, 자기 몸을 거룩한 산 제사로 드려야 합니다. 이것이 우리가 하나님께 드릴 신령한 제사입니다.

22-27절은 제사장이 백성을 어떻게 축복해야 하는가를 말해 줍니다. **"여호와는 네게 복을 주시고 너를 지키시기를 원하며 여호와는 그 얼굴로 네게 비춰사 은혜 베푸시기를 원하며 여호와는 그 얼굴을 네게로 향하여 드사 평강 주시기를 원하노라 할지니라 하라."(24-26)**[12] 대제사장의 사명 중에는 하나님의 복을 선포하는 사명도 있습니다. 대제사장이 여호와의 이름으로 축복하면 하나님께서 반드시 그들에게 복을 주시겠다고 약속하셨습니다(27).

3. 지성소에서 말씀하시는 하나님 (7:1-89)

민수기 7장은 모세가 장막 세우기를 필하고 장막에 기름을 발라 거룩하게 구별한 날 족장들이 드린 예물에 대한 내용입니다. 1-9절에 보면 인구 조사의 감독자로 세움을 받았던 족장들이 자원하여 6대의 수

---

12) 히브리어 문법에는 첫 동사 다음에 주어가 언급되고 계속되는 동사에는 생략된다. 그럼에도 불구하고 세 번씩 반복하여 주어를 언급한 것은 매우 이례적인 강조로 보아야 한다. 즉 축복의 근원이 하나님이심을 강하게 부각시키고 있는 것이다. 여기에서 여호와의 이름이 세 번 반복된 것은 삼위일체의 하나님을 가리키는 것으로 본다. 이 아론의 축복 기도는 고린도후서 13장 13절에 있는 사도적 축도와 동일한 형태로 보여진다. 여호와께서 복을 주신다는 말은 물질적인 축복을 말하며, 여호와의 얼굴을 비춰는 것은 하나님의 용서와 사랑의 은총, 생명과 구원의 은총을 의미한다(시 27:1; 44:3). '얼굴을 네게로 향하여 든다'는 말은 하나님께서 보다 직접적이고 개별적인 관심을 가지고 계신다는 사실을 말해 주고 있다. 루터는 첫번째 축복을 '육신적인 삶과 행복', 두번째 축복을 '영적인 삶과 영혼', 세번째 축복을 '영적인 삶에서 승리'를 주시는 것을 의미한다고 했다. 제1행은 성부의 축복, 제2행은 성자의 축복, 제 3행은 성령의 축복이다. 한동구, "성경 신학으로 본 민수기(I)", 「목회와신학」, p.174; R. Wintenbotham, 풀핏 번역위원회, 「민수기」(보문출판사, 1996), pp.202-210; Keil & Delitzsch, 「민수기」, pp.86,87.

레와 12마리의 소를 예물로 드렸습니다. 모세는 하나님의 명을 좇아 그 예물을 받아서 레위인의 직임(職任)대로 회막 봉사에 쓰게 하였습니다. 성막의 천막들을 옮기는 직임을 맡은 게르손 자손들에게 수레 두 대와 소 네 마리를 주었으며, 무거운 기둥과 쇠 받침을 옮기는 므라리 자손에게는 수레 4대와 소 8마리를 주었습니다(7,8). 그러나 지성물(至聖物)을 어깨에 메고 운반해야 하는 고핫 자손에게는 아무 것도 주지 않았습니다(9).

10-83절에는 단에 기름을 바르던 날에 12지파를 대표하는 족장들이 하루 한 사람씩 단의 봉헌 예물을 드린 사건이 기록되어 있습니다. 제일 먼저 드린 족장이 유다 지파의 나손이었습니다. 그가 드린 예물은 8가지였습니다. ① 130세겔의 은반(은접시) 1개, ② 70세겔의 은바리(은대접) 1개, ③ 앞의 두 그릇에 소제물로 기름 섞은 고운 가루, ④ 10세겔의 금 숟가락(금 컵) 1개, ⑤ 거기에 담은 향, ⑥ 번제물(수송아지 1마리, 수양 1마리, 1년 된 수양 1마리) ⑦ 속죄제물(수염소 1마리) ⑧ 화목 제물(소 2마리, 수양 5마리 1년 된 수양 5마리)이었습니다. 그런데 18-83절까지 보면 12지파에서 돌아가면서 똑같은 예물을 열 이틀 동안 반복하여 여호와께 드렸음이 일일이 기록되어 있습니다. 그래서 총계가 84-88절에 기록되어 있습니다.

12지파가 동일한 예물을 드렸다는 사실이 의미하는 바가 무엇입니까? 이는 지파의 수는 많고 적고 차이가 있지만 하나님 앞에 나올 때는 어느 지파나 모두 동등한 자격으로 나올 수 있음을 말해 줍니다. 특히 제사를 드리는 일에 있어서 만큼은 모든 지파 모든 사람이 하나님 앞에서 평등하다는 사실입니다. 하나님께서는 동일하게 사죄의 은총을 덧입혀 주시고, 그들의 제사를 기뻐하십니다. 그 증거로 저자는 12지파가 드린 예물을 일일이 다 기록해 놓았습니다. 저자는 '이하동문(以下同文)'이라고 쓰지 않고, 토씨 하나 틀리지 않는데도 어느 지파의 누가, 무슨 예물을 드렸다는 사실을 처음 쓰듯이 반복하여 썼습니다. 이 만큼 우리가 하나님께 드리는 예물과 헌신과 기도는 하나도 땅에 떨어 지지 않고, 하나님께 기억하신 바가 된다는 사실을 말해 줍니다. **"하나 님이 불의치 아니하사 너희 행위와 그의 이름을 위하여 나타낸 사랑으로 이미 성도를 섬긴 것과 이제도 섬기는 것을 잊어버리지 아니하시느니 라."**(히 6:10) 우리 하나님은 우리가 드린 기도와 사랑의 수고와 헌신 을 하나도 잊지 않고 다 기억하십니다.

열 이틀 동안 12지파의 지파장들이 예물을 드렸을 때 하나님께서 어 떻게 응답하셨습니까? 89절을 보십시오. **"모세가 회막에 들어가서 여호 와께 말씀하려 할 때에 증거궤 위 속죄소 위의 두 그룹 사이에서 자기에 게 말씀하시는 목소리를 들었으니 여호와께서 그에게 말씀하심이었더 라."** 하나님께서 증거궤 위에 있는 속죄소 위 두 그룹 사이에서 모세에 게 말씀하시는 목소리가 들렸습니다. 하나님께서 이스라엘 백성의 순 종과 헌신을 받으시고 회막에서 모세에게 친히 말씀하셨습니다. 이제 하나님의 말씀을 듣기 위해서 높은 산으로 올라갈 필요가 없게 되었습 니다. 이스라엘 진 가운데 항상 임재해 계시는 여호와 하나님께 언제 든지 나갈 수 있게 되었기 때문입니다.

결론

이스라엘 진 가운데 거하시며 말씀하신 하나님은 지금도 우리 가운 데 거하시며 말씀하십니다. 우리 가운데 거하시는 하나님은 거룩하시 기 때문에 우리는 항상 몸과 마음을 거룩하게 하고, 우리 공동체를 거 룩하게 해야 합니다. 우리가 나실인과 같이, 이 세대를 본받지 말고 마 음을 새롭게 하여, 우리 몸을 하나님께서 기뻐 받으시는 거룩한 산 제 사로 드릴 수 있기를 기도합니다.

제 4 강

레위인을 정결케 하신 하나님

(8:1-10:10)

요절 9:14,15 "만일 타국인이 너희 중에 우거하여 여호와 앞에 유월절을 지키고자 하면 유월절 율례대로 그 규례를 따라서 행할지니 우거한 자에게나 본토인에게나 그 율례는 동일할 것이니라. 성막을 세운 날에 구름이 성막 곧 증거막을 덮었고 저녁이 되면 성막 위에 불 모양 같은 것이 나타나서 아침까지 이르렀으되"

8:1. 여호와께서 또 모세에게 일러 가라사대

2. 아론에게 고하여 이르라 등을 켤 때에는 일곱 등잔을 등대 앞으로 비취게 할지니라 하시매

3. 아론이 그리하여 등불을 등대 앞으로 비취도록 켰으니 여호와께서 모세에게 명하심과 같았더라

4. 이 등대의 제도는 이러하니 곧 금을 쳐서 만든 것인데 밑판에서 그 꽃까지 쳐서 만든 것이라 모세가 여호와께서 자기에게 보이신 식양을 따라 이 등대를 만들었더라

5. 여호와께서 모세에게 일러 가라사대

6. 이스라엘 자손 중에서 레위인을 취하여 정결케 하라

7. 너는 이같이 하여 그들을 정결케 하되 곧 속죄의 물로 그들에게 뿌리고 그들로 그 전신을 삭도로 밀게 하고 그 의복을 빨게 하여 몸을 정결케 하고

8. 또 그들로 수송아지 하나를 번제물로, 기름 섞은 고운 가루를 그 소제물로 취하게 하고 그 외에 너는 또 수송아지 하나를 속죄제물로 취하고

9. 레위인을 회막 앞에 나오게 하고 이스라엘 자손의 온 회중을 모으고

10. 레위인을 여호와 앞에 나오게 하고 이스라엘 자손으로 그들에게 안수케 한 후에

11. 아론이 이스라엘 자손을 위하여 레위인을 요제로 여호와 앞에 드릴지니 이는 그들로 여호와를 봉사케 하기 위함이라

12. 레위인으로 수송아지들의 머리에 안수케 하고 네가 그 하나는 속죄제물로, 하나는 번제 물로 여호와께 드려 레위인을 속죄하고

13. 레위인을 아론과 그 아들들 앞에 세워 여호와께 요제로 드릴지니라

14. 너는 이같이 이스라엘 자손 중에서 레위인을 구별하라 그리하면 그들이 내게 속할 것이라

15. 네가 그들을 정결케 하여 요제로 드린 후에 그들이 회막에 들어가서 봉사할 것이니라

16. 그들은 이스라엘 자손 중에서 내게 온전히 드린 바 된 자라 이스라엘 자손 중 일절 초태생 곧 모든 처음 난 자의 대신으로 내가 그들을 취하였나니

17. 이스라엘 자손 중에 처음 난 것은 사람이든지 짐승이든지 다 내게 속하였음은 내가 애굽 땅에서 그 모든 처음 난 자를 치던 날에 내가 그들을 내게 구별하였음이라

18. 이러므로 내가 이스라엘 자손 중 모든 처음 난 자의 대신으로 레위인을 취하였느니라

19. 내가 이스라엘 자손 중에서 레위인을 취하여 그들을 아론과 그 아들들에게 선물로 주어서 그들로 회막에서 이스라엘 자손을 대신하여 봉사하게 하며 또 이스라엘 자손을 위하여 속죄하게 하였나니 이는 이스라엘 자손이 성소에 가까이 할 때에 그들 중에 재앙이 없게 하려 하였음이라

20. 모세와 아론과 이스라엘 자손의 온 회중이 여호와께서 레위인에게 대하여 모세에게 명하신 것을 다 좇아 레위인에게 행하였으되 곧 이스라엘 자손이 그와 같이 그들에게 행하

였더라
21. 레위인이 이에 죄에서 스스로 깨끗케 하고 그 옷을 빨매 아론이 그들을 여호와 앞에 요제로 드리고 그가 또 그들을 위하여 속죄하여 정결케 한
22. 후에 레위인이 회막에 들어가서 아론과 그 아들들의 앞에서 봉사하니라 여호와께서 레위인의 일에 대하여 모세에게 명하신 것을 좇아 그와 같이 그들에게 행하였더라
23. 여호와께서 또 모세에게 일러 가라사대
24. 레위인은 이같이 할지니 곧 이십오 세 이상으로는 회막에 들어와서 봉사하여 일할 것이요
25. 오십 세부터는 그 일을 쉬어 봉사하지 아니할 것이나
26. 그 형제와 함께 회막에서 모시는 직무를 지킬 것이요 일하지 아니할 것이라 너는 레위인의 직무에 대하여 이같이 할지니라

9:1. 애굽 땅에서 나온 다음 해 정월에 여호와께서 시내 광야에서 모세에게 일러 가라사대
2. 이스라엘 자손으로 유월절을 그 정기에 지키게 하라
3. 그 정기 곧 이 달 십사일 해질 때에 너희는 그것을 지키되 그 모든 율례와 그 모든 규례대로 지킬지니라
4. 모세가 이스라엘 자손에게 명하여 유월절을 지키라 하매
5. 그들이 정월 십사일 해질 때에 시내 광야에서 유월절을 지켰으되 이스라엘 자손이 여호와께서 모세에게 명하신 것을 다 좇아 행하였더라
6. 때에 사람의 시체로 인하여 부정케 되어서 유월절을 지킬 수 없는 사람들이 있었는데 그들이 당일에 모세와 아론 앞에 이르러
7. 그에게 이르되 우리가 사람의 시체로 인하여 부정케 되었거니와 우리를 금지하여 이스라엘 자손과 함께 정기에 여호와께 예물을 드리지 못하게 하심은 어찜이니이까
8. 모세가 그들에게 이르되 기다리라 여호와께서 너희에게 대하여 어떻게 명하시는지 내가 들으리라
9. 여호와께서 모세에게 일러 가라사대
10. 이스라엘 자손에게 고하여 이르라 너희나 너희 후손 중에 시체로 인하여 부정케 되든지 먼 여행 중에 있든지 할지라도 다 여호와 앞에 마땅히 유월절을 지키되
11. 이월 십사일 해질 때에 그것을 지켜서 어린 양에 무교병과 쓴 나물을 아울러 먹을 것이요

12. 아침까지 그것을 조금도 남겨 두지 말며 그 뼈를 하나도 꺾지 말아서 유월절 모든 율례대로 지킬 것이니라
13. 그러나 사람이 정결도 하고 여행 중에도 있지 아니하면서 유월절을 지키지 아니하는 자는 그 백성 중에서 끊쳐지리니 이런 사람은 그 정기에 여호와께 예물을 드리지 아니하였은즉 그 죄를 당할지며
14. 만일 타국인이 너희 중에 우거하여 여호와 앞에 유월절을 지키고자 하면 유월절 율례대로 그 규례를 따라서 행할지니 우거한 자에게나 본토인에게나 그 율례는 동일할 것이니라
15. 성막을 세운 날에 구름이 성막 곧 증거막을 덮었고 저녁이 되면 성막 위에 불 모양 같은 것이 나타나서 아침까지 이르렀으되
16. 항상 그러하여 낮에는 구름이 그것을 덮었고 밤이면 불 모양이 있었는데
17. 구름이 성막에서 떠오르는 때에는 이스라엘 자손이 곧 진행하였고 구름이 머무는 곳에 이스라엘 자손이 진을 쳤으니
18. 이스라엘 자손이 여호와의 명을 좇아 진행하였고 여호와의 명을 좇아 진을 쳤으며 구름이 성막 위에 머무는 동안에는 그들이 유진하였고
19. 구름이 장막 위에 머무는 날이 오랠 때에는 이스라엘 자손이 여호와의 명을 지켜 진행치 아니하였으며
20. 혹시 구름이 장막 위에 머무는 날이 적을 때에도 그들이 다만 여호와의 명을 좇아 유진하고 여호와의 명을 좇아 진행하였으며
21. 혹시 구름이 저녁부터 아침까지 있다가 아침에 그 구름이 떠오를 때에는 그들이 진행하였고 구름이 밤낮 있다가 떠오르면 곧 진행하였으며
22. 이틀이든지 한 달이든지 일 년이든지 구름이 성막 위에 머물러 있을 동안에는 이스라엘 자손이 유진하고 진행치 아니하다가 떠오르면 진행하였으니
23. 곧 그들이 여호와의 명을 좇아 진을 치며 여호와의 명을 좇아 진행하고 또 모세로 전하신 여호와의 명을 따라 여호와의 직임을 지켰더라

10:1. 여호와께서 모세에게 일러 가라사대
2. 은나팔 둘을 만들되 쳐서 만들어서 그것으로 회중을 소집하며 진을 진행케 할 것이라
3. 두 나팔을 불 때에는 온 회중이 회막문 앞에 모여서 네게로 나아올 것이요

---

4. 하나만 불 때에는 이스라엘 천부장 된 족장들이 모여서 네게로 나아올 것이며
5. 너희가 그것을 울려 불 때에는 동편 진들이 진행할 것이고
6. 제 이차로 울려 불 때에는 남편 진들이 진행할 것이라 무릇 진행하려 할 때에는 나팔 소리를 울려 불 것이며
7. 또 회중을 모을 때에도 나팔을 불 것이나 소리를 울려 불지 말 것이며
8. 그 나팔은 아론의 자손인 제사장들이 불지니 이는 너희 대대에 영원한 율례니라
9. 또 너희 땅에서 너희가 자기를 압박하는 대적을 치러 나갈 때에는 나팔을 울려 불지니 그리하면 너희 하나님 여호와가 너희를 기억하고 너희를 너희 대적에게서 구원하리라
10. 또 너희 희락의 날과 너희 정한 절기와 월삭에는 번제물의 위에와 화목제물의 위에 나팔을 불라 그로 말미암아 너희 하나님이 너희를 기억하리라 나는 너희 하나님 여호와니라

본문 말씀은 하나님께서 이스라엘 백성들이 시내 광야에서 가나안 땅을 향해 출발하기 전에 마지막 준비를 시키신 사건들입니다. 민수기 1,2장에서 하나님께서는 전체 이스라엘의 수와 레위인을 계수하셨습니다. 3,4장에서는 레위인들을 택하시고 직분을 맡기셨습니다. 5-7장에서는 하나님께서 이스라엘의 제사를 받으시고, 진 가운데 거하시며 말씀하셨습니다. 이제 하나님께서는 성막에서 섬길 레위인들을 정결케 하여 구별하신 후에 첫 유월절을 지키도록 명하셨습니다. 그리고 구름 기둥과 불기둥으로 출발과 정지 신호를 삼으시고, 나팔로 광야 행진을 할 수 있도록 준비시키셨습니다. 이 모습은 제 2의 출애굽과 같습니다. 본문은 젖과 꿀이 흐르는 가나안 땅으로 출발하는 나그네의 삶이 어떠해야 하는지를 가르쳐 줍니다. 본문 말씀을 통해서 우리는 천성을 향해 나가는 우리 신자들의 삶의 자세를 배울 수 있습니다.

1. 레위인을 정결케 하신 하나님 (8:1-26)

하나님께서는 이스라엘 족장들의 봉헌을 기뻐 받으신 후 아론에게 등불을 관리하는 책임을 맡기시고, 레위인들을 정결케 하셨습니다.

첫째, 등대를 앞으로 비취게 하라 (1-4)

1-4절은 하나님께서 열 이틀 동안 연속되는 봉헌 예물을 드린 후

모세가 지성소에 들어갔을 때 주신 율례입니다. 하나님께서 모세에게 말씀하셨습니다. **"아론에게 고하여 이르라. 등을 켤 때에는 일곱 등잔을 등대 앞으로 비춰게 할지니라."(2)** 출애굽기에 보면 하나님께서 모세에게 금으로 등대를 만들어 성소에 비치하라고 명하셨습니다(출 25:31-40; 37:17-24; 40:24,25). 그러나 구체적으로 누가 등잔을 관리해야 하는지는 언급하시지 않았습니다. 그런데 본문에서는 등을 켜는 직무를 아론에게 맡기셨습니다. 성소에는 창문이 없기 때문에 등불이 없으면 칠흑같이 어두웠습니다. 금 등대에 빛나는 일곱 등잔은 칠흑같이 어두운 성소를 밝히는 유일한 빛이었습니다. 이런 의미에서 등대의 빛은 어두운 세상에 참 빛으로 오신 예수 그리스도를 상징합니다(요 1:9). 예수님께서도 **"나는 세상의 빛이니 나를 따르는 자는 어두움에 다니지 아니하고 생명의 빛을 얻으리라."(요 8:12)**고 하셨습니다.

또 일곱 등잔을 앞으로 비춰게 하라고 했습니다. 금 등대 앞에는 진설병이 있었습니다. 진설병은 생명의 떡 예수 그리스도를 상징합니다. 그러므로 등대의 빛은 항상 예수 그리스도를 밝히 비추어야 함을 말해 줍니다. 이는 우리 신자들이 매일의 삶 속에서 예수님을 증거해야 함을 말해 줍니다. 예수님께서도 제자들에게 말씀하셨습니다. **"이같이 너희 빛을 사람 앞에 비춰게 하여 저희로 너희 착한 행실을 보고 하늘에 계신 너희 아버지께 영광을 돌리게 하라."(마 5:16)** 우리는 항상 우리의 착한 행실을 통해서 예수 그리스도의 빛을 사람들 앞에 비춰게 해야 합니다. 우리 신자들은 모든 행실을 통하여 인생들에게 생명을 주시는 예수 그리스도를 증거해야 합니다. 3절에 보면 아론은 여호와께서 모세에게 명하신 대로 등불을 등대 앞으로 비춰도록 켰습니다. 이 등대는 모세가 여호와께서 자기에게 보이신 식양을 따라 정금을 쳐서 만든 것인데 밑판에서 그 꽃까지 쳐서 만든 것이었습니다(4).[13]

둘째, 레위인을 요제로 드리라 (5-26)

3,4장에서 하나님께서는 레위인들을 택하시고, 그들에게 직무를 맡기셨습니다(3:6-8). 그러나 본문에는 직무에 임하기 전에 먼저 레위인들을 정결케 하여 하나님께 봉헌하도록 하셨습니다. 하나님께서는 레위인들을 어떻게 드리도록 했습니까?

첫째로 레위인의 몸을 정결케 하셨습니다(5-7). 몸을 정결케 하기 위해서는 몸에 속죄의 물[14]을 뿌리고, 전신을 삭도로 밀어야 했습니다. 이는 문둥병자를 정결케 하는 의식과 비슷합니다(레 14:8). 또 의복을 빨아야 했습니다. 이는 하나님의 말씀대로 순종할 마음 준비를 시키신 것이었습니다(출 19:10,11).

둘째로 레위인들의 마음을 정결케 했습니다. 레위인들이 번제물과 속죄제물에 안수하고, 수송아지 두 마리를 하나는 번제물로 하나는 속죄제물로 드려 속죄하도록 하였습니다(8,12). 레위인들의 죄가 속해져야 하나님께 산 제물로 드려질 수 있었기 때문이었습니다.

---

13) 출애굽기 25장 31-36절에 의하면 등대는 받침이 삼발로 된 것 같으며, 밑판에서 한 줄기가 수직으로 위로 올라가고, 그 줄기에서 양쪽으로 세 가지가 나와 위로 뻗어 올라간다. 따라서 모두 일곱 개의 등잔을 올려 놓을 수 있는 등대가 된다. 그 가지마다 살구꽃 형상의 잔 셋과 꽃받침과 꽃이 있게 했다. '살구나무'는 '잠에서 깬다'는 뜻으로 추운 겨울이 지나 봄이 오면 제일 먼저 피어나는 꽃이다. 이처럼 하나님의 언약도 가장 빠르게 실현된다는 것을 상징한다. 정갈렙, 「거룩한 제사장 나라」(대학생성경읽기출판사, 1995), p.212.

14) '속죄의 물'은 암송아지를 태운 재를 탄 물(민 19:9)로 이해되지만 어떻게 준비되었는지는 확실히 알 수 없다. Philip J. Budd, *Numbers*(Word Press, 1993), p.93; 그러나 델리취(Delitzsch)는 민수기 19:9,13에 나오는 '정결케 하는 물'이나 레위기 14:5-7, 50,51에 나오는 문둥병에서 정결함을 받을 자에게 뿌릴 물과 본문에서 말하는 '속죄의 물'과는 다르다고 주장한다. 그에 의하면 레위기 4:14 등에서 속죄를 위하여 드려진 희생과 같이 죄를 없애기 위한 물인데, 회막과 단 사이에 있는 물두멍의 물을 가리키는 것으로 본다. 왜냐하면 이 물은 제사장들이 회막에 들어갈 때 손을 씻도록 준비된 물이었는데 이 물로 씻는 것은 죄를 씻는 것으로 간주될 수 있기 때문이다. Keil & Delitzsch, 「민수기」, pp.93,94.

셋째로 이스라엘 자손이 레위인들에게 안수했습니다(9,10). 이는 이스라엘의 장자들을 대신하여 레위인들을 하나님께 산 제물로 바치기 위함이었습니다. 동시에 레위인들에게 이스라엘을 대신하여 여호와께 봉사하는 권한을 위임하는 의식이었습니다.

넷째로 아론이 레위인을 여호와께 요제로 드렸습니다(11,13). 그러면 레위인을 요제로 드리는 의미가 무엇입니까? 14,15절을 보십시오. **"너는 이같이 이스라엘 자손 중에서 레위인을 구별하라. 그리하면 그들이 내게 속할 것이라. 네가 그들을 정결케 하여 요제로 드린 후에 그들이 회막에 들어가서 봉사할 것이니라."** 요제(搖祭)란 '흔들어 드리는 제사'라는 뜻인데, 앞뒤로 흔드는 것을 의미합니다. 앞으로 흔드는 것은 하나님께 드리는 의미이고, 뒤로 흔드는 것은 하나님께서 다시 돌려주신다는 의미입니다. 요제로 드린 제물은 하나님께서 제사장 몫으로 다시 돌려 주셨습니다. 그래서 요제로 드린 제물은 제사장의 몫이 되었습니다(레 7:30,31). 그런데 하나님께서는 레위인을 요제로 드리라고 명하셨습니다. 앞으로 흔들어 드리는 것은 레위인을 하나님께 드리는 것인데 이는 이스라엘의 초태생(初胎生)을 대신하여 하나님께 드린 것입니다. **"그들은 이스라엘 자손 중에서 내게 온전히 드린 바 된 자라. 이스라엘 자손 중 일절 초태생 곧 모든 처음 난 자의 대신으로 내가 그들을 취하였나니, 이스라엘 자손 중에 처음 난 것은 사람이든지 짐승이든지 다 내게 속하였음은 내가 애굽 땅에서 그 모든 처음 난 자를 치던 날에 내가 그들을 내게 구별하였음이라. 이러므로 내가 이스라엘 자손 중 모든 처음 난 자의 대신으로 레위인을 취하였느니라."(16-18)** 그래서 레위인은 온전히 하나님께 속한 자가 되었습니다.

그러나 19절을 보십시오. **"내가 이스라엘 자손 중에서 레위인을 취하여 그들을 아론과 그 아들들에게 선물로 주어서 그들로 회막에서 이스라엘 자손을 대신하여 봉사하게 하며 또 이스라엘 자손을 위하여 속죄하게**

하였나니 이는 이스라엘 자손이 성소에 가까이 할 때에 그들 중에 재앙이 없게 하려 하였음이니라."(19) 하나님께서는 레위인을 제사장 아론과 그 아들들에게 선물로 돌려 주셨습니다. 레위인을 아론과 그 아들들에게 주어 이스라엘 자손을 대신하여 봉사하는 자들이 되도록 하셨습니다. 이러한 레위인들로 인하여 이스라엘 백성이 성소를 가까이 할 때 그들 중에 재앙이 내리지 않게 하셨습니다. 모세와 아론과 이스라엘 자손의 온 회중은 하나님께서 명하신 것을 다 좇아 레위인을 요제로 드렸습니다(20). 레위인은 스스로 죄에서 깨끗케 하고, 대제사장이 그들을 여호와께 요제로 드리고, 또 속죄제를 드려서 정결케 한 후에 회막에 들어가서 봉사하였습니다(21,22). 23-26절을 보면 하나님께서는 레위인들의 봉사 연한을 정해 주셨습니다. 레위인은 이십오 세에서 오십 세까지 회막에 들어와서 봉사하게 하셨습니다. 오십 세부터는 그 일을 쉬어 봉사하지 않도록 정하셨습니다.[15]

이상에서 하나님께 요제로 드려진 레위인들은 오늘날 그리스도의 몸된 교회를 섬기는 우리 신자들을 가리킵니다. 우리 신자들은 예수 그리스도의 피로 구속되어서 하나님께서 받으실 만한 제물로 바쳐진 사람들입니다(롬 15:16). 동시에 하나님께서는 우리를 대제사장이신 예수 그리스도께 선물로 주셨습니다(롬 1:6; 고전 3:23). 그래서 우리는 그리스도의 몸된 교회에서 봉사하게 되었습니다. 이를 위해 하나님께서는 여러 가지 직임을 맡기셨습니다. **"그가 혹은 사도로, 혹은 선지자로, 혹은 복음 전하는 자로, 혹은 목사와 교사로 주셨으니, 이는 성도를**

---

[15] 레위인의 복무기간에 대해서 성경에는 몇 가지 다른 기록이 있다. 민수기 4:3에서는 30에서 50세까지였으며, 본문에는 25세에서 50세까지이다. 다윗 시대에는 20세 이상으로 되어 있다(대상 23:24-27). 30세에서 50세까지가 기본 골격이며, 25세에서 30세까지는 수습기간이라고도 하며, 30세에서 50세까지는 성막을 이동할 때 성구들을 옮길 수 있는 연령이고, 25세에서 50세까지는 그들이 성에 안착되었을 때의 연령이라고도 한다.

온전케 하며 봉사의 일을 하게 하며 그리스도의 몸을 세우려 하심이라." **(엡 4:11,12)** 우리가 하나님께서 맡기신 영적인 레위인의 직무를 감당하기 위해서는 어떻게 해야 합니까? 날마다 우리의 몸과 마음을 정결케 하고 그리스도께 충성을 다해야 합니다. 우리가 하나님께 봉사할 수 있는 기간은 길지 않습니다. 가장 젊고 생명력이 왕성한 청년 시절에 여호와 하나님을 섬기는 삶이 가장 축복된 삶입니다.

2. 첫 유월절을 지키게 하신 하나님 (9:1-14)

1-3절을 보십시오. **"애굽 땅에서 나온 다음 해 정월에 여호와께서 시내 광야에서 모세에게 일러 가라사대 이스라엘 자손으로 유월절을 그 정기에 지키게 하라. 그 정기 곧 이 달 십사일 해질 때에 너희는 그것을 지키되 그 모든 율례와 그 모든 규례대로 지킬지니라."** 유월절은 이스라엘 백성이 출애굽한 사건을 기념하는 절기였습니다. 이들은 약 1년 전 1월 14일 밤에 애굽에서 탈출하였습니다. 이스라엘 백성이 애굽에서 탈출하기까지 하나님께서 열 가지 재앙을 애굽인들에게 내리셨습니다. 마지막 재앙이 애굽의 모든 짐승의 초태생과 장자를 죽이는 재앙이었습니다. 그러나 이스라엘 백성에게는 구원의 길을 계시해 주셨습니다. 어린양을 잡아 그 피를 문설주에 바르고 그 고기를 구워 무교병과 함께 먹으라고 명하셨습니다. 그리하면 그 피가 표적이 되어서 하나님의 사자가 피를 보고 그 집에 죽음의 재앙을 내리지 않고 넘어가겠다고 약속하셨습니다(출 12:13). 그래서 유월절이라 불리게 되었는데, '유월(逾越)'이라는 말은 '넘어간다(pass over)'는 뜻입니다.

그날 밤 이스라엘 백성이 하나님의 말씀에 순종하였을 때 애굽의 장자들은 다 죽었지만 이스라엘 백성의 장자는 하나도 죽지 않았으며, 짐승이나 개의 혀도 움직이지 아니하였습니다(출 11:7). 이스라엘 백성들은 어린양의 피의 은혜로 430년 만에 애굽의 노예 생활에서 해방되었습니다. 하나님께서는 이 날을 영원히 기념하라고 명하셨습니다 (출 12:24,25). 그리고 이스라엘 백성이 광야 생활을 출발하기에 앞서 첫 유월절을 지키도록 명하셨습니다. 이는 이스라엘 백성이 다시 한번 출애굽의 감격을 기억하고 구속의 은혜를 감사하며 젖과 꿀이 흐르는 가나안 땅으로 가도록 하기 위함이었습니다.

유월절 제사의 핵심적인 일은 어린양을 잡아 피를 단에 뿌리고(대하 35:11), 양고기를 무교병과 함께 먹는 일이었습니다. 예수님 당시에는 유월절 만찬 때 무교병을 먹고 포도주를 마시는 순서가 있었습니다. 예수님께서는 이 유월절 만찬 중에 성만찬의 규례를 정하셨습니다. 이는 예수님 자신이 유월절 어린 양으로 피 흘려 죽으실 것을 말씀하신 것이었습니다. 사도 바울도 **"우리의 유월절 양 곧 그리스도께서 희생이 되셨느니라."**(고전 5:7b)고 했습니다. 출애굽 때는 어린양의 피와 살이 필요했지만 지금 우리가 죄와 죽음과 심판에서 구원받기 위해서는 예수님의 피와 살이 필요합니다. 이스라엘은 어린양의 피를 믿고 구원을 받았지만 우리는 예수 그리스도의 피를 믿고 구원을 받았습니다.

그래서 초대 교회에는 성만찬을 엄격히 지켰습니다. **"내가 너희에게 전한 것은 주께 받은 것이니, 곧 주 예수께서 잡히시던 밤에 떡을 가지사 축사하시고 떼어 가라사대, 이것은 너희를 위하는 내 몸이니 이것을 행하여 나를 기념하라 하시고, 식후에 또한 이와 같이 잔을 가지시고 가라사대 이 잔은 내 피로 세운 새 언약이니 이것을 행하여 마실 때마다 나를 기념하라 하셨으니, 너희가 이 떡을 먹으며 이 잔을 마실 때마다 주의 죽으심을 오실 때까지 전하는 것이니라."**(고전 11:23-26) 우리는 주님께서 오시는 그날까지 그리스도의 피와 살을 먹고 그리스도의 몸에 참예해야 합니다. 성만찬에 참예하는 것은 우리를 죄에서 구속하신 구속의 은혜와 사랑을 새롭게 영접함으로 그리스도와 연합하고, 우리가 그리스도 안에서 한 형제 자매가 된 것을 고백하고 확인하기 위함입니다. 이렇게 함으로 우리의 신앙 생활이 예수님의 십자가의 희생과 하나님의 일방적인 은혜에 뿌리를 내리게 됩니다. 일년에 한 번이라도 그리스도의 희생에 참예하여 신령한 축복을 누릴 수 있기를 기도합니다. 이스라엘 백성은 하나님께서 정해 주신 정시어 정월 십사일 해질 때에 어린양을 잡고, 시내 광야에서 첫 유월절을 지켰습니다(5).

그런데 유월절을 지키는 데 있어서 약간의 문제가 생겼습니다. 6-14절에 보면 그 기간 동안에 시체로 부정하게 된 사람이 있었는데 그들은 유월절을 지키지 못하게 하였습니다. 그들은 유월절 만찬에 참여하고 싶었지만 부정(不淨)하므로 참여할 수 없었습니다(민 19:11). 그래서 이들은 모세를 찾아와 항의했습니다. **"우리가 사람의 시체로 인하여 부정케 되었거니와 우리를 금지하여 이스라엘 자손과 함께 정기에 여호와께 예물을 드리지 못하게 하심은 어찜이니이까?"(7)** 모세는 겸손히 여호와께 물었습니다.

10-12절에 보면 하나님께서는 시체로 부정하게 된 자들과 여행 중에 있었던 사람은 이월 십사일, 곧 한 달 후에 유월절 규례대로 지키도록 명하셨습니다. 내용적으로는 똑같이 해질 때에 어린양을 잡도록 했으며, 양고기를 무교병과 쓴 나물과 함께 먹고, 아침까지 조금도 남겨 두지 말며, 그 뼈를 하나도 꺾지 않으므로 유월절 모든 율례대로 지키라고 강조하셨습니다. 유월절은 그 영적인 의미를 깨우쳐 주고 각 사람의 신앙을 돕는 것이 목적이었기 때문에 한달 후에라도 규정대로 반드시 지키는 것이 중요하였습니다. 그래서 유월절을 지키는 매우 중대한 일에도 융통성을 두게 되었습니다.

그러나 이런 융통성이 남용되어서는 안 되기 때문에 엄격하게 제한하셨습니다. 13절을 보면 정결도 하고 여행 중에도 있지 아니하면서 유월절을 지키지 아니하는 자는 그 백성 중에서 끊어진다고 했습니다.

이런 사람은 그 절기에 여호와께 예물을 드리지 않았기 때문에 죄를 당한다고 했습니다. 그리고 그들 중에 우거하는 타국인이 여호와 앞에 유월절을 지키고자 하면 유월절 율례대로 그 규례를 따라서 지키도록 해야 합니다(14). 출애굽기에 의하면 타국인이 유월절을 지키려면 할례를 받아야 했습니다(출 12:48).

3. 광야 길을 인도하시는 하나님 (9:15-10:10)

하나님께서는 이제 가나안 땅으로 떠나기에 앞서 모든 이스라엘이 따라야 할 확실한 신호 체계를 세우셨습니다.

첫째, 구름기둥과 불기둥 (15-23)

15절을 보십시오. 성막을 세운 날에 구름이 성막 곧 증거막을 덮었습니다. 이는 하나님께서 성막을 자기의 처소로 삼으셨음을 확증하신 것이었습니다. 이스라엘은 하나님께서 그들과 함께 거하심으로 천하만민 중에서 구별된 하나님의 백성이 되었습니다. 그런데 저녁이 되면 성막 위에 불 모양 같은 것이 나타나서 아침까지 이르렀습니다. 당일에만 그런 것이 아니었습니다. 항상 그랬으며, 낮에는 구름이 그것을 덮었고 밤이면 불 모양이 있었습니다(16). 여호와 하나님께서는 낮에는 구름으로 뜨거운 태양을 가려서 사막의 더위로부터 그 백성을 보호하셨고, 추운 밤에는 추위와 어두움으로부터 그 백성을 보호하셨습니다.

뿐만 아닙니다. 하나님께서는 불기둥과 구름기둥으로 40년 동안 그 백성을 인도하셨습니다. 구름이 성막에서 떠오르는 때에는 이스라엘 자손이 즉시 진행했고, 구름이 머무는 곳에 이스라엘 자손이 진을 쳤습니다. 구름이 장막 위에 머무는 날이 오랠 때에는 이스라엘 자손이 여호와의 명을 지켜 진행치 아니하였습니다(19). 하나님의 명을 좇아 행하는 일은 쉬운 일이 아니었습니다. 22절에 보면 이틀이든지 한 달이든지 일 년이든지 구름이 성막 위에 머물러 있을 동안에는 이스라엘 자손이 유진(留陣)하고 진행치 아니하다가 떠오르면 진행하였습니다. 아무리 지루해도 구름이 떠오르지 않으면 계속 기다려야 했습니다. 반면에 구름이 장막 위에 머무는 날이 적을 때에도 그들은 여호와의 명을 좇아 진행하였습니다. 구름이 저녁부터 아침까지 있다가 아침에 그 구름이 떠오를 때에도 그들이 진행했습니다. 아무리 피곤해도 다음날 아침에 떠오르면 출발해야 했습니다. 23절을 보십시오. 이스라엘은 하나님의 명령에 절대적인 자세로 순종했습니다. **"곧 그들이 여호와의 명을 좇아 진을 치며 여호와의 명을 좇아 진행하고 또 모세로 전하신 여호와의 명을 따라 여호와의 직임을 지켰더라."**

이 모습은 마치 동방박사들이 별을 보고, 별이 가면 가고 별이 머물면 머물며, 예수님을 찾아온 모습과도 같습니다(마 2:1,2). 진리의 별을 따르는 생활은 철저히 자기를 부인하지 않으면 안 되는 것이었습니다. 이처럼 우리 신자들은 우리를 인도하시는 하나님께 자신을 전적으로 맡기고 순종하는 삶을 살아야 합니다. 이러한 삶이 가장 안전하고, 젖과 꿀이 흐르는 약속의 땅으로 들어가는 지름길입니다. 우리 하나님께서는 불기둥과 구름기둥으로 이스라엘을 인도하신 것처럼 오늘날에도 진리의 구름기둥과 성령의 불기둥으로 광야와 같은 우리의 인생 길을 인도해 주십니다. 그러므로 우리는 겸손히 하나님의 인도하심을 따라야 합니다. 우리는 매일의 경건 생활, 곧 성경을 묵상하고 기도하는 생활을 통해서 하나님의 말씀과 성령의 인도하심을 받아야 합니다. 진리의 별이 우리 마음속에 떠오를 때까지 하나님의 말씀을 묵상하고, 기도해야 합니다. 그래서 사도 베드로는 다음과 같이 권면했습니다. **"또 우리에게 더 확실한 예언이 있어 어두운 데 비취는 등불과 같으니 날이 새어 샛별이 너희 마음에 떠오르기까지 너희가 이것을 주의하는 것이 가**

하니라."(벧후 1:19) 성령께서 진리의 말씀을 통해서 '가라!' 하시면 가고, '머물라!' 하시면 머물러야 합니다. 하나님을 믿는 자들은 서둘러서는 안 됩니다. 하나님의 때를 기다리는 것은 결코 시간 낭비가 아닙니다. 세상을 창조하시고 주관하시는 하나님께서 그 택하신 백성을 가장 안전하고 축복된 길로 인도하실 것이기 때문입니다.

둘째, 은 나팔 (10:1-10)

10장 1,2절을 보면 여호와께서 모세에게 은 나팔 둘을 만들어 그 은 나팔로 회중을 소집하기도 하며 진을 진행케 하도록 명하셨습니다. 은을 쳐서 만들라는 말은 은을 두드리고 펴서 나팔을 만들라는 것입니다. 이렇게 만든 은 나팔은 이스라엘 백성들이 광야로 진행하기 위한 마지막 준비였습니다. 당시는 요즘같이 FM 라디오도 없었고, 스피커도 없었습니다. 그러므로 200만 명이 넘는 이스라엘 백성을 진두지휘하기란 쉽지 않았습니다. 무엇보다 이 많은 백성을 통제하기 위해서는 아주 단순한 신호체계가 필요하였습니다. 그 신호를 알리는 가장 좋은 수단이 나팔이었습니다. 이 은 나팔은 길이가 1규빗(약 45cm) 정도 되었는데 그 소리가 아주 멀리까지 들렸다고 합니다.

3-10절을 보면 나팔을 부는 것은 세 가지 의미가 있습니다.

첫째는 소집 나팔이었습니다(3,4). 두 나팔을 동시에 불면 온 회중이 회막문 앞에 나오고, 하나만 불면 천부장들만 백성들을 대표하여 모이는 것입니다. 중대한 문제가 있을 때나 하나님께서 새로운 방향을 주실 때 소집 나팔을 불었습니다.

둘째는 진군 나팔이었습니다(6,7). 진군 나팔은 주로 울려 부는 비상 나팔이었습니다. 둘 다 울려 불면 동편 진이 진군하고, 제 2차로 울려 불면 남편 진이 진군했습니다. 또 대적을 치러 갈 때도 나팔을 불라고 했습니다. 대적을 치러 갈 때 나팔을 울려 불면 하나님께서 그들을 기억하시고 그들을 대적에게서 구원하시겠다고 약속하셨습니다(9). 그러므로 대적을 치러 갈 때 부는 나팔은 진군 나팔이기도 하지만 동시에 하나님의 도우심을 요청하는 '기도의 나팔'이라고 볼 수 있습니다. 이처럼 진군 비상 나팔이 울리면 온 이스라엘은 긴장하고 원수들을 경계하며 진군해야 했습니다.

셋째는 찬양 나팔이었습니다(10). 희락의 날과 절기와 월삭에는 번제물 위에와 화목제물의 위에 나팔을 불라고 했습니다. 이는 헌신과 화목의 기쁨에 넘치는 나팔입니다. 하나님을 찬양하는 찬양의 나팔이었습니다.

우리 신자들은 이 세 가지 나팔소리에 귀를 기울이며 거룩한 순례의 길을 가야 합니다. 성도들은 언제나 소집 나팔에 귀를 기울여야 합니다. 히브리서 기자는 모이기를 폐하는 습관을 따르지 말고 모이기를 힘쓰라고 했습니다. **"서로 돌아보아 사랑과 선행을 격려하며 모이기를 폐하는 어떤 사람들의 습관과 같이 하지 말고 오직 권하여 그 날이 가까움을 볼수록 더욱 그리하자."(히 10:24,25)** 요즘은 나팔은 불지 않지만 모이는 시간이 정해져 있습니다. 그러므로 항상 정해진 시간을 기억하고 모이기를 힘써야 합니다. 또 진군 나팔 소리에 귀를 기울여 주님께서 맡기신 사명을 감당해야 합니다. 다른 직분을 맡은 사람들과 보조를 맞추어야 합니다. 또 사명의 땅으로 나갈 때 담대히 복음의 나팔을 불며 나가야 합니다. 특히 복음의 군사들은 언제나 영적인 전쟁터에 나가는 군인들과 같이 기도의 나팔을 불며 하나님을 전폭적으로 의지해야 합니다. 마지막으로 우리는 감사와 찬양의 나팔을 불며 하나님께 영광을 돌려야 합니다. 개인적으로 구속의 은혜를 감사하고, 하나님께 헌신한 후에도 감사와 찬양의 나팔을 불어야 합니다. 우리가 하나님의 나팔 소리에 귀를 기울이며 살 때 주님의 재림 나팔 소리를 듣고 영원한 하나님 나라로 인도될 것을 믿습니다.

결론

우리는 레위인과 같이 몸과 마음을 정결케 한 후에 하나님께 봉사해야 합니다. 날마다 우리 죄를 회개하고 예수님의 보혈로 깨끗함을 받아야 합니다. 우리는 하나님의 구속의 사랑과 은혜에 감사하며, 거룩한 나그네 삶을 출발해야 합니다. 영원한 하나님 나라를 소망하며 매 순간 자기를 부인하고 진리의 구름기둥과 성령의 불기둥을 따라야 합니다. 구체적으로 하나님의 나팔 소리에 귀를 기울이며 모이기를 힘쓰고, 복음의 나팔, 찬양의 나팔을 불며 믿음으로 천성을 향해 나갈 수 있기를 기도합니다.

제 5 강

충성된 종, 모세를 세우신 하나님

(10:11 - 12:16)

요절 12:7,8 "내 종 모세와는 그렇지 아니하니 그는 나의 온 집에 충성됨이라. 그와는 내가 대면하여 명백히 말하고 은밀한 말로 아니하며 그는 또 여호와의 형상을 보겠거늘 너희가 어찌하여 내 종 모세 비방하기를 두려워 아니하느냐?"

10:11. 제 이 년 이월 이십일에 구름이 증거막에서 떠오르매

12. 이스라엘 자손이 시내 광야에서 출발하여 자기 길을 행하더니 바란 광야에 구름이 머무니라

13. 이와 같이 그들이 여호와께서 모세로 명하신 것을 좇아 진행하기를 시작하였는데

14. 수두로 유다 자손 진기에 속한 자들이 그 군대대로 진행하였으니 유다 군대는 암미나답의 아들 나손이 영솔하였고

15. 잇사갈 자손 지파의 군대는 수알의 아들 느다넬이 영솔하였고

16. 스불론 자손 지파의 군대는 헬론의 아들 엘리압이 영솔하였더라

17. 이에 성막을 걷으매 게르손 자손과 므라리 자손이 성막을 메고 발행하였으며

18. 다음으로 르우벤 진기에 속한 자들이 그 군대대로 발행하였으니 르우벤 의 군대는 스데울의 아들 엘리술이 영솔하였고

19. 시므온 자손 지파의 군대는 수리삿대의 아들 슬루미엘이 영솔하였고

20. 갓 자손 지파의 군대는 드우엘의 아들 엘리아삽이 영솔하였더라

21. 고핫인은 성물을 메고 진행하였고 그들이 이르기 전에 성막을 세웠으며

22. 다음으로 에브라임 자손 진기에 속한 자들이 그 군대대로 진행하였으니 에브라임 군대는 암미훗의 아들 엘리사마가 영솔하였고

23. 므낫세 자손 지파의 군대는 브다술의 아들 가말리엘이 영솔하였고

24. 베냐민 자손 지파의 군대는 기드오니의 아들 아비단이 영솔하였더라

25. 다음으로 단 자손 진기에 속한 자들이 그 군대대로 진행하였으니 이 군대는 모든 진의 후진이었더라 단 군대는 암미삿대의 아들 아히에셀이 영솔하였고

26. 아셀 자손 지파의 군대는 오그란의 아들 바기엘이 영솔하였고

27. 납달리 자손 지파의 군대는 에난의 아들 아히라가 영솔하였더라

28. 이스라엘 자손이 진행할 때에 이와 같이 그 군대를 다라 나아갔더라

29. 모세가 그 장인 미디안 사람 르우엘의 아들 호밥에게 이르되 여호와께서 주마 하신 곳으로 우리가 진행하나니 우리와 동행하자 그리하면 선대하리라 여호와께서 이스라엘에게 복을 내리리라 하셨느니라

30. 호밥이 그에게 이르되 나는 가지 아니하고 내 고향 내 친족에게로 가리라

31. 모세가 가로되 청컨대 우리를 떠나지 마소서 당신은 우리가 광야에서 어떻게 진칠 것을 아나니 우리의 눈이 되리이다

32. 우리와 동행하면 여호와께서 우리에게 복을 내리시는 대로 우리도 당신에게 행하리이다

33. 그들이 여호와의 산에서 떠나 삼 일 길을 행할 때에 여호와의 언약궤가 그 삼 일 길에 앞서 행하며 그들의 쉴 곳을 찾았고

34. 그들이 핵진할 때에 낮에는 여호와의 구름이 그 위에 덮였었더라

35. 궤가 떠날 때에는 모세가 가로되 여호와여

일어나사 주의 대적들을 흩으시고 주를 미워하는 자로 주의 앞에서 도망하게 하소서 하였고

36. 궤가 쉴 때에는 가로되 여호와여 이스라엘 천만인에게로 돌아오소서 하였더라

11:1. 백성이 여호와의 들으시기에 악한 말로 원망하매 여호와께서 들으시고 진노하사 여호와의 불로 그들 중에 붙어서 진 끝을 사르게 하시매

2. 백성이 모세에게 부르짖으므로 모세가 여호와께 기도하니 불이 꺼졌더라

3. 그 곳 이름을 다베라라 칭하였으니 이는 여호와의 불이 그들 중에 붙은 연고였더라

4. 이스라엘 중에 섞여 사는 무리가 탐욕을 품으매 이스라엘 자손도 다시 울며 가로되 누가 우리에게 고기를 주어 먹게 할꼬

5. 우리가 애굽에 있을 때에는 값없이 생선과 외와 수박과 부추와 파와 마늘들을 먹은 것이 생각나거늘

6. 이제는 우리 정력이 쇠약하되 이 만나 외에는 보이는 것이 아무것도 없도다 하니

7. 만나는 깟씨와 같고 모양은 진주와 같은 것이라

8. 백성이 두루 다니며 그것을 거두어 맷돌에 갈기도 하며 절구에 찧기도 하고 가마에 삶기도 하여 과자를 만들었으니 그 맛이 기름 섞은 과자 맛 같았더라

9. 밤에 이슬이 진에 내릴 때에 만나도 같이 내렸더라

10. 백성의 온 가족들이 각기 장막문에서 우는 것을 모세가 들으니라 이러므로 여호와의 진노가 심히 크고 모세도 기뻐하지 아니하여

11. 여호와께 여짜오되 주께서 어찌하여 종을 괴롭게 하시나이까 어찌하여 나로 주의 목전에 은혜를 입게 아니하시고 이 모든 백성을 내게 맡기사 나로 그 짐을 지게 하시나이까

12. 이 모든 백성을 내가 잉태하였나이까 내가 어찌 그들을 생산하였기에 주께서 나더러 양육하는 아비가 젖 먹는 아이를 품듯 그들을 품에 품고 주께서 그들의 열조에게 맹세하신 땅으로 가라 하시나이까

13. 이 모든 백성에게 줄 고기를 내가 어디서 얻으리이까 그들이 나를 향하여 울며 가로되 우리에게 고기를 주어 먹게 하라 하온즉

14. 책임이 심히 중하여 나 혼자는 이 모든 백성을 질 수 없나이다

15. 주께서 내게 이같이 행하실진대 구하옵나니 내게 은혜를 베푸사 즉시 나를 죽여 나로 나의 곤고함을 보지 않게 하옵소서

16. 여호와께서 모세에게 이르시되 이스라엘 노인 중 백성의 장로와 유사 되는 줄을 네가 아는 자 칠십 인을 모아 데리고 회막 내 앞에 이르러 거기서 너와 함께 서게 하라

17. 내가 강림하여 거기서 너와 말하고 네게 임한 신을 그들에게도 임하게 하리니 그들이 너와 함께 백성의 짐을 담당하고 너 혼자 지지 아니하리라

18. 또 백성에게 이르기를 너희 몸을 거룩히 하여 내일 고기 먹기를 기다리라 너희가 울며 이르기를 누가 우리에게 고기를 주어 먹게 할꼬 애굽에 있을 때가 우리에게 재미있었다 하는 말이 여호와께 들렸으므로 여호와께서 너희에게 고기를 주어 먹게 하실 것이라

19. 하루나 이틀이나 닷새나 열흘이나 이십 일만 먹을 뿐 아니라

20. 코에서 넘쳐서 싫어하기까지 일 개월간을 먹게 하시리니 이는 너희가 너희 중에 거하시는 여호와를 멸시하고 그 앞에서 울며 이르기를 우리가 어찌하여 애굽에서 나왔던고 함이라 하라

21. 모세가 가로되 나와 함께 있는 이 백성의 보행자가 육십만 명이온데 주의 말씀이 일 개월간 고기를 주어 먹게 하겠다 하시오니

22. 그들을 위하여 양 떼와 소 떼를 잡은들 족하오며 바다의 모든 고기를 모은들 족하오리이까

23. 여호와께서 모세에게 이르시되 여호와의 손이 짧아졌느냐 네가 이제 내 말이 네게 응하는 여부를 보리라

24. 모세가 나가서 여호와의 말씀을 백성에게 고하고 백성의 장로 칠십 인을 모아 장막에 둘러 세우매

25. 여호와께서 구름 가운데 강림하사 모세에게 말씀하시고 그에게 임한 신을 칠십 장로에게도 임하게 하시니 신이 임하신 때에 그들이 예언을 하다가 다시는 아니하였더라

26. 그 녹명된 자 중 엘닷이라 하는 자와 메닷이라 하는 자 두 사람이 진에 머물고 회막에 나아가지 아니하였으나 그들에게도 신이 임하였으므로 진에서 예언한지라

27. 한 소년이 달려와서 모세에게 고하여 가로되 엘닷과 메닷이 진중에서 예언하더이다 하매

28. 택한 자 중 한 사람 곧 모세를 섬기는 눈의 아들 여호수아가 말하여 가로되 내 주 모세여 금하소서

29. 모세가 그에게 이르되 네가 나를 위하여 시기

하느냐 여호와께서 그 신을 그 모든 백성에게 주사 다 선지자 되게 하시기를 원하노라

30. 모세와 이스라엘 장로들이 진중으로 돌아왔더라

31. 바람이 여호와에게로서 나와 바다에서부터 메추라기를 몰아 진 곁 이편 저편 곧 진 사방으로 각기 하룻길 되는 지면 위 두 규빗쯤에 내리게 한지라

32. 백성이 일어나 종일 종야와 그 이튿날 종일토록 메추라기를 모으니 적게 모은 자도 십 호멜이라 그들이 자기를 위하여 진 사면에 펴 두었더

33. 고기가 아직 잇사이에 있어 씹히기 전에 여호와께서 백성에게 대하여 진노하사 심히 큰 재앙으로 치셨으므로

34. 그곳 이름을 기브롯 핫다아와라 칭하였으니 탐욕을 낸 백성을 거기 장사함이었더라

35. 백성이 기브롯 핫다아와에서 진행하여 하세롯에 이르러 거기 거하니라

12:1. 모세가 구스 여자를 취하였더니 그 구스 여자를 취하였으므로 미리암과 아론이 모세를 비방하니라

2. 그들이 이르되 여호와께서 모세와만 말씀하셨느냐 우리와도 말씀하지 아니하셨느냐 하매 여호와께서 이 말을 들으셨더라

3. 이 사람 모세는 온유함이 지면의 모든 사람보다 승하더라

4. 여호와께서 갑자기 모세와 아론과 미리암에게 이르시되 너희 삼 인은 회막으로 나아오라 하시니 그 삼 인이 나아가매

5. 여호와께서 구름기둥 가운데로서 강림하사 장막문에 서시고 아론과 미리암을 부르시는 지라 그 두 사람이 나아가매

6. 이르시되 내 말을 들으라 너희 중에 선지자가 있으면 나 여호와가 이상으로 나를 그에게 알리기도 하고 꿈으로 그와 말하기도 하거니와

7. 내 종 모세오는 그렇지 아니하니 그는 나의 온 집에 충성됨이라

8. 그와는 내가 대면하여 명백히 말하고 은밀한 말로 아니하며 그는 또 여호와의 형상을 보겠거늘 너희가 어찌하여 내 종 모세 비방하기를 두려워 아니하느냐

9. 여호와께서 그들을 향하여 진노하시고 떠나시매

10. 구름이 장막 위에서 떠나갔고 미리암은 문둥병이 들려 눈과 같더라 아론이 미리암을 본즉 믄둥병이 들었는지라

11. 아론이 이에 모세에게 이르되 슬프다 내 주여 우리가 우매한 일을 하여 죄를 얻었으나 청컨대 그 허물을 우리에게 돌리지 마소서

12. 그로 살이 빈이나 썩고 죽어서 모태에서 나온 자 같이 되게 마옵소서

13. 모세가 여호와께 부르짖어 가로되 하나님이여 원컨대 그를 고쳐 주옵소서

14. 여호와께서 모세에게 이르시되 그의 아비가 그의 얼굴에 침을 뱉었을지라도 그가 칠 일간 부끄러워하지 않겠느냐 그런즉 그를 진 밖에 칠 일을 가두고 그 후에 들어오게 할지니라 하시니

15. 이에 미리암이 진 밖에 칠 일 동안 갇혔고 백성은 그를 다시 들어오게 하기까지 진행치 아니하다가

16. 그 후에 백성이 하세롯에서 진행하여 바란 광야에 진을 치니라

본문 말씀은 이스라엘 백성들이 시내 광야를 떠나서 젖과 꿀이 흐르는 가나안 땅으로 출발한 직후에 일어난 사건들입니다. 이스라엘은 시내 광야에서 약 1년 동안 머물면서 하나님의 택한 백성이요, 제사장 나라로서의 하나님의 부르심을 영접하고 언약을 맺었습니다. 하나님께서는 십계명을 주시고, 회막을 짓게 하시고, 진 가운데 거하시며 친히 말씀하셨습니다. 이제 이스라엘 백성들은 젖과 꿀이 흐르는 가나안 땅을 향해서 힘찬 출발을 했습니다. 그러나 사흘만에 이스라엘은 영적인

위기를 맞게 되었습니다. 광야 여행에 지친 백성들은 하나님을 원망하고, 가장 가까이 동역하던 미리암과 아론은 모세를 비방하며 대적하였습니다. 하나님께서는 홀로 무거운 짐을 지고 괴로워하는 모세를 도와주시고, 영적인 질서를 잡아 주셨습니다. 본문 말씀을 통해서 우리는 충성된 하나님의 종 모세의 믿음을 배울 수 있으며, 질서의 하나님을 만날 수 있습니다.

1. 여호와의 명하신 대로 순종한 이스라엘 (10:11-36)

11절을 보십시오. 출애굽한 지 만 1년 1개월 후 증거막 위에 머물렀던 구름이 떠올랐습니다. 온 이스라엘은 즉시 출발 준비를 하여 구름이 인도하는 대로 따라 갔습니다. 구름이 바란 광야에 머물렀습니다. 바란 광야는 시나이 반도의 북쪽 중앙 지역으로 남북 길이가 250km나 되는 크고 두려운 사막이었습니다. 이곳은 이스라엘이 38년 동안 유리하던 곳이었습니다(신 1:19). 13절을 보십시오. 이스라엘은 **"여호와께서 모세로 명하신 것을 좇아"** 진행하기 시작하였습니다. 이스라엘은 네 개의 진영으로 나누어졌으며 각 진영은 세 지파로 구성되어 있었습니다. 맨 선두에 나선 진영이 유다 진이었습니다. 유다는 장자가 아니었지만 여호와의 명하신 대로 순종하여 맨 앞에서 진행했습니다.

유다 진 바로 다음에 레위 지파인 게르손 자손과 므라리 자손이 여호와의 명하신 대로 성막을 메고 발행하였습니다(17). 이들은 여호와의 구름이 떠오르자마자 회막을 걷어서 이동할 채비를 갖추어야 했습니다. 이들은 회막을 거두어 6개의 수레에 나누어 싣고 선두 진을 곧바로 뒤따라야 했습니다. 이는 고핫 자손이 성물(聖物)을 메고 도착하기 전에 성막을 세워야 했기 때문이었습니다(21). 그 후에 르우벤 진에 속한 자들이 출발했습니다. 고핫 자손들이 성물을 메고 진행하였습니다(21).

다음에는 에브라임 진이 출발했으며(22-24), 모든 진의 후진으로 단 진영이 발행하였습니다(25-28). 이스라엘은 여호와의 명을 좇아 각자 자기 위치를 지켰으며, 질서정연하게 출발하였습니다. 이스라엘의 출발 순서는 다음과 같습니다.

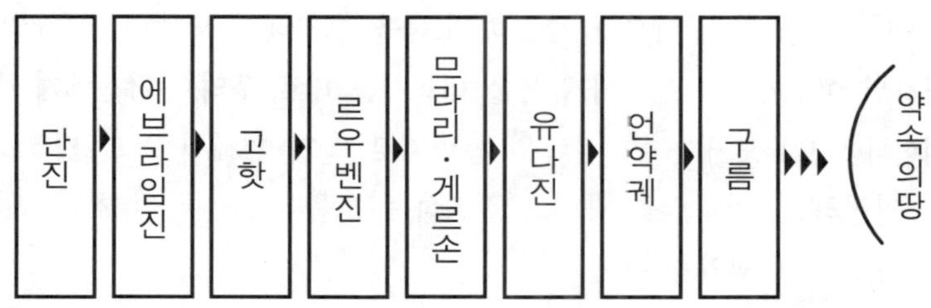

29-32절은 모세가 처남 호밥[16]을 동역자로 얻은 사건입니다. 모세는 호밥이 그들과 함께 가면 선대할 것이며 하나님께서 축복하실 것이라고 했지만 호밥은 친족에게로 돌아가겠다고 했습니다(30). 그러나 모세는 다시 간청했습니다. **"우리를 떠나지 마소서. 당신은 우리가 광야에서 어떻게 진칠 것을 아나니 우리의 눈이 되리이다."**(31) 호밥은 광야에서 태어나 성장한 사람으로 광야 지리에도 익숙한 사람이었습니다. 어느 곳에 진을 쳐야 안전한지, 어디로 가야 오아시스가 있는지 다 알

---

16) 모세의 처남 호밥의 신분은 논쟁거리가 되어 왔다. 왜냐하면 모세의 장인 르우엘의 별명도 호밥이었기 때문이다(삿 4:11). 이 르우엘은 이드로라고도 불리었다(출 2:18; 3:1). 문제는 사사기 4:11에서 호밥을 모세의 장인이라고 했다는 사실이다. 장인(חֹתֵן) 이라는 말은 '사위'라는 말로도 사용되었으며(삿 15:6; 19:5), 넓은 의미로는 '결혼으로 인해 성립된 남자 친족'을 가리키는 말이었다. 또 실제로 모세의 장인 르우엘이 죽은 후 모세의 아내 십보라의 오라비 호밥이 당시 관습을 따라 장인 역할을 했다고 볼 수 있다. 또 다른 논쟁은 모세의 장인은 미디안 사람이었는데(출 2:16,18), 사사기 4:11 에서 모세의 장인은 겐 족속이라고 했다. 노트(Noth)게 의하면 호밥이라는 이름이 미디안 족속과 관련된 이름이라면 르우엘은 겐 족속과 관련된 이름이었다. Eugene H. Merrill & Jack S. Deere, 동문학 역, 「민수기·신명기」(도서출판두란노, 1996), p.36; 이상근, 「레위기·민수기(상)」(성등사, 1997), pp.338,339; Budd, *Numbers*, p.113.

고 있는 광야 생활의 전문가였습니다. 하나님께서 구름기둥과 불기둥으로 인도하시지만 구체적으로 그 백성을 인도하는 데에는 전문가의 도움이 절실히 필요했습니다. 지도자가 혼자서 모든 것을 다 할 수는 없습니다. 그러므로 전문가의 도움을 받을 줄 알아야 합니다. 전문가를 동역자로 얻기 위해서는 겸손히 도움을 요청해야 합니다. **"우리와 동행하면 여호와께서 우리에게 복을 내리시는 대로 우리도 당신에게 행하리이다."(32)** 모세는 한 사람을 동역자로 얻기 위해서 그의 장점을 깊이 인정하고, 인내심을 가지고 겸손하게 도움을 요청하여 호밥[17]을 동역자로 얻게 되었습니다.

33절을 보십시오. 그들이 여호와의 산에서 떠나 삼일 길을 행할 때에 여호와의 언약궤가 그 삼일 길에 앞서 행하며 그들의 쉴 곳을 찾았습니다(33). 언약궤는 움직이는 성소(聖所)로서 여호와 하나님의 임재와 통치하심을 상징하는 것이었습니다. 언약궤가 앞서 행하며 그들의 쉴 곳을 찾았다는 것은 하나님께서 선한 목자와 같이 그 백성을 인도하셨음을 말해 줍니다. 언약궤를 멘 고핫 자손들이 행진할 때에 여호와께서 구름으로 뜨거운 사막의 태양을 가려 주시고 자기 백성의 광야 길을 인도하셨습니다(34).

35,36절을 보십시오. 궤가 떠날 때와 머물 때마다 모세가 백성을 대표하여 간절히 기도했습니다. 하나님의 인도하심을 받는 이스라엘의 자세가 어떠합니까? 궤가 떠날 때는 **"여호와여 일어나사 주의 대적들을 흩으시고 주를 미워하는 자로 주의 앞에서 도망하게 하소서"**라고 기도했습니다. 궤가 머물 때에는 **"여호와여 이스라엘 천만인에게로 돌아오소서."**라고 기도하였습니다. 이 기도는 여호와 하나님께서 모든 대적을 물리치시고, 자기들을 젖과 꿀이 흐르는 가나안 땅으로 인도하신다는

---

17) 호밥은 모세의 청을 수락하고 이스라엘과 동행했으며, 후에 유다 자손과 함께 종려나무 성읍에 올라가서 아랏 남방의 유다 황무지에 이르러 백성 중에 거했다(삿 1:16).

이스라엘 백성들의 신앙 고백이었습니다. 이스라엘 앞에서 앞서 인도하신 여호와 하나님은 지금도 천성을 향해 가는 우리 신자들의 삶을 앞서서 인도하고 계십니다. 그러므로 우리는 오직 하나님 한 분만을 전폭적으로 의지하고, 믿음으로 살아야 합니다. 무슨 일이든지 하나님께서 친히 싸우시고, 승리를 주시도록 기도로 시작하고, 기도로써 마무리해야 합니다.

2. 이스라엘의 탐욕을 징계하신 하나님 (11:1-35)

11장에 들어서면 분위기가 달라집니다. 훈련받지 못한 이스라엘 백성들은 광야 생활이 힘들다고 끊임없는 원망과 불평을 쏟아 놓았습니다. 하나님께서는 이들을 어떻게 훈련하셨습니까?

첫째, 진 끝을 사르신 하나님 (11:1-3)

1절을 보십시오. **"백성이 여호와의 들으시기에 악한 말로 원망하매 여호와께서 들으시고 진노하사 여호와의 불로 그들 중에 붙어서 진 끝을 사르게 하시매"** 이스라엘 백성들은 삼 일 길을 행진한 후에 지쳐 버렸습니다. 사실 뜨거운 사막 길을 처자식을 데리고 3일 동안이나 행군한다는 것은 쉬운 일이 아니었습니다. 어린 자식들이 목이 말라 부르짖고, 연약한 여자들이 광야에서 지쳐서 쓰러질 때 마음이 상했을 것입니다. 그렇지만 이들이 진정으로 젖과 꿀이 흐르는 약속의 땅을 소망하였다면 자신들이 당하는 어려움을 참고 견디어야 했습니다. 그러나 이들은 악한 말로 하나님을 원망했습니다. 무슨 말로 원망했는지는 기록되어 있지 않지만 이들의 원망이 하늘에 닿았습니다. 여호와께서 그들의 원망하는 말을 들으시고 몹시 진노하셨습니다. 그래서 여호와의 불로 그 진을 사르셨습니다. 이 불은 하나님의 진노의 불이었습니다. 불평하던 많은 사람들이 하나님의 진노의 불에 타 죽게 되었습니다. 하나님은 불평 불만, 원망을 가장 싫어하십니다. 왜냐하면 하나님은 결코 사람들의 원망을 들을 만한 일을 행하시지 않기 때문입니다. 따라서 하나님은 결코 원망의 대상이 될 수 없습니다. 다만 감사와 찬양을 받으시기에 합당한 분이십니다. 하나님께서 가장 원망을 많이 하는 자들을 불로 사르시자 백성들이 모세에게 부르짖었습니다.

백성의 부르짖음을 들은 모세는 여호와 하나님께 기도했습니다. 그러자 불이 꺼졌습니다(2). 하나님께서 모세의 중보의 기도를 들으시고, 진노를 돌이키셨기 때문이었습니다. 그래서 그곳 이름을 '다베라(불사름)'라고 칭하였습니다. 이 사건은 아주 짧게 기록되었지만 ① 이스라엘의 반역 ② 하나님의 진노 ③ 백성의 부르짖음 ④ 모세의 중보 기도 ⑤ 하나님의 용서라는 과정을 담고 있습니다. 이 과정은 광야 생활 40년 동안 되풀이되는 전형적인 모습이었습니다(11:4-35; 12:1-16; 13장; 14장; 16장; 20:1-13; 21:4-9). 그래서 모세는 **"내가 너희를 알던 날부터 오므로 너희가 항상 여호와를 거역하였느니라(신 9:24)"**라고 말했습니다.

둘째, 탐욕을 징계하신 하나님 (11:4-35)

하나님의 진노가 완화되자마자 이스라엘 백성 가운데 또 다른 불평과 원망이 터져 나왔습니다. 4절을 보십시오. **"이스라엘 중에 섞여 사는 무리가 탐욕을 품으매 이스라엘 자손도 다시 울며 가로되 누가 우리에게 고기를 주어 먹게 할꼬?"** 이스라엘 중에 섞여 사는 이방인들이 음식에 대한 탐욕을 품게 되었습니다. 이들은 애굽에서 이스라엘 백성과 함께 출애굽한 사람들이었습니다. 이들은 유월절의 피 뿌리는 예를 행하고 믿음으로 구원받은 사람들이었습니다. 또 이스라엘과 함께 홍해를 건넜으며, 광야에서 1년이 넘도록 하나님께서 내려 주시는 만나로 부족함이 없이 살던 사람들이었습니다. 그런데 애굽에서 먹던 음식에 대한 탐욕이 불같이 일어났습니다. '탐욕'이라는 말은 '분수에 넘치는 것을 무리하게 취하려고 하는 욕망'을 가리킵니다. 그들은 마음에 일어나는 탐욕을 다스리지 못하고 온통 거기에 사로잡혀 영적인 분별력을 잃고 있었습니다. 이들은 신앙의 뿌리가 깊지 않았기 때문에 애굽 생활을 그리워하며 애굽에서 나온 것을 후회하고 있었습니다.

그런데, 문제는 이스라엘 자손들이 그들의 탐욕에 미혹된 것이었습니다. 이스라엘 자손도 **"누가 우리에게 고기를 주어 먹게 할꼬?"**하며 울며 탄식하였습니다. 이스라엘은 하나님의 일방적인 은혜를 깡그리 잊어버리고, 탐욕에 영적인 눈이 어두워졌습니다. 5,6절을 보십시오. **"우리가 애굽에 있을 때에는 값없이 생선과 외와 수박과 부추와 파와 마늘들을 먹은 것이 생각나거늘 이제는 우리 정력이 쇠약하되 이 만나 외에는 보이는 것이 아무 것도 없도다."** 이들은 애굽에서 먹던 생선이나 기호식품을 먹지 못하는 것이 불만스러웠습니다. 그런 것들을 못 먹어서 몸이 쇠약하여 죽을 것같이 생각되었습니다. 이들은 **"이 만나 외에는 보이는 것이 아무 것도 없도다"**라고 불평하였습니다.

7-9절을 보십시오. **"만나는 깟씨와 같고 모양은 진주와 같은 것이라. 백성이 두루 다니며 그것을 거두어 맷돌에 갈기도 하며 절구에 찧기도 하고 가마에 삶기도 하여 과자를 만들었으니 그 맛이 기름 섞은 과자 맛 같았더라. 밤에 이슬이 진에 내릴 때에 만나도 같이 내렸더라."** 만나는 하나님께서 하늘에서 내려 주신 기적의 음식이었습니다. 이 만나는 아침에 이슬처럼 내렸다가 해가 뜨면 다 스러져 없어졌습니다. 그렇지만 거둔 후에는 삶기도 하고, 기름에 튀겨도 없어지지 않았습니다. 1년 동안 만나를 먹으면서 만나 요리법도 많이 개발되었습니다. 하나님께서는 200만이 넘는 이스라엘 백성들에게 하늘에서 비같이 만나를 내려 먹여 주셨습니다. 또 이 만나는 그들의 건강 유지에 필요한 모든 영양이 들어 있는 특별한 음식이었습니다. 지혜서에 의하면 만나는 각 사

람의 입맛에 맞는 맛을 내었다고 합니다(지혜서 16:20). 그럼에도 불구하고 이들은 탐욕 때문에 만족할 줄을 모르고 애굽의 옛 생활을 동경하며 울었습니다. 이들은 애굽에서 공사 감독의 채찍에 맞으며 벽돌을 굽던 중노동의 고통을 잊어버리고 고기국물 먹던 생각에만 사로잡혀 있었습니다. 하나님의 능력과 사랑을 불신하고 정력이 쇠하여 죽을 것 같은 두려움에 사로잡혔습니다. 이들은 하나님께서 주신 엄청난 은혜를 멸시하고 탐욕에 눈이 멀어 불평과 탄식으로 울었습니다.

모세는 이 문제를 어떻게 해결했습니까? 10절을 보십시오. **"백성의 온 가족들이 각기 장막 문에서 우는 것을 모세가 들으니라."** 모세는 백성들이 우는 것을 보고 여호와의 진노가 심히 큰 것을 깨달았습니다. 모세는 심히 괴로웠습니다. 하나님의 진노가 발하기 전에 모세는 먼저 하나님 앞에 엎드렸습니다. 11-15절을 보십시오. 이 모세의 기도 내용이 어떠합니까? **"주께서 어찌하여 종을 괴롭게 하시나이까? 어찌하여 나로 주의 목전에 은혜를 입게 아니하시고, 이 모든 백성을 내게 맡기사 나로 그 짐을 지게 하시나이까?"(11)** 이 기도의 내용을 보면 모세가 한계 상황에 처해 있음을 알 수 있습니다. 모세는 너무나 천박한 백성들을 품을 수 없었습니다. 사흘이 멀다고 불평하고 불만을 터뜨리고 애굽으로 돌아가려고 하는 그들을 마음으로 용납하고 품을 수 없었습니다. 그래서 **"이 모든 백성을 내가 잉태하였나이까? 내가 어찌 그들을 생산하였기에 주께서 나더러 양육하는 아비가 젖 먹는 아이를 품듯 그들을 품에 품고 주께서 그들의 열조에게 맹세하신 땅으로 가라 하시나이까?"(12)** 라고 부르짖었습니다. 또 백성들은 고기를 달라고 울고 있는데 자신은 그들의 문제를 해결해 줄 능력이 없었습니다. 모세는 자신의 무능으로 절망하고 있었습니다. 또 모세는 무거운 책임감에 짓눌려서 질식할 것만 같았습니다. **"그들이 나를 향하여 울며 가로되 우리에게 고기를 주어 먹게 하라 하온즉 책임이 심히 중하여 나 혼자는 이 모든 백성을 질 수**

없나이다."(13b,14) 모든 면에서 한계에 부딪힌 모세는 차라리 죽여 주시고, 이런 괴로움에서 벗어나게 해 달라고 기도했습니다. 그러나 모세는 이런 문제를 스스로 생각하고 인간적인 결론을 내리지 않았습니다. 이 모든 무거운 짐을 들고 하나님 앞에 내려놓았습니다. 하나님께 자기의 심정을 토로하고 하나님의 긍휼을 구했습니다.

우리 신자들도 광야와 같은 세상을 살아가던서, 혹은 하나님의 교회를 섬기면서 많은 어려움을 겪습니다. 능력의 한계, 내면성의 한계, 인격의 한계, 신앙의 한계에 부딪혀 절망하고 탄식할 때도 있습니다. 그러나 이때 우리는 자학하며 드러누워서는 안 됩니다. 주님께 모든 문제를 들고 나가야 합니다. 예수님께서도 말씀하셨습니다. **"수고하고 무거운 짐진 자들아, 다 내게로 오라. 내가 너희를 쉬게 하리라"(마 11:28).**

그러면 하나님께서는 모세의 기도를 어떻게 응답해 주셨습니까?

첫째, 70명의 동역자들을 세워 주셨습니다 (16-23; 27-30)

16,17절을 보십시오. 하나님께서 브실 때 모세의 문제는 첫째로 동역자가 없이 혼자서 무거운 짐을 지고 있는 것이었습니다. 그래서 모세를 돕고 모세의 짐을 나누어 질 수 있는 장로들을 세워 주겠다고 약속하셨습니다. 하나님께서는 장로들에게 모세에게 임한 신을 임하게 하여 모세를 깊이 이해하고 동역하게 하겠다고 약속하셨습니다. 24절을 보십시오. 모세가 하나님의 말씀대로 백성의 장로 70인을 모아 장막에 둘러 세웠습니다. 이 때 하나님께서 강림하셔서 모세와 말씀하시고 모세에게 임한 신을 칠십 장로들에게도 임하게 하셨습니다(25). 성령이 임하자 70명의 장로들은 예언을 하기 시작했습니다. 예언을 했다는 것은 백성을 가르치고, 모세를 통해서 주신 율법을 해석하고 가르쳤다는 뜻입니다. 성령은 진리의 영이십니다. 그러므로 성령의 충만을 받은 장로들은 성령의 감동으로 기록된 말씀을 명확하게 해석하고, 가

르칠 수 있게 되었습니다(고전 14:24,25). 하나님께서는 그들에게 예언하는 은사를 주심으로 백성을 가르치는 소명을 맡기셨습니다. 이를 통해서 백성들을 인도하는 무거운 짐을 나누어지도록 하셨습니다.

그런데 26절에 녹명된 자 중에 엘닷과 메닷이 회막에 나오지 못하고 진 중에 있었는데 그들에게도 성령이 임하여 예언을 했습니다(27). 이는 성령의 은사는 모세가 주는 것이 아니라 하나님께서 친히 내리시는 은사임을 보여 주신 것이었습니다. 그런데 한 소년이 달려와서 모세에게 엘닷과 메삿이 진(陣) 중에서 예언한다고 하자 여호수아가 비공식적인 예언을 금하도록 요청했습니다. 이는 요한과 야고보가 예수님의 이름으로 귀신을 쫓아내는 제자를 금한 것과 같습니다(막 9:38). 그러나 모세는 **"네가 나를 위해 시기하느냐? 여호와께서 그 신을 그 모든 백성에게 주사 다 선지자 되게 하시기를 원하노라(29)"**라고 했습니다. 모세는 모든 백성들이 다 성령을 받고, 한 성령 아래서 한 마음 한 뜻이 되어 여호와 하나님을 섬기게 되기를 원했습니다.

하나님께서는 요엘 선지자에게 말세에 모든 육체에 성령을 부어 주신다고 약속하셨습니다(욜 2:28). 이 약속대로 하나님께서는 오순절 날 모든 사람들에게 성령을 부어 주셨습니다(행 2:1-4). 성령의 은사도 다양하게 주셨습니다. **"그가 혹은 사도로, 혹은 선지자로, 혹은 복음 전하는 자로, 혹은 목사와 교사로 주셨으니 이는 성도를 온전케 하며 봉사의 일을 하게 하며 그리스도의 몸을 세우려 하심이라."**(엡 4:11,12) 그러므로 우리는 각자에게 주신 다양한 은사를 살려서 그리스도의 몸 된 교회에 봉사해야 합니다. 우리 하나님은 지도자 혼자 무거운 책임감에 짓눌리는 것을 원치 아니하십니다. 성령의 은사를 골고루 나누어 주어 모든 성도들이 짐을 나누어 지고, 가볍고 즐거운 마음으로 하나님의 교회를 섬기기를 원하십니다.

둘째, 고기를 주어 먹게 하셨습니다 (18-23)

하나님께서는 백성들의 원망하는 말을 들으셨습니다. 하나님께서는 그 백성에게 고기를 먹이겠다고 약속하셨습니다. 그러나 하루나 이틀이 아니라 코에서 넘쳐서 싫어하기까지 일 개월 간을 먹게 하시겠다고 하셨습니다(20a). 그 이유가 무엇입니까? 20절 하반절을 보십시오. **"이는 너희가 너희 중에 거하시는 여호와를 멸시하고 그 앞에서 울며 이르기를 우리가 어찌하여 애굽에서 나왔던고 함이라."** 여호와 하나님께서는 성막을 짓게 한 후에는 이스라엘의 진 중에 거하고 계십니다. 그럼에도 불구하고 이스라엘 백성들은 애굽에서 즐기던 잔재미를 그리워하며 애굽에서 나온 것을 후회하였습니다. 이는 여호와 하나님을 멸시하는 죄악이었습니다. 하나님의 크신 사랑과 구속의 은혜를 멸시하고, 하나님께서 그들에게 두신 소망을 저버리는 죄악이었습니다. 그래서 하나님께서는 그들의 코에서 냄새가 나서 싫어할 때까지 고기를 먹게 하겠다고 하셨습니다. 그러자 모세는 이 백성의 보행자가 육십 만 명이 넘는데 한 달간 고기를 먹이려면 양떼 소떼를 다 잡아도 부족하며, 바다의 모든 고기를 모아도 부족하다고 대답했습니다(21,22). 그러나 하나님께서는 **"여호와의 손이 짧아졌느냐?"**고 하시면서 모세의 불신을 책망하시고, 말씀대로 이루어질 것을 믿도록 도와주셨습니다.

31절을 보십시오. 하나님께서는 이스라엘 백성에게 어떻게 고기를 먹이셨습니까? **"바람이 여호와에게로서 나와 바다에서부터 메추라기를 몰아 진 곁 이편 저편 곧 진 사방으로 각기 하룻길 되는 지면 위 두 규빗쯤에 내리게 한지라."** 하나님께서 바람으로 바다에서부터 메추라기를 몰아오셨습니다. 메추라기떼들이 하늘을 덮었습니다.[18] 그 넓은 이스

---

18) 70인역에서는 메추라기를 왕메추라기(*ὀρταυνομήτρα*)라 했다. 메추라기는 길이가 20cm 정도 되고, 아프리카 내지에 사는 철새로 봄 3,4월에는 아라비아 광야를 거치고, 지중해를 지나 유럽으로 이동하고, 9월말경 다시 남쪽으로 돌아온다. 메추라기는 큰 무리

라엘의 진 곁 이편저편 진 사방으로 하룻길 되는 지면 위에 두 규빗쯤에 내리게 하셨습니다.[19] 백성들은 하루종일 그리고 밤새도록 메추라기를 잡았습니다. 그 이튿날도 하루종일 메추라기를 잡았습니다. 이들은 고기를 못 먹어 걸신(乞神) 들린 사람들처럼 메추라기 잡느라고 정신이 없었습니다. 얼마나 많이 잡았습니까? 32절을 보면 적게 모은 자도 10호멜이었습니다. 10호멜은 2200 l 입니다. 100 l 가 한 가마니이니까 22가마니 정도 됩니다. 일인당 10호멜의 메추라기를 거두어 진 사면에 펴 두었습니다. 이들은 고기를 실컷 먹게 되었다고 좋아하며 요리를 하였습니다.

그런데 33절을 보십시오. **"고기가 아직 잇사이에 있어 씹히기 전에 여호와께서 백성에게 대하여 진노하사 심히 큰 재앙으로 치셨으므로"** 하나님께서 그들의 불신과 탐욕을 징계하셨습니다. 하나님께서는 분명히 한 달 동안 고기를 먹이신다고 약속하셨습니다. 그럼에도 불구하고 이들은 탐욕에 사로잡혀 메추라기 사냥에 이틀을 밤낮 없이 보냈습니다. 이는 메추라기가 다음날 날아가 버릴지도 모른다는 불신과 탐욕 때문

를 이뤄 날며, 날개가 약하고, 먼 여행에 지쳐 떨어지는 경우가 있다고 한다. 애굽의 미술품에는 손 그물로 새를 잡고 있는 사람이 그려져 있다. 이로 미루어 보아 이 새는 저공을 날기 때문에 아이들도 막대기로 쉽게 잡을 수 있다고 한다(출 16:13). Hannah & Lindsey, 김태훈역, 「출애굽기 · 레위기」(두란노, 1989), p.78; 이상근, 「레위기 · 민수기(상)」, p.351.

19) 델리취(Delitzsch)에 의하면 '내리게 했다(נָטַשׁ)'는 말은 '흩어 뿌린다'는 뜻으로 두 규빗쯤으로 날아다닌다는 뜻이 아니라 진 위에 흩어 뿌리는 것을 뜻한다. 2규빗쯤의 높이로 진 양편 주위 사방에 쌓였다는 뜻으로 해석해야 한다. 그래야 하루 반만에 10호멜 정도의 메추라기를 모을 수 있다고 주장한다. Keil & Delitzsch, 「민수기」, pp.126,127; 그러나 NIV에서는 지면 위 3피트 위에 내려 왔다(about 3 feet above the ground)고 번역했다. 이는 지면에 약 1m 높이로 쌓인 것이 아니라 그렇게 낮게 날아다녔다는 뜻이다. 이 견해가 백성들이 하루종일 밤새도록, 이튿날 하루종일 메추라기를 모으게 된 합리적인 이유가 된다. Merrill & Deere, 「민수기 · 신명기」, p.40; 그렇지 않고 메추라기가 떨어져 땅에 쌓여 있었다면 그렇게 필사적으로 메추리기를 모으지 않았을 것이다. 그랬다면 그들의 탐욕이 행동으로 나타나지 않았을지도 모른다. Budd, *Numbers*, p.129.

이었습니다. 이들은 하나님께서 메추라기를 바람으로 몰아오신 사실을 믿지 않았거나, 한 달 동안 먹이신다는 하나님의 약속의 말씀을 믿지 않았습니다.

인간의 탐욕은 끝이 없습니다. 탐욕은 불신앙에서 비롯되는 것입니다. 하나님께서 친히 먹이시고 입히신다는 확고한 믿음이 있는 사람은 탐욕을 부리지 않습니다. 그래서 탐심은 우상 숭배라고 했습니다. **"그러므로 땅에 있는 지체를 죽이라. 곧 음란과 부정과 사욕과 악한 정욕과 탐심이니 탐심은 우상 숭배니라. 이것들을 인하여 하나님의 진노가 임하느니라."**(골 3:5,6) 하나님께서는 이스라엘의 불신앙을 심히 큰 재앙으로 치셨습니다. 고기가 잇사이에 있어 씹히기도 전에 불평불만의 주동자들을 심판하셨습니다. 그래서 그곳 이름을 기브롯 핫다아와라 칭하였습니다. 이는 '탐욕의 무덤'이라는 뜻이었습니다.

하나님은 광야에서도 고기를 코에서 냄새가 날 때까지 먹이실 수 있는 전능하신 분이십니다. 그럼에도 불구하고 불신과 탐욕에 사로잡혀 장래 일을 염려하고 탐욕에 눈이 먼 사람들은 심히 큰 재앙을 만나게 됩니다. 우리 하나님은 하늘에서 만나를 내리시는 분이시요, 광야에서 고기를 먹이시는 전능하신 하나님이십니다. 이 하나님을 믿지 못할 때 우리는 이스라엘 백성들처럼 탐욕의 노예가 되어서 땅에 코를 박고 짐승처럼 살다가 파멸에 이를 수밖에 없습니다. 예수님께서도 형과 재산을 나누게 해 달라고 하는 청년에게 갈했습니다. **"저희에게 이르시되 삼가 모든 탐심을 물리치라. 사람의 생명이 그 소유의 넉넉한 데 있지 아니하니라."**(눅 12:15) 사람의 생명이 결코 소유의 넉넉함에 있지 않습니다. 그러므로 모든 탐심을 물리쳐야 합니다. 욕심이 잉태한즉 죄를 낳고, 죄가 장성한즉 사망을 낳습니다(약 1:15). 예수님께서는 장래 염려에 시달리는 제자들에게 **"너희는 먼저 그의 나라와 그의 의를 구하라. 그리하면 이 모든 것을 너희에게 더하시리라(마 6:33)."**고 약속하셨습니

다. 공중의 새를 먹이시고 들의 백합화를 입히시는 하나님이 자기 형
상대로 창조된 인간을 먹이시고 입히시지 않겠습니까? 특히 피로 구속
하신 당신의 자녀들을 먹이시고 입히시지 않겠습니까? 우리가 광야와
같은 이 세상에서 전능하신 하나님을 믿는 믿음으로 승리의 삶을 살
수 있기를 기도합니다.

3. 미리암의 교만을 징계하신 하나님 (12:1-16)

1절을 보십시오. 미리암과 아론은 모세의 어떤 점을 비방했습니까?
**"모세가 구스 여자를 취하였더니 그 구스 여자를 취하였으므로 미리암과
아론이 모세를 비방하니라."(1)** 이 때는 모세의 아내 십보라가 사망한
후라고 짐작하고 있습니다. 본문에 모세가 왜 구스 여인,[20] 즉 이디오
피아 여자를 취하였는지는 기록되어 있지 않습니다. 다만 우리는 하나
님께서 모든 이방 여인과의 결혼을 금한 것이 아니라 가나안의 딸들과
결혼하는 것을 금하셨으므로 모세의 결혼 그 자체는 율법적으로 잘못
되지 않았음을 짐작해 볼 수 있습니다(출 34:11-16). 뿐만 아니라 당시
에 이스라엘과 함께 있었던 이방인들은 모두 이스라엘 백성과 함께 출
애굽한 사람들이었습니다. 이들은 여호와 하나님께서 애굽에 내리신
모든 이적을 친히 목격하였으며, 문설주에 어린양의 피를 바르고 구원

---

20) 구스(כּוּשׁ)는 보통 이디오피아(Ethiopia)를 가리키지만 '구스'로 발음하면 '미디안'을 가
리킨다(출 2:21; 18:1). 구스 여인은 '십보라'를 가리킨다(Calvin, Knobel). 그러나 이 견
해를 따르면 미리암이 몇 십 년 전에 모세가 광야 생활을 할 때 결혼한 문제를 지금
와서 문제 삼은 것은 납득이 안된다는 문제가 따른다. 또 요세푸스에 의하면 모세는
애굽에서 바로의 공주의 아들로 있을 때 이디오피아와의 전쟁에서 이기고 이디오피아
의 공주 다르비스(Tharbis)와 결혼하였다는 기록이 있다. 요세푸스, 「유대고대사」제2
권, pp.251-253; 모세가 그 공주를 다시 취했을 가능성도 있다. 그러나 모세의 아내 십보
라가 죽은 후 동행 중인 이디오피아 여인과 재혼을 한 것으로 보는 것이 자연스럽다.
이상근, 「레위기 · 민수기(상)」, p.353.

의 은혜를 덧입은 사람들이었습니다. 그러므로 모세와 결혼한 이디오피아 여자도 여호와 하나님을 경외하는 믿음의 여인이었다고 볼 수 있습니다. 모세는 여호와 하나님을 믿는다면 유대인이나 이디오피아인이나, 백인이나 흑인이나 전혀 문제삼지 않았습니다. 모세는 하나님 안에서 모든 민족이 동등하게 하나님의 자녀임을 확신하였던 것 같습니다.[21] 그런데 미리암과 아론은 모세를 비방했습니다. 이는 그들이 민족주의적인 편협한 사고방식에 사로잡혀 있었기 때문이었습니다.

그런데 미리암과 아론의 문제는 사실 다른 곳에 있었습니다. 2절을 보십시오. 그들은 서로 **"여호와께서 모세와만 말씀하셨느냐? 우리와도 말씀하지 아니하셨느냐?"**고 말했습니다. 이는 이들이 영적으로 교만하여져서 모세의 지도력에 도전장을 낸 것이었습니다. 미리암은 모세의 누이로서 여 선지자였습니다(출 15:20,21). 여 선지자로서 지금까지 모세를 잘 동역해 왔는데, 모세와 결혼한 구스 여인이 자기의 자리를 빼앗아 버렸기 때문에 시기심으로 모세를 비방했을 가능성도 있습니다. 특히 70인 장로들을 선택하는 과정에서 모세와의 갈등이 빚어졌을 가능성도 있습니다.[22] 한편 아론이 미리암에게 동조하게 된 것은 그의 마음이 교만하여졌기 때문일 것입니다. 아론은 금송아지를 만들었던 장본인이었지만 하나님의 일방적인 은혜로 대제사장이 되어서 기름부음을 받고 백성들의 존경과 사랑을 한 몸에 받게 되었습니다. 아들들까지도 제사장으로 구별되어 엄청난 특권을 누리게 되었습니다. 이로

---

21) 교부들은 모세가 "이스라엘 민족과 가장 먼 이방인 사이에 이루어질 미래의 연합을 이 결혼의 본보기를 통해서 예표하려는 의도를 가지고 결혼한 것이었다"고 추정하였다. 바움가르텐(Baumgarten)은 "이 함 여자와의 결혼을 통하여 율법이 허용하는 한도 내에서 이스라엘 자손과 이방인 사이에 유대를 맺음으로써 실제적으로 자기 안에서 율법이 여러 면에서 요구하고 있는 바 이스라엘과 이방인 사이에 이루어져야 할 평등관계를 보여 줄 의도였다고 했다. Keil & Delitzsch, 「민수기」, p.130.
22) Henrry, 「민수기」, p.164.

인하여 그의 마음이 높아졌습니다. 이들은 하나님께서 자기들에게도 말씀하셨으니 모세와 자기들은 동등하다는 것이었습니다.

이들이 하는 말을 하나님께서 들으셨습니다. 그러나 3절을 보십시오. **"이 사람 모세는 온유함이 지면의 모든 사람보다 승하더라."** 모세가 지면의 모든 사람보다 온유하였기 때문에 미리암과 아론의 비방을 듣고도 참을 수 있었을 것입니다. 모세는 원래부터 온유한 사람은 아니었습니다. 젊었을 때는 애굽인을 단숨에 쳐죽여 모래에 파묻어 버릴 만큼 성질이 급했습니다. 그러나 광야에서 40년 동안 양치는 훈련을 받으면서 온유와 겸손이 몸에 배게 되었습니다. 모세는 온유함이 충만하여 미리암과 아론의 비방을 듣고도 참았습니다. 그러나 하나님께서 참지 않으시고 개입하셨습니다.

하나님께서는 이 문제를 어떻게 해결해 주셨습니까? 4절을 보면 하나님께서 갑자기 모세와 아론과 미리암, 세 사람을 회막으로 불러내셨습니다. 구름 가운데 강림하여 서서 아론과 미리암을 불러 말씀하셨습니다. **"내 말을 들으라. 너희 중에 선지자가 있으면 나 여호와가 이상으로 나를 그에게 알리기도 하고 꿈으로 그와 말하기도 하거니와"**(6) 그들에게는 이상(vision)이나 꿈(dream)으로 계시해 주셨습니다. 그래서 그들은 하나님의 뜻을 명백하게 알 수는 없었습니다. 마치 우리가 꿈을 꾼 것처럼, 환상을 본 것처럼 하나님께서 말씀하셨습니다. 그러나 모세에게는 그렇지 않았습니다. **"내 종 모세와는 그렇지 아니하니 그는 나의 온 집에 충성됨이라. 그와는 내가 대면하여 명백히 말하고 은밀한 말로 아니하며 그는 또 여호와의 형상을 보겠거늘 너희가 어찌하여 내 종 모세 비방하기를 두려워 아니하느냐?"**(7,8) 모세는 여호와의 집에 충성된 종이었습니다. 하나님과 직접 대화를 나누며 하나님의 백성을 섬기는 충성스러운 하나님의 일꾼이었습니다. 모세에게는 사람이 서로 대면하여 대화를 하듯이 명백하게 말씀하셨습니다. 십계명을 주시고, 모든 규례를 정확하게 말씀하셨습니다. 뿐만 아니라 모세는 여호와의 형상을 본다고 하셨습니다(출 24:17,18; 33:19; 34:5-11). 그러므로 하나님에 대한 그들의 생각과 모세의 생각은 비교할 수 없는 것이었습니다. 하나님께서는 아론과 미리암의 교만의 죄를 책망하셨습니다.

9,10절을 보십시오. 하나님께서 그들을 향하여 진노하고 떠나시자 구름이 장막 위에서 떠나갔고, 미리암은 문둥병이 들어 눈과 같이 되었습니다. 하나님은 하나님의 종을 비방하기를 두려워하지 않는 자들에게 중징계를 내리는 분이십니다(벧후 2:10). 아론이 미리암을 본즉 문둥병이 들어 있었습니다. 왜 미리암만 문둥병이 들었는지는 확실히 알 수 없지만 미리암이 주동이 되었거나 대제사장 아론에게 긍휼을 베푸셨기 때문이었을 것입니다.

아론은 자신이 너무나 무지하여 하나님 앞에서 큰 죄를 지은 것을 깨닫고 회개하고 모세에게 긍휼을 구했습니다. **"슬프다. 내 주여! 우리가 우매한 일을 하여 죄를 얻었으나, 청컨대 그 허물을 우리에게 돌리지 마소서. 그로 살이 반이나 썩고 죽어서 모태에서 나온 자같이 되게 마옵소서."**(11,12) 모세는 미리암을 위해서 여호와께 부르짖었습니다. **"하나님이여 원컨대 그를 고쳐 주옵소서."**(13) 하나님께서는 모세의 기도를 들으시고, 미리암을 칠 일 동안 진 밖에 가두고 그 후에 들어오게 하라고 명하셨습니다(14). 칠 일 동안 근신하며 회개하도록 돕게 하셨습니다. 하나님의 말씀대로 미리암은 진 밖에 칠 일 동안 갇혔으며, 백성은 그를 다시 진에 들어오게 하기까지 진행치 않다가 그 후에 하세롯에서 진행하여 바란 광야에 진을 쳤습니다.

결론

하나님께서는 한계상황에 부딪힌 모세를 여러 모로 도와주셨습니다. 탐욕스러운 백성들을 징계하시고, 70명의 장로들을 동역자들로 세워 주셨으며, 아론과 미리암과의 사이에 분명한 영적인 질서를 세우셨습니다. 광야 생활을 합심 동역하여 감당하도록 하기 위해서 모세를 중심으로 견고한 성령의 그릇을 이루게 하셨습니다. 우리가 마음에 일어나는 탐욕을 물리치고, 영원한 하나님 나라를 소망하며, 현재 겪는 어려움을 참고 견딜 수 있기를 기도합니다. 또한 하나님께서 높여 주실 때 교만하여지지 않고, 온유와 겸손으로 허리를 동이고, 섬기는 종들이 될 수 있기를 기도합니다.

제 6 강

40년 광야 훈련을 명하신 하나님

(13:1 – 14:45)

13:1. 여호와께서 모세에게 일러 가라사대

2. 사람을 보내어 내가 이스라엘 자손에게 주는 가나안 땅을 탐지하게 하되 그 종족의 각 지파 중에서 족장 된 자 한 사람씩 보내라

3. 모세가 여호와의 명을 좇아 바란 광야에서 그들을 보내었으니 그들은 다 이스라엘 자손의 두령 된 사람이라

4. 그들의 이름은 이러하니라 르우벤 지파에서는 삭굴의 아들 삼무아요

5. 시므온 지파에서는 호리의 아들 사밧이요

6. 유다 지파에서는 여분네의 아들 갈렙이요

7. 잇사갈 지파에서는 요셉의 아들 이갈이요

8. 에브라임 지파에서는 눈의 아들 호세아요

9. 베냐민 지파에서는 라부의 아들 발디요

10. 스불론 지파에서는 소디의 아들 갓디엘이요

11. 요셉 지파 곧 므낫세 지파에서는 수시의 아들 갓디요

12. 단 지파에서는 그말리의 아들 암미엘이요

13. 아셀 지파에서는 미가엘의 아들 스둘이요

14. 납달리 지파에서는 웝시의 아들 나비요

15. 갓 지파에서는 마기의 아들 그우엘이니

16. 이는 모세가 땅을 탐지하러 보낸 자들의 이름이라 모세가 눈의 아들 호세아를 여호수아라 칭하였더라

17. 모세가 가나안 땅을 탐지하러 그들을 보내며 이르되 너희는 남방 길로 행하여 산지로 올라가서

18. 그 땅의 어떠함을 탐지하라 곧 그 땅 거민의 강약과 다소와

19. 그들의 거하는 땅의 호불호와 거하는 성읍이 진영인지 산성인지와

20. 토지의 후박과 수목의 유무니라 담대하라 또 그 땅 실과를 가져오라 하니 그 때는 포도가 처음 익을 즈음이었더라

21. 이에 그들이 올라가서 땅을 탐지하되 신 광야에서부터 하맛 어귀 르홉에 이르렀고

22. 또 남방으로 올라가서 헤브론에 이르렀으니 헤브론은 애굽 소안보다 칠 년 전에 세운 곳이라 그 곳에 아낙 자손 아히만과 세새와 달매가 았었더라

23. 또 에스골 골짜기에 이르러 거기서 포도 한 송이 달린 가지를 베어 둘이 막대기에 꿰어 메고 또 석류와 무화과를 취하니라

24. 이스라엘 자손이 거기서 포도송이를 벤 고로 그 곳을 에스골 골짜기라 칭하였더라

25. 사십 일 동안에 땅을 탐지하기를 마치고 돌아와

26. 바란 광야 가데스에 이르러 모세와 아론과 이스라엘 자손의 온 회중에게 나아와 그들에게 회보하고 그 땅 실과를 보이고

27. 모세에게 보고하여 가로되 당신이 우리를 보낸 땅에 간즉 과연 젖과 꿀이 그 땅에 흐르고 이것은 그 땅의 실과니이다

28. 그러나 그 땅 거민은 강하고 성읍은 견고하고 심히 클 뿐 아니라 거기서 아낙 자손을 보았으며

29. 아말렉인은 남방 땅에 거하고 헷인과 여부스인과 아모리인은 산지에 거하고 가나안인은 해변과 요단 가에 거하더이다

30. 갈렙이 모세 앞에서 백성을 안돈시켜 가로되 우리가 곧 올라가서 그 땅을 취하자 능히 이기리라 하나

31. 그와 함께 올라갔던 사람들은 가로되 우리는 능히 올라가서 그 백성을 치지 못하리라 그들은 우리보다 강하니라 하고
32. 이스라엘 자손 앞에서 그 탐지한 땅을 악평하여 가로되 우리가 두루 다니며 탐지한 땅은 그 거민을 삼키는 땅이요 거기서 본 모든 백성은 신장이 장대한 자들이며
33. 거기서 또 네피림 후손 아낙 자손 대장부들을 보았나니 우리는 스스로 보기에도 메뚜기 같으니 그들의 보기에도 그와 같았을 것이니라

14:1. 온 회중이 소리를 높여 부르짖으며 밤새도록 백성이 곡하였더라
2. 이스라엘 자손이 다 모세와 아론을 원망하며 온 회중이 그들에게 이르되 우리가 애굽 땅에서 죽었거나 이 광야에서 죽었더면 좋았을 것을
3. 어찌하여 여호와가 우리를 그 땅으로 인도하여 칼에 망하게 하려 하는고 우리 처자가 사로잡히리니 애굽으로 돌아가는 것이 낫지 아니하랴
4. 이에 서로 말하되 우리가 한 장관을 세우고 애굽으로 돌아가자 하매
5. 모세와 아론이 이스라엘 자손의 온 회중 앞에서 엎드린지라
6. 그 땅을 탐지한 자 중 눈의 아들 여호수아와 여분네의 아들 갈렙이 그 옷을 찢고
7. 이스라엘 자손의 온 회중에 일러 가로되 우리가 두루 다니며 탐지한 땅은 심히 아름다운 땅이라
8. 여호와께서 우리를 기뻐하시면 우리를 그 땅으로 인도하여 들이시고 그 땅을 우리에게 주시리라 이는 과연 젖과 꿀이 흐르는 땅이니라
9. 오직 여호와를 거역하지 말라 또 그 땅 백성을 두려워하지 말라 그들은 우리 밥이라 그들의 보호자는 그들에게서 떠났고 여호와는 우리와 함께 하시느니라 그들을 두려워 말라 하나
10. 온 회중이 그들을 돌로 치려하는 동시에 여호와의 영광이 회막에서 이스라엘 모든 자손에게 나타나시니라
11. 여호와께서 모세에게 이르시되 이 백성이 어느 때까지 나를 멸시하겠느냐 내가 그들 중에 모든 이적을 행한 것도 생각하지 아니하고 어느 때까지 나를 믿지 않겠느냐
12. 내가 전염병으로 그들을 쳐서 멸하고 너로 그들보다 크고 강한 나라를 이루게 하리라
13. 모세가 여호와께 여짜오되 애굽인 중에서 주의 능력으로 이 백성을 인도하여 내셨거늘 그리하시면 그들이 듣고
14. 이 땅 거민에게 고하리이다 주 여호와께서 이 백성 중에 계심을 그들도 들었으니 곧 주 여호와께서 대면하여 보이시며 주의 구름이 그들 위에 섰으며 주께서 낮에는 구름기둥 가운데서, 밤에는 불기둥 가운데서 그들 앞에서 행하시는 것이니이다
15. 이제 주께서 이 백성을 한 사람같이 죽이시면 주의 명성을 들은 열국이 말하여 이르기를
16. 여호와가 이 백성에게 주기로 맹세한 땅에 인도할 능이 없는 고로 광야에서 죽였다 하리이다
17. 이제 구하옵나니 이미 말씀하신 대로 주의 큰 권능을 나타내옵소서 이르시기를
18. 여호와는 노하기를 더디하고 인자가 많아 죄악과 과실을 사하나 형벌받을 자는 결단코 사하지 아니하고 아비의 죄악을 자식에게 갚아삼, 사대까지 이르게 하리라 하셨나이다
19. 구하옵나니 주의 인자의 광대하심을 따라 이 백성의 죄악을 사하시되 애굽에서부터 지금까지 이 백성을 사하신 것같이 사하옵소서
20. 여호와께서 가라사대 내가 네 말대로 사하노라
21. 그러나 진실로 나의 사는 것과 여호와의 영광이 온 세계에 충만할 것으로 맹세하노니
22. 나의 영광과 애굽과 광야에서 행한 나의 이적을 보고도 이같이 열 번이나 나를 시험하고 내 목소리를 청종치 아니한 그 사람들은
23. 내가 그 조상들에게 맹세한 땅을 결단코 보지 못할 것이요 또 나를 멸시하는 사람은 하나라도 그것을 보지 못하리라
24. 오직 내 종 갈렙은 그 마음이 그들과 달라서 나를 온전히 좇았은즉 그의 갔던 땅으로 내가 그를 인도하여 들이리니 그 자손이 그 땅을 차지하리라
25. 아말렉인과 가나안인이 골짜기에 거하나니 너희는 내일 돌이켜 홍해 길로 하여 광야로 들어갈지니라
26. 여호와께서 모세와 아론에게 일러 가라사대
27. 나를 원망하는 이 악한 회중을 내가 어느 때까지 참으랴 이스라엘 자손이 나를 향하여 원망하는 바 그 원망하는 말을 내가 들었노라
28. 그들에게 이르기를 여호와의 말씀에 나의 삶을 가리켜 맹세하노라 너희 말이 내 귀에 들린 대로 내가 너희에게 행하리니

29. 너희 시체가 이 광야에 엎드러질 것이라 너희 이십 세 이상으로 계수함을 받은 자 곧 나를 원망한 자의 전부가
30. 여분네의 아들 갈렙과 눈의 아들 여호수아 외에는 내가 맹세하여 너희로 거하게 하리라 한 땅에 결단코 들어가지 못하리라
31. 너희가 사로잡히겠다고 말하던 너희의 유아들은 내가 인도하여 들이리니 그들은 너희가 싫어하던 땅을 보려니와
32. 너희 시체는 이 광야에 엎드러질 것이요
33. 너희 자녀들은 너희의 패역한 죄를 지고 너희의 시체가 광야에서 소멸되기까지 사십 년을 광야에서 유리하는 자가 되리라
34. 너희가 그 땅을 탐지한 날 수 사십 일의 하루를 일 년으로 환산하여 그 사십 년간 너희가 너희의 죄악을 질지니 너희가 나의 싫어 버림을 알리라 하셨다 하라
35. 나 여호와가 말하였거니와 모여 나를 거역하는 이 악한 온 회중에게 내가 단정코 이같이 행하리니 그들이 이 광야에서 소멸되어 거기서 죽으리라
36. 모세의 보냄을 받고 땅을 탐지하고 돌아와서 그 땅을 악평하여 온 회중으로 모세를 원망케 한 사람
37. 곧 그 땅에 대하여 악평한 자들은 여호와 앞에서 재앙으로 죽었고
38. 그 땅을 탐지하러 갔던 사람들 중에 오직 눈의 아들 여호수아와 여분네의 아들 갈렙은 생존하니라
39. 모세가 이 말로 이스라엘 모든 자손에게 고하대 백성이 크게 슬퍼하여
40. 아침에 일찌기 일어나 산꼭대기로 올라가며 가로되 보소서 우리가 여기 있나이다 우리가 여호와의 허락하신 곳으로 올라가리니 우리가 범죄하였음이니이다
41. 모세가 가로되 너희가 어찌하여 이제 여호와의 명령을 범하느냐 이 일이 형통치 못하리라
42. 여호와께서 너희 중에 계시지 아니하니 올라가지 말라 너희 대적 앞에서 패할까 하노라
43. 아말렉인과 가나안인이 너희 앞에 있으니 너희가 그 칼에 망하리라 너희가 여호와를 버반하였으니 여호와께서 너희와 함께 하지 아니하시리라 하나
44. 그들이 그래도 산꼭대기로 올라갔고 여호와의 언약궤와 모세는 진을 떠나지 아니하였더라
45. 아말렉인과 산지에 거하는 가나안인이 내려와 쳐서 파하고 호르마까지 이르렀더라

본문 말씀은 열두 두령들의 가나안 정탐 보고를 듣는 자리에서 일어난 불행한 사건입니다. 열 두령의 정탐 보고가 너무나 부정적이었기 때문에 온 백성은 큰 두려움과 불신에 사로잡혀 밤새도록 곡하며 울었습니다. 여호수아와 갈렙이 하나님 편에서 그들의 불신을 꾸짖고 믿음을 심었지만 도리어 돌로 쳐죽이려고 했습니다. 이로 인해 하나님께서 크게 진노하시고 이스라엘을 진멸하고자 하셨습니다. 그러나 모세의 중보 기도로 백성들이 죄 사함을 받았습니다. 그렇지만 하나님을 멸시하고 거역한 백성들은 한 사람도 약속의 땅에 들어가지 못하게 되었으며, 그 자녀들은 부모의 패역한 죄를 지고 광야 훈련을 받게 되었습니다. 본문 말씀을 통해서 우리는 하나님을 가장 진노케 하는 죄가 무엇인지 깨달아 하나님을 기쁘시게 하는 믿음의 종들이 될 수 있습니다.

1. 정탐 보고를 하는 열두 두령들 (13:1-14:9)

1,2절을 보십시오. 하나님께서 모세에게 각 지파에서 족장 한 사람씩을 뽑아서 가나안 땅을 정탐하라고 명령하셨습니다. 하나님께서 이스라엘에게 주겠다고 약속하신 땅은 주인 없는 낙원이 아니었습니다. 그곳은 가나안 일곱 족속이 우상 숭배와 인본주의 문화를 꽃 피우며 살고 있던 땅이었습니다. 이스라엘이 그 땅을 차지하기 위해서는 생명을 걸고 그들과 싸워야 했습니다. 하나님께서는 적의 상황을 정확하게 파악하도록 하기 위해 정탐꾼들을 파견하도록 명령하셨습니다.[23] 3-16절에 보면 모세는 하나님의 명을 좇아 각 지파별로 뽑은 열두 두령을 정탐꾼으로 파견하였습니다. 열두 두령 중에는 유다 지파의 갈렙과 에브라임 지파의 호세아가 있었습니다. 그런데 모세는 호세아를 여호수아라는 이름으로 개명해 주었습니다. 호세아라는 말은 '주여, 구원하소서'라는 뜻인데 여호수아는 '여호와는 구원하신다'는 뜻입니다. 이는 두려움 많은 여호수아에게 하나님의 구원을 확신하도록 돕기 위함이었습니다.

그러면 모세는 정탐꾼들에게 무슨 임무를 주었습니까? 17-20절을 보십시오. 남방[24] 길로 행하여 산지로 올라가서 그 땅을 탐지하라고 명

---

23) 그런데 신명기 1:19-25에 의하면 정탐꾼을 파견하는 문제는 이스라엘 백성들이 먼저 제안한 것이었다. 모세는 이스라엘 백성들에게 열조의 하나님 여호와의 말씀대로 주저하지 말고 아모리 족속의 산지에 올라가 그 땅을 취하라고 명했다. 그러나 백성들은 먼저 정탐꾼들을 보내어 적지를 파악하고 전략을 세우자고 제안했다. 모세는 그들의 말을 선히 여겨 정탐꾼을 파견하였다. 그러나 본문에서는 여호와 하나님께서 모세에게 명하신 것으로 기록되었다. 이는 모세가 백성들의 의견을 선히 여겨 하나님께 아뢰었으며, 그 필요성을 인정하시고 허락하셨기 때문이다. 민수기 저자는 그러한 과정을 생략하고 하나님께서 주권적으로 명령하신 것으로 기록하고 있는데, 이는 민수기가 여호와 하나님께서 불기둥과 구름기둥으로 친히 그 백성을 진두 지휘하시고, 광야 길을 인도하셨다는 사실에 역점을 두고 기록되었기 때문으로 추측된다.

24) 남방은 브엘세바 이남을 가리킨다. 산악 지대는 유대의 산지로 구성되었는데 북쪽으로

했습니다. 첫째는 그 땅 거민의 강약(强弱)과 다소(多少)를 탐지하라고 했습니다. 가나안 땅에 사는 사람들이 얼마나 강한지 아니면 약한지, 그 거민의 수가 얼마나 많은지를 정확하게 파악해 오도록 명했습니다. 둘째는 그들이 살고 있는 땅의 호불호(好不好)를 알아 오라고 했습니다. 이는 그 땅이 사람 살기에 좋은 땅인지, 그렇지 않은지 조사하는 것이었습니다. 셋째는 성읍이 진영(陣營)인지 산성(山城)인지 알아 오는 것이었습니다. 진영이란 성벽이 없이 천막 생활을 하는 것을 가리킵니다. 산성은 요새화 되어 있는 성을을 가리킵니다. 넷째는 토지의 후박(厚薄)과 수목의 유무(有無)입니다. 그 땅이 옥토(沃土)인지 박토(薄土)인지 알아보고, 그 증거로 그 땅에서 나는 실과를 가져오라고 명했습니다. 이러한 것들은 군사 작전에 필요한 기본 자료들이 되었을 것입니다. 손자병법에 '지피지기(知彼知己)면 백전불태(白戰不殆)'라는 말이 있습니다. 이처럼 모세가 정탐꾼들을 적지 깊숙이 보내어 적의 상황을 정확하게 파악해 오도록 한 것은 가나안 정복 전쟁을 준비하기 위함이었습니다.

그러면 열두 두령들의 정탐 행로가 어떠했습니까? 21,22a절을 보십시오. 그들이 올라가서 땅을 탐지하도 신 광야에서부터 하맛 어귀 르홉에 이르렀으며, 다시 남방으로 올라가서 헤브론에 이르렀습니다. 르홉은 요단강의 근원지로 가나안 최북방 지역을 가리킵니다. 가데스 바네아에서 르홉까지는 약 310km 정도 되었습니다. 이들은 최북방까지 올라갔다가 돌아오는 길에 헤브론[25]을 정탐하였습니다. 헤브론은 매

에브라임의 산들이 포함되었으며, 갈릴리 고원에 이르기까지 계속되었다. 모세가 이 길을 택한 이유는 당시 동쪽에 있던 여리고와 아이어는 견고히 구축된 방어 기지를 지나야 하는 위험이 따랐기 때문이다. Merrill & Deere, 「민수기 · 신명기」, p.45.

[25] 헤브론은 예루살렘 남방 35km, 브엘세바로 가는 도상에 있으며, '기럇아르바'라고도 불린다(35:37; 수 14:15; 15:13). '헤브론'이 최초의 이름이고 아모리인이 들어와 '기럇아르바'로 고쳤고, 여호수아가 이곳을 정복한 후 다시 '헤브론'으로 돌아간 것으로 본

우 오래된 도시로서 아브라함과 이삭과 야곱의 무덤이 있는 유서 깊은 곳이었습니다. 그곳에는 거인 족속으로 알려진 아낙 자손이 살고 있었습니다. 헤브론과 예루살렘 사이의 에스골(송이) 골짜기에서 포도 한 송이를 땄는데 포도송이가 얼마나 큰 지 두 사람이 막대기를 꿰어 둘러메어야 했습니다(23). 거기에서 석류와 무화과도 취하였습니다. 열두 두령들은 가나안 온 땅을 두루 다니면서 거민의 강약과 땅의 호불호와 토지의 후박과 성읍의 상태를 세세히 정탐하고 40일만에 돌아왔습니다.

정탐하고 돌아온 열두 두령들의 보고가 어떠했습니까? 25,26절을 보면 그들은 모세와 아론과 이스라엘 자손의 온 회중 앞에서 그 땅 실과를 보이며, 여호와께서 약속하신 땅이 과연 '젖과 꿀이 흐르는 기름진 땅'[26] 이었음을 입증했습니다(출 3:8). 백성들은 정탐꾼들이 메고 온 포도송이를 보면서 탄성을 지르며 기뻐하였을 것입니다. 거대한 포도송이를 보니 광야 생활의 모든 피곤이 사라지고 가나안 땅에 대한 희망이 부풀어 올랐습니다. 그러나 28,29절을 보십시오. **"그러나 그 땅 거민은 강하고 성읍은 견고하고 심히 클 뿐 아니라 거기서 아낙 자손을 보았으며 아말렉인은 남방 땅에 거하고 헷인과 여부스인과 아모리인은 산지에 거하고 가나안인은 해변과 요단 가에 거하더이다."** 땅은 기름지고 젖과 꿀이 흐르지만 그 땅에 사는 거민들이 강하고 성읍이 심히 크고 견고하다는 것이었습니다. 게다가 거기에 아낙 자손들 곧 거인들이 살고 있는 것을 보았다

다(Rosenmüller, Keil). 헤브론은 7년간 다윗의 왕도였고(왕상 2:11), 현재 이름은 '엘 카릴(하나님의 벗, 즉 '아브라함의 성읍')'이며, 아브라함 이하 족장들의 묘지인 막벨라 굴도 이곳에 있다(창 23:19). 이상근, 「레위기 · 민수기(상)」, p.362.

26) '젖과 꿀이 흐르는 땅'이란 대단히 기름지다는 의미의 말로서 자주 '약속 받은 땅'을 이렇게 불렀다. 고대의 신화론에 의하면 젖과 꿀은 신들의 음식이었다. 따라서 이 말은 그 땅이 어마어마하게 풍부한 곡식을 낸다는 느낌을 갖게 한다. James Mays, 김중기 역, 「레위기 · 민수기」(대한기독교서회, 1965), p.144.

고 했습니다. 또 남방에 사는 아말렉인, 산지에 사는 헷인과 여부스인과 아모리인들이 모두 강하고, 지중해 연안 평야와 요단 계곡에 거하는 가나안인들이 모두 강하다는 것이었습니다. 여기까지의 보고는 객관적인 사실에 대한 보고였습니다. 그러나 이 사실에 대한 해석에 있어서는 정탐꾼들 사이에 의견이 정반대로 갈라졌습니다.

첫째, 스스로 메뚜기같이 여긴 열 두령 (13:30-14:5)

정탐꾼들의 보고를 들은 백성들은 웅성거리기 시작했습니다. '그 막강한 민족들이 거대하고 견고한 성읍에서 진을 치고 살고 있는데 우리가 어떻게 그들을 정복할 수 있는가?'라며 불신과 두려움에 사로잡혔습니다. 이 때 갈렙이 모세 앞에서 백성을 단돈(安頓)시키며 **"우리가 곧 올라가서 그 땅을 취하자. 능히 이기리라(30)"**라고 말했습니다. 그러나 31절을 보십시오. **"우리는 능히 올라가서 그 백성을 치지 못하리라. 그들은 우리보다 강하니라."** 열 두령은 갈렙의 말을 정면으로 부정했습니다. 가나안 정복은 도저히 불가능하다고 말했습니다. 이들은 하나님의 전능하심을 믿지 못하고, 눈에 보이는 원수들과 자기들을 비교하며 패배감에 사로잡혀 있었습니다.

뿐만 아니라 열 두령은 이스라엘 자손 앞에서 그들이 탐지한 땅을 악평하기 시작했습니다. **"우리가 두루 다니며 탐지한 땅은 그 거민을 삼키는 땅이요, 거기서 본 모든 백성은 신장이 장대한 자들이며 거기서 또 네피림 후손 아낙 자손 대장부들을 보았나니 우리는 스스로 보기에도 메뚜기 같으니 그들의 보기에도 그와 같았을 것이니라."(32,33)** 열 두령들은 하나님께서 약속하신 땅을 '거민을 삼키는 땅'이라고 악평했습니다. 견고한 성읍들과 신장이 장대한 가나안 족속들을 보고 기가 꺾이고 전의(戰意)를 상실하게 되었습니다. 또 그들은 거기에 네피림 후손 아낙 자손 대장부를 보았다고 했습니다. 네피림은 고대 유명한 용사들이었으나 노아 홍수 때 다 죽었습니다(창 6:4). 그런데 아낙 자손들을 지나치게 두려워한 나머지 그들이 강포한 네피림의 후손이라고 말했습니다. 히브리어 본문에는 '네피림 후손 아낙 자손 네피림'이라고 강조되어 있습니다. 열 두령은 아낙 자손들을 보고 공포에 질려 버렸습니다. 그들은 대장부처럼 보이고 자기들은 메뚜기처럼 여겨졌습니다. 그들이 보기에도 자기들이 메뚜기처럼 보였을 것이라고 말했습니다. 이들은 사단이 심어 주는 불신과 두려움에 사로잡혀 가나안 정복은 사실상 불가능하다는 결론을 내리고 부정적이고 절망적인 보고를 했습니다.

열 두령의 정탐 보고를 들은 백성들의 반응이 어떠했습니까? 14장 1절을 보십시오. **"온 회중이 소리를 높여 부르짖으며 밤새도록 백성이 곡하였더라."** 백성들은 지금까지 젖과 꿀이 흐르는 땅에 대한 소망이 있었기 때문에 광야 생활의 어려움을 참고 견딜 수 있었습니다. 그런데 이제 약속의 땅에 대한 희망이 사라지자 모든 것이 절망적으로만 보였습니다. 그래서 밤새도록 소리 높여 부르짖으며 통곡하며 울었습니다. 2절을 보면 이스라엘 자손들은 하나님께서 세우신 충성된 종, 모세와 아론을 원망했습니다. 또 여호와 하나님의 구속의 은혜를 멸시했습니다. 차라리 애굽에서 죽었던지, 광야에서 죽었더라면 좋았을 것이라고 했습니다. 또한 **"어찌하여 여호와가 우리를 그 땅으로 인도하여 칼에 망하게 하려 하는고(3a)?"**하며, 악한 말로 하나님을 대적했습니다.

뿐만 아니었습니다. 3b,4절을 보십시오. **"우리 처자가 사로잡히리니 애굽으로 돌아가는 것이 낫지 아니하랴! 이에 서로 말하되 우리가 한 장관을 세우고 애굽으로 돌아가자."** 이들은 모세를 축출하고 그들의 생각을 대변해 줄 새로운 지도자를 세우고 애굽으로 돌아가자고 했습니다. 가나안 땅에 들어가서 처자식들이 사로잡혀 가는 것보다는 애굽에 돌아가 바로에게 종노릇하는 것이 낫겠다고 생각했습니다. 이들은 애굽의 모든 수치와 바로의 채찍과 고역을 잊어버리고, 애굽 생활을 동경하며 그리워했습니다. 이는 크신 권능으로 그들을 출애굽시키신 하나님을 대적하고, 구속의 은혜를 멸시하는 죄악이었습니다. 5절을 보면 모세와 아론은 이스라엘 자손의 온 회중 앞에서 엎드렸습니다. 모세와 아론은 여호와 하나님께 모든 것을 고하고 하나님의 긍휼과 자비를 구할 뿐이었습니다.

이상에서 볼 때 지도자가 불신의 말을 하는 것이 백성들에게 끼치는 악영향이 얼마나 치명적인가를 알 수 있습니다. 지도자들의 부정적인 말이 온 백성들을 큰 슬픔과 절망에 빠뜨리고, 하나님을 원망하고 대적하게 만들었습니다. 이로 인해 이스라엘 백성은 진멸될 위기에 처하게 되었으며, 40년 동안 광야 훈련을 받게 되었습니다. 이만큼 지도자한 사람의 영향은 크고 결정적입니다. 그러므로 지도자는 어떤 절망적인 상황 속에서도 부정적이고 절망적인 말을 해서는 안 됩니다. 14장 36,37절에 보면 그 땅을 악평하여 온 회중으로 모세를 원망케 한 사람, 그 땅을 악평한 자들은 여호와 앞에서 재앙을 받아 죽었습니다. 이는 하나님께서 그들의 죄를 묻고 엄히 징계하신 것이었습니다. 영적인 지도자가 부정적인 말로 동역자들의 힘을 빼고, 양들을 실족시키는 것은 하나님 보시기에 심히 큰 죄악이요, 사형에 해당하는 죄악입니다.

둘째, 원수를 밥으로 여긴 여호수아와 갈렙 (14:6-9)

13장 30절에 보면 갈렙은 **"우리가 곧 올라가서 그 땅을 취하자. 능히 이기리라"**라고 했습니다. 갈렙은 원수들이 아무리 강하고 성읍이 견고하다고 할지라도 능히 이길 수 있다는 확신이 있었습니다. 그래서 백성들에게 믿음을 심고 승리에 대한 확신을 심고자 했습니다. 또한 열두령의 말을 듣고 낙담하여 모세를 원망하며 밤새도록 통곡하며 우는 백성을 보고 여호수아와 함께 옷을 찢고, 이스라엘 자손의 온 회중에게 말했습니다. **"우리가 두루 다니며 탐지한 땅은 심히 아름다운 땅이**

라."(7) 여호수아와 갈렙은 그들이 탐지한 땅은 거민을 삼키는 땅이 아니라 심히 아름다운 땅임을 증거했습니다. 이를 통해서 그들에게 약속의 땅에 대한 희망을 심고자 했습니다. 또한 여호수아와 갈렙은 백성들에게 가나안 땅에 들어가고 못 들어가고는 여호와 하나님께 달린 것임을 깨우쳐 주었습니다. **"여호와께서 우리를 기뻐하시면 우리를 그 땅으로 인도하여 들이시고, 그 땅을 우리에게 주시리라. 이는 과연 젖과 꿀이 흐르는 땅이니라."**(8) 그리고 승리에 대한 확신을 심어 주었습니다. **"오직 여호와를 거역하지 말고, 그 땅 백성을 두려워하지 말라. 그들은 우리 밥이라. 그들의 보호자는 그들에게서 떠났고 여호와는 우리와 함께 하시느니라. 그들을 두려워 말라."**(9) 약속의 땅을 주시는 분은 여호와 하나님이시기 때문에 젖과 꿀이 흐르는 가나안 땅에 들어가기 위해서는 오직 여호와를 거역하지 않아야 합니다. 아무리 능력이 많아도 여호와를 거역하면 약속의 땅을 얻을 수 없습니다. 하나님을 거역하지 않는 길은 그 땅 거민을 두려워하지 않고, 믿음으로 그 땅을 쟁취하는 것이었습니다. 여호수아나 갈렙이 볼 때 그들의 보호자는 이미 그들을 떠난 것이나 마찬가지였습니다. 여호와 하나님께서 이스라엘과 함께 하시기 때문에 어떤 원수들도 이스라엘을 이길 수 없습니다. 그러므로 그들은 차려 놓은 밥상이요, 가서 먹기만 하면 되는 이스라엘의 밥이었습니다.

14장 24절에 보면 하나님께서는 갈렙의 믿음을 인정하시고, 축복하셨습니다. **"오직 내 종 갈렙은 그 마음이 그들과 달라서 나를 온전히 좇았은즉 그의 갔던 땅으로 내가 그를 인도하여 들이리니 그 자손이 그 땅을 차지하리라."** '온전히(wholeheartedly) 좇았다'는 말은 '온 마음을 다하여 여호와를 따랐다'는 뜻입니다. 갈렙은 전심으로 하나님을 순종하고 약속의 말씀을 굳게 믿었습니다. 하나님께서 반드시 승리를 주실 것을 확신했습니다. 이 믿음은 상황에 따라서 변하는 믿음이 아니었습니다. 하나님께서는 이 믿음을 축복하시고, 그가 갔던 땅으로 그를 인도하여 들이겠다고 약속하셨습니다. 뿐만 아니라 그 후손들이 그 땅을 차지하리라고 약속하셨습니다. 이로부터 45년 후 갈렙은 이 약속대로 아낙 자손들이 거하던 헤브론 땅을 기업으로 받았습니다(수 14:12,13). 갈렙은 45년 동안 한 번도 그 약속의 말씀을 잊지 않고 굳게 간직하였다가 가나안 정복 후 그 약속대로 그 땅을 차지하게 되었습니다. 이는 참으로 놀라운 믿음입니다.

지도자는 하나님의 약속의 말씀을 믿는 믿음이 있어야 합니다. 물론 정확한 상황 파악을 해야 하지만 하나님의 약속의 말씀에 근거하여 상황을 해석하는 것이 중요합니다. 우리가 하나님의 약속의 말씀을 믿을 때 승리에 대한 확신을 가질 수 있습니다. 담대하게 복음을 전파할 수 있습니다. 우리 인간에게는 조금만 어려워도 과장해서 두려워하는 경향이 있습니다. 배가 조금만 아파도 위암(胃癌)이 아닌가 하고 두려워합니다. 중간시험에 한 과목만 실패해도 한 학기 성적을 다 망친 것처럼 두려워합니다. 직장 상관에게 꾸중 한 번 들었다고 당장에 직장에서 쫓겨날 것처럼 두려워합니다. 전도하다가 한 번만 거절당해도 불신과 두려움으로 수족이 마비되는 분들이 많습니다. 그래서 일 년이 지나도록 전도 한 번 못합니다. 이는 참으로 믿음이 없는 소치입니다. 무슨 일을 하든지 성공하기까지는 많은 어려움이 따릅니다. 문제는 우리와 함께 하시고 승리를 주시는 하나님을 믿느냐 믿지 않느냐에 달려 있습니다. 우리가 여호수아와 갈렙과 같이 여호와 하나님을 온전히 좇는 믿음을 가질 수 있기를 기도합니다. 바울은 세계선교 역사를 섬기면서 죽을 고비를 수없이 넘겼습니다. 그러나 그는 **"내게 능력 주시는 자 안에서 내가 모든 것을 할 수 있느니라(빌 4:13)"**라고 고백했습니다. 바울은 능력 주시는 하나님을 온전히 의지함으로 불가능을 가능케 했습니다. 우리가 **"그 땅을 취하자. 능히 이기리라"**라고 확신 있게 말하는 갈렙의 믿음을 배울 수 있기를 기도합니다. 신세대들이 아무리 철병거 (鐵兵車)로 무장했다고 하더라도 전능하신 하나님을 믿고 전도할 때 반드시 믿어 순종케 하실 것입니다. 이 시대가 아무리 살기 어려워도 하나님을 믿는 믿음으로 살 때 반드시 승리의 삶을 살게 하실 것을 믿습니다.

2. 40년 광야 훈련을 명령하신 하나님 (14:10-45)

10절을 보십시오. 온 회중이 여호수아와 갈렙을 돌로 치려고 했습니다. 바로 그때 여호와의 영광이 이스라엘 모든 자손에게 나타났습니다. 하나님께서는 불신으로 슬퍼하며 모세와 아론을 원망하고 여호수아와 갈렙을 돌로 치려고 하는 백성들을 어떻게 벌하셨습니까? 11,12절을 보십시오. **"여호와께서 모세에게 이르시되 이 백성이 어느 때까지 나를 멸시하겠느냐? 내가 그들 중에 모든 이적을 행한 것도 생각하지 아니하고 어느 때까지 나를 믿지 않겠느냐? 내가 전염병으로 그들을 쳐서 멸하고 너로 그들보다 크고 강한 나라를 이루게 하리라."** 하나님께서는 이스라엘 백성이 금송아지를 만든 후 먹고 마시고 춤을 추던 때와 같이 크게 진노하셨습니다. 전염병으로 이스라엘을 멸하시고, 모세를 통해서 다시 크고 강한 하나님의 백성을 만들겠다고 하셨습니다. 하나님께서 가장 가증하게 여기는 죄는 도덕적인 타락이나 연약하여 짓게 되는 죄가 아닙니다. 하나님의 크신 사랑을 불신하고, 하나님을 멸시하는 죄입니다.

모세는 위기의 순간에 무슨 기도를 드렸습니까? 13-19절을 보면 모세는 두 가지 기도 제목으로 기도했습니다.

첫째는 하나님의 영광을 위하여 백성을 멸하지 않도록 기도했습니다(13-16). 하나님께서 크신 능력으로 이스라엘을 애굽에서 구해 내셨는데, 이 광야에서 멸하시면 애굽 사람들이 그 소문을 들을 것이고, 그들이 가나안 사람들에게 하나님을 조롱하는 말을 할 것이 분명하다는 것이었습니다(13). 열국 백성들은 이미 여호와께서 이스라엘과 함께 계시고, 구름기둥 불기둥으로 인도하시는 것을 들어 알고 있었습니다 (14). 그런데 이 백성을 멸하시면, 하나님이 그들을 맹세하신 땅으로 인도하실 능력이 없기 때문에 광야에서 죽였다고 조롱할 것이라고 호소했습니다(15,16). 그러므로 광야에서 이스라엘을 죽이시는 것은 하나님의 영광을 위하여 불가(不可)하다는 것이었습니다.

둘째는 하나님의 인자하심에 호소하여 백성의 죄를 사해 주시도록 기도했습니다(17-19). 모세는 노하기를 더디 하시고 인자가 많아 죄악과 과실을 사해 주시는 자비로우신 은혜의 하나님을 믿었습니다. 그렇지만 형벌 받을 자는 결단코 사하지 아니하고 아비의 죄악을 자식에게 갚아 삼 사대까지 이르게 하시는 공의로우신 하나님을 믿었습니다. **"구하옵나니, 주의 인자의 광대하심을 따라 이 백성의 죄악을 사하시되 애굽에서부터 지금까지 이 백성을 사하신 것같이 사하옵소서."(19)** 모세는 하나님의 공의와 사랑을 믿었습니다. 특히 모세는 하나님의 크신 긍휼과 사랑에 의지하여, 백성의 죄를 사하여 주시도록 간절히 기도했습니다. 애굽에서부터 지금까지 이스라엘은 수없이 하나님을 대적하였습니다. 그때마다 하나님께서는 그들의 죄를 용서해 주셨습니다. 그러므로 이제도 백성들의 죄를 사해 주시도록 간절히 기도했습니다. 그러면 하나님께서는 모세의 기도를 어떻게 응답해 주셨습니까?

첫째, 백성의 죄를 사해 주셨습니다 (20)

20절을 보십시오. **"여호와께서 가라사대 내가 네 말대로 사하노라."** 하나님께서는 모세의 중보 기도를 들어주시고, 그 백성들의 죄를 사해 주셨습니다. 이는 이스라엘과 맺은 언약을 신실하게 지키시고, 이스라엘을 젖과 꿀이 흐르는 가나안 땅으로 인도하여 들이신다는 선언이었습니다. 하나님께서는 다른 기도는 더디 들어주실 때도 있지만 죄를 사해 달라는 기도는 즉시 들어주십니다. 다윗이 간음죄를 짓고, 살인죄를 지었지만 그 죄를 토설하고 긍휼을 구했을 때 즉시 그의 죄를 사해 주셨습니다(삼하 12:13). 이처럼 하나님께서는 우리의 죄를 사해 주기를 매우 기뻐하십니다. 하나님께서는 우리가 죄를 짓는 것을 슬퍼하십니다. 그러나 잘못을 뉘우치고 회개하면 즉시 용서해 주시는 자비로우신 하나님이십니다(요일 1:9).

둘째, 40년 광야 훈련을 명령하셨습니다 (21-45)

이스라엘의 죄악을 사해 주신 하나님은 긍휼의 하나님이십니다. 그렇지만 형벌 받을 자는 반드시 심판하시는 공의로우신 분이십니다. 그래서 하나님께서는 하나님을 멸시하고 애굽으로 돌아가려고 했던 그 백성들을 결단코 약속의 땅으로 들이지 않겠다고 맹세하셨습니다. 22,23절을 보십시오. **"나의 영광과 애굽과 광야에서 행한 나의 이적을 보고도 이같이 열 번이나 나를 시험하고 내 목소리를 청종치 아니한 그 사람들은 내가 그 조상들에게 맹세한 땅을 결단코 보지 못할 것이요, 또 나를 멸시하는 사람은 하나라도 그것을 보지 못하리라."** '결단코', '하나라도'라는 말을 보면 하나님께서 얼마나 단호하게 맹세하셨는가를 알 수 있습니다. 그들은 하나님의 영광과 광야에서 행하신 모든 이적들을 보고도 열 번이나 하나님을 시험하고 그 목소리를 청종치 않았습니다.[27] 이와 같이 불신과 불순종으로 병든 마음으로는 결단코 약속의

---

27) 열이라는 숫자는 완성, 혹은 완전의 숫자로 사용되고 있다. 그래서 열 번이나 시험하고 청종치 않았다는 말은 진멸당할 수밖에 없을 만큼 여러번 하나님을 시험하고 불순종했다는 뜻이다. 랍비들의 견해를 따르면 실제로 이스라엘이 출애굽 때부터 열 번 하나님을 시험했다. ① 홍해에서(출 14:11,12) ② 마라에서(출 15:23,24) ③ 신 광야에서(출 16:2) ④ 르비딤에서(출 17:1,2) ⑤ 호렙산에서(출 32장) ⑥ 다베라에서(민 11:1) ⑦ 탐욕

땅에 들어갈 수 없습니다. 히브리서 기자도 이런 자들은 하나님께서 주시는 참 안식에 들어갈 수 없다고 했습니다(히 3:11,18).

하나님은 우리 죄는 사해 주시지만 우리가 저질러 놓은 죄의 결과는 스스로 짊어지게 하심으로 회개에 합당한 열매를 맺도록 훈련하십니다. 하나님께서 다윗의 죄를 사해 주셨지만, 그가 저질러 놓은 죄의 결과를 통해서 그를 훈련하셨습니다. 그러한 훈련을 통해서 다윗은 더욱 성숙한 믿음의 사람이 되었습니다. 이처럼 범죄한 자를 훈련하시는 하나님은 공의로우신 분이십니다. 하나님께서는 모세에게 이튿날 이스라엘 백성을 돌이켜 홍해 길로 하여 광야로 들어가라고 명령하셨습니다(25). 이는 이스라엘이 아말렉인과 가나안인과 싸워서 이길 승산이 전혀 없었기 때문이었습니다. 하나님께서 보실 때 이스라엘은 긴 광야 훈련이 필요하였습니다. 하나님께서는 불신과 원망으로 병든 기성 세대를 다 멸하시고 광야에서 자라난 새로운 세대를 훈련하여 가나안으로 인도하고자 작정하셨습니다.

26-45절 말씀은 하나님께서 이스라엘 자손들에게 광야 훈련을 명령하심으로, 불신으로 하나님을 원망한 백성들의 최후가 어떠한가를 보여 주신 사건입니다. 하나님께서는 모세와 아론에게 탄식하며 말씀하셨습니다. **"나를 원망하는 이 악한 회중을 내가 어느 때까지 참으랴!"(27a)** 하나님께서는 그들의 원망하는 소리를 다 들으신 후 자신의 삶을 가리켜 맹세하셨습니다. 그들이 사로잡히겠다고 염려하던 유아들은 약속의 땅을 볼 것이지마는 20세 이상 하나님을 원망하던 자 전부는 광야에 엎드러질 것이라고 하셨습니다(29-32). 그래서 그들의 자녀들은 부모들의 패역한 죄악을 짊어지고 그들이 광야에서 소멸되기까지

의 무덤 곧 기브롯 핫다아와에서(민 11:4) ⑧ 여기 가데스에서의 원망들 ⑨ 하나님께서 만나를 내리실 때 그 계명을 거스린 어떤 사람들의 이중적인 거역(출 16:19,20; 25-28)을 합하면 모두 열 차례에 걸친 시험이 된다. Keil & Delitzsch, 「레위기」, p.153.

40년 동안 유리하는 자가 될 것이라고 하셨습니다(33). 40년을 정하신 것은 그들이 그 땅을 탐지한 날 수 40일의 하루를 일 년으로 환산하셨기 때문이었습니다(34). 하나님께서는 다시 한번 반복하여 강조하셨습니다. **"나 여호와가 말하였거니와 모여 나를 거역하는 이 악한 온 회중에게 내가 단정코 이같이 행하리니 그들이 이 광야에서 소멸되어 거기서 죽으리라."(35)** 이스라엘은 '광야에서 죽는 것이 낫겠다(14:2)'고 한 그들의 말대로 40년 동안 유리 방황하면서 광야에서 소멸되어 죽게 되었습니다. 그들은 여호와의 명령에 순종치 않으므로 약속의 땅에 들어갈 수 없었습니다(히 3:18).

모세가 하나님의 말씀을 백성들에게 전하자 백성이 크게 슬퍼하였습니다. 또 열 두령들이 죽임을 당하자 크게 두려워하였습니다. 40절을 보십시오. 그들은 아침에 일찍이 일어나 산꼭대기로 올라가며 말했습니다. **"보소서, 우리가 여기 있나이다. 우리가 여호와의 허락하신 곳으로 올라가리니 우리가 범죄하였음이니이다."** 이들이 진실로 회개했다면 40년 광야 훈련을 마음으로 영접하고 복종하였을 것입니다. 그러나 그들은 자신의 죄악을 깨닫지 못했습니다. 그들은 40년 동안 광야 훈련을 받도록 하신 하나님의 명령을 순종치 않고, 여호와께서 허락하신 곳으로 올라가겠다고 했습니다. 그러나 모세는 불순종의 죄악을 책망했습니다. **"너희가 어찌하여 이제 여호와의 명령을 범하느냐? 이 일이 형통치 못하리라."(41)** 모세는 하나님께서 이미 40년 광야 훈련을 결정하셨기 때문에 순종하여 광야로 들어갈 것을 촉구했습니다. 모세는 현재적으로 그들이 아말렉인이나 가나안인들 앞에서 패할 수밖에 없음을 경고했습니다. **"여호와께서 너희 중에 계시지 아니하니 올라가지 말라. 너희 대적 앞에서 패할까 하노라. 아말렉인과 가나안인이 너희 앞에 있으니 너희가 그 칼에 망하리라. 너희가 여호와를 배반하였으니 여호와께서 너희와 함께 하지 아니하시리라."(42,43)**

그러나 백성들은 어떻게 했습니까? 44절을 보십시오. 그들은 그래도 산꼭대기로 올라갔습니다. 여호와의 언약궤와 모세는 진을 떠나지 않았습니다. 이들은 하나님의 도움이 없이 그들 스스로 가나안 사람들을 이길 수 있다고 생각했습니다. 이들은 하나님 없이 자기들의 힘으로 실패를 만회하려고 무모한 전쟁을 일으켰습니다. 그러나 하나님께서 함께 하시지 않은 전쟁의 결과는 어떠했습니까? 아말렉인과 산지에 거하는 가나안인이 내려와 이스라엘을 쳐서 파하고 호르마까지 이르게 되었습니다(45). 이스라엘은 전쟁에 참패하고 많은 희생자를 내었습니다.

결론

지도자는 어떤 절망적인 상황 속에서도 약속의 말씀을 믿고, 말씀에 근거하여 긍정적인 생각을 해야 합니다. 말씀에 근거하여 양들에게 믿음을 심고, 비전을 제시해 주어야 합니다. 우리는 이스라엘 백성처럼 수없이 하나님의 은혜를 배반하고, 악한 말로 하나님을 슬프시게 할 수밖에 없는 죄인들입니다. 그러나 하나님은 우리가 뉘우치고 회개할 때 우리 죄를 즉시 사해 주시는 자비롭고 은혜로우신 분이십니다. 동시에 죄를 미워하시고, 죄인들이 회개에 합당한 열매를 맺기까지 훈련하시는 공의로우신 하나님이십니다. 이 하나님을 믿음으로 현재적으로 주시는 훈련을 기쁨으로 감당하고 장성한 믿음에 이를 수 있기를 기도합니다.

제 7 강

고라와 그 무리를 멸하신 하나님

(15:1 – 16:50)

요절 16:32,33 "땅이 그 입을 열어 그들과 그 가족과 고라에게 속한 모든 사람과 그 물건을 삼키매 그들과 그 모든 소속이 산 채로 음부에 빠지며 땅이 그 위에 합하니 그들이 총회 중에서 망하니라."

15:1. 여호와께서 모세에게 일러 가라사대

2. 이스라엘 자손에게 고하여 그들에게 이르라 너희가 내가 주어 거하게 할 땅에 들어가서

3. 여호와께 화제나 번제나 서원을 갚는 제나 낙헌제나 정한 절기제에 소나 양으로 여호와께 향기롭게 드릴 때에는

4. 그 예물을 드리는 자는 고운 가루 에바 십분지 일에 기름 한 힌의 사분지 일을 섞어 여호와께 소제로 드릴 것이며

5. 번제나 다른 제사로 드리는 제물이 어린 양이면 전제로 포도주 한 힌의 사분 일을 예비할 것이요

6. 숫양이면 소제로 고운 가루 한 에바 십분지 이에 기름 한 힌의 삼분지 일을 섞어 예비하고

7. 전제로 포도주 한 힌의 삼분지 일을 드려 여호와 앞에 향기롭게 할 것이요

8. 번제로나 서원을 갚는 제로나 화목제로 수송 아지를 예비하여 여호와께 드릴 때에는

9. 소제로 고운 가루 한 에바 십분지 삼에 기름 반 힌을 섞어 그 수송아지와 함께 드리고

10. 전제로 포도주 반 힌을 드려 여호와 앞에 향기로운 화제를 삼을지니라

11. 수송아지나 숫양이나 어린 숫양이나 어린 염소에는 그 마리 수마다 이 위와 같이 행하되

12. 너희 예비하는 수효를 따라 각기 수효에 맞게 하라

13. 무릇 본토 소생이 여호와께 향기로운 화제

14. 너희 중에 우거하는 타국인이나 너희 중에 대대로 있는 자가 누구든지 여호와께 향기로운 화제를 드릴 때에는 너희 하는 대로 그도 그리할 것이라

15. 회중 곧 너희나 우거하는 타국인이나 한 율례니 너희의 대대로 영원한 율례라 너희의 어떠한 대로 타국인도 여호와 앞에 그러하리라

16. 너희나 너희 중에 우거하는 타국인이나 한 법도, 한 규례니라

17. 여호와께서 모세에게 일러 가라사대

18. 이스라엘 자손에게 고하여 이르라 너희가 나의 인도하는 땅에 들어가거든

19. 그 땅의 양식을 먹을 때에 여호와께 거제를 드리되

20. 너희의 처음 익은 곡식 가루 떡을 거제로 타작 마당의 거제같이 들어 드리라

21. 너희의 처음 익은 곡식 가루 떡을 대대에 여호와께 거제로 드릴지니라

22. 너희가 그릇 범죄하여 여호와가 모세에게 말한 이 모든 명령을 지키지 못하되 너희의 대대에 지키지 못하여

24. 회중이 부지중에 그릇 범죄하였거든 온 회중은 수송아지 하나를 여호와께 향기로운 화제로 드리고 규례대로 그 소제와 전제를 드리고 숫염소 하나를 속죄제로 드릴 것이라

25. 제사장이 이스라엘 자손의 온 회중을 위하여 속죄하면 그들이 사함을 얻으리니 이는 그릇 범죄함이며 또 그 그릇 범죄함을 인하여 예물 곧 화제와 속죄제를 여호와께 드렸음이라

26. 이스라엘 자손의 온 회중과 그들 중에 우거하는 타국인도 사함을 얻을 것은 온 백성이 그릇 범죄하였음이니라

27. 만일 한 사람이 그릇 범죄하거든 일 년 된

암염소로 속죄제를 드릴 것이요

28. 제사장은 그 그릇 범죄한 사람이 그릇하여 여호와 앞에 얻은 죄를 위하여 속죄하여 그 죄를 속할지니 그리하면 사함을 얻으리라

29. 이스라엘 자손중 본토 소생이든지 그들 중에 우거하는 타국인이든지 무릇 그릇 범죄한 자에게 대한 법이 동일하거니와

30. 본토 소생이든지 타국인이든지 무릇 짐짓 무엇을 행하면 여호와를 훼방하는 자니 그 백성 중에서 끊쳐질 것이라

23. 곧 여호와가 모세로 너희에게 명한 모든 것을 여호와가 명한 날부터 이후

31. 그런 사람은 여호와의 말씀을 멸시하고 그 명령을 파괴하였은즉 그 죄악이 자기에게로 돌아가서 온전히 끊쳐지리라

32. 이스라엘 자손이 광야에 거할 때에 안식일에 어떤 사람이 나무하는 것을 발견한지라

33. 그 나무하는 자를 발견한 자들이 그를 모세와 아론과 온 회중의 앞으로 끌어왔으나

34. 어떻게 처치할는지 지시하심을 받지 못한 고로 가두었더니

35. 여호와께서 모세에게 이르시되 그 사람을 반드시 죽일지니 온 회중이 진 밖에서 돌로 그를 칠지니라

36. 온 회중이 곧 그를 진 밖으로 끌어내고 돌로 그를 쳐죽여서 여호와께서 모세에게 명하신 대로 하니라

37. 여호와께서 모세에게 일러 가라사대

38. 이스라엘 자손에게 명하여 그들의 대대로 그 옷단 귀에 술을 만들고 청색 끈을 그 귀의 술에 더하라

39. 이 술은 너희로 보고 여호와의 모든 계명을 기억하여 준행하고 너희로 방종케 하는 자기의 마음과 눈의 욕심을 좇지 않게 하기 위함이라

40. 그리하면 너희가 나의 모든 계명을 기억하고 준행하여 너희의 하나님 앞에 거룩하리라

41. 나는 너희의 하나님이 되려 하여 너희를 애굽 땅에서 인도하여 낸 여호와 너희 하나님이니라 나는 여호와 너희 하나님이니라

16:1. 레위의 증손 고핫의 손자 이스할의 아들 고라와 르우벤 자손 엘리압의 아들 다단과 아비람과 벨렛의 아들 온이 당을 짓고

2. 이스라엘 자손 총회에 택함을 받은 자 곧 회중에 유명한 어떤 족장 이백 오십 인과 함께 일어나서 모세를 거스리니라

3. 그들이 모여서 모세와 아론을 거스려 그들에게 이르되 너희가 분수에 지나도다 회중이 다 각각 거룩하고 여호와께서도 그들 중에 계시거늘 너희가 어찌하여 여호와의 총회 위에 스스로 높이느뇨

4. 모세가 듣고 엎드렸다가

5. 고라와 그 모든 무리에게 말하여 가로되 아침에 여호와께서 자기에게 속한 자가 누구인지 거룩한 자가 누구인지 보이시고 그 자를 자기에게 가까이 나아오게 하시되 곧 그가 택하신 자를 자기에게 가까이 나아오게 하시리니

6. 이렇게 하라 너 고라와 너의 모든 무리는 향로를 취하고

7. 내일 여호와 앞에서 그 향로에 불을 담고 그 위에 향을 두라 그 때에 여호와의 택하신 자는 거룩하게 되리라 레위 자손들아 너희가 너무 분수에 지나치느니라

8. 모세가 또 고라에게 이르되 너희 레위 자손들아 들으라

9. 이스라엘의 하나님이 이스라엘 회중에서 너희를 구별하여 자기에게 가까이 하게 하사 여호와의 성막에서 봉사하게 하시며 회중 앞에 서서 그들을 대신하여 섬기게 하심이 너희에게 작은 일이겠느냐

10. 하나님이 너와 네 모든 형제 레위 자손으로 너와 함께 가까이 오게 하신 것이 작은 일이 아니어늘 너희가 오히려 제사장의 직분을 구하느냐

11. 이를 위하여 너와 너의 무리가 다 모여서 여호와를 거스리는도다 아론은 어떠한 사람이관대 너희가 그를 원망하느냐

12. 모세가 엘리압의 아들 다단과 아비람을 부르러 보내었더니 그들이 가로되 우리는 올라가지 않겠노라

13. 네가 우리를 젖과 꿀이 흐르는 땅에서 이끌어 내어 광야에서 죽이려 함이 어찌 작은 일이기에 오히려 스스로 우리 위에 왕이 되려 하느냐

14. 이뿐 아니라 네가 우리를 젖과 꿀이 흐르는 땅으로 인도하여 들이지도 아니하고 밭도 포도원도 우리에게 기업으로 주지 아니하니 네가 이 사람들의 눈을 빼려느냐 우리는 올라가지 아니하겠노라

15. 모세가 심히 노하여 여호와께 여짜오되 주는 그들의 예물을 돌아보지 마옵소서 나는 그들의 한 나귀도 취하지 아니하였고 그들의 한 사람도 해하지 아니하였나이다 하고

16. 이에 고라에게 이르되 너와 너의 온 무리는

아론과 함께 내일 여호와 앞으로 나아오되

17. 너희는 각기 향로를 잡고 그 위에 향을 두고 각 사람이 그 향로를 여호와 앞으로 가져오라 향로는 모두 이백 오십이라 너와 아론도 각각 향로를 가지고 올지니라

18. 그들이 각기 향로를 취하여 불을 담고 향을 그 위에 두고 모세와 아론으로 더불어 회막문에 서니라

19. 고라가 온 회중을 회막문에 모아 놓고 그 두 사람을 대적하려 하매 여호와의 영광이 온 회중에게 나타나시니라

20. 여호와께서 모세와 아론에게 일러 가라사대

21. 너희는 이 회중에게서 떠나라 내가 순식간에 그들을 멸하려 하노라

22. 그 두 사람이 엎드려 가로되 하나님이여 모든 육체의 생명의 하나님이여 한 사람이 범죄하였거늘 온 회중에게 진노하시나이까

23. 여호와께서 모세에게 일러 가라사대

24. 회중에게 명하여 이르기를 너희는 고라와 다단과 아비람의 장막 사면에서 떠나라 하라

25. 모세가 일어나 다단과 아비람에게로 가니 이스라엘 장로들이 좇았더라

26. 모세가 회중에게 일러 가로되 이 악인들의 장막에서 떠나고 그들의 물건은 아무것도 만지지 말라 그들의 모든 죄 중에서 너희도 멸망할까 두려워하노라 하매

27. 무리가 고라와 다단과 아비람의 장막 사면을 떠나고 다단과 아비람은 그 처자와 유아들과 함께 나와서 자기 장막문에 선지라

28. 모세가 가로되 여호와께서 나를 보내사 이 모든 일을 행케 하신 것이요 나의 임의로 함이 아닌 줄을 이 일로 인하여 알리라

29. 곧 이 사람들의 죽음이 모든 사람과 일반이요 그들의 당하는 벌이 모든 사람의 당하는 벌과 일반이면 여호와께서 나를 보내심이 아니어니와

30. 만일 여호와께서 새 일을 행하사 땅으로 입을 열어 이 사람들과 그들의 모든 소속을 삼켜 산 채로 음부에 빠지게 하시면 이 사람들이 과연 여호와를 멸시한 것인 줄을 너희가 알리라

31. 이 모든 말을 마치는 동시에 그들의 밑의 땅이 갈라지니라

32. 땅이 그 입을 열어 그들과 그 가족과 고라에게 속한 모든 사람과 그 물건을 삼키매

33. 그들과 그 모든 소속이 산 채로 음부에 빠지며 땅이 그 위에 합하니 그들이 총회 중에서 망하니라

34. 그 주위에 있는 온 이스라엘이 그들의 부르짖음을 듣고 도망하며 가로되 땅이 우리도 삼킬까 두렵다 하였고

35. 여호와께로서 불이 나와서 분향하는 이백오십 인을 소멸하였더라

36. 여호와께서 모세에게 일러 가라사대

37. 너는 제사장 아론의 아들 엘르아살을 명하여 붙는 불 가운데서 향로를 취하여다가 그 불을 타처에 쏟으라 그 향로는 거룩함이니라

38. 사람들은 범죄하여 그 생명을 스스로 해하였거니와 그들이 향로를 여호와 앞에 드렸으므로 그 향로가 거룩하게 되었나니 그 향로를 쳐서 제단을 싸는 편철을 만들라 이스라엘 자손에게 표가 되리라 하신지라

39. 제사장 엘르아살이 불탄 자들의 드렸던 놋 향로를 취하여 쳐서 제단을 싸서

40. 이스라엘 자손의 기념물이 되게 하였으니 이는 아론 자손이 아닌 외인은 여호와 앞에 분향하러 가까이 오지 못하게 함이며 또 고라와 그 무리와 같이 되지 않게 하기 위함이라 여호와께서 모세로 그에게 명하신 대로 하였더라

41. 이튿날 이스라엘 자손의 온 회중이 모세와 아론을 원망하여 가로되 너희가 여호와의 백성을 죽였도다 하고

42. 회중이 모여 모세와 아론을 칠 때에 회막을 바라본즉 구름이 회막을 덮었고 여호와의 영광이 나타났더라

43. 모세와 아론이 회막 앞에 이르매

44. 여호와께서 모세에게 일러 가라사대

45. 너희는 이 회중에게서 떠나라 내가 순식간에 그들을 멸하려 하노라 하시매 그 두 사람이 엎드리니라

46. 이에 모세가 아론에게 이르되 너는 향로를 취하고 단의 불을 그것에 담고 그 위에 향을 두어 가지고 급히 회중에게로 가서 그들을 위하여 속죄하라 여호와께서 진노하셨으므로 염병이 시작되었음이니라

47. 아론이 모세의 명을 좇아 향로를 가지고 회중에게로 달려간즉 백성 중에 염병이 시작되었는지라 이에 백성을 위하여 속죄하고

48. 죽은 자와 산 자 사이에 섰을 때에 염병이 그치니라

49. 고라의 일로 죽은 자 외에 염병에 죽은 자가 일만 사천칠백 명이었더라

50. 염병이 그치매 아론이 회막둔 모세에게로 돌아오니라

민수기 15,16장은 하나님께서 모세와 아론을 반역한 고라와 그 무리를 징계하신 사건입니다. 14장 33,34절에서 이스라엘 백성은 하나님을 원망하다가 40년 동안 광야에서 유리(流離)하는 징계를 받게 되었습니다. 20장 1절에 보면 제 40년 정월에 그들은 다시 신 광야 가데스 바네아에 돌아오게 되었습니다. 그러므로 15-19장은 38년 동안 일어난 사건입니다. 그런데 이 기간 동안에 그들이 어디에서 무엇을 했는지에 대한 정확한 기록이 없으며, 단지 두 가지 사건만 기록되어 있습니다. 하나는 고라와 그 무리들이 모세와 아론을 반역한 사건으로 약 15,000명이 죽은 사건이고, 다른 하나는 아론의 지팡이에 싹이 나게 하신 사건이었습니다. 38년의 광야 생활 중 두 사건단 기록되고 그 외의 사건들이 모두 생략되었습니다. 이는 그 벅성이 하나님의 말씀대로 광야에서 죽은 것 외에 특별한 의미가 없었기 때문이었을 것입니다. 이는 창세기에 이스마엘을 낳은 후 아브라함의 13년 동안의 삶이 생략된 것과 같습니다. 오늘 본문 중 15장은 이스라엘이 광야에서 유리하는 기간 동안에도 하나님이 이스라엘과 맺은 언약은 유지되고 있었음을 말해 줍니다. 16장은 하나님께서 모세와 아론을 거역하는 반역자들을 멸하시고 영적인 질서를 세워 주신 사건입니다. 본문을 통해서 광야와 같은 세상에서 우리가 어떤 자세로 하나님의 갈씀을 순종해야 하며, 어떤 자세로 하나님께서 세우신 종들을 동역해야 하는가를 배울 수 있습니다.

1. 제사에 관한 보충 규례 (15:1-31)

15장 1-31절은 소제와 거제와 속죄제에 관한 규례가 기록되어 있습니다. 이런 제사에 관한 일반 규례들은 레위기에 자세하게 기록되어 있으며, 민수기에 기록된 것은 그것을 보충하는 규례입니다.

첫째, 소제에 관한 보충 규례 (1-16)

이스라엘의 후손들이 가나안 땅에 들어간 후 여호와께 향기로운 제물을 드릴 때 지켜야 할 소제에 관한 규례가 어떠합니까? 3,4절을 보십시오. **"화제나 번제나 서원을 갚는 제나 낙헌제나 정한 절기제에 소나 양으로 여호와께 향기롭게 드릴 때에는 그 예물을 드리는 자는 고운 가루 에바 십분지 일에 기름 한 힌의 사분지 일을 섞어 여호와께 소제로 드릴 것이며"** '화제'는 불로 태워서 드리는 제사의 방법을 말합니다. '번제'는 하나님께 드리는 헌신의 표시로 제물 전체를 번제단에서 불사르는 제사입니다(레 1:9).[28] '서원을 갚는 제사'는 서원을 드릴 때나 서원이 이루어졌을 때 드리는 화목제의 일종입니다(레 7:16). '낙헌제(樂獻祭)'는 하나님께서 특별한 축복을 주셨을 때 자발적으로 드리는 감사와 기쁨의 제사입니다(레 7:16). '정한 절기제'는 안식일, 월삭, 유월절, 오순절, 나팔절, 속죄일, 초막절 등 정해진 절기 때 드리는 제사입니다(민 28,29장). 이런 제사를 드릴 때는 반드시 소제를 겸해서 드려야 합니다. 소제는 곡식이나 식물로 드리는 제사입니다.[29]

---

28) 번제(עֹלָה)는 '올라가는 것'이라는 말로서, '불을 붙여 하나님께 뿜는다'는 의미이다. 제물 전체가 하나님께 완전히 태워져 드려지는 것을 의미하는데, 이는 하나님에 대한 감사와 신앙과 존경을 표시한다. 이는 하나님과 맺어진 언약의 관계를 더욱 견고케 하는 의미가 있다. Mays, 「레위기 · 민수기」, p.51; 번제는 속죄의 기능도 가지고 있다 (레 1:4; 9:7; 14:20; 16:24; 겔 45:15,17). 뿐만 아니라 인간의 죄에 대한 하나님의 진노를 누그러뜨리는 역할을 하기도 한다(삼하 24:21-25). 때로는 간청(삼상 7:9; 13:12)이나 기쁨의 표현으로도 사용되었다(레 22:17-19; 민 15:3). 번제와 화목제는 초기 시대부터 행해진 희생제사로서 보다 넓은 목적으로도 사용되었다. Lester L. Grabbe, *LEVITICUS*(Sheffield Academic Press, 1993), p.31; 번제의 영적 의미는 그리스도의 지상의 생애와 십자가의 죽음을 예표하는 동시에 우리 신자들이 하나님께 대해 전적 복종과 자아 헌신, 자신의 전 생애에 대한 전적 포기 등을 가르쳐 준다. 이상근, 「레위기 · 민수기(상)」, pp.17,18.

29) '소제'는 식물 제사(meal offering), 곡물 제사(grain offering)라고도 한다. 소제는 희생의 피가 없이 드리는 유일한 제사이다. 그래서 일반적으로 번제나 화목제와 함께 드려졌다(출 40:29; 레 7:37; 14:20; 23:37). 그러나 소제만으로도 제사를 드릴 수 있었다(레

그런데 5-10절에 의하면 화제나 번제로 드리는 제물의 종류에 따라서 소제의 내용과 양이 달라져야 합니다.[30] 뿐만 아니라 제물이 여러 마리일 경우에는 제물의 수효에 비례하여 소제와 전제(奠祭)[31]의 양을 늘려서 드려야 합니다(11-13). 이렇게 소제와 전제를 드리는 것은 이스라엘이나 그들 중에 우거하는 타국인이나 차별이 없었습니다. **"회중 곧 너희나 우거하는 타국인이나 한 율례니 너희의 대대로 영원한 율례라. 너희의 어떠한 대로 타국인도 여호와 앞에 그러하리라. 너희나 너희 중에 우거하는 타국인이나 한 법도, 한 규례니라."(15,16)** 하나님께서는 유대인이나 타국인이나 하나님께 제사를 드리고 친교하는 데는 전혀 차별을 두지 않으셨습니다. 하나님은 유대인만의 하나님이 아니라 이방인의 하나님도 되시기 때문입니다. 사도 바울드 이 하나님을 믿었습니다. **"하나님은 홀로 유대인의 하나님 뿐이시뇨? 또 이방인의 하나님은 아니시뇨? 진실로 이방인의 하나님도 되시느니라."(롬 3:29)**

2:14-16; 6:14; 민 5:15). 번제가 생명을 불태워 하나님께 드리는 희생의 제사라면 소제는 노동의 열매를 하나님께 드리는 감사와 충성의 제사이다. 정도열, 「레위기강해」(UBF출판부, 1998), p.49; 매킨토시는 "번제가 죽음에 처한 그리스도를 상징하는가 하면 소제는 살아 있는 생활상의 그리스도를 상징하고 있다."고 했다. C.H. Mackintosh, *Notes on the book of Leviticus*, 권혁봉 역, 「레위기강해」(생명의말씀사, 1976), p.57.

30) 번제와 화제로 드릴 제물이 소나 양일 경우에는 고운 가루 1/10에바와 기름 1/4힌을 섞어서 함께 소제로 드려야 한다. 제물이 어린 양이면 포도주 1/4힌을 전제로 드려야 한다(5). 제물이 수양이면 고운 가루 1/10에바와 기름 1/3힌을 섞어서 소제로 드리고, 포도주 1/3힌을 전제로 드려야 한다(6,7). 제물이 수송아지일 경우에는 고운 가루 3/10에바를 기름 1/2힌에 섞어 그 수송아지와 함께 소제로 드리고 전제로 포도주 1/2힌을 드려 여호와 앞에 향기로운 화제를 삼아야 한다(8-10). '에바'는 '광주리'라는 뜻으로 부피를 재는 단위이며, 1에바는 약 23ℓ이다. 그러므로 1/10에바는 2.3ℓ, 곧 1되 2홉 정도의 고운 가루이다. '힌'은 '항아리'라는 뜻으로 액체의 양을 재는 단위이며, 1힌은 3.8ℓ이다. 그러므로 1/4힌은 0.96ℓ이다. 우리 단위로 약 반 되 정도의 포도주이다.

31) 전제(奠祭; drink offering)는 화제, 요제, 거제와 함께 제사를 드리는 네 가지 방법 중의 하나인데 포도주(레 23:13)나 술(신 32:38), 피(시 16:4)를 부어서 드리는 제사이다. 신약에서 관제(灌祭)로 번역되었다(빌 2:17; 딤후 4:6).

둘째, 거제에 관한 보충 규례 (17-21)

17절을 보십시오. 하나님께서는 이스라엘 2세들에게 약속의 땅에 들어간 후에 그 땅의 양식을 먹을 때 처음 익은 곡식 가루로 떡을 만들어서 거제로 드리라고 명하셨습니다. 거제(擧祭)란 위로 들어올렸다가 내려놓는 제사 방법입니다. 제물을 들어올리는 것은 하나님께 드리는 행위이며, 다시 내려놓는 것은 하나님께서 그 제물을 돌려주시는 은혜를 상징하는 것이었습니다. 이스라엘 자손은 광야생활동안 하늘에서 내려온 만나를 먹었습니다. 그들이 약속의 땅에 들어가 그 땅의 양식을 먹은 이튿날 하늘의 만나가 그쳤습니다(수 5:11,12). 하나님께서는 이스라엘 백성이 가나안 땅에 들어가 그 땅의 양식을 먹을 때에 먼저 하나님께 감사의 제사를 드리라고 명하셨습니다(레 23:10-14). 거제로 드릴 때 처음 익은 곡식 가루 떡을 드리되 타작 마당의 거제(擧祭)같이 대대로 드려야 한다고 하셨습니다(21; 출 12:14). 첫 열매를 매년 예물로 드리되 그 곡식만 아니라 그 곡식으로 떡을 만들어 거제로 드리도록 명하셨습니다.

셋째, 부지중에 지은 죄에 대한 속죄제 (22-29)

22-24절을 보십시오. **"너희가 그릇 범죄하여 여호와가 모세에게 말한 이 모든 명령을 지키지 못하되 곧 여호와가 모세로 너희에게 명한 모든 것을 여호와가 명한 날부터 이후 너희의 대대에 지키지 못하여 회중이 부지중에 그릇 범죄하였거든 온 회중은 수송아지 하나를 여호와께 향기로운 화제로 드리고 규례대로 그 소제와 전제를 드리고 숫염소 하나를 속죄제로 드릴 것이라."** 부지중에 그릇 범죄하였다는 말은 그것이 죄인 줄 모르고 죄를 짓게 된 경우입니다. 또한 하나님의 말씀을 알고 지키고자 하지만 인간의 연약함이나 부주의함으로 죄를 짓게 된 경우를 말합니다. 곧 부주의와 태만으로 인한 죄를 가리킵니다. 마치 베드로가 예

수님을 절대로 배반하지 않겠다고 맹세까지 했지만 육신이 연약해서 주를 부인할 수밖에 없었던 죄와 같습니다. 그러나 부지중에라도 하나님의 율례를 어긴 것은 범법 행위이기 때문에 속죄제를 드려야 합니다. 이스라엘 온 회중이 범죄하였을 경우에는 수송아지 한 마리를 화제와 속죄제로 드려야 죄 사함을 받을 수 있었습니다(24). 그러나 개인이 범죄하였을 경우에는 암염소 한 마리로 속죄제를 드려서 죄를 속해야 사함을 받을 수 있었습니다(27,28) 이스라엘 자손이나 그들 중에 거하는 타국인이나 무릇 그릇 범죄한 자에게 대한 법은 동일하였습니다(29). 하나님 앞에서 죄 사함을 받는 것은 유대인이나 이방인이나 차별이 없었습니다. 우리는 인간의 연약함 때문에 짓게 되는 모든 죄는 사함을 받을 수 있음을 믿어야 합니다.

그러나 30,31절을 보십시오. **"본토 소생이든지 타국인이든지 무릇 짐짓 무엇을 행하면 여호와를 훼방하는 자니 그 백성 중에서 끊쳐질 것이라. 그런 사람은 여호와의 말씀을 멸시하고 그 명령을 파괴하였은즉 그 죄악이 자기에게로 돌아가서 온전히 끊쳐지리라."** '짐짓'이라는 말은 '고자세로', '담대하게'라는 뜻으로 고의조이라는 말입니다. 하나님의 계명을 잘 알면서도 고의적으로 어기는 죄는 '여호와를 훼방하는 죄'입니다. 이는 하나님의 말씀을 멸시하고, 그의 명령을 파괴하는 죄악입니다. 그러므로 그 죄악이 자기에게로 돌아가서 이스라엘 공동체에서 끊어지게 됩니다. 이는 사형을 당하거나 진 밖으로 영원히 추방되는 것을 의미합니다. 구약 시대에는 하나님께서 고의적으로 지은 죄에 대해서는 엄격하게 그 책임을 물으시고 벌하셨습니다. 용서받을 죄와 용서받지 못할 죄가 분명하게 구분되어 있었습니다. 부지중에 그릇 범한 죄는 어떤 죄든지 다 용서함을 받았으나 고의적으로 지은 죄는 사함을 받을 수 없었습니다.

그러나 예수님을 통해서는 고의적으로 지은 죄까지도 다 사함을 받을 수 있습니다. **"또 모세의 율법으로 너희가 의롭다 하심을 얻지 못하던 모든 일에도 이 사람을 힘입어 믿는 자마다 의롭다 하심을 얻는 이것이라."**(행 13:39) 그렇지만 오늘날에도 사함 받을 수 없는 죄가 있습니다. 곧 성령을 훼방하는 죄입니다. 예수님께서도 **"누구든지 성령을 훼방하는 자는 사하심을 영원히 얻지 못하고 영원한 죄에 처하느니라(막 3:29)."**고 하셨습니다. 그러면 성령을 훼방하는 죄는 어떤 죄입니까? 성령께서는 죄를 책망하고 회개케 하며, 예수 그리스도의 의와 심판에 대해서 깨우쳐 주십니다(요 16:8). 성령께서 믿지 아니하는 죄에 대해서 책망하시고, 예수 그리스도의 의와 심판에 대해서 깨우쳐 주실 때 죄를 회개하고 예수님을 믿어야 합니다. 그리하면 죄사함을 받습니다. 그렇지 않고 성령의 책망을 거절하면 죄 사함 받을 수 없습니다. 그러므로 성령을 훼방하는 죄란 회개치 않는 죄, 믿지 않는 죄입니다. 죄 중에 회개치 않는 죄, 믿지 아니하는 죄가 가장 큰 죄입니다. 이 죄는 분명히 사망에 이르는 죄입니다. 이러한 죄는 다시 속죄하는 제사가 없습니다(히 10:26,27; 요일 5:16). 그러나 아무리 큰 죄를 지어도 회개하면 죄 사함을 받을 수 있습니다. 아무리 흉악한 죄인이라도 참회의 눈물을 흘리는 모습은 아름답습니다. 눈물을 흘리며 참회하는 자에게 돌을 던지는 사람은 없을 것입니다. 우리 하나님은 아무리 큰 죄를 지어도 회개하면 다 사해 주십니다. 하나님께서 용서해 주지 못할 만큼 큰 죄가 없고, 하나님께서 진노하지 않을 만큼 작은 죄도 없습니다. 그러므로 우리는 무시할 만큼 지극히 작은 죄라도 하나님 앞에서 회개하고 사죄의 은총을 덧입어야 하고, 너무 커서 드러낼 수 없는 죄도 믿음으로 회개하고 사죄의 은총을 덧입어야 합니다.

2. 옷단 귀에 술을 달게 하신 하나님 (15:32-41)

32절을 보십시오. 어떤 사람이 안식일에 나무를 하다가 발각되었습니다. 안식일에 나무를 한 것은 십계명 중 제 4 계명을 어긴 것이었습니다(출 20:8-10). 안식일을 지키는 것은 창조주 하나님에 대한 신앙고백이었습니다. 유대인들은 안식일을 지킴으로써 창조주 하나님을 섬기고 우상 숭배를 하지 않게 되었으며, 하나님의 택한 백성으로서의 구별된 삶을 살 수 있었습니다. 그러므로 안식일을 고의적으로 어기는 것은 창조주 하나님을 훼방하는 죄요, 하나님의 말씀을 멸시하는 죄요, 이스라엘 공동체를 파괴하는 심각한 죄였습니다. 동네 사람들은 안식일에 나무를 한 사람을 모세에게 끌고 왔습니다. 모세는 그를 어떻게 처치할지 몰라 가두었습니다. 35절을 보십시오. **"여호와께서 모세에게 이르시되 그 사람을 반드시 죽일지니 온 회중이 진 밖에서 돌로 그를 칠지니라."** 하나님께서 안식일을 어긴 사람을 처형하는 일에 모든 백성이 직접 참여하도록 하신 것은 하나님의 말씀을 멸시하는 자의 최후가 어떠한가를 그 백성에게 분명히 보여 주시기 위함이었습니다.

하나님께서는 이스라엘 백성이 말씀에 순증하는 삶을 살도록 하기 위해 어떤 명령을 내리셨습니까? 38절을 보십시오. **"그들의 대대로 그 옷단 귀에 술을 만들고 청색 끈을 그 귀의 술에 더하라."** 하나님께서는 이스라엘의 옷단 네 귀에 술을 달되 청색 끈으로 달도록 명하셨습니다. 이 술은 꽃이나 꽃잎 모양으로 만들어졌습니다.[32] 꽃 모양의 옷술을 달게 하신 목적이 무엇입니까? 39,40절을 보십시오. **"이 술은 너희**

---

32) '술(ציצת)'이라는 말은 '꽃 모양의 빛나는 것'을 뜻하고 이 낱말은 아론의 머리에 붙인 패(출 28:36), 날개(렘 48:9), 머리털(겔 8:3) 등도 표현하고 있다. Winterbotham, 『민수기(상)』(보문출판사, 1996), p.489; 이 술은 꽃이나 꽃잎 모양으로 만들어졌는데, 여호와 하나님과 주의 백성을 연결하는 언약의 굴레를 상징하는 것이었다. Merrill & Deere, 『민수기·신명기』, p.53.

로 보고 여호와의 모든 계명을 기억하여 준행하고 너희로 방종케 하는 자기의 마음과 눈의 욕심을 좇지 않게 하기 위함이라. 그리하면 너희가 나의 모든 계명을 기억하고 준행하여 너희의 하나님 앞에 거룩하리라." 하나님께서 옷술을 달게 하신 것은 이것을 볼 때마다 여호와의 모든 계명을 기억하고 준행하도록 하기 위함이었습니다. 옷술은 이를 위한 시청각 자료였습니다. 남자들이 겉옷에 예쁜 술을 달고 다닌다는 것은 부끄러운 일이었을 수도 있습니다. 그러나 외출하기 위해 겉옷을 입을 때마다 이 옷술을 보고 또 걸음을 걸을 때마다 꽃 모양의 술이 흔들리는 것을 보면서 하나님의 모든 계명을 기억하게 되었을 것입니다. 그래서 자신을 방종케 하는 마음과 눈의 욕심을 좇지 않고 말씀을 준행하는 계기가 되었을 것입니다. 하나님께서는 이스라엘 백성이 마음의 정욕을 좇지 않고, 하나님의 말씀을 준행함으로 거룩한 백성이 되도록 도와주셨습니다. 그래서 그들을 거룩한 백성이 되게 하여 그들의 하나님이 되기 원하셨습니다(41).

이를 볼 때 하나님의 백성들은 옷 입는 생활에서도 이방인들과 달라야 합니다. 선민으로서의 긍지를 가져야 하며 독특한 생활 양식을 조금도 부끄러워하지 않아야 합니다. 우리 신자들은 옷 입는 생활에서부터 세상 풍속을 좇지 않아야 합니다(롬 12:2; 약 4:4). 우리는 그리스도인으로서의 품격을 나타낼 수 있는 옷을 입어야 합니다. 불교의 승려들은 일부러 떨어진 옷을 입고, 머리도 빡빡 깎습니다. 이는 세상과 구별된 삶을 살고 있다는 자기 확인을 위한 것입니다. 우리가 바리새인들처럼 일부러 옷술을 크게 할 필요는 없지만(마 23:5), 거룩한 하나님의 자녀요 복음의 제사장다운 옷차림을 해야 합니다. 단정한 옷차림과 너무 야하지 않지만 신세대 감각에 뒤지지 않는 옷차림으로 제사장 직분을 감당해야 합니다. 그러나 이런 외적인 옷차림보다 더 중요한 것은 구체적인 일상생활 속에서 하나님의 말씀을 기억하고 순종하는 삶을 사는 것입니다. 우리가 살고 있는 세상은 참으로 자신을 방종케 하는 마음과 눈의 욕심을 좇아 행하기 쉬운 세상입니다. 조금만 한눈 팔면 우리 눈이 가자미 눈처럼 돌아가 버립니다. 이런 시대에 우리는 매일 하나님께서 주시는 '영(靈)의 양식'을 먹고, 말씀을 기억하고 준행하고자 투쟁해야 합니다. 우리가 온 힘을 다해 말씀에 순종하는 삶을 살 때 우리는 거룩한 제사장이 되고, 하나님은 우리 하나님이 되십니다.

3. 고라와 그 무리를 멸하신 하나님 (16:1-50)

16장은 고라와 그 무리가 모세와 아론을 거역하였다가 하나님의 심판을 받아 진멸당한 사건입니다. 이 사건이 광야 생활 38년 동안 일어난 사건임은 사실이지만 언제 어디에서 일어났는지는 기록되어 있지 않습니다. 그러나 이 사건의 성격으로 보아서 38년 광야 생활 초기에 일어난 사건이었음을 짐작할 수 있습니다. 고라와 그 무리의 반역이 무엇이며, 하나님께서는 이 문제를 어떻게 해결해 주셨습니까?

첫째, 모세와 아론을 대적한 고라와 그 무리들 (1-17)
16장 1,2절을 보십시오. **"레위의 증손 고핫의 손자 이스할의 아들 고라와 르우벤 자손 엘리압의 아들 다단과 아비람과 벨렛의 아들 온이 당을 짓고, 이스라엘 자손 총회에 택함을 받은 자 곧 회중에 유명한 어떤 족장 이백 오십 인과 함께 일어나서 모세를 거스리니라."** 이 반역의 무리의 주동자는 고라와 르우벤 자손 다단과 온이었습니다. 고라는 레위 족속 고핫의 손자로서 모세와 아론의 사촌이었습니다. 그는 같은 레위 족속으로 자기들은 회막 기물이나 운반하는데 아론과 그 자식들은 엄청난 특권과 영광을 누리는 것에 대해서 불평과 불만이 가득하였습니다(3). '누구는 인삼 뿌리 먹고 누구는 무 뿌리 먹느냐?'고 하며 하나님께서 성별하신 아론의 제사권에 정면으로 도전하였습니다. 또한 다단과 온은 르우벤 족속으로 이스라엘의 장자 집안이었지만 유다지파에게 주도권을 빼앗긴 후손들이었습니다. 이들은 당을 지어 아론과 모세를 몰아내고 이스라엘의 제사권(祭祀權)과 통치권을 장악하려는 의도에서 불만 세력들을 규합하였습니다. 유명한 족장 250명이 이 반역에 가담했습니다. 이들은 회중의 제반사를 다스리는 이스라엘 총회의 대의원들로서 지파의 두령들이었거나 종족들의 두령들이었습니다. 이들 족장 250명이 가담했다는 사실은 당시의 불만 세력이 온 이스라엘에 퍼져 있었음을 말해 줍니다. 이들은 젖과 꿀이 흐르는 가나안 땅을 눈앞에 두고도 들어가지 못하고 광야에서 죽게 된 모든 책임을 모세에게 돌렸습니다. 광야 생활이 어렵고 힘들 때마다 모세와 아론에 대해서 악한 말로 비방하고 불만 세력을 규합하여 모세를 거스려 대적하였습니다.

그들이 모여서 모세를 거스려 비방하는 말이 무엇이었습니까? 3절을 보십시오. **"너희가 분수에 지나도다. 회중이 다 각각 거룩하고 여호와께서도 그들 중에 계시거늘 너희가 어찌하여 여호와의 총회 위에 스스로 높이느뇨?"** '분수에 지나도다'는 말은 '너희가 과거만으로 족하도다!'는 뜻으로 이제 그만하면 되었으니 물러나라는 말이었습니다. 이들이 거역하는 이유는 세 가지였습니다.

첫째는 회중이 다 각각 거룩하다는 것이었습니다. 이스라엘은 모두 다 택하신 백성이요, 거룩한 제사장이기 때문에 특별히 지도자가 필요 없다는 것이었습니다(출 19:6).

둘째는 여호와께서 회중 가운데 거하신다는 것이었습니다. 하나님께서 친히 다스리시기 때문에 특별한 중보자의 직분이나 제사장 직분이 필요없다는 것이었습니다.

셋째는 모세와 아론이 스스로를 높여 월권행위를 하고 있다는 것이었습니다. 이들은 하나님께서 친히 모세와 아론을 택하시고 그들을 중보자로 지명하셔서 이스라엘을 거룩한 하나님의 백성으로 훈련하고 계심을 깨닫지 못했습니다. 그래서 모세가 스스로 높여 분수에 지나는 행동을 한다고 비난을 퍼부었습니다. 이들은 모세의 종교적인 지도력뿐만 아니라 정치적인 지도력에 반기를 들었습니다.

4,5절을 보십시오. 이들의 반역의 말을 들은 모세는 엎드려 하나님의 긍휼을 구했습니다. **"아침에 여호와께서 자기에게 속한 자가 누구인지 거룩한 자가 누구인지 보이시고, 그 자를 자기에게 가까이 나아오게 하시되 곧 그가 택하신 자를 자기에게 가까이 나아오게 하시리니"** 모세는 고라와 그 무리에게 향로를 취하여 그 향로에 불을 담고 그 위에 향을 피워 하나님께 속한 거룩한 자가 구별되도록 하자고 제안했습니다(6). 향을 피우는 것은 제사장의 고유한 권한으로 제사장 직무 중에 가장 거룩한 일이었습니다. 따라서 하나님의 명하신 대로 향을 피워야지 그렇지 않으면 준엄한 형벌이 내려졌습니다(레 10:1-3). 모세는 하나님께서 친히 심판하시도록 맡기고자 했습니다.

9절을 보십시오. 모세는 고라와 레위 자손들의 죄악을 구체적으로 깨우쳐 주었습니다. 하나님께서 그들을 구별하시고 가까이 오게 하셨습니다. 레위 족속으로 여호와의 성막에서 봉사하게 하시고, 회중 앞에서 그들을 대신하여 섬기게 하셨습니다. 모세는 하나님께서 레위 자손들에게 베푸신 은혜가 얼마나 큰가를 깨우쳐 주고 그들의 교만을 책망했습니다. **"하나님이 너와 네 모든 형제 레위 자손으로 너와 함께 가까이 오게 하신 것이 작은 일이 아니어늘 너희가 오히려 제사장의 직분을 구하느냐?"**(10) 하나님의 크신 은혜를 망각하고 제사장 직분을 탐하는 것은 여호와를 거스리는 큰 죄악임을 깨우쳐 주었습니다(11).

그후 모세는 엘리압의 두 아들 다단과 아비람을 불러 그들의 죄악을 문책하려고 했습니다.[33] 그러나 그들의 반응이 어떠했습니까? 13,14절을 보십시오. 그들은 **"우리는 올라가지 않겠노라"**라고 하며 모세의 명을 정면으로 거역하고 비방을 퍼부었습니다. 이들은 모세가 자기들을 젖과 꿀이 흐르는 애굽 땅에서 이끌어내어 광야에서 죽이려 한다고 악담을 했습니다. 모세가 스스로 높여 그들 위에 왕이 되려 한다고 비난했습니다. 젖과 꿀이 흐르는 땅으로 인도하여 들이지 않는다고 불평했습니다. 밭도 포도원도 기업으로 주지 아니하니 **네가 이 사람들의 눈을 빼려느냐?**라고 하며 자기들은 올라가지 않겠다고 했습니다. 15절에 보면 모세는 심히 노하여 하나님께 기도했습니다. **주는 그들의 예물을 돌아보지 마옵소서. 나는 그들의 한 나귀도 취하지 아니하였고 그들의 한 사람도 해하지 아니하였나이다.** 모세는 하나님께 그들의 심판을 맡겼습니다.

고라와 엘리압의 두 아들처럼 받은 은혜를 감사하지 않고, 다른 사람과 비교하여 불평하고 원망하는 것은 하나님 보실 때 큰 죄악입니다. 예수님께서도 한 달란트 받은 종이 비교의식과 주인에 대한 원망과 불평으로 자기의 재능을 땅 속에 묻어 둔 것을 악하고 게으른 죄라고 책망하셨습니다(마 25:24-30). 하나님께서는 모세에게 그에게 맞는 직분을 주셨고, 아론도 그에게 맞는 직분을 주셨고, 고라도 그에게 맞는 직분을 주셨습니다. 모든 레위인에게 다 제사장 직분을 주면 성막은 누가 치고, 언약궤는 누가 멥니까? 사도 바울도 당을 지어 다투는 고린도 성도들에게 지체의식(肢體意識)을 가질 것을 권했습니다(고전 12:14-18). 하나님께서는 그 원하시는 대로 다양한 지체를 우리 몸에

---

33) 민수기 16:1,2을 보면 주동자는 르우벤 자손 엘리압의 아들 다단과 아비람과 벨렛의 아들 온이었는데, 온이 빠지고 다단과 그 형제 아비람이 주동자로 모세의 문책을 받게 되었다. 이는 온이 처음에는 가담했으나 후에는 반역에 가담하지 않았기 때문인 것 같다. 다단과 아비람은 250인에 포함되지 않았고, 모세와 아론을 원망하기 위해 모였을 때도 거기에 없었다. 이는 이들이 종교적인 문제에는 관심이 없었고, 단지 모세의 정치적인 통치에 대해서만 불만을 나타내었기 때문일 것이다. Winterbotham, 「민수기 (상)」, p.528.

주셨습니다. 눈이 귀하다고 온 몸에 눈만 붙어 있으면 냄새는 어떻게 맡고, 아름다운 음악은 어떻게 들을 수 있겠습니까? 그러므로 각 지체는 다른 지체를 귀히 여길 줄 알아야 합니다. 또 다른 지체만 귀히 여기고 자신을 과소평가해서도 안 됩니다. 하나님께서 주신 은혜의 직분을 감사함으로 받고, 맡은 직분에 충성을 다해야 합니다. 목사의 직분도 귀하고, 장로의 직분도 귀하고, 집사의 직분도 귀하고 다 아름다운 직분입니다. 선교사업부의 직분도 귀하고, 찬양을 맡은 직분도 귀합니다. 정보통신부 직분도 귀하고, 소식부, 구제부 직분도 귀합니다. 주일학교 반사의 직분도 귀하고, 일대일 성경 선생의 직분도 귀합니다. 우리 마음속에 있는 고라와 같은 교만과 자기 의를 버리고, 겸손히 하나님께서 맡기신 직분을 충성스럽게 감당하는 믿음을 배울 수 있기를 기도합니다.

둘째, 고라와 그 무리를 멸하신 하나님 (18-50)

이튿날 고라와 그 무리들이 모세의 말대로 향로를 준비하여 그 위에 향을 담고 회막문에 섰습니다(18). 고라는 회막문 앞에 온 회중을 모아놓고 백성을 선동하여 모세와 아론을 대적하려고 했습니다(19). 이 때 여호와의 영광이 온 회중에게 나타났습니다. 여호와께서 모세에게 말씀하셨습니다. 21절을 보십시오. **"너희는 이 회중에게서 떠나라. 내가 순식간에 그들을 멸하려 하노라."** 하나님께서는 다시 한번 그들을 향하여 진노를 발하시고, 그들을 진멸하고자 하셨습니다. 이 하나님은 죄를 조금도 용납하실 수 없는 거룩하고 공의로운 심판의 하나님이십니다. 모세는 즉시 엎드려 중보의 기도를 드렸습니다. 22절을 보십시오. **"하나님이여, 모든 육체의 생명의 하나님이여, 한 사람이 범죄하였거늘 온 회중에게 진노하시나이까?"** 모세는 모든 육체에 생명과 호흡을 주신 하나님께서 한 사람이 범죄했다고 해서 온 회중을 멸하시는 것은 생명을 창조하신 창조주 하나님의 성품에 맞지 않는다고 하며 중보의 기도를 드렸습니다. 하나님께서는 모세의 기도를 들으시고, 회중이 고라와 다단과 아비람의 장막 사면에서 떠나도록 명하셨습니다(24). 모세가 다단과 아비람에게로 가니 이스라엘 장로들도 모세를 좇았습니다. 모세가 하나님의 말씀을 전하자 온 회중이 고라와 다단과 아비람의 장막 사면을 떠났습니다. 다단과 아비람은 그 처자와 유아들과 함께 나와서 자기 장막 문에 섰습니다(27).

모세는 백성에게 하나님께서 특별한 방법으로 그들을 멸하시면 그들이 과연 여호와를 멸시한 죄인임을 알게 될 것이라고 했습니다. 29,30절을 보십시오. **"곧 이 사람들의 죽음이 모든 사람과 일반이요 그들의 당하는 벌이 모든 사람의 당하는 벌과 일반이면 여호와께서 나를 보내심이 아니어니와 만일 여호와께서 새 일을 행하사 땅으로 입을 열어 이 사람들과 그들의 모든 소속을 삼켜 산 채로 음부에 빠지게 하시면 이 사람들이 과연 여호와를 멸시한 것인 줄을 너희가 알리라."** 이 모든 말을 마치는 동시에 그들이 선 땅이 갈라져 그들과 그 가족과 고라에게 속한 모든 사람과 그 물건을 삼켰습니다(29-32). 고라와 그 무리와 모든 소속이 산 채로 음부에 빠진 후에 다시 땅이 그 위에 합하니 그들이 총회 중에서 망하였습니다. 그러자 주위에 있던 온 이스라엘이 그들의 부르짖음을 듣고 **"땅이 우리도 삼킬까 두렵다."**라고 하며 도망하였습니다. 이 때 또 여호와께로서 불이 나와서 분향하던 이백 오십 인을 소멸하였습니다(35). 하나님께서는 죄인들을 멸하신 후에 엘리아살을 통해서 이 향로를 쳐서 번제단을 싸는 편철을 만들도록 하셨습니다(38). 그래서 성소에 나오는 모든 사람들에게 반역자들에게 임한 하나님의 심판을 상기시키고, 제사장 직분을 다시는 탐하지 않도록 기념물이 되게 하셨습니다(40).

그런데 41절을 보십시오. **"이튿날 이스라엘 자손의 온 회중이 모세와**

아론을 원망하여 가로되 너희가 여호와의 백성을 죽였도다." 백성들은 고라와 그 무리에게 내려진 하나님의 심판을 보고 자신들의 내면에 있는 불순종과 불신의 죄악을 회개하고 돌이켜야 했습니다. 그러나 정반대였습니다. 오히려 백성들은 죽은 고라와 이백 오십 인의 족장들을 동정하여 **"너희가 여호와의 백성을 죽였도다"**라고 하며 모세와 아론에게 족장들을 죽게 한 책임을 묻고자 했습니다. 그들이 진멸당할 위기에서 구원받은 것은 모세의 중보기도 때문이었습니다(16:22). 그런데 적반하장(賊反荷杖)으로 모세와 아론이 여호와의 백성인 족장들을 죽였다고 원망하며 대적하였습니다.

백성이 모세와 아론을 대적할 때 회막을 바라보니 구름이 회막을 덮었고 여호와의 영광이 나타났습니다(42). 모세와 아론이 회막 앞에 이르자 여호와께서 말씀하셨습니다. **"너희는 이 회중에게서 떠나라. 내가 순식간에 그들을 멸하려 하노라."(45)** 하나님께서는 다시 진노하셔서 그 백성을 진멸코자 하셨습니다.

두 사람은 회중에게서 떠나지 않고 여호와 앞에 엎드렸습니다. 그러나 여호와의 진노와 심판은 돌이킬 수 없었습니다. 왜냐하면 백성들이 하나님께서 세우신 충성스러운 종 모세와 아론을 떠났기 때문이었습니다. 모세를 떠난 백성, 여호와를 거역한 백성을 위해서 모세는 더 이상 중보의 기도를 할 근거가 없어졌습니다. 하나님께서는 진노하시고 이미 전염병으로 그 백성을 치기 시작하셨습니다. 이런 절망적인 상태에서 모세가 할 수 있는 유일한 길은 대제사장을 통해서 그들의 죄를 제거하고 하나님의 긍휼을 구하는 길밖에 없었습니다. 모세는 아론에게 향로를 취하여 단의 불을 담고 그 위에 향을 두어 가지고 급히 회중에게로 가서 그들을 위하여 속죄하라고 명했습니다(46). 분향은 일반적으로 간절한 기도를 상징하고 있습니다(계 5:8; 8:3,4). 아론이 모세의 명을 좇아 향로를 가지고 회중에게로 달려가서 백성을 위하여 속죄했습니다. 아론이 속죄하고 죽은 자와 산 자 사이에 섰을 때에야 염병이 그쳤습니다(48). 그러나 이미 14,700명이나 되는 사람들이 죽었습니다. 생명의 위험을 무릅쓰고 산 자와 죽은 자 사이에 들어가 이스라엘을 구원한 아론의 모습은 십자가에서 우리 죄를 위한 희생 제물이 되신 예수 그리스도의 그림자입니다. 지금도 주님께서는 자기를 믿는 자들을 사망의 권세에서 구원해 주시고, 새 생명 가운데 살게 하십니다.

결론

하나님께서는 우리가 믿음으로 드리는 감사의 제사를 기뻐하십니다. 우리가 연약하여 범죄할 수밖에 없지만 우리 죄를 대신하여 십자가에 죽으신 예수님을 믿는 믿음으로 나갈 때 어떤 죄든지 다 사해 주십니다. 하나님께서 사해 주시지 못할 만큼 큰 죄는 없습니다. 무엇보다 하나님께서는 우리가 하나님의 말씀대로 순종하는 것을 가장 기뻐하십니다. 그것도 구체적인 삶 속에서 하나님의 말씀을 순종하기를 원하십니다. 우리가 하나님께서 주신 은혜를 감사하며, 하나님께서 세우신 종들을 마음으로 순종하고 동역하여, 아름다운 공동체를 이루고 거룩한 제사장 직분을 충성스럽게 감당할 수 있기를 기도합니다.

제 8 강

아론의 지팡이에 싹을 내신 하나님

(17:1 – 19:22)

요절 17:8 "이튿날 모세가 증거의 장막에 들어가 본즉 레위 집을 위하여 낸 아론의 지팡이에 움이 돋고 순이 나고 꽃이 피어서 살구 열매가 열렸더라."

17:1. 여호와께서 모세에게 일러 가라사대

2. 너는 이스라엘 자손에게 고하여 그들 중에서 각 종족을 따라 지팡이 하나씩 취하되 곧 그들의 종족대로 그 모든 족장에게서 지팡이 열둘을 취하고 그 사람들의 이름을 각각 그 지팡이에 쓰되

3. 레위의 지팡이에는 아론의 이름을 쓰라 이는 그들의 종족의 각 두령이 지팡이 하나씩 있어야 할 것임이니라

4. 그 지팡이를 회막 안에서 내가 너희와 만나는 곳인 증거궤 앞에 두라

5. 내가 택한 자의 지팡이에는 싹이 나리니 이것으로 이스라엘 자손이 너희를 대하여 원망하는 말을 내 앞에서 그치게 하리라

6. 모세가 이스라엘 자손에게 고하매 그 족장들이 각기 종족대로 지팡이 하나씩 그에게 주었으니 그 지팡이 합이 열둘이라 그 중에 아론의 지팡이가 있었더라

7. 모세가 그 지팡이들을 증거의 장막 안 여호와 앞에 두었더라

8. 이튿날 모세가 증거의 장막에 들어가 본즉 레위 집을 위하여 낸 아론의 지팡이에 움이 돋고 순이 나고 꽃이 피어서 살구 열매가 열렸더라

9. 모세가 그 지팡이 전부를 여호와 앞에서 이스라엘 모든 자손에게로 취하여 내매 그들이 보고 각각 자기 지팡이를 취하였더라

10. 여호와께서 또 모세에게 이르시되 아론의 지팡이는 증거궤 앞으로 도로 가져다가 거기 간직하여 패역한 자에 대한 표징이 되게 하여 그들로 내게 대한 원망을 그치고 죽지 않게 할지니라

11. 모세가 곧 그같이 하되 여호와께서 자기에게 명하신 대로 하였더라

12. 이스라엘 자손이 모세에게 말하여 가로되 보소서 우리는 죽게 되었나이다 망하게 되었나이다 다 망하게 되었나이다

13. 가까이 나아가는 자 곧 여호와의 성막에 가까이 나아가는 자마다 다 죽사오니 우리가 다 망하여야 하리이까

18:1. 여호와께서 아론에게 이르시되 너와 네 아들들과 네 종족은 성소에 대한 죄를 함께 담당할 것이요 너와 네 아들들은 너희가 그 제사장 직분에 대한 죄를 함께 담당할 것이니라

2. 너는 네 형제 레위 지파 곧 네 조상의 지파를 데려다가 너와 합동시켜 너를 섬기게 하고 너와 네 아들들은 증거의 장막 앞에 있을 것이니라

3. 레위인은 네 직무와 장막의 모든 직무를 지키려니와 성소의 기구와 단에는 가까이 못하리니 두렵건대 그들과 너희가 죽을까 하노라

4. 레위인은 너와 합동하여 장막의 모든 일과 회막의 직무를 지킬 것이요 외인은 너희에게 가까이 못할 것이니라

5. 이와 같이 너희는 성소의 직무와 단의 직무를 지키라 그리하면 여호와의 진노가 다시는 이스라엘 자손에게 미치지 아니하리라

6. 보라 내가 이스라엘 자손 중에서 너희 형제 레위인을 취하여 내게 돌리고 너희에게 선물로 주어 회막의 일을 하게 하였나니

7. 너와 네 아들들은 단과 장 안의 모든 일에

대하여 제사장의 직분을 지켜 섬기라 내가 제사장의 직분을 너희에게 선물로 주었은즉 거기 가까이 하는 외인은 죽이울지니라

8. 여호와께서 또 아론에게 이르시되 보라 내가 내 거제물 곧 이스라엘 자손의 거룩하게 한 모든 예물을 너로 주관하게 하고 네가 기름 부음을 받았음을 인하여 그것을 너와 네 아들들에게 영영한 응식으로 주노라

9. 지성물 중에 불사르지 않은 것은 네 것이라 그들이 내게 드리는 모든 예물의 모든 소제와 속죄제와 속건제물은 다 지극히 거룩한즉 너와 네 아들들에게 돌리리니

10. 지극히 거룩하게 여김으로 먹으라 이는 네게 성물인즉 남자들이 다 먹을지니라

11. 내게 돌릴 것이 이것이니 곧 이스라엘 자손의 드리는 거제물과 모든 요제물이라 내가 그것을 너와 네 자손에게 영영한 응식으로 주었은즉 네 집의 정결한 자마다 먹을 것이니라

12. 그들이 여호와께 드리는 첫 소산 곧 제일 좋은 기름과 제일 좋은 포도주와 곡식을 네게 주었은즉

13. 그들이 여호와께 드리는 그 땅 처음 익은 모든 열매는 네 것이니 네 집에 정결한 자마다 먹을 것이라

14. 이스라엘 중에서 특별히 드린 모든 것은 네 것이 되리라

15. 여호와께 드리는 모든 생물의 처음 나는 것은 사람이나 짐승이나 다 네 것이로되 사람의 처음 난 것은 반드시 대속할 것이요 부정한 짐승의 처음 난 것도 대속할 것이며

16. 그 사람을 속할 때에는 난 지 일 개월 이후에 네가 정한 대로 성소의 세겔을 따라 은 다섯 세겔로 속하라 한 세겔은 이십 게라니라

17. 오직 소의 처음 난 것이나 양의 처음 난 것이나 염소의 처음 난 것은 속하지 말지니 그것들은 거룩한즉 그 피는 단에 뿌리고 그 기름은 불살라 여호와께 향기로운 화제로 드릴 것이며

18. 그 고기는 네게 돌릴지니 흔든 가슴과 우편 넓적다리같이 네게 돌릴 것이니라

19. 이스라엘 자손이 여호와께 거제로 드리는 모든 성물은 내가 영영한 응식으로 너와 네 자손에게 주노니 이는 여호와 앞에 너와 네 후손에게 변하지 않는 소금 언약이니라

20. 여호와께서 또 아론에게 이르시되 너는 이스라엘 자손의 땅의 기업도 없겠고 그들 중에 아무 분깃도 없을 것이나 나는 이스라엘 자손 중에 네 분깃이요 네 기업이니라

21. 내가 이스라엘의 십일조를 레위 자손에게 기업으로 다 주어서 그들의 하는 일 곧 회막에서 하는 일을 갚나니

22. 이 후로는 이스라엘 자손이 회막에 가까이 말 것이라 죄를 당하여 죽을까 하노라

23. 오직 레위인은 회막에서 봉사하며 자기들의 죄를 담당할 것이요 이스라엘 자손 중에는 기업이 없을 것이니 이는 너희의 대대에 영원한 율례라

24. 이스라엘 자손이 여호와께 거제로 드리는 십일조를 레위인에게 기업으로 준 고로 내가 그들에 대하여 말하기를 이스라엘 자손 중에 기업이 없을 것이라 하였노라

25. 여호와께서 모세에게 일러 가라사대

26. 너는 레위인에게 고하여 그에게 이르라 내가 이스라엘 자손에게 취하여 너희에게 기업으로 준 십일조를 너희가 그들에게서 취할 때에 그 십일조의 십일조를 거제로 여호와께 드릴 것이라

27. 내가 너희의 거제물을 타작 마당에서 받드는 곡물과 포도즙 틀에서 받드는 즙같이 여기리니

28. 너희는 이스라엘 자손에게서 받는 모든 것의 십일조 중에서 여호와께 거제로 드리고 여호와께 드린 그 거제물은 제사장 아론에게로 돌리되

29. 너희의 받은 모든 예물 중에서 너희는 그 아름다운 것 곧 거룩하게 한 부분을 취하여 여호와께 거제로 드릴지니라

30. 이러므로 너는 그들에게 이르라 너희가 그 중에서 아름다운 것을 취하여 드리고 남은 것은 너희 레위인에게는 타작 마당의 소출과 포도즙 틀의 소출같이 되리니

31. 너희와 너희 권속이 어디서든지 이것을 먹을 수 있음은 이는 회막에서 일한 너희의 보수임이니라

32. 너희가 그 중 아름다운 것을 받들어 드린즉 이로 인하여 죄를 지지 아니할 것이라 너희는 이스라엘 자손의 성물을 더럽히지 말라 그리하면 죽지 아니하리라

19:1. 여호와께서 모세와 아론에게 일러 가라사대

2. 여호와의 명하는 법의 율례를 이제 이르노니 이스라엘 자손에게 일러서 온전하여 흠이 없고 아직 멍에 메지 아니한 붉은 암송아지를 네게로 끌어오게 하고

3. 너는 그것을 제사장 엘르아살에게 줄 것이요 그는 그것을 진밖으로 끌어내어서 자기 목전에서 잡게 할 것이며

4. 제사장 엘르아살은 손가락에 그 피를 찍고 그 피를 회막 앞을 향하여 일곱 번 뿌리고

5. 그 암소를 자기 목전에서 불사르게 하되 그 가죽과 고기와 피와 똥을 불사르게 하고

6. 동시에 제사장은 백향목과 우슬초와 홍색실을 취하여 암송아지를 사르는 불 가운데 던질 것이며

7. 제사장은 그 옷을 빨고 물로 몸을 씻은 후에 진에 들어갈 것이라 그는 저녁까지 부정하리라

8. 송아지를 불사른 자도 그 옷을 물로 빨고 물로 그 몸을 씻을 것이라 그도 저녁까지 부정하리라

9. 이에 정한 자가 암송아지의 재를 거두어 진 밖 정한 곳에 둘지니 이것은 이스라엘 자손 회중을 위하여 간직하였다가 부정을 깨끗케 하는 물을 만드는 데 쓸 것이니 곧 속죄제니라

10. 암송아지의 재를 거둔 자도 그 옷을 빨 것이며 저녁까지 부정하리라 이는 이스라엘 자손과 그 중에 우거하는 외인에게 영원한 율례니라

11. 사람의 시체를 만진 자는 칠 일을 부정하리니

12. 그는 제 삼 일과 제 칠 일에 이 잿물로 스스로 정결케 할 것이라 그리하면 정하려니와 제 삼 일과 제 칠 일에 스스로 정결케 아니하면 그냥 부정하니

13. 누구든지 죽은 사람의 시체를 만지고 스스로 정결케 아니하는 자는 여호와의 성막을 더럽힘이라 그가 이스라엘에서 끊쳐질 것은 정결케 하는 물을 그에게 뿌리지 아니하므로 깨끗케 되지 못하고 그 부정함이 그저 있음이니라

14. 장막에서 사람이 죽을 때의 법은 이러하니 무릇 그 장막에 들어가는 자와 무릇 그 장막에 있는 자가 칠 일 동안 부정할 것이며

15. 무릇 뚜껑을 열어 놓고 덮지 아니한 그릇도 부정하니라

16. 누구든지 들에서 칼에 죽이운 자나 시체나 사람의 뼈나 무덤을 만졌으면 칠 일 동안 부정하리니

17. 그 부정한 자를 위하여 죄를 깨끗하게 하려고 불사른 재를 취하여 흐르는 물과 함께 그릇에 담고

18. 정한 자가 우슬초를 취하여 그 물을 찍어서 장막과 그 모든 기구와 거기 있는 사람들에게 뿌리고 또 뼈나 죽임을 당한 자나 시체나 무덤을 만진 자에게 뿌리되

19. 그 정한 자가 제 삼 일과 제 칠 일에 그 부정한 자에게 뿌려서 제 칠 일에 그를 정결케 할 것이며 그는 자기 옷을 빨고 물로 몸을 씻을 것이라 저녁이면 정하리라

20. 사람이 부정하고도 스스로 정결케 아니하면 여호와의 성소를 더럽힘이니 그러므로 총회 중에서 끊쳐질 것이니라 그는 정결케 하는 물로 뿌리움을 받지 아니하였은즉 부정하니라

21. 이는 그들의 영영한 율례니라 정결케 하는 물을 뿌린 자는 그 옷을 빨 것이며 정결케 하는 물을 만지는 자는 저녁까지 부정할 것이며

22. 부정한 자가 만진 것은 무엇이든지 부정할 것이며 그것을 만지는 자도 저녁까지 부정하리라

본문 말씀은 하나님께서 아론의 지팡이에 싹이 나게 하심으로 레위 족속을 택하시고, 아론을 제사장으로 세우신 것을 확증하신 사건입니다. 고라와 그 무리들의 반역으로 인하여 250명의 지도자들이 죽었고, 14,700명이 염병으로 죽었습니다. 이는 출애굽 후에 가장 큰 희생이었으며 광야 생활을 하는 이스라엘 백성들에게 너무나 큰 고통이었습니다. 그래서 하나님께서는 다시는 그러한 반역이 되풀이되지 않도록 하기 위해서 아론의 지팡이에 싹이 나게 하셨습니다. 18장은 제사장의

책임과 기업에 관한 규례입니다. 19장은 사체로 인하여 부정하게 된 사람을 정결케 하는 의식에 관한 규례입니다. 본문을 통해서 우리는 제사장 직무의 근거와 특권과 책임이 무엇인지를 배울 수 있으며, 죄와 사망의 권세에서 구원해 주는 복음의 능력을 덧입을 수 있습니다.

1. 아론의 지팡이에 싹을 내신 하나님 (17:1-13)

하나님께서 고라와 그 무리를 멸하신 후에 모세에게 무엇을 명하셨습니까? 2,3절을 보십시오. 하나님께서는 각 종족대로 지팡이를 하나씩 취하라고 명하셨습니다. 지팡이란 다스리는 자의 지위를 상징합니다. 지팡이에 각 지파장의 이름을 새기도록 하셨습니다. 레위 지파의 지팡이에는 아론의 이름을 새기라고 하셨습니다. 4절을 보면 하나님께서는 그 지팡이를 회막 안 지성소 증거궤 앞에 두라고 하셨습니다. 그곳에는 하나님이 이스라엘 백성을 만나는 속죄소가 있었습니다. 그 앞에 12개의 지팡이를 두면 택하신 자의 지팡이에 싹이 나게 하시겠다고 말씀하셨습니다. 5절을 보십시오. **"내가 택한 자의 지팡이에는 싹이 나리니 이것으로 이스라엘 자손이 너희를 대하여 원망하는 말을 내 앞에서 그치게 하리라."** 지팡이는 가볍고 견고한 것일수록 좋습니다. 그래서 할 수 있는 대로 바싹 마른 막대기를 사용합니다. 그런데 하나님께서 이런 마른 지팡이에서 싹이 나게 하겠다고 약속하셨습니다. 이는 죽은 나무를 살려 부활의 새 생명을 부여하시겠다는 뜻이었습니다. 이런 기적을 통해서 하나님께서 택하신 자를 확증하시고 아무도 그를 원망하지 못하도록 하려 하심이었습니다.

모세가 하나님의 말씀에 순종하여 12 지팡이를 증거의 장막 안 여호와 앞에 두었을 때 어떤 일이 일어났습니까? 8절을 보십시오. **"이튿날 모세가 증거의 장막에 들어가 본즉 레위 집을 위하여 낸 아론의 지팡이에**

움이 돋고, 순이 나고 꽃이 피어서 살구 열매가 열렸더라." 이튿날 '레위의 집을 위하여 낸 아론의 지팡이'에 놀라운 기적의 역사가 일어났습니다. 그 지팡이에 움이 돋았을 뿐 아니라 순이 나고 꽃도 피고 살구 열매도 달려 있었습니다. 일 년 동안에 일어나는 자연의 현상들이 하룻밤 사이에 일어났습니다. 그것도 말라죽은 마른 막대기에서 생명이 움트고 꽃이 피고 열매가 맺혔습니다. 이는 천지를 창조하신 전능하신 하나님만이 일으키실 수 있는 기적이었습니다. 하나님께서는 아론의 지팡이에 싹이 나게 하심으로 아론이 택함 받은 자임을 확증해 주셨습니다. 사실 아론은 다른 열한 지파장들과 다를 바가 없는 자요, 근본적으로 마른 막대기와 같이 쓸모없는 죄인이었습니다. 아론은 금송아지를 만들어 백성들로 하여금 우상을 숭배하게 한 장본인이었습니다. 그런데 그가 어떻게 이스라엘의 목자요, 거룩한 제사장 직분을 감당할 수 있게 되었습니까? 이는 하나님께서 그를 택하셨기 때문이었습니다.

우리 신자들도 근본적으로 불신자와 다를 바 없이 마른 막대기와 같은 죄인들이었습니다. 그러나 하나님께서 일방적으로 택하여 성령의 기름을 부어 거룩하게 하시고, 하나님의 자녀가 되게 하셨습니다. 그래서 우리는 하나님 앞에서 성령의 열매를 맺는 삶을 살게 되었습니다(갈 5:22,23). 이는 전적으로 하나님의 은혜입니다. 뿐만 아니라 우리가 복음의 제사장 직분을 감당하게 된 것도 오직 택하심의 은혜로 말미암은 것입니다. **"오직 너희는 택하신 족속이요 왕 같은 제사장들이요 거룩한 나라요 그의 소유된 백성이니 이는 너희를 어두운 데서 불러내어 그의 기이한 빛에 들어가게 하신 자의 아름다운 덕을 선전하게 하려 하심이라."** (벧전 2:9) 마른 막대기와 같은 인생들을 택하셔서 싹이 나게 하시고, 꽃이 피고 열매를 맺게 하시는 축복의 하나님을 찬양합니다.

뿐만 아니라 아론의 싹 난 지팡이는 죽은 자 가운데서 부활하신 예수 그리스도의 영원한 대제사장직을 상징합니다. 아론의 마른 막대기에서 새싹이 돋게 하신 하나님은 죽은 자를 살리는 권능의 하나님이십니다. 이 하나님께서 예수님을 죽은 자 가운데서 살리시고, 영원한 대제사장으로 세우셨습니다. 히브리서 기자는 다음과 같이 말했습니다. **"이 존귀는 아무나 스스로 취하지 못하고, 오직 아론과 같이 하나님의 부르심을 입은 자라야 할 것이니라."(히 5:4)** 이 말씀은 예수님이 스스로 영원한 대제사장이 되신 것이 아니라 하나님의 부르심을 입었기 때문이라는 뜻입니다. 마른 막대기에서 싹이 나게 하신 하나님께서 예수님을 죽은 자 가운데서 살리심으로 영원한 제사장이심을 확증하셨습니다. 그리고 살구나무는 모든 나무보다 가장 먼저 꽃이 피는 나무입니다. 하나님께서 아론의 지팡이에서 살구꽃이 피게 하신 것은 영원한 대제사장 예수 그리스도에 대한 예언이 빨리 성취되리라는 사실을 말해 줍니다. 이 예언대로 예수님께서 이 땅에 오셔서 십자가에 죽으시고 부활하심으로 부활의 첫 열매가 되셨습니다. 지금도 예수님께서는 하나님 우편에서 우리를 위해서 대제사장 직분을 감당하고 계십니다. 십자가에 죽으시고 부활하신 예수님만이 우리의 영원한 대제사장이 되십니다. 이 예수님께서 속히 오셔서 우리를 사망의 권세에서 구원하시고 영원한 하나님 나라로 인도하실 것입니다.

모세는 그 지팡이를 전부 꺼내서 이스라엘 자손에게 보였으며, 그들이 보고 각각 자기 지팡이를 취하였습니다(9). 그러자 하나님께서는 모세에게 아론의 지팡이를 증거궤 앞으로 도로 가져다 거기에 간직하라고 명하셨습니다(10). 그 이유가 무엇입니까? 10b절을 보십시오. **"거기 간직하여 패역한 자에 대한 표징이 되게 하여 그들로 내게 대한 원망을 그치고 죽지 않게 할지니라."** 패역한 자에 대한 표징이 되게 하기 위함이었습니다. '패역한 자'란 '반역자들(the rebellious)'이라는 뜻으로 하나님께서 세우신 종들을 시기하고, 대적하고, 반역하는 자들을 가리킵니다. 아론의 싹 난 지팡이는 이스라엘이 다시는 세우신 종을 원망하지 못하도록 하는 표징이 되었습니다. 이 모든 것을 확인한 이스라엘 자손은 **"보소서, 우리는 죽게 되었나이다. 망하게 되었나이다. 다 망하게 되었나이다. 가까이 나아가는 자, 곧 여호와의 성막에 가까이 나아가는 자마다 다 죽사오니 우리가 다 망하여야 하리이까(12,13)?"**라고 탄식했습니다.

2. 제사장과 레위인들의 기업 (18:1-32)

17장이 아론의 제사장 직분의 근거를 말해 주었다면 18장은 제사장들과 레위인들의 직분과 책임이 무엇이며, 그들의 기업이 각각 무엇인가를 정해 주신 말씀입니다.

첫째, 제사장 직무의 책임과 은혜 (1-7)

1절을 보십시오. 하나님께서는 아론에게 제사장들의 책임이 무엇인가를 분명히 가르쳐 주셨습니다. 아론과 그 후손들은 두 가지 죄에 대해서 책임을 져야 되는데, 하나는 성소에 대한 죄이고 다른 하나는 제사장 직분에 대한 죄입니다. '성소에 대한 죄'는 관리를 태만하게 하여 성소를 더럽히는 죄였습니다. 성소 관리를 소홀히 하여 레위인이 아닌 자가 성소에 접근하거나, 성소의 기물을 만져서 성소를 더럽히는 경우 제사장이 책임을 져야 합니다. '제사장 직분에 대한 죄'는 제사를 율법에 정해진 대로 드리지 않는 범죄 행위를 가리킵니다. 이런 죄에 대해서는 아론의 두 아들, 나답과 아비후처럼 그들의 행위에 대해서 책임을 져야 합니다(레 10:1,2). 그러므로 제사장들은 두렵고 떨림으로 그 직무를 감당해야 하며, 게으름과 태만으로 인해 발생한 모든 죄에 대해서 하나님 앞에서 책임을 지고 회개해야 합니다.

2,3절에 보면 하나님께서는 아론에게 형제 레위 지파를 데려와 제사장 직무에 참여는 시키되 절대로 성소의 기구와 단에 가까이 하지는

못하도록 엄히 명하셨습니다. 아론과 그 아들들은 증거의 장막 앞 곧 성소에서 모든 직무를 감당해야 합니다. '성소의 직무'는 성소 안에 있는 금 등대와 떡상의 관리, 향단에 관한 직무 등이며, '단의 직무'는 번제단에서 제사를 드리는 일이었습니다. 이런 일들을 바르게 수행하며 성소를 거룩하게 보존하여야 여호와의 진노가 다시는 이스라엘 자손에게 미치지 않게 됩니다(5).

6,7절에서 하나님께서는 레위인을 취하여 하나님의 소유로 삼으시고 그들을 다시 제사장에게 선물로 주셨다고 했습니다. 이는 제사장들이 레위인들을 하나님이 주신 동역자로 영접하고, 인간적인 부담을 갖지 않고 믿음으로 일을 시키도록 하신 것이었습니다. 또 제사장 직분을 선물로 주셨다고 했습니다. 이는 아론이 무슨 자격이 있어서 제사장이 된 것이 아니라 하나님께서 값없이 주신 은혜로 제사장이 되었다는 것입니다. 그러므로 제사장이라고 하여 교만해져서는 안 되고, 하나님 앞에서 두렵고 떨림으로 그 직분을 감당해야 합니다. 바울도 자신이 예수 그리스도의 일꾼이 된 것은 하나님의 일방적인 은혜요, 선물임을 고백했습니다. **"이 복음을 위하여 그의 능력이 역사하시는 대로 내게 주신 하나님의 은혜의 선물을 따라 내가 일꾼이 되었노라."(엡 3:7)** 마른 막대기와 같은 인생들을 택하시고, 복음의 제사장 직분을 선물로 주신 하나님을 찬양합니다.

둘째, 제사장들과 레위인들의 분깃 (8-32)

8절을 보십시오. 하나님께서는 제사장들의 분깃으로 무엇을 주셨습니까? '이스라엘 자손을 거룩하게 한 모든 예물'을 제사장들의 응식으로 주셨습니다. '응식(應食)'이란 응당히 주어지는 몫을 가리킵니다. 속죄제물과 속건 제물, 그와 함께 드리는 소제로 드린 예물은 지성물입니다.[34] 9,10절을 보면 하나님께서는 이 지성물을 아론과 그 아들들에게 주셨습니다. 지성물(至聖物)은 지극히 거룩하기 때문에 회막에서 먹어야 합니다. 따라서 회막에서 일하는 제사장들만이 먹을 수 있는 음식이었습니다.

11절에 보면 제사장의 가족들에게는 '이스라엘 자손의 드리는 거제물과 모든 요제물'을 영영한 음식으로 주셨습니다. 이는 주로 화목제사를 드릴 때의 우측 뒷다리와 가슴을 가리킵니다(레 7:32). 구체적으로 백성들이 하나님께 드린 첫 소산, 좋은 기름과 제일 좋은 포도주와 곡식을 제사장 가족의 몫으로 주셨습니다(12,13). 또한 특별히 하나님께 드린 모든 생물의 처음 난 것은 사람이나 짐승을 모두 아론의 몫으로 주셨습니다. 처음 난 짐승이 부정한 경우는 정결한 짐승으로 대속(代贖)해야 하며, 사람의 경우는 성소의 세겔로 은 다섯 세겔로 대속해야 했습니다. 이 대속물도 제사장의 몫으로 주셨습니다(16). 19절을 보십시오. 하나님께서는 거제로 드리는 모든 성물을 제사장의 몫으로 주셨습니다. 이 언약은 영원히 '변하지 않는 소금 언약'이라고 했습니다(대하 13:5). 하나님께서 아론과 그 자손들에게 영원한 음식을 주신 후에 하나님께서 그들의 기업이 되시기 때문에 그들에게는 이스라엘 자손의 땅의 기업이 없다고 선언하셨습니다(20). 하나님께서 자신에게 드리는 모든 제물을 제사장에게 주신 것은 제사장들이 세상 일에 신경 쓰지 않고, 맡은 직분에 충성을 다하도록 하기 위함이었습니다.

21-32절은 하나님께서 레위인들에게 십일조[35]를 기업으로 주신 내

---

34) 속죄제나 속건제와 함께 드린 소제물은 지성물(至聖物)에 해당되어 제사장만이 먹을 수 있지만(레 6:17,18), 화목제와 함께 드리는 소제물은 성물(聖物)이 되어 제사장과 제사장의 식구들뿐 아니라 제사 드리는 사람과 모든 가족들이 먹을 수 있다(레 7:15-21).

35) 십일조는 아브라함이 멜기세덱에게 전리품의 십일조를 바친 데서 처음 나타난다(창 14:20). 야곱은 벧엘에서 서원할 때 십일조를 드리겠다고 하였다(창 28:22). 십일조는 주로 농작물과 가축에 적용되었다(신 14:22,23, 레 27:30-33; 대하 31:6). 탈무드에는 레위인에게 주는 것은 제 1십일조라 하고, 십일조를 성소에 가지고 와서 레위인과 같이

용입니다. 21,22절을 보십시오. **"내가 이스라엘의 십일조를 레위 자손에 게 기업으로 다 주어서 그들의 하는 일 곧 회막에서 하는 일을 갚나니, 이 후로는 이스라엘 자손이 회막에 가까이 말 것이라. 죄를 당하여 죽을 까 하노라."** 십일조는 세상 일에 얽매이지 않고 제사장을 거들며 하나 님을 가까이 섬기는 레위인들의 몫이라고 했습니다. 따라서 레위인들 은 이스라엘 자손 중에서 따로 기업이 없었습니다. 이것이 '영원한 율 례'라고 했습니다(23). 그렇지만 레위인들도 십일조를 바쳐야 합니다. 26절을 보십시오. **"너는 레위인에게 고하여 그에게 이르라. 내가 이스라 엘 자손에게 취하여 너희에게 기업으로 준 십일조를 너희가 그들에게서 취할 때에 그 십일조의 십일조를 거제로 여호와께 드릴 것이라."** 하나님 께서는 레위인들에게 그들이 받은 십일조 중에서 십분의 일을 예물로 드리라고 명하셨습니다. 곧 레위인들의 몫의 십일조를 하나님께 바치 도록 명하셨습니다. 그들이 받은 십일조 중에 가장 아름다운 것, 거룩 하게 한 부분을 취하여 거제로 드려야 합니다(29). 그렇지 않으면 그들 의 죄를 문책하겠다고 하셨습니다(32).

3. 주검으로 부정케 된 자를 정결케 하는 규례 (19:1-22)

19장은 시체로 인하여 부정하게 된 사람을 정결케 하는 의식에 관한 규례입니다. 레위기에서도 동물의 사체나 사람의 주검으로 인한 부정 에 대해서 언급이 되었지만 구체적인 규례가 정해져 있지 않았습니다 (레 5:2; 11:24-28; 21:1-4; 10,11; 22:4-7). 그러나 이제 이스라엘은 실 제적인 문제에 부딪히게 되었습니다. 고라의 반역으로 약 15,000명의

먹고 즐기는 것을 제 2십일조라 했다(신 14:22-27). 안식년 7년 주기에서 제 3년과 제 6년의 농작물의 십일조는 제 3십일조라 하여 빈민들을 먹인다고 했다(신 14:28,29; 26:12). 이상근, 「민수기(하) · 신명기」, p.15.

백성이 죽었으며, 광야에서 60만 장정들이 40년 동안 계속 죽었습니다. 그래서 이스라엘 백성들은 광야 생활 동안 죽은 자로 인해 부정하게 된 사람을 정결케 하는 규례가 절실히 필요하였습니다. 하나님께서는 붉은 암송아지의 재를 만들어 그 재를 흐르는 물에 타서 부정한 자에게 뿌려 정결케 하라고 명하셨습니다.

첫째, 붉은 암송아지의 재 (1-10)

하나님께서는 모세와 아론에게 붉은 암송아지의 재를 만들도록 명하셨습니다. 2절을 보면 먼저 이스라엘 자손으로 하여금 온전하여 흠이 없고 아직 멍에 메지 아니한 붉은 암송아지를 끌고 오도록 했습니다. 일반적인 속죄제물은 수송아지인데 반해 이 경우에는 붉은 암송아지였습니다. 암송아지는 생명을 잉태하는 힘이 있습니다. 붉은 빛은 생명력을, 아직 멍에를 메지 아니한 것은 활기에 넘치는 힘을 가진 존재를 상징합니다. 또 암송아지는 온전하고 흠이 없어야 했습니다. 이는 모두 생명과 생명력을 상징하는 요소들이었습니다. 이런 의미에서 '붉은 암송아지'는 죽음과 반대되는 '성명력이 넘치는 제물'임을 말해 줍니다. 이 제물은 주검을 접촉하여 부정하게 된 사람을 능히 정결하게 할 수 있는 능력을 상징하는 것이었습니다.

3-5절에 의하면 제사장 엘르아살이 붉은 암송아지를 진 밖으로 끌고 나가 눈앞에서 잡게 하고, 손가락에 피를 찍어 회막 앞을 향하여 일곱 번 뿌려야 합니다(3,4). 그리고 자기 목전에서 불사르게 하되 가죽과 고기와 피와 똥을 함께 불사르게 해야 합니다.[36] 제물을 불사를 때는

---

[36] 이런 절차도 일반 제사와 다르다. 거의 모든 제물은 회막 뜰에서 잡아야 하는데 제물을 진 밖으로 끌고 나가서 잡도록 했다. 또 제물의 피를 번제단 사면에 뿌렸는데 이 경우는 진 밖에서 회막이 있는 곳을 향하여 일곱 번 뿌렸다. 피를 뿌림으로 속죄가 되었다. 또 번제단에서 불사르지 않고 진 밖에서 불살라졌다. 번제를 드릴 때도 가죽은 불사르지 않았는데, 이 경우에는 가죽과 고기와 괴와 똥까지 함께 불사르게 하셨다.

백향목과 우슬초와 홍색실을 함께 불살라야 합니다(6). 이 세 가지는 문둥병의 결례식(潔禮式)에서도 사용되었습니다(레 14:3-6). 백향목은 생명의 영속성을 상징하고, 우슬초는 정결케 함을, 홍색실은 강력한 생명력을 상징합니다. 이것들은 암송아지의 재와 혼합되어, 부정한 자를 정결케 하고 죽음의 권세를 몰아낼 수 있는 생명력을 갖도록 하기 위한 것이었습니다. 그래서 이 재를 '불로 정제되고 순화된, 생명을 정결케 하고 강화시키는 모든 것의 정수(精髓)'라고 했습니다.

9절을 보십시오. **"이에 정한 자가 암송아지의 재를 거두어 진 밖 정한 곳에 둘지니 이것은 이스라엘 자손 회중을 위하여 간직하였다가 부정을 깨끗케 하는 물을 만드는 데 쓸 것이니 곧 속죄제니라."** 암송아지의 재는 빻아서 채로 쳐서 필요한 때에 속죄제로 쓸 수 있도록 모아 두게 했습니다. 재는 변질되지 않습니다. 그래서 가장 오래 동안 보관할 수 있습니다. 필요할 때마다 언제든지 가져다가 부정을 깨끗케 하는 거룩한 물을 만드는 데 사용할 수 있습니다. 전설에 의하면 이 암송아지의 재는 천 년 동안 사용되었다고도 합니다. 마지막으로 제사장과 송아지를 불사른 자, 암송아지의 재를 거둔 자는 옷을 빨고 몸을 씻어야 합니다 (7,8,10). 속죄 제물에 전가된 죄와 부정에 오염되어 하루 동안 부정하기 때문이었습니다.

이상에서 불에 타 재가 된 붉은 암송아지는 장차 오실 예수 그리스도를 상징한다고 볼 수 있습니다. 예수님은 흠이 없고 죄인에게서 떠나 계시는 거룩한 분이십니다(히 7:26; 벧전 1:19). 암송아지가 진 밖에 끌려나가 죽임을 당한 것처럼 예수님께서도 성문 밖으로 끌려나가 고난을 받으셨습니다(히 13:12). 제사장들이 지켜보는 앞에서 온 몸이 불타는 듯한 극심한 십자가의 고통을 겪으셨습니다. 암송아지가 재가 되어 오래도록 속죄제물로 쓰인 것처럼 예수님은 십자가에 죽으심으로 언제든지 믿음으로 나오는 자들의 속죄제물이 되어 주십니다(롬 3:25).

암송아지의 재는 천 년 동안 효력이 있었지만 예수 그리스도의 희생은 영원한 효력이 있습니다. 지금도 하나님 우편에 살아 계시며 누구든지 주의 이름으로 나오는 자들을 구원해 주시고, 죄를 사해 주십니다. 사도 요한은 지금도 우리의 화목제물이 되어 주시는 예수님을 다음과 같이 증거했습니다. **"저는 우리 죄를 위한 화목제물이니 우리만 위할 뿐 아니요 온 세상의 죄를 위하심이라."**(요일 2:2) 붉은 암송아지와 같이 성문 밖에 끌려나가 죽임을 당하시고, 우리를 구원해 주신 예수님의 크신 사랑을 찬양합니다.

둘째, 부정케 된 자를 정결케 하는 젓물 (11-22)

11절을 보십시오. 사람의 시체를 만진 자는 칠 일 동안 부정하게 됩니다. 14절에는 장막에서 사람이 죽으면 그 장막에 들어가는 자와 그 장막에 있는 자는 모두 칠 일 동안 부정하게 된다고 했습니다. 심지어 뚜껑을 열어 놓은 그릇도 부정하게 됩니다(15). 또 들에서 시체나 사람의 뼈나 무덤을 만졌더라도 칠 일 동안 부정하게 됩니다(16). 성서적으로 볼 때 죽음은 죄의 삯입니다(롬 6:23). 죽음이란 아담과 하와가 지은 죄의 결과로 선고받은 것입니다. 시체는 죄로 인해 하나님의 저주를 받아 죽은 결과입니다. 따라서 시체를 만진 사람은 그 주검에 오염된 것이었습니다. 이것은 위생적인 차원이나 의식적(儀式的)인 차원에서뿐만 아니라 영적인 차원에서 볼 때 부인할 수 없는 사실입니다. 사람의 시체를 만지는 사람들은 주로 유족들이나 가까운 친척들입니다. 어쨌든 가까운 사람이 죽게 되면 죽음의 권세가 온 가족을 사로잡아 버립니다. 죽음은 유족들에게 말할 수 없는 슬픔과 고통을 안겨줍니다. 가까운 사람이 죽으면 온 가족이 공포에 사로잡히게 됩니다. 허무주의와 운명주의에 빠져 하나님을 불신하고 대적하게 됩니다. 특히 이스라엘 장정들은 광야에서 38년 동안 엎드러져 죽었습니다. 장정 60만이 38년 동안 다 죽는다면 1년에 약 15,800명이 죽어야 하고, 매달 1,300명이 죽어야 하고, 하루에 45명, 여자까지 합하면 거의 90명은 죽었을 것입니다. 그러므로 이스라엘 백성은 죽음이 가져다주는 공포와 절망에 사로잡혀 있었을 것입니다. 하나님을 원망하고 불신하고 대적하기 쉬웠을 것입니다.

12,13절을 보십시오. 이처럼 죽은 자의 시체를 만짐으로 몸과 마음이 더러워진 사람들을 어떻게 정결케 해야 합니까? 부정케 된 지 삼 일과 칠 일에 두 차례에 걸쳐서 잿물로 스스로를 정결케 해야 합니다. 또 17-19절을 보면 암송아지의 재를 흐르는 물에 타서 우슬초에 찍어서 장막과 그 모든 기구에 뿌려야 합니다. 죽은 사람의 장막에 있던 사람이나 시체나 무덤을 만진 자에게 제 삼 일과 제 칠 일 두 차례 뿌려야 합니다. 뿌린 사람도 자기 옷을 빨고 물로 씻어야 정하게 될 수 있습니다. 이 규례를 어기고 스스로 정결케 아니하면 여호와의 성막을 더럽히는 죄가 되어 이스라엘에게서 끊어지게 됩니다(13,20). 이는 그들의 영영한 율례였습니다(21).

그런데 히브리서 기자는 암송아지의 재를 부정한 자에게 뿌려 육체를 정결케 했다고 했습니다. 그러나 예수님은 어떤 분이십니까? **"염소와 황소의 피와 및 암송아지의 재로 부정한 자에게 뿌려 그 육체를 정결케 하여 거룩케 하거든, 하물며 영원하신 성령으로 말미암아 흠 없는 자기를 하나님께 드린 그리스도의 피가 어찌 너희 양심으로 죽은 행실에서 깨끗하게 하고 살아 계신 하나님을 섬기게 못하겠느뇨?"**(히 9:13,14) 암송아지의 재는 육체를 정결케 했지만 예수님의 피는 우리의 양심을 정결케 하여 줍니다. 그래서 죽은 행실에서 벗어나 살아 계신 하나님을 섬기게 합니다. 암송아지의 잿물을 뿌려 정결케 하는 의식은 죽음의 권세 아래 있는 우리 인생들이 예수 그리스도의 피 뿌림을 받아 사망의 권세에서 벗어나 부활의 새 생명 가운데 살게 될 것을 암시해 주고 있습니다.

우리 인간은 스스로의 힘으로는 죄와 사망의 권세에서 벗어날 수 없습니다. 우리 죄를 위해 죽으시고 부활하신 예수님만이 모든 죄와 사망의 권세에서 우리를 구원해 주실 수 있습니다. 특히 죽음은 오직 생명에 의해서만 정복될 수 있습니다. 무궁한 생명의 능력을 좇아 영원한 대제사장이 되신 예수님만이 우리를 사망의 권세에서 구원해 주시고, 새 생명을 주실 수 있습니다. 예수님께서는 야이로의 죽은 딸을 살려 주시고(막 5:41,42), 장지로 가는 과부의 외아들을 살려 주시고(눅 7:14,15), 장사지낸 지 나흘이나 된 나사로를 살려 주셨습니다(요 11:43,44). 이를 통해서 예수님은 자신이 부활이요, 생명이심을 나타내 보이셨습니다. **"나는 부활이요, 생명이니 나를 믿는 자는 죽어도 살겠고, 무릇 살아서 나를 믿는 자는 영원히 죽지 아니하리니 이것을 네가 믿느냐?"(요 11:25,26)** 누구든지 그리스도 안에 있으면 새로운 피조물입니다(고후 5:17). 아담 안에서 모든 사람이 죽은 것같이 그리스도 안에서 모든 사람이 삶을 얻게 됩니다(고전 15:22). 아담 한 사람의 범죄를 인하여 사망이 왕노릇하였지만 이제는 우리에게는 죽은 자 가운데서 부활하신 예수 그리스도로 말미암아 생명이 왕노릇하게 되었습니다(롬 5:17).

결론

아론의 마른 지팡이에서 싹이 나게 하신 하나님께서 예수님을 죽은 자 가운데서 다시 살려 부활의 첫 열매가 되게 하셨습니다. 예수님은 우리 죄를 대신하여 죽임을 당하시고, 부활하심으로 생명의 주요, 영원하신 대제사장이 되셨습니다. 지금도 하나님 우편에서 우리의 중보자가 되시며, 우리의 제물이 되어 주십니다. 이 주님을 찬양합니다. 뿐만 아니라 우리가 이 시대를 섬기는 복음의 제사장이 된 것은 오직 하나님의 택하심의 은혜로 말미암았음을 믿습니다. 그러므로 더욱 더 겸손히 하나님 앞에서 직분에 충성을 다할 수 있기를 기도합니다.

제 9 강

모세와 아론을 징계하신 하나님

(20:1-29)

요절 20:12　"여호와께서 모세와 아론에게 이르시되 너희가 나를 믿지 아니하고 이스라엘 자손의 목전에 나의 거룩함을 나타내지 아니한 고로 너희는 이 총회를 내가 그들에게 준 땅으로 인도하여 들이지 못하리라 하시니라."

20:1. 정월에 이스라엘 자손 곧 온 회중이 신 광야에 이르러서 백성이 가데스에 거하더니 미리암이 거기서 죽으매 거기 장사하니라

2. 회중이 물이 없으므로 모여서 모세와 아론을 공박하니라

3. 백성이 모세와 다투어 말하여 가로되 우리 형제들이 여호와 앞에서 죽을 때에 우리도 죽었더면 좋을 뻔하였도다

4. 너희가 어찌하여 여호와의 총회를 이 광야로 인도하여 올려서 우리와 우리 짐승으로 다 여기서 죽게 하느냐

5. 너희가 어찌하여 우리를 애굽에서 나오게 하여 이 악한 곳으로 인도하였느냐 이 곳에는 파종할 곳이 없고 무화과도 없고 포도도 없고 석류도 없고 마실 물도 없도다

6. 모세와 아론이 총회 앞을 떠나 회막문에 이르러 엎드리매 여호와의 영광이 그들에게 나타나며

7. 여호와께서 모세에게 일러 가라사대

8. 지팡이를 가지고 네 형 아론과 함께 회중을 모으고 그들의 목전에서 너희는 반석에게 명하여 물을 내라 하라 네가 그 반석으로 물을 내게 하여 회중과 그들의 짐승에게 마시울지니라

9. 모세가 그 명대로 여호와의 앞에서 지팡이를 취하니라

10. 모세와 아론이 총회를 그 반석 앞에 모으고 모세가 그들에게 이르되 패역한 너희여 들으라 우리가 너희를 위하여 이 반석에서 물을 내랴 하고

11. 그 손을 들어 그 지팡이로 반석을 두 번 치매 물이 많이 솟아 나오므로 회중과 그들의 짐승이 마시니라

12. 여호와께서 모세와 아론에게 이르시되 너희가 나를 믿지 아니하고 이스라엘 자손의 목전에 나의 거룩함을 나타내지 아니한고로 너희는 이 총회를 내가 그들에게 준 땅으로 인도하여 들이지 못하리라 하시니라

13. 이스라엘 자손이 여호와와 다투었으므로 이를 므리바 물이라 하니라 여호와께서 그들 중에서 그 거룩함을 나타내셨더라

14. 모세가 가데스에서 에돔 왕에게 사자를 보내며 이르되 당신의 형제 이스라엘의 말에 우리의 당한 모든 고난을 당신도 아시거니와

15. 우리 열조가 애굽으로 내려갔으므로 우리가 애굽에 오래 거하였더니 애굽인이 우리 열조와 우리를 학대하였으므로

16. 우리가 여호와께 부르짖었더니 우리 소리를 들으시고 천사를 보내사 우리를 애굽에서 인도하여 내셨나이다 이제 우리가 당신의 변방 도통이 한 성읍 가데스에 있사오니

17. 청컨대 우리로 당신의 땅을 통과하게 하소서 우리가 밭으로나 포도원으로나 통과하지 아니하고 우물 물도 공히 마시지 아니하고 우리가 왕의 대로로만 통과하고 당신의 지경에서 나가기까지 좌편으로나 우편으로나 치우치지 아니하리이다 한다 하라 하였더니

18. 에돔 왕이 대답하되 너는 우리 가운데로 통과하지 못하리라 내가 나가서 칼로 너를 맞을까 염려하라

19. 이스라엘 자손이 이르되 우리가 대로로 통과하겠고 우리나 우리 짐승이 당신의 물을 마시면 그 값을 줄 것이라 우리가 도보로 통과할 뿐인즉 아무 일도 없으리이다 하나
20. 그는 가로되 너는 지나가지 못하리라 하고 에돔 왕이 많은 백성을 거느리고 나와서 강한 손으로 막으니
21. 에돔 왕이 이같이 이스라엘의 그 경내로 통과함을 용납지 아니하므로 이스라엘이 그들에게서 돌이키니라
22. 이스라엘 자손 곧 온 회중이 가데스에서 진행하여 호르산에 이르렀더니
23. 여호와께서 에돔 땅 변경 호르산에서 모세와 아론에게 말씀하시니라 가라사대
24. 아론은 그 열조에게로 돌아가고 내가 이스라엘 자손에게 준 땅에는 들어가지 못하리니 이는 너희가 므리바 물에서 너 말을 거역한 연고니라
25. 너는 아론과 그 아들 엘르아살을 데리고 호르 산에 올라
26. 아론의 옷을 벗겨 그 아들 엘르아살에게 입히라 아론은 거기서 죽어 그 열조에게로 돌아가리라
27. 모세가 여호와의 명을 좇아 그들과 함께 회중의 목전에서 호르 산에 오르니라
28. 모세가 아론의 옷을 벗겨 그 아들 엘르아살에게 입히매 아론이 그 산꼭대기에서 죽으니라 모세와 엘르아살이 산에서 내려오니
29. 온 회중 곧 이스라엘 온 족속이 아론의 죽은 것을 보고 위하여 삼십 일을 애곡하였더라

본문 말씀은 출애굽 후 40년 1월에 일어난 사건입니다. 출애굽 제2년에 가데스 바네아에서 가나안을 정탐하였습니다. 그 때 정탐꾼들의 불신앙으로 인하여 이스라엘은 38년 동안 광야에서 엎드러져 죽는 징계를 받았습니다. 그후 만 38년 동안 이스라엘이 어디에서 무엇을 하였는지는 성경에 기록되어 있지 않습니다. 다만 우리가 추측할 수 있는 것은 하나님의 말씀대로 이스라엘 백성이 광야에 엎드러져 죽었다는 것입니다. 본문에 나오는 이스라엘은 신세대 백성들입니다. 그러나 이들도 조상들처럼 하나님을 원망하며 모세와 아론을 대적하였습니다. 본문에는 신세대들의 불신앙을 참지 못하고 불신에 빠져 하나님의 징계를 받는 지도자 모세의 모습이 기록되어 있습니다. 모세는 세상에서 가장 온유한 지도자였지만 단 한 번의 죄악으로 가나안 땅에 들어가지 못하게 되었습니다. 본문 말씀을 통하여 우리는 지도자가 갖추어야 할 내면성과 믿음을 배울 수 있습니다.

1. 모세와 아론을 징계하신 하나님 (1-13)

1절을 보십시오. 이스라엘 자손이 신 광야에 이르렀습니다. 신 광야는 가데스 바네아가 있는 곳이었습니다. 가데스 바네아는 오아시스가 있는 지역으로 광야에서 유리하던 이스라엘 백성들에게는 마음의 고향과도 같았습니다. 왜냐하면 그곳에서 젖과 꿀이 흐르는 가나안 땅을 정탐하였고, 열 두령의 불신앙으로 38년 동안 광야에서 유리하게 되었기 때문입니다. 당시 하나님을 원망하던 이스라엘 백성들은 다 죽었고, 이제 신세대들로 구성된 2세들이 다시 가데스 바네아로 돌아왔습니다. 출애굽 제 40년 1월에 이스라엘은 신 광야에 도착하였습니다. 그런데 1절에 보면 가데스에 도착한 후 미리암이 죽었습니다. 미리암은 모세의 누나로서 가장 가까운 동역자였습니다. 미리암은 어린 모세를 죽음에서 구출하는 데 큰 역할을 했습니다(출 2:4-8). 이스라엘 백성이 홍해를 건넜을 때 여선지자로서 소고를 잡고 춤을 추며 찬양을 인도하는 지휘자 역할을 했습니다(출 15:20,21). 한때는 모세를 시기하여 벌을 받기도 했습니다(민 12:1-10). 그렇지만 미리암은 이스라엘 백성을 인도하는 모세의 가장 가까운 측근으로서 힘써 동역했습니다. 이러한 미리암의 죽음은 모세에게 매우 가슴 아픈 일이었습니다. 모세는 미리암을 장사지내고 큰 슬픔에 빠져 있었습니다.

그런데 이 때 어떤 일이 일어났습니까? 회중이 모여서 물이 없음으로 모세와 아론을 공박(攻駁)하였습니다. 가데스 바네아는 큰 샘이 있는 오아시스였습니다. 38년 전 이곳에 머물 때는 물 문제가 없었습니다. 그런데 이번에는 가물어서인지는 모르지만 물이 부족하였습니다. 당시 이스라엘은 출애굽 때 20세 미만의 청년들이었거나 광야에서 태어나 자란 신세대들이었습니다(26:64,65). 그러나 그들도 조상들과 똑같이 모세를 원망했습니다. 단순히 원망하는 정도가 아니고 공박하였습니다. 노골적으로 모세와 아론을 대적하며 항의했습니다. 3,4절을 보십시오. **"우리 형제들이 여호와 앞에서 죽을 때에 우리도 죽었더면 좋을 뻔하였도다. 너희가 어찌하여 여호와의 총회를 이 광야로 인도하여 올려서 우리와 우리 짐승으로 다 여기서 죽게 하느냐?"** 그 조상들은 **"애굽에서 죽었더면(14:2)"** 좋았을 것이라고 원망했는데, 이들은 **"그 조상들처럼 광야에서 죽었더면"** 좋을 뻔하였다고 원망했습니다(3). 뿐만 아니라 모세와 아론이 여호와의 총회를 광야로 인도하여 죽게 한다고 항의했습니다(4). 파종할 곳이 없고, 무화과도 없고, 포도도 없고, 석류도 없고, 마실 물도 없다고 불평했습니다(5). 이들은 광야에서 그들을 보호하시고 생명을 구원해 주신 하나님의 은혜를 감사하지 않고, 하나님의 크신 사랑을 멸시하였습니다. 있는 것을 감사하지 않고 없는 것만 골라서 불평하였습니다. 하나님께서 옷이 해어지지 않게 하시고 하늘에서 만나를 내려 먹이셨지만 감사할 줄 몰랐습니다(신 8:4).

사실 그들이 광야에서 살아남았다는 그 자체가 하나님의 은혜였습니다. 그들이 애굽의 노예살이에서 구원을 받고, 자유인이 되어 하나님께 예배를 드리며, 진리의 말씀을 좇아 살 수 있게 된 것이 얼마나 큰 은혜입니까? 뿐만 아니라 그들의 눈앞에는 젖과 꿀이 흐르는 가나안 땅이 기다리고 있었습니다. 이는 신실하신 하나님의 약속에 근거한 소망이었기 때문에 가장 확실한 것이었습니다. 이제 막 그 소망이 이루어질 시점에 이르게 되었습니다. 그럼에도 불구하고 포도를 먹지 못한다고 불평하며 물이 부족하다고 모세와 아론을 공박하였습니다. 현재의 고난을 참고 견디지 못하고 눈앞에 있는 작은 문제로 불평하고 지도자를 원망하였습니다.

이 때 모세와 아론은 어떻게 했습니까? 6절을 보면 모세와 아론이 총회 앞을 떠나 회막문에 이르러 엎드렸습니다. 모세는 지난 40년 동안 어려움이 있을 때마다 사람들과 다투지 아니하고 여호와 하나님 앞에 엎드렸습니다. 지도자는 언제나 믿음 없는 백성들로부터 원망을 들을 수 있습니다. 애매히 공박당할 수도 있습니다. 그러나 이 때 사람을 원망하거나 감정적으로 대해서는 안 됩니다. 먼저 하나님 앞에 엎드려 하나님의 음성을 들어야 합니다.

모세와 아론이 엎드렸을 때 여호와의 영광이 그들에게 나타났습니다. 여호와께서 모세에게 말씀하셨습니다. 7,8절을 보십시오. **"지팡이를 가지고 네 형 아론과 함께 회중을 모으고 그들의 목전에서 너희는 반석에게 명하여 물을 내라 하라. 네가 그 반석으로 물을 내게 하여 회중과 그들의 짐승에게 마시울지니라."** 하나님께서는 첫째로 지팡이를 취하라고 했습니다. 이 지팡이는 능력의 지팡이였습니다. 애굽에서 많은 기적을 행하고, 반석을 쳐서 샘물을 나게 한 지팡이였습니다. 둘째로 백성들 앞에서 반석에게 명하여 물을 내라고 하셨습니다. 출애굽한 직후 르비딤에서는 반석을 쳐서 물을 내게 했습니다(출 17:6). 그런데 이제는 치지 말고 명하여 물을 내라고 명하셨습니다. 셋째로 그 반석으로 물을 내어 목이 갈한 백성과 짐승들에게 물을 마시게 하라고 하셨습니다. 하나님께서는 40년 동안 광야 생활에 지쳐 있는 그들의 형편을 아셨습니다. 그들을 불쌍히 여기시고 그들의 필요를 채워 주고자 하셨습니다. 하나님께서는 40년 동안 그 백성을 징계하시고 살아남은 신세대를 크신 긍휼로 품고 젖과 꿀이 흐르는 가나안 땅으로 인도하기를 원하셨습니다.

그런데 하나님의 말씀을 들은 모세는 어떻게 했습니까? 9-11절을 보십시오. 모세는 여호와의 명하신 대로 지팡이를 취하였습니다. 총회를 그 반석 앞에 모으고 말했습니다. **"패역한 너희여, 들으라. 우리가 너희를 위하여 이 반석에서 물을 내랴?"** '패역하다'는 말은 상관의 명령에 복종하지 않고 제멋대로 행동하는 것을 가리킵니다. 모세는 감정적으로 여호와의 총회를 멸시하는 말을 했습니다. 또 **"우리가 너희를 위하여**

물을 내랴?"고 하며 하나님의 능력을 나타내지 않고 자신들이 백성을 먹일 것처럼 말했습니다. 뿐만 아니라 하나님께서 반석을 명하여 물을 내라고 명하셨는데 모세는 손을 들어 지팡이로 반석을 두 번 쳤습니다. 그러자 반석에서 물이 솟아나서 회중과 그 짐승들이 마시게 되었습니다. 백성 편에서 볼 때 모세가 이전과 같이 능력의 지팡이로 반석에서 샘물이 나게 한 것처럼 보였을 것입니다. 그러나 하나님 편에서 볼 때 모세는 여호와의 총회를 멸시하고 하나님께 불순종하는 죄를 범했습니다.

하나님께서는 모세와 아론에 대해서 몹시 진노하셨습니다. 12절을 보십시오. **"너희가 나를 믿지 아니하고 이스라엘 자손의 목전에 나의 거룩함을 나타내지 아니한 고로 너희는 이 총회를 내가 그들에게 준 땅으로 인도하여 들이지 못하리라 하시니라."** 하나님께서는 모세와 아론의 말과 행동을 아주 심각한 죄로 여기시고 그들이 약속의 땅에 들어가지 못한다고 선언하셨습니다. 이는 그들에게 사형 선고와 같았습니다. 모세가 얼마나 젖과 꿀이 흐르는 약속의 땅에 들어가고 싶었겠습니까? 그렇지만 단 한 번의 실수로 그 꿈이 좌절되었습니다.

그러면 하나님께서는 모세와 아론의 행동을 왜 그렇게 심각한 죄로 여기셨을까요? 12절을 다시 보십시오.

첫째로 **"너희가 나를 믿지 아니하고"**라고 하셨습니다. 첫째는 모세와 아론의 불신앙 때문이었습니다. 모세와 아론의 불신앙이 무엇이었을까요? 본문에 분명히 나타나 있지는 않지만 하나님께서 분명히 반석을 명하여 물을 내라고 명하셨는데 모세는 지팡이로 반석을 쳤습니다. 왜 명하지 않고 쳤을까요? 모세는 말씀의 능력을 믿지 못했습니다. 모세가 **"우리가 너희를 위해 이 반석에서 물을 내랴?"**고 했는데 이는 '이 패역한 세대를 위해서 물이 나올 수 있을까?'하는 모세의 의심을 나타낸 말이라고도 합니다.[37] 모세는 살아 계신 하나님의 말씀의 능력을 온전히 믿지 못하고, 과거의 경험을 의지하여 반석을 쳐야 물이 나올 수 있다고 생각했습니다. 그래서 반석을 향하여 하나님의 말씀을 선포하지 못하고 지팡이로 두 번 쳤습니다.

24절에 보면 하나님께서 아론이 가나안에 들어가지 못하고 죽게 된 것은 **"하나님의 말씀을 거역한 연고라"**라고 하셨습니다. 하나님의 말씀을 순종치 아니하고 거역함으로 하나님의 영광을 가렸다는 것이었습니다. 여기 '거역하여'라는 말이 모세가 백성들에게 사용한 '패역한'이라는 말과 같은 말입니다. 27장 14절에 보면 하나님께서 모세에게 형 아론과 같이 열조에게 돌아가라고 하시면서 **"너희가 내 명을 거역하고 그 물가에서 나의 거룩함을 그들의 목전에 나타내지 아니하였음이니라"**고 말씀하셨습니다. 이처럼 모세는 하나님의 말씀을 절대적인 자세로 순종치 않고, 자기 나름대로 순종하였습니다. 하나님께서는 이러한 불순종의 죄가 모세의 불신에서 비롯되었다고 하셨습니다. 불순종은 하나님의 뜻을 거역하는 죄입니다. 특히 영적인 지도자에게 있어서 불신과 불순종은 치명적인 범죄입니다(신 32:51,52). 그러므로 영적인 지도자는 항상 새롭게 하나님의 말씀을 붙들고 절대적인 자세로 말씀에 순종하여 문제를 해결해 나가야 합니다. 그렇지 않고 자기 경험을 의지하면 불순종과 불신의 죄에 빠져서 하나님의 징계를 피할 수 없습니다.

둘째는 **"이스라엘 목전에 나의 거룩함을 드러내지 아니한 고로"**라고 하셨습니다. 여호와 하나님은 거룩한 분이십니다. 여호와 하나님은 피조물과 구별되시며, 특히 코로 호흡하는 사람과는 근본적으로 다른 분이십니다. 여호와 하나님은 자비롭고 은혜롭고 노하기를 더디 하시고

---

37) 라이트푸트(Lightfoot)에 의하면 모세와 아론의 불신은 광야 훈련 40년이 끝난 지금에 와서 자기들이 과연 가나안에 들어갈 수 있는지, 또는 백성들의 원망 때문에 또 다시 시련기를 갖도록 저주를 받아야 하는지를 의심한 것이다. 왜냐하면 새로운 반석이 열려 물이 공급되었기 때문이다. 모세는 이 사건을 계속적인 광야 체류의 지시로 혼돈한 것이다. Henrry, 「민수기」, p.299.

인자와 진실이 많으신 분이십니다(출 34:6). 그러므로 신세대 백성들이 원망하고 불평해도 하나님께서는 노하지 아니하시고 자비와 긍휼을 베풀고자 하셨습니다. 그런데 모세는 이러한 거룩하신 하나님의 성품을 온전히 드러내지 못했습니다. 그는 **"패역한 너희여, 들으라"**라고 하며 감정과 혈기를 부렸습니다. 하나님께서 자비로 임하신 백성에게 모세는 욕설을 퍼부었습니다. 인간적인 측면에서 생각해 보면 모세의 심정도 이해가 됩니다. 사람이 늙으면 고집스러워지고 조급하여 사소한 일에도 화를 잘 냅니다. 아무 것도 아닌 일로 마음이 상하여 권위를 부리고 감정과 혈기를 부리게 됩니다. 당시 모세의 나이가 120세나 되었습니다. 백성들은 기껏해야 60살 정도밖에 안 되었으며, 모두 젊은 이들이었습니다. 새파랗게 젊은 놈들이 백전노장과 같은 위대한 하나님의 노종(老從)을 대적한다고 생각하니 모세의 마음에서 미움과 분노가 치솟아 올랐습니다. 모세는 백성에게 하나님께서 능히 반석에서 샘물이 나게 하실 수 있다는 믿음을 심지 못하고, **"우리가 너희를 위하여 이 반석에서 물을 내랴?"**라고 하며 자기들의 능력을 과시했습니다.

또 반석을 두 번이나 쳤다는 것은 마음이 조급하고, 감정적으로 행동했음을 말해 줍니다. 모세는 하나님의 자비와 긍휼로써 백성을 섬겨야 했지만 그렇게 하지 못했습니다. 반석에게 명하여 하나님의 크신 권능을 나타내어야 하는데 그렇게 하지 못하였습니다. 백성들 앞에서 하나님의 거룩하심을 드러내지 못했습니다. 영적인 지도자는 어떤 상황 속에서도 하나님의 거룩하심을 드러내어야 합니다. 자기의 체면이나 인간적인 권위나 능력을 나타내지 않고 오직 하나님의 영광만 드러내고자 해야 합니다. 사도 바울은 살든지 죽든지 자기 몸에서 오직 그리스도만을 존귀케 하기를 원했습니다(빌 1:20). 먹든지 마시든지 하나님의 영광을 위해서 하라고 했습니다(고전 10:31). 기독교 요리 문답 제 1번에서도 사람의 제일 되는 목적은 '하나님을 영화롭게 하고 영원토록 그를 즐거워하는 것'이라고 했습니다. 그러므로 영적인 지도자가 하나님의 거룩함을 나타내지 않는 것은 하나님께서 보실 때 가장 큰 죄입니다.

시편 기자는 모세의 이러한 행동을 다음과 같이 기록했습니다. **"저희가 또 므리바 물에서 여호와를 노하시게 하였으므로 저희로 인하여 얼이 모세에게 미쳤나니 이는 저희가 그 심령을 거역함을 인하여 모세가 그 입술로 망령되이 말하였음이로다."(시 106:32,33)** 이스라엘 백성이 모세의 심령을 거슬리게 하였으므로 모세가 그 입술로 망령되이 말했다는 것이었습니다. 모세는 세상에서 가장 온유한 지도자였습니다(민 12:3). 그러나 순간적으로 이성을 잃고 혈기를 부림으로 하나님을 거룩한 자로 높이지 못했습니다(민 27:14). 이로 인해 모세는 약속의 땅에 들어가지 못하는 징계를 받았습니다(신 32:51,52). 이를 볼 때 영적인 지도자는 하나님의 백성들 앞에서 감정과 혈기를 부려서는 안 된다는 것을 알 수 있습니다. 심령이 상한다고 하여 하나님의 백성을 비방하며 입술로 망령되이 말하는 것은 하나님을 심히 슬프시게 하는 죄입니다. 예수님께서는 십자가에서 말할 수 없는 수치를 당하셨지만 털 깎는 자 앞에서 잠잠한 양같이 다 참으셨습니다(행 8:32). 우리가 양들로 인하여 수치를 당하고 모욕을 당할 때가 많습니다. 그러나 감정과 혈기를 부리지 않고, 믿음의 주요 온전케 하시는 예수님을 바라볼 수 있기를 기도합니다(히 12:2).

그렇지만 40년 동안 온갖 아픔을 참으며 온유와 겸손으로 백성을 섬긴 모세와 아론에게 하나님께서 너무 중한 벌을 내리신 것이 아닌가 하는 생각을 지울 수 없습니다. 모세 자신도 이 문제가 잘 영접이 되지 않았던 것 같습니다. 신명기에 보면 모세가 백성들 때문에 자신이 약속의 땅에 들어가지 못하게 되었다고 한 말이 반복되어 나옵니다(신 1:37; 4:21; 32:51). 모세는 이 문제로 여러 번 하나님께 간구하였습니다. 그러나 하나님께서 **"그만해도 족하니 이 일로 다시 내게 말하지 말라(신 3:26b)."**라고 엄히 말씀하셨습니다. 하나님은 영적으로 큰 지도자일수록 일반 백성과는 달리 엄격한 기준으로 판단하십니다. 모세의 경우도 인간 편에서 보면 큰 잘못을 찾을 수 없지만, 하나님 편에서 볼 때는 엄청난 불신앙과 불경의 죄를 범한 것이었습니다. 마치 초신자들이 주일 성수를 하지 않는 것은 큰 죄로 여기지 않지만, 장로나 집사가 주일을 거룩하게 지키지 않는다면 큰 죄로 여기는 것과 같습니다. 그러므로 영적인 영향력이 큰 사람일수록 더욱 절대적인 자세로 하나님을 의지하고, 경외함으로 하나님을 섬겨야 합니다. 큰 지도자일수록 더욱 자신을 쳐서 복종시키며 하나님께서 무엇을 원하시는지, 하나님의 마음이 어떠한지를 민감하게 분별하여 하나님의 영광을 나타내어야 합니다(고전 9:27). 또 마음에 파고드는 불신을 날마다 물리치고, 자신을 믿음 위에 굳게 세워야 합니다.

우리가 이기적이고 영적인 소원이 없는 양들을 섬기다가 '이 사람이 참으로 변화될 수 있을까?'하는 불신이 들 때가 있습니다. 그러나 이러한 마음의 불신을 극복하지 못한다면 영적인 지도자가 될 수 없고, 하나님의 축복을 감당할 수 없습니다. 또 어린양들이 불평하고 대적한다고 감정과 혈기를 부리며 입술로 망령되이 일컫는 것도 심각한 죄에 해당합니다. 영적인 지도자들은 언어 생활을 통해서도 하나님의 거룩함을 드러내어야 합니다. 그렇지 않으면 영적인 지도자로서의 자격을 상실하게 됩니다. 그래서 야고보 선생은 말에 실수가 없는 자라야 성숙한 사람이라고 했습니다(약 3:2). 하나님께서는 모세의 지도력으로는 더 이상 하나님의 백성을 가나안 땅으로 인도하여 들일 수 없음을 아셨습니다. **"너희가 나를 믿지 아니하고 이스라엘 자손의 목전에 나의 거룩함을 나타내지 아니한 고로 너희는 이 총회를 내가 그들에게 준 땅으로 인도하여 들이지 못하리라 하시니라."**(12) 지금까지 광야에서 그 백성을 인도했지만 그들을 약속의 땅으로 인도하여 들이는 일은 모세가 감당할 수 없게 되었습니다. 가나안 정복 전쟁은 모세보다 젊고 힘있는 새로운 리더십을 가진 자라야 한다는 사실을 아시고 모세의 사명을 여기에서 마무리짓도록 하셨습니다.

13절을 보십시오. **"이스라엘 자손이 여호와와 다투었으므로 이를 므리바 물이라 하니라. 여호와께서 그들 중에서 그 거룩함을 나타내셨더라."** '므리바'라는 말은 '주장', '다툼'이라는 뜻입니다.[38] '가데스'는 '거룩'이라는 뜻입니다. 모세는 하나님의 거룩함을 나타내지 않았지만 하나님께서는 반석에서 물을 내어 그 백성에게 마시게 하시고 모세와 아론을 징계하심으로 자신의 거룩함을 드러내셨습니다.

2. 에돔을 우회하는 모세 (14-21)

이스라엘은 가데스 바네아에서 바로 가나안 땅으로 쳐들어 갈 수도 있었습니다. 그러나 그 길은 가파르고 험준한 산맥으로 가로막혀 있었습니다. 200만 명이 넘은 백성을 이끌고 가나안 남방을 공격하는 것은 사실상 불가능한 일이었습니다. 이스라엘은 38년 전에 이미 그 지역을 침략했다가 패배를 당한 경험이 있었습니다(14:44,45). 그래서 모세는 사해 동편을 거쳐 요단강 동편에서 가나안으로 진군할 계획을 세웠습니다. 이를 위해서 먼저 에돔을 통과하기 위해 교섭을 시작하였습니다. 당시 에돔은 모압과 암몬과 함께 요단강 동쪽(trans, Jordan)에 국

---

38) '므리바'는 '다툼'이라는 뜻으로 이스라엘 백성이 물이 없어 하나님을 원망한 것을 가리킨다. 그래서 가데스의 물은 '다툼의 물'이라고 하고 '므리바-가데스'의 물이라고 하였다(민 27:14; 신 32:51; 겔 47:19; 48:28). '트비딤'에서도 같은 다툼이 있었기 때문에 그곳도 '므리바'라고 부른다(출 17:7). 모세는 실수를 범하였으나 풍성한 물이 반석에서 나서 이스라엘 백성을 흡족하게 마시게 함으로 하나님의 거룩하심이 나타난 것이다. 이상근, 「민수기(하) · 신명기」, p.27.

가를 형성하여 번창하고 있었습니다. 맨 아래쪽에 위치한 나라가 에돔 왕국이었습니다.

모세가 가데스에서 에돔 왕에게 사자를 보내어 무슨 부탁을 했습니까? 14-17절을 보십시오. 모세는 먼저 에돔 왕에게 '당신의 형제 이스라엘'이라고 했습니다(14). 왜냐하면 에돔은 이삭의 아들 야곱의 형제에서의 후손들이었기 때문이었습니다. 에돔에는 홍해 아카바 만(灣)에서 북쪽 다메섹에 이르는 대로(大路)가 나 있었습니다. 이 길은 에돔을 통과하여 아시아와 유럽으로 가는 대상(隊商)들의 길이었습니다. 이 길을 따라 가나안으로 들어가는 것이 전략상 가장 좋은 길이었습니다.[39] 그래서 적극적으로 에돔 왕의 도움을 요청했습니다. 모세는 에돔 왕에게 이스라엘의 역사를 간단히 말했습니다. **"당신의 형제 이스라엘의 말에 우리의 당한 모든 고난을 당신도 아시거니와 우리 열조가 애굽으로 내려갔으므로 우리가 애굽에 오래 거하였더니 애굽인이 우리 열조와 우리를 학대하였으므로, 우리가 여호와께 부르짖었더니 우리 소리를 들으시고 천사를 보내사 우리를 애굽에서 인도하여 내셨나이다."(14-16)** 애굽에서 노예 생활을 하다가 여호와 하나님께서 천사를 보내어 출애굽시키신 것을 전했습니다. 열조의 땅으로 들어가려고 하니 에돔의 대로(大路)로 행하게 해 달라고 요청했습니다. 모세는 영토만 통과하고 절대로 피해를 끼치지 않을 것을 약속했습니다(17). 모세는 에돔을 공격할 의도가 전혀 없었습니다. 그러나 에돔 왕은 모세의 청을 거절했습니다. **"너는 우리 가운데로 통과하지 못하리라. 내가 나가서 칼로 너를 맞을까 염려하라."(18)** 이는 이스라엘에 대한 경계심 때문이었습니다.

---

39) 이스라엘 백성이 가나안 땅으로 진군하는 가장 쉬운 길이 에돔과 모압 왕국을 통해 놓여 있었다. 고대에는 그곳에 완전한 군사 및 상업 통로가 있어서 에시온게벨(Ezion-geber)로부터 에돔과 모압을 통하여 아카바(Aqabah)만(灣)에 이르는 통로가 있었다. 아라바를 건너 '왕의 대로'를 거쳐 북으로 올라가려는 것이 모세의 의도였다(민 20:17). Mays, 「레위기·민수기」, p.171.

이스라엘에게 피해를 입지 않을까 두려워했고, 그들의 약속을 믿으려 하지 않았습니다. 이들은 그들의 조상 야곱과 에서와의 갈등을 알고 있었기 때문에 더욱 두려워했을지도 모릅니다.

모세는 이스라엘 백성을 이끌고 가서 다시 간청했습니다. 그러나 에돔 왕이 많은 백성을 거느리고 나와서 강한 손으로 막았습니다. 많은 군대를 거느리고 실력으로 저지하고자 했습니다. 모세는 에돔 왕이 끝까지 강하게 반대하므로 에돔 통과 계획을 바꾸어 에돔 남방으로 우회하고자 방향을 잡았습니다(21:4). 이는 에돔과 다투지 말라는 하나님의 음성을 들었기 때문이었습니다. **"너는 또 백성에게 명하여 이르기를 너희는 세일에 거하는 너희 동족 에서의 자손의 지경으로 지날진대 그들이 너희를 두려워하리니 너희는 깊이 스스로 삼가고, 그들과 다투지 말라. 그들의 땅은 한 발자국도 너희에게 주지 아니하리니 이는 내가 세일 산을 에서에게 기업으로 주었음이로라."(신 2:4,5)** 모세는 가나안 정복의 큰 전쟁을 앞두고 친척지간인 에돔과 전쟁하는 것은 지혜롭지 못함을 알고 하나님의 말씀대로 우회하기로 결정하였습니다(민 21:4).

저는 개인적으로 우회하는 모세를 통하여 우회하는 것도 큰 믿음임을 깨달았습니다. 저는 젊을 때 인생 길에 장애물이 있으면 무조건 부수고 나가는 것이 믿음인 줄 알았습니다. "안 되는 것은 되게 하라!", "믿는 자에게는 능치 못하심이 없느니라!"는 인생 모토를 가지고 열심히 부수고 뜯어고치려고 했습니다. 양들도 내가 원하는 대로 뜯어고쳐야 직성이 풀리고 안심이 되었습니다. 그래서 내 말을 안 들으면 꾸짖고, 종아리를 때려서라도 안 되는 것은 되게 하였습니다. 바위를 부수고 나가는 것이 믿음이라고 생각했습니다. 그러나 양을 뜯어고치려고 하다가 양을 잃고, 동역자들을 뜯어고치려다가 인격적인 관계성이 파괴되어 중요한 동역자들을 잃게 되었습니다. 그래서 요즘은 물의 철학을 몸에 익히게 되었습니다. 산에 떨어진 한 방울의 물은 바다로 가는 지름길을 알고 있습니다. 골짜기를 흘러내리다가 바위가 있으면 재빨리 돌아갑니다. 어리석게 바위를 깨뜨리려고 덤비지 않습니다. 또 웅덩이가 있으면 물이 다 차기까지 기다립니다. 조급하게 서둘다가 낙심하지도 않습니다. 도도하게 한 길을 가며, 낮은 데로 낮은 데로 가다 보면 바다로 흘러가게 됩니다. 이처럼 목자의 삶도 때로는 우회해야 할 때가 있습니다. 양보하고, 기다리고, 고생스럽더라도 돌아갈 수 있는 마음의 여유를 가질 때 많은 동역자들을 얻게 되고, 승리의 삶을 살 수 있습니다. 목자 생활에서 가장 큰 실패의 원인은 조급함입니다. 사람이 조급하게 되면 분별력을 잃게 되고, 욕심에 사로잡혀서 파멸의 길로 가게 됩니다. 우리가 조급함을 버리고 양들과 동역자들을 있는 그대로 수용하고 섬길 수 있기를 기도합니다.

3. 열조에게 돌아간 아론 (22-29)

이스라엘이 가데스를 떠나 호르산에 이르렀을 때 하나님께서 아론의 죽음을 고하셨습니다. 24절을 보십시오. **"아론은 그 열조에게로 돌아가고 내가 이스라엘 자손에게 준 땅에는 들어가지 못하리니 이는 너희가 므리바 물에서 내 말을 거역한 연고니라."** 하나님께서는 아론에게 열조에게로 돌아가라고 명하셨습니다. '열조에게 돌아간다'는 말은 '죽음'을 표시하는 성서적인 표현입니다(창 15:15; 25:8,17; 49:33). 가나안 정복을 앞두고 열조에게 돌아가야 하는 이유는 하나님의 말씀을 거역하였기 때문이라고 했습니다. 아론의 죽음은 자연적인 죽음이 아니었습니다. 아론은 천수(天壽)를 누리지 못하고, 하나님의 말씀을 거역한 죄로 인해 징계를 받아 죽게 되었습니다. 하나님께서는 모세에게 명하셨습니다. 25,26절을 보십시오. **"너는 아론과 그 아들 엘르아살을 데리고 호르산에 올라 아론의 옷을 벗겨 그 아들 엘르아살에게 입히라. 아론**

은 거기서 죽어 그 열조에게로 돌아가리라." 하나님께서는 아론이 죽기 전에 먼저 그의 옷, 곧 대제사장복을 벗겨서 그 아들 엘르아살에게 입히라고 하셨습니다. 이는 대제사장 직분의 계승을 의미합니다. 제사장은 죽었지만 제사장 직분은 죽지 않았습니다. 제사장 직분은 엘르아살에게 계승되었습니다.

27절을 보십시오. 모세는 여호와의 명을 좇아 그들과 함께 회중의 목전에서 호르산에 올랐습니다. 모세는 아론의 옷을 벗겨 그 아들 엘르아살에게 입혔습니다. 그 예복은 중재자 대제사장의 사역을 상징하는 것이었습니다. 색깔 있는 옷, 금과 보석의 장식은 하나님의 현존의 영광을 나타내고 있고, 열두 지파의 이름을 가지고 있는 흉판은 이스라엘을 나타내고 있었습니다. 아론은 옷을 벗어 아들에게 물려 준 후 그 산꼭대기에서 123세로 죽었습니다. 이 때는 출애굽 후 40년 5월 1일이었습니다(민 33:38,39). 모세와 엘르아살이 산에서 내려오니 온 회중 곧 이스라엘 온 족속이 아론의 죽은 것을 보고 위하여 삼십 일을 애곡하였습니다(29). 보통 칠 일간 애곡을 하는데 삼십 일을 애곡했다는 것은 아론에게 큰 명예였습니다(신 34:8). 유대 전통에서 아론은 화평케 하는 위대한 자로 간주되었습니다. 랍비 힐렐은 제자들에게 "평화를 사랑하고 추구하는, 그의 동료들을 사랑하고 그들을 토라에 가까이 인도하는 아론의 제자가 되어야 한다"고 가르쳤습니다. 랍비들은 모세보다 평화의 중재자로서의 평판 때문에 아론을 더욱 그리워했습니다.[40] 아론은 대제사장으로서 하나님과 인간의 화평을 추구했으며, 사

---

40) 이러한 근거로, 모세가 죽었을 때는 "그리고 이스라엘 백성이 모세를 위하여 울었다(신 34:8)"고 했는데, 아론이 죽었을 때는 "모든 이스라엘의 족속이 아론을 위하여 울었다(민 20:29)."고 기록했다. Walter Riggans, 이원규역, 「민수기」(기독교문사, 1986), pp.200,201; 말라기 선지자는 아론을 화평케 하는 사람으로 다음과 같이 말했다. "레위와 세운 나의 언약은 생명과 평강의 언약이라. 내가 이것으로 그에게 준 것은 그로 경외하게 하려 함이라. 그가 나를 경외하고 내 이름을 두려워하였으며 그 입에는 진리

람과 사람들 사이의 화평을 추구했습니다. 한때는 이러한 성품 때문에 금송아지를 만드는 데 일조(一助)를 했지만 대제사장으로서의 직분을 잘 감당할 수 있었습니다. 어쨌든 아론은 그 시대에 자기의 사명을 다하고 열조에게로 돌아갔습니다.

아론의 죽음이 의미하는 바가 무엇입니까? 첫째, 아론이 초대 대제사장으로서 가나안 땅에 들어가지 못하고 죽은 것은 레위 제사장직의 불완전성을 의미합니다. 레위의 반차(班次)를 좇은 제사장 직분은 제사장의 죄와 죽음 때문에 계속되지 못하고 불완전합니다. 그러나 그리스도는 멜기세덱의 반차를 좇는 영원한 대제사장이요, 무궁한 생명의 능력을 좇아 일어난 대제사장이십니다(히 7:16,17). 따라서 예수님의 제사장직은 바뀌지 않고 영원합니다(히 7:23-25).

둘째, 아론의 제사장 직분과 영광은 하나님께서 주신 것이요, 거두어 가시는 것임을 말해 줍니다. 우리가 복음의 제사장이 된 것도 우리가 잘나서가 아니라 하나님의 은혜로 말미암은 것임을 알아야 합니다.

셋째, 사람은 죽어도 하나님의 구속 역사는 계승된다는 사실을 말해 줍니다. 아론은 죽었지만 그 아들이 그의 직분을 계승했습니다. 이를 통해서 영원한 예수 그리스도의 제사장직을 바라볼 수 있게 되었습니다.

결론

모세와 아론과 미리암은 한 형제 자매로서 이스라엘을 출애굽시키고, 40년 동안의 광야 생활을 인도해 온 위대한 지도자들이었습니다. 그러나 미리암과 아론은 그들에게 맡겨진 사명을 다하고 같은 해에 열조에게로 돌아갔습니다. 모세도 이제 후계자를 세우고 그의 삶을 마무

의 법이 있었고, 그 입술에는 불의함이 없었으며, 그가 화평과 정직한 중에서 나와 동행하며, 많은 사람을 돌이켜 죄악에서 떠나게 하였느니라"(말 2:5,6)

리해야 할 때가 되었습니다. 우리가 하나님의 말씀을 절대적인 자세로 순종함으로 하나님의 거룩함을 온전히 드러내는 성숙한 종들이 될 수 있기를 기도합니다.

제 10 강

놋뱀을 게 하신 하나님

(21:1-35)

요절 21:8 "여호와께서 모세에게 이르시되 불뱀을 만들어 장대 위에 달라. 물린 자마다 그것을 보면 살리라."

21:1. 남방에 거하는 가나안 사람 곧 아랏의 왕이 이스라엘이 아다림 길로 온다 함을 듣고 이스라엘을 쳐서 그 중 몇 사람을 사로잡은지라

2. 이스라엘이 여호와께 서원하여 가로되 주께서 만일 이 백성을 내 손에 붙이시면 내가 그들의 성읍을 다 멸하리이다

3. 여호와께서 이스라엘의 소리를 들으시고 가나안 사람을 붙이시매 그들과 그 성읍을 다 멸하니라 그러므로 그 곳 이름을 호르마라 하였더라

4. 백성이 호르 산에서 진행하여 홍해 길로 좇아 에돔 땅을 둘러 행하려 하였다가 길로 인하여 백성의 마음이 상하니라

5. 백성이 하나님과 모세를 향하여 원망하되 어찌하여 우리를 애굽에서 인도하여 올려서 이 광야에서 죽게 하는고 이 곳에는 식물도 없고 물도 없도다 우리 마음이 이 박한 식물을 싫어하노라 하매

6. 여호와께서 불뱀들을 백성 중에 보내어 백성을 물게 하시므로 이스라엘 백성 중에 죽은 자가 많은지라

7. 백성이 모세에게 이르러 가로되 우리가 여호와와 당신을 향하여 원망하므로 범죄하였사오니 여호와께 기도하여 이 뱀들을 우리에게서 떠나게 하소서 모세가 백성을 위하여 기도하매

8. 여호와께서 모세에게 이르시되 불뱀을 만들어 장대 위에 달라 물린 자마다 그것을 보면 살리라

9. 모세가 놋뱀을 만들어 장대 위에 다니 뱀에게 물린 자마다 놋뱀을 쳐다본즉 살더라

10. 이스라엘 자손이 진행하여 오봇에 진쳤고

11. 오봇에서 진행하여 모압 앞 해돋는 편 광야 이예아바림에 진쳤고

12. 거기서 진행하여 세렛 골짜기에 진쳤고

13. 거기서 진행하여 아모리인의 지경에서 흘러나와서 광야에 이른 아르논 건너편에 진쳤으니 아르논은 모압과 아모리 사이에서 모압의 경계가 된 것이라

14. 이러므로 여호와의 전쟁기에 일렀으되 수바의 와헙과 아르논 골짜기와

15. 모든 골짜기의 비탈은 아르 고을을 향하여 기울어지고 모압의 경계에 닿았도다 하였더라

16. 거기서 브엘에 이르니 브엘은 여호와께서 모세에게 명하시기를 백성을 모으라 내가 그들에게 물을 주리라 하시던 우물이라

17. 그 때에 이스라엘이 노래하여 가로되 우물물아 솟아나라 너희는 그것을 노래하라

18. 이 우물은 족장들이 팠고 백성의 귀인들이 홀과 지팡이로 판 것이로다 하였더라 광야에서 맛다나에 이르렀고

19. 맛다나에서 나할리엘에 이르렀고 나할리엘에서 바못에 이르렀고

20. 바못에서 모압 들에 있는 골짜기에 이르러 광야가 내려다 보이는 비스가 산 꼭대기에 이르렀더라

21. 이스라엘이 아모리 왕 시혼에게 사자를 보내어 가로되

22. 우리로 당신의 땅을 통과하게 하소서 우리가 밭에든지 포도원에든지 들어가지 아니하며 우물 물도 공히 마시지 아니하고 우리가 당신

의 지경에서 다 나가기까지 왕의 대로로만 통행하리이다 하나

23. 시혼이 자기 지경으로 이스라엘의 통과함을 용납하지 아니하고 그 백성을 다 모아 이스라엘을 치러 광야로 나와서 야하스에 이르러 이스라엘을 치므로

24. 이스라엘이 칼날로 그들을 쳐서 파하고 그 땅을 아르논부터 얍복까지 점령하여 암몬 자손에게까지 미치니 암몬 자손의 경계는 견고하더라

25. 이스라엘이 이같이 그 모든 성읍을 취하고 그 아모리인의 모든 성읍 헤스본과 그 모든 촌락에 거하였으니

26. 헤스본은 아모리인의 왕 시혼의 도성이라 시혼이 모압 전왕을 치고 그 모든 땅을 아르논까지 그 손에서 탈취하였었더라

27. 그러므로 시인이 읊어 가로되 너희는 헤스본으로 올지어다 시혼의 성을 세워 견고히 할지어다

28. 헤스본에서 불이 나오며 시혼의 성에서 화염이 나와서 모압의 아르를 삼키며 아르논 높은 곳의 주인을 멸하였도다

29. 모압아 네가 화를 당하였도다 그모스의 백성아 네가 멸망하였도다 그가 그 아들들로 도망케 하였고 그 딸들로 아모리인의 왕 시혼의 도로가 되게 하였도다

30. 우리가 그들을 쏘아서 헤스본을 디본까지 멸하였고 메드바에 가까운 노바까지 황폐케 하였도다 하였더라

31. 이스라엘이 아모리인의 땅에 거하였더니

32. 모세가 또 보내어 야셀을 정탐케 하고 그 촌락들을 취하고 그 곳에 있던 아모리인을 몰아내었더라

33. 돌이켜 바산 길로 올라가매 바산 왕 옥이 그 백성을 다 거느리고 나와서 그들을 맞아 에드레이에서 싸우려 하는지라

34. 여호와께서 모세에게 이르시되 그를 두려워 말라 내가 그와 그 백성과 그 땅을 네 손에 붙였나니 너는 헤스본에 거하던 아모리인의 왕 시혼에게 행한 것같이 그에게도 행할지니라

35. 이에 그와 그 아들들과 그 백성을 다 쳐서 한 사람도 남기지 아니하고 그 땅을 점령하였더라

본문 말씀은 불평하다가 독사에게 물려 죽게 된 백성을 구원하기 위해서 하나님께서 놋뱀을 만들어 장대에 달게 한 사건입니다. 이 사건은 예수님께서 니고데모에게 언급하신 사건으로 메시야 사역과 오직 믿음으로 구원받는 복음 진리를 계시해 주고 있습니다. 이스라엘은 하나님의 은혜로 구원을 받고, 요단강 건너편의 모든 지역을 차례로 정복하여 가나안 정복의 기틀을 마련하였습니다. 본문 말씀을 통해서 우리는 놋뱀을 만들어 달게 하신 하나님의 크신 사랑을 영접할 수 있습니다.

1. 서원 기도를 들어주신 하나님 (1-3)

1절을 보십시오. **"남방에 거하는 가나안 사람 곧 아랏의 왕이 이스라엘이 아다림 길로 온다 함을 듣고 이스라엘을 쳐서 그 중 몇 사람을 사로**

잡은지라." 아랏은 브엘세바 북동쪽 32km 정도 떨어진 가나안의 주요 성읍이었습니다(33:40). 아랏 왕은 모세가 이스라엘을 이끌고 가데스에서 호르산으로 이동한다는 소문을 들었습니다. 특히 그는 이스라엘이 아다림 길로 온다는 말을 듣고 큰 위협을 느꼈습니다. '아다림 길'이란 '정탐꾼의 길'이라는 뜻으로 38년 전 정탐꾼들이 가나안을 정탐했던 지름길이었습니다(20:17; 21:22). 이에 위협을 느낀 아랏 왕은 길을 막고 이스라엘을 쳐서 몇 명을 사로잡았습니다. 이 때 이스라엘은 전에 아말렉에게 패배하여 이곳까지 추격 당한 사건을 떠올리며 심히 두려워하였을 것입니다(민 14:43-45).

그러나 2절을 보십시오. 이스라엘은 여호와께 서원하여 말했습니다. **"만일 이 백성을 내 손에 붙이시면 그들의 성읍을 다 멸하리이다."** 여기에서 '멸하다'는 말은 '철저히 진멸하다(totally destroy)'는 뜻입니다.[41] 이스라엘은 여호와께서 전쟁에서 승리를 주시면 그 성읍을 멸하고, 전리품이나 포로들을 하나도 취하지 않고 하나님께 온전히 바치겠다고 서원했습니다(수 6:17-21). 그들은 전쟁의 승리가 하나님께서 주신 것임을 나타내고, 오직 하나님께만 영광 돌릴 것을 맹세했습니다. 거룩하신 하나님의 뜻을 성취하기 위하여 원수들과 대면하여 싸울 것을 결단하고 하나님의 도우심을 구했습니다.

3절을 보십시오. 하나님께서는 그들의 기도를 들으시고 가나안 사람들을 이스라엘의 손에 붙이셨습니다. 그래서 이스라엘은 그들과 성읍을 진멸하고 그곳 이름을 '호르마'라고 했습니다. 이는 '전멸함', '저주'라는 뜻이었습니다. 이는 이스라엘을 대항하는 민족은 모두 다 이와같

---

41) 여기서 '멸하다(חרם, 하람)'는 당시 어떤 사물을 성별하기 위해 군사적 기동력을 이용하여 진멸하는 것을 뜻한다. 그 도시의 주민을 하나님의 대적으로 간주하여 모두 진멸할 뿐만 아니라 전리품을 하나도 취하지 않고 하나님께 온전히 바치는 것을 의미한다. Merrill & Deere, 「민수기 · 신명기」, p.66; 사람뿐 아니라 그 성읍의 노획물을 하나도 취하지 않고 철저히 진멸한 예는 많다(수 6:17-21; 8:24-26; 삿 20:48; 21:10,11).

이 된다는 무서운 경고였습니다. 하나님께서 가나안 족속을 이렇게 진멸하신 것은 두 가지 의미가 있습니다. 첫째는 믿음의 조상들에게 주신 약속을 성취하시기 위함이었습니다(창 15:18-21; 출 3:8,17). 둘째는 가나안 족속들의 죄악에 대한 하나님의 준엄한 심판이었습니다(창 15:16; 신 9:4). 하나님께서는 이스라엘 백성들을 통해서 가나안 족속의 죄악을 심판하시고, 동시에 조상들에게 약속하신 그 땅을 차지하도록 하신 것입니다. 그래서 이스라엘의 가나안 정복 전쟁을 '성전(聖戰)'이라고 합니다. 하나님께서 싸움을 시작하시고, 하나님께서 응징하시는 전쟁이기 때문에 '주의 전쟁'이라고도 했습니다(삼상 25:28). 성전에 임하는 자세는 하나님의 절대적인 뜻에 따라야 하며 하나님만을 전폭적으로 의지해야 합니다. 또한 원수들을 철저히 징벌하여 모든 영광을 하나님께 돌려야 합니다.

우리의 신앙 생활은 어떤 의미에서 영적인 전쟁과 같습니다. 영적인 전쟁에 임하는 우리의 자세도 이스라엘 백성과 같이 되어야 합니다. 하나님께만 영광 돌릴 것을 맹세하고 승리를 주실 하나님을 믿고 전력을 다해 싸워야 합니다. 사도 바울은 고린도 성도들에게 **"만일 누구든지 주를 사랑하지 아니하거든 저주를 받을지어다(고전 16:22a)"**라고 했습니다. 우리도 영적인 싸움에서 예상치 못한 위기에 처할 때도 있습니다. 원수들의 기습을 받아서 두려움에 사로잡힐 때도 있습니다. 이때 절망하고 낙망해서는 안 됩니다. 하나님께 매달려 기도해야 합니다. 이 싸움에서 승리를 주시면 반드시 하나님께 영광 돌리겠다는 맹세를 하고 주님의 긍휼을 구해야 합니다. 원수에 대한 분노와 하나님을 기쁘시게 하고자 하는 간절한 소원을 가지고 전심전력하여 싸워야 합니다. 그리할 때 주님께서 승리를 주십니다.

우리 중에는 절박한 문제가 생겼을 때 낙심하고 드러눕는 사람도 있고, 하나님께 매달려 서원하고 믿음으로 해결해 나가는 사람도 있습니다. 위기의 때야말로 영적인 비밀을 체험할 수 있는 기회입니다. 어려움에 처할 때야말로 실제적인 믿음을 배울 수 있는 때입니다. 서원 기도를 드리는 것은 우리의 영적인 소원이 얼마나 간절한가를 하나님께 나타내 보이는 신앙의 표현입니다. 하나님께서는 전심으로 여호와를 향하는 자에게 능력을 베풀어 주십니다(대하 16:9). 우리가 하나님께 서원하고 절박한 심정으로 기도하며 영적인 싸움에서 승리할 수 있기를 기도합니다.

2. 놋뱀을 달게 하신 하나님 (4-9)

이스라엘이 가나안 땅 최남방에 거하는 아랏 왕과 그 성읍은 진멸했지만 계속하여 가나안 땅을 쳐들어가는 것은 위험천만한 일이었습니다. 그래서 모세는 북쪽으로 진입하는 계획을 포기하고, 에돔 동쪽 변방을 둘러 가는 우회로를 택하였습니다. 4절을 보십시오. **"백성이 호르산에서 진행하여 홍해 길로 좇아 에돔 땅을 둘러 행하려 하였다가 길로 인하여 백성의 마음이 상하니라."** 호르산은 가데스 다음으로 진을 친 곳이고 이곳에서 아론이 죽었습니다(20:22-24). 또 이곳에서 호르마 전쟁도 치렀습니다. 이제 호르산을 떠나 모압으로 향했으나 에돔 왕의 저지로 에돔 땅을 우회할 수밖에 없었습니다(20:14-21). 이스라엘 백성은 가까운 길을 놓아두고 먼 길을 돌아가게 하는 모세를 이해할 수 없었습니다. 백성들은 아랏 왕과 그 성읍을 진멸하였기 때문에 자신감도 넘쳤습니다. 곧 바로 가나안 땅으로 쳐들어가고 싶었습니다. 그런데 모세는 가나안과 반대 방향인 홍해 쪽으로 내려가게 했습니다. 게다가 에돔 땅을 둘러 사해 동쪽으로 돌아가는 길은 아주 험한 길이었습니다. 길 양편은 가파른 산들이 벽을 이루고 있었으며 길이 좁고 험했습니다. 주위에는 화강암과 돌무더기만 보이고, 모래 폭풍이 일어나는 황량한 광야 길이었습니다. 따라서 만나 외에 다른 식물을 얻을 수 없었습니다. 마실 물도 부족하였습니다. 이런 험하고 먼 길로 인해서 백성의 마음이 상했습니다. '마음이 상했다'는 말은 '영혼이 짧아졌다'는 뜻인데, 이는 '더 이상 참을 수 없었다(삿 16:16)', '안목이 좁아졌다'[42]는 뜻입니다. 현재 당하는 고난을 참지 못하니 안목이 좁아졌습니다. 안목이 좁아지니 불평과 원망이 터져 나왔습니다.

5절을 보십시오. 백성들이 하나님과 모세를 향하여 원망했습니다. **"어찌하여 우리를 애굽에서 인도하여 올려서 이 광야에서 죽게 하는고? 이 곳에는 식물도 없고 물도 없도다. 우리 마음이 이 박한 식물을 싫어하노라."** 이들은 하나님을 대적하고 또 모세를 대적하여 원망했습니다 (They spoke against God and against Moses). 백성들은 또 다시 조상들이 원망하던 망령된 행실을 좇아 하나님의 구속의 은혜를 멸시하는 말을 했습니다. **"어찌하여 우리를 애굽에서 인도하여 올려서 이 광야에서 죽게 하는고?"** 가장 기본적인 구원의 은혜를 멸시하고, 선하신 하나님을 비방하는 죄는 하나님 편에서 볼 때 가장 크고 중한 죄입니다. 뿐만 아니라 40년 동안 하늘에서 내려 준 만나를 '이 박한 식물'이라고 멸시하고 감사치 않았습니다. 또 먹을 식물이 없고, 물도 없다고 불평하였습니다. 백성들은 눈앞에 닥친 현실 문제로 마음이 상하여 구속의 은혜를 멸시하고 하나님을 원망하는 죄악에 빠지게 되었습니다. 유대 전승에 의하면 이 원망은 광야 생활을 하던 이스라엘 백성의 최후의 불평이었으며, 최악의 배교였다고 합니다.

하나님께서는 이들을 어떻게 징계하셨습니까? 6절을 보십시오. **"여호와께서 불뱀들을 백성 중에 보내어 백성을 물게 하시므로 이스라엘 백성 중에 죽은 자가 많은지라."** 하나님께서는 불뱀들을 백성 중에 보내

---

42) 이용걸, 「민수기강해」(성광문화사, 1998), p.333.

어 물게 하셨습니다. 하나님께서 뱀의 재앙으로 자기 백성을 치신 것은 가장 큰 저주의 표현이었습니다. 뱀은 유대인들에게 있어서 가장 가증스러운 짐승이었습니다. 창세기 3장에 보면 뱀은 인간을 유혹하여 범죄하게 한 장본인이었으며, 하나님의 저주를 받아 배로 다니게 되었습니다. 그런데 하나님께서 뱀을 보내어 물려 죽게 하셨습니다. 이 뱀을 불뱀이라고 한 것은 붉은 반점이 있었기 때문이라고도 하고, 한번 물리면 심한 고열로 불 같은 고통을 당하다가 죽었기 때문이라고도 합니다. 당시에 광야에는 이런 독사들이 많이 살았다고 합니다. 하나님께서 이러한 불뱀을 보내어 불평하고 원망하던 사람들을 물어 죽게 하셨습니다.[43] 하나님께서 이렇게 하신 것은 그만큼 원망하는 죄가 크고 중했기 때문입니다. 그리고 다시는 이런 죄를 반복하지 않도록 하기 위해서 불같은 고통을 당하게 하셨습니다.

그러면 불뱀에게 물려 죽게 된 백성들의 반응이 어떠했습니까? 7절을 보십시오. **"우리가 여호와와 당신을 향하여 원망하므로 범죄하였사오니 여호와께 기도하여 이 뱀들을 우리에게서 떠나게 하소서."** 백성들은 자신들이 여호와와 모세를 향하여 원망하므로 범죄하였다고 자백했습니다. 그들은 자신의 죄가 얼마나 크고 중한가를 깨닫고 죄를 시인하고 자백했습니다. 그리고 대적하던 모세에게 도움을 요청하고, 멸시하던 하나님

---

43) 어떤 사람은 불뱀은 실제적인 뱀이 아니라 하나님의 보좌를 섬기는 천사라고도 한다. '불뱀들'이라는 말은 히브리어(הַנְּחָשִׁים הַשְּׂרָפִים)로 '불타는 뱀'을 의미한다. 특히 세라빔(שְׂרָפִים)은 '불타는'이라는 뜻으로 뱀 자체를 가리키기도 하고(민 21:8; 사 14:29; 30:6), 상징적인 존재인 스랍(하나님의 보좌를 섬기는 천사들)을 가리키기도 한다(사 6:2,6). 그래서 불뱀이 광야에 살던 '구리뱀'이라고도 하지만, 하나님께서 보내신 특별한 현존하는 생물과는 종류가 다른 존재였을 가능성도 있다고 본다. Winterbotham, 「민수기(하)」, pp.106,107; 리건스(Riggans)에 의하면 이 불뱀들을 천사인 하나님의 종들로 보는 것이 시편 104:1-4과 같은 본문과 더 잘 부합한다고 본다. Riggans, 「민수기」, pp.204,205; 그러나 출애굽기의 개구리 재앙이나 이 재앙과 같이 당시 광야에서 흔히 볼 수 있었던 불뱀과 전갈(신 8:15)을 사용하여 이스라엘을 징계하신 것으로 보는 것이 자연스럽다.

께 구원을 요청했습니다. 이들이 하나님과 모세를 원망한 것은 그 조상들과 같았지만 빨리 회개했다는 것은 조상들과 매우 다른 점이었습니다. 신앙이 어린 사람은 죄 짓기를 빨리 하고 회개를 더디 하지만 신앙이 깊은 사람은 죄 짓기를 더디 하고 회개를 빨리 합니다. 이런 의미에서 보면 신세대들이 그 조상들보다는 믿음이 좋았던 것 같습니다. 우리 인간은 언제든지 하나님과 하나님께서 세우신 종들에게 불평할 수 있고 대적할 수 있습니다. 그러나 하나님을 원망하는 죄가 얼마나 심각한 죄인가를 빨리 깨닫고 회개하는 것이 성숙한 신앙입니다.

하나님께서는 모세의 기도를 어떻게 들어주셨습니까? 8절을 보십시오. **"여호와께서 모세에게 이르시되 불뱀을 만들어 장대 위에 달라. 물린 자마다 그것을 보면 살리라."** 백성들은 뱀들을 그들에게서 떠나게 해 달라고 기도 요청을 했습니다. 그러나 하나님께서는 뱀을 떠나게 하시지 않았습니다. 다만 불뱀을 만들어 장대 위에 달라고 하시고, 뱀에게 물린 자마다 그것을 보면 살아날 것이라고 약속하셨습니다. 이 구원의 방법은 매우 특이한 것이었습니다. 이 방법은 합리적으로 이해가 되지 않습니다. 독이 온 몸에 퍼져 죽어 가는 사람에게 해독제를 주지 않고 '놋뱀을 쳐다 보라, 그리하면 살리라.'는 말이 얼마나 받아들이기 어려웠겠습니까? 그렇지만 이 방법은 하나님의 지혜로 된 유일한 구원의 방법이었습니다. 9절에 보면 모세는 하나님의 말씀대로 놋뱀을 만들어 장대 위에 달았습니다. 온 이스라엘이 모두 쳐다볼 수 있는 높은 곳에 달아 놓았습니다. 하나님의 말씀대로 놋뱀을 쳐다보는 사람마다 살았습니다. 온 몸에 독이 퍼져 다 죽어 가던 사람도 놋뱀을 보는 순간에 살아났습니다. 뱀을 보는 순간에 불같은 고통이 사라지고 참된 평안을 누리게 되었습니다. 그러나 놋뱀을 보지 않고 해독제를 구해서 낫고자 하는 사람들은 다 죽었을 것입니다.

여기에서 우리는 하나님께서 왜 하필이면 놋뱀을 달게 하여 죽어 가는 자를 살게 하셨을까 하는 의문을 품게 됩니다. 이 사건에 대한 해석은 다양합니다. 어떤 사람은 당시 근동 지방에 뱀이 풍부와 치유를 상징하는 신으로 숭배되었는데 이스라엘 백성들이 이방 종교의 영향을 받은 것이라고도 합니다.[44] 실제로 모세가 만든 이 놋뱀이 우상처럼 숭배되다가 히스기야의 종교 개혁 때 비로소 부수어졌습니다(왕하 18:4). 어떤 사람은 죽음이 뱀으로 말미암았으니 구원도 뱀으로 말미암아야 한다고도 합니다. 어떤 사람은 하나님께서 뱀의 형상을 만들라고 하신 것이 아니라 불의 형상을 만들도록 명령했는데 모세가 구리 뱀을 만들었다고도 합니다. 또 모세가 애굽에서 지팡이로 뱀을 만든 표적을 보인 것처럼 이제는 지팡이에 뱀을 달도록 하는 표적을 보이게 했다고도 합니다.[45]

그러나 예수님의 해석이 가장 정확합니다. 예수님께서는 자기를 찾아온 니고데모에게 말씀하셨습니다. **"모세가 광야에서 뱀을 든 것 같이 인자도 들려야 하리니 이는 저를 믿는 자마다 영생을 얻게 하려 하심이니라."**(요 3:14,15) 예수님께서는 장대에 달린 놋뱀을 십자가에 달리실 자신과 연관시켜 말씀하셨습니다. 따라서 하나님께서 놋뱀을 장대에 달게 하여 이스라엘을 구원하신 것은 그리스도께서 십자가에 달려 죽으심으로 천하 만민을 구원하실 구속 역사에 대한 계시였음을 알 수 있습니다. 그렇다면 모세가 뱀을 든 사건은 어떤 면에서 예수님을 통한 구속 역사에 대한 계시였다고 할 수 있습니까?

첫째, 구원의 방법은 하나님의 지혜에 속한 것입니다.

구원의 방법은 오직 하나님께 속한 것입니다. 불뱀을 보내어 물려 죽게 하신 분도 하나님이십니다. 그러므로 해독시키실 수 있는 분도 하나님이십니다. 하나님만이 불뱀에게 물려 죽어 가는 사람을 살리실

---

44) Riggans, 「민수기」, p.205.
45) John H. Sailhammer, 정충하 역, 「서술로서의 모세오경」(새순출판사, 1995), pp.328,329.

수 있습니다. 이처럼 그리스도를 통한 우리의 구원도 오직 하나님의 지혜에 속한 문제입니다. 하나님께서 홍수로 세상을 심판하실 때에도 노아에게 구원의 방주를 만들도록 명하셨습니다. 그 때에도 하나님께서는 방주의 크기와 모양을 세밀하게 계시해 주셨습니다(창 6:14-16). 홍수 심판에서 구원을 얻을 수 있는 길은 오직 하나님 자신만이 알고 계셨기 때문이었습니다. 만일 노아가 방주가 너무 크다고 하여 자기 나름대로 생각하여 치수를 작게 지었다면 결코 홍수 심판에서 살아남을 수 없었을 것입니다. 이처럼 우리 인간이 죄에서 구원을 받는 길은 오직 십자가에 죽으시고 부활하신 예수님을 믿는 그 방법 외에 다른 길이 없습니다. 천하 인간에 구원 얻을 다른 이름을 주신 일이 없습니다(행 4:12). 예수 믿는 것 외에 일절 다른 구원의 길이 없음을 확신하는 것이 구원받는 믿음입니다. 우리 죄를 위해 십자가에 죽으시고 부활하신 예수님을 믿는 자마다 멸망치 않고 영생을 얻을 수 있습니다. 이 십자가 복음은 멸망하는 자들에게는 미련한 것이요, 구원을 얻는 우리에게는 하나님의 능력입니다(고전 1:18). 하나님께서는 세상 사람들이 자기 지혜로 하나님을 알지 못하게 하시고, 오히려 그들의 눈에 어리석게 보이는 전도의 미련한 것으로 믿는 자들을 구원하기를 기뻐하십니다(고전 1:21).

둘째, 장대에 달린 놋뱀은 십자가에 달리신 예수님을 상징합니다.

하나님께서는 모세에게 불뱀을 만들어 장대 위에 달라고 하셨습니다. 장대 위에 달린 놋뱀은 인간에게 아무 해를 주지 않으며 독이 없는 뱀이었습니다. 이것은 죄 없으신 예수님께서 우리 죄를 대신하여 죽으실 것을 상징합니다(롬 8:3; 고후 5:21).[46] 장대 위에 단 것은 공개적으로 게시해

---

46) 어떤 분은 모세가 뱀을 든 것은 옛 뱀인 사단에 대한 그리스도의 승리를 계시해 주는 것이라고 한다. 그리스도께서 사단의 권세를 짓밟아 십자가로 승리하셔서 그것을 사람

놓게 하신 것입니다. 여기에서 '장대'라는 말은 '기호(旗號)'라는 뜻입니다. 예수님께서는 **"내가 땅에서 들리면 모든 사람을 내게로 이끌겠노라(요 12:32)"**라고 하셨습니다. 이는 예수님께서 십자가에 달려 죽으시고 부활하심으로 만민의 구주가 되실 것을 말씀하신 것이었습니다. 예수님께서 십자가에 높이 달리심으로 **"만민의 기호로 설 것이요(사 11:10)"**라는 예언이 성취되었습니다. 죄 없으신 예수님은 우리 죄를 대신하여 십자가에 달려 죽으시고, 하나님께서 그를 다시 살리심으로 모든 믿는 자들의 주와 그리스도가 되셨습니다(행 2:36). 십자가에 달려 죽으시고 부활하신 이 예수님만이 우리를 죄와 사망의 권세에서 구원하실 수 있는 유일한 구주가 되심을 믿습니다.

셋째, 약속을 믿고 순종하는 자에게 구원이 임하게 됩니다.

놋뱀이 무슨 해독의 효능을 가진 것은 아니었습니다. **"놋뱀을 보면 살리라"**는 그 약속의 말씀을 믿고 순종하는 자에게 구원의 능력이 임했습니다. 그래서 구약 외경 [솔로몬의 지혜서]에 의하면 이 구리뱀은 '구원의 표'로 해석되었습니다.[47] 구리뱀은 구원의 표시일 뿐이고 그들을 살리신 분은 하나님이시라는 것이었습니다. 9절을 보십시오. **"뱀에게 물린 자마다 놋뱀을 쳐다본즉 살더라."** 모세가 놋뱀을 달아 놓아도

들에게 보여 주셨기 때문이다(골 2:15).

47) "그들도 짐승들의 무서운 벌을 받고
　　꿈틀거리는 뱀들에게 물려 죽어 가고 있을 때
　　주님께서는 당신의 분노를 중도에 멈추셨다.
　　그들을 잠시 동안 고생시킨 것은 그들을 경고하고
　　당신 율법의 명령을 일깨워 주는 구원의 표였다.
　　회심하고 돌아온 사람들은 구원을 받았는데
　　그들이 본 짐승때문이 아니라
　　모든 사람의 구원자이신 주님 때문에 받은 것이다."
　　"솔로몬지혜서 16:5-7", 「외경 위경 전서(상)」(기독교문화사, 1979), p.760.

쳐다보지 않으면 아무 효능이 없습니다. 그렇지만 누구든지 놋뱀을 쳐다보기만 하면 다 살았습니다. 금방 물린 사람이나 온 몸에 독사의 독이 퍼져서 다 죽어 가던 사람이나 하나님의 약속의 말씀을 믿고 놋뱀을 쳐다보기만 하면 살아났습니다. 하나님께서 그 믿음을 보시고 구원해 주신 것입니다. 이처럼 하나님의 구원은 아무 조건이 없습니다. 누구든지 믿음으로 쳐다보기만 하면 구원을 받습니다. 예수님께서도 말씀하셨습니다. **"하나님이 세상을 이처럼 사랑하사 독생자를 주셨으니 이는 저를 믿는 자마다 멸망치 않고 영생을 얻게 하려 하심이니라."(요 3:16)** 누구든지 우리 죄를 대신하여 십자가에 죽으시고 부활하신 예수님을 믿기만 하면 멸망치 않고 영생을 얻습니다. 구원을 받습니다.

우리 인간은 불뱀에게 물려 독이 온 몸에 퍼져 죽어 가는 이스라엘 백성과 같습니다. 옛 뱀인 마귀의 유혹에 넘어가 범죄한 인간은 죄의 독이 온 몸에 퍼져서 죽어 가고 있습니다. 그래서 그런지 모르지만 우리는 불뱀에게 물린 이스라엘 백성처럼 늘 원망과 불평을 잘합니다. 원망하는 말은 뱀의 독과 같이 우리 마음에 퍼져서 우리 영혼을 무서운 고통과 파멸에 이르게 합니다. 불평하는 말은 사단의 도구로 사용되어 하나님의 공동체를 파괴합니다. 이러한 불신과 원망은 하나님의 진노를 피할 수 없는 죄입니다. 죄의 삯은 죽음이요, 죽은 후에는 반드시 준엄한 하나님의 심판이 있습니다(롬 6:23a; 히 9:27). 이 죄와 사망의 권세에서 구원받을 수 있는 방법은 우리에게 없습니다. 하나님께서는 이런 우리에게 선을 행하면 구원해 주시겠다거나 도를 닦거나 고행을 하면 구원해 주시겠다고 하지 않았습니다. 오직 십자가에 달리신 예수님을 믿으면 모든 죄를 사해 주시고, 영생을 주시겠다고 약속하셨습니다. 누구든지 이 약속의 말씀을 믿고, 십자가에 달리신 예수님을 구주로 영접하기만 하면 구원해 주십니다. 자신의 죄의 심각성을 깨닫고 예수님의 십자가를 바라보기만 하면 치유함을 받을 수 있습니다.

우리가 오직 믿음의 주요, 온전케 하시는 예수님만 바라보며 영생을 누릴 수 있기를 기도합니다.

3. 아모리 왕들을 정복한 이스라엘 (10-35)

10-20절까지는 이스라엘이 오봇에서 모압 경계까지 진행하는 여정이 기록되어 있습니다. 이스라엘이 진을 친 곳은 오봇[48]이었습니다. 모압 앞 해 돋는 편 광야 이예아바림에 진쳤습니다. 세렛 골짜기에 진쳤습니다. 세렛 강은 사해 남동쪽에서 사해로 흘러드는 강이었습니다. 그후 그들은 모압 지경을 통과해 아르논 강에 이르기까지 북쪽으로 진행했습니다. 그 강은 북쪽으로 모압과 아모리 사이에 경계가 되었습니다 (21:13). 아르논 강은 사해 동편 해안 중간 정도에서 사해로 흘러들었습니다. 이스라엘은 아르논 건너편에 진쳤습니다. 모압을 통과해 그 지점까지 도달한 이스라엘의 여정은 『여호와의 전쟁기』[49]에 기록되어 있습니다. **"수바의 와헵과 아르논 골짜기와 모든 골짜기의 비탈은 아르 고을을 향하여 기울어지고, 모압의 경계에 닿았도다."**(14,15) 아르는 모압 지역의 북쪽에 위치한 모압의 수도로서 아르논 16km 남쪽에 위치해 있었습니다(22:36; 신 2:9,18).

이제 이스라엘은 거기에서 브엘에 이르렀습니다. '브엘'은 '우물'이라

---

48) 이스라엘이 통과한 여정을 오늘날 정확하게 재구성하기는 어렵다. 많은 지명이 현재적으로 밝혀지지 않기 때문이다. 33장에 보면 살모나와 부논은 호르와 오봇 사이에 들어가 있다(민 33:41-43). 그 여정은 에돔 동쪽인 듯하다. 부논이 구리 광산 자리였음이 분명하기 때문이다. 놋뱀을 만든 재료 역시, 구리 광산이 가깝다는 것을 암시해 준다. 오봇은 아라바의 북쪽 끝에 즉 부논의 북쪽에 있었을 가능성이 크다. 이것은 지파들이 남쪽 방향으로 에돔 산지와 평행하게 진행한 후 북쪽으로 돌았다는 사실로서 입증된다(신 2:1-3). Merrill & Deere, 「민수기·신명기」, p.67.

49) 「여호와의 전쟁기」는 가나안 정착의 날들로부터의 승리의 사건들에 대한 서사시인들의 시들을 모은 작품집이었을 가능성이 많다.

는 뜻입니다. 이는 여호와께서 모세를 통하여 백성에게 기적적으로 물을 주신 곳이었기 때문입니다(16). 그 때에 이스라엘은 그들에게 주신 축복을 노래하였습니다. **"우물 물아, 솟아나라. 너희는 그것을 노래하라. 이 우물은 족장들이 팠고 백성의 귀인들이 홀과 지팡이로 판 것이로다."(17,18)** 그후 광야를 따라 계속 북쪽으로 이동한 그들은 맛다나에 이르렀고, 다시 나할리엘에 이르렀습니다. 거기에서 바못에 이르렀고, 거기에서 모압 들에 있는 골짜기에 이르러 광야가 내려다 보이는 비스가 산 꼭대기에 이르렀습니다. 비스가는 사해 북동쪽 구석 여리고 건너편 모압 광야에 인접한 곳이었습니다.

21-35절은 이스라엘이 아모리 왕 시혼과 바산 왕 옥을 물리치고, 승리한 사건이 기록되어 있습니다. 이 두 전쟁에서의 승리는 이스라엘의 가나안 정복 역사에 있어서 중대한 전기를 마련한 결정적인 사건이었습니다. 시편 기자는 노래했습니다. **"저가 많은 나라를 치시고 강한 왕들을 죽이셨나니 곧 아모리인의 왕 시혼과 바산 왕 옥과 가나안의 모든 국왕이로다."(시 135:10,11)** 이 시편에서 기록한 것처럼 아모리 왕 시혼과 바산 왕 옥은 모두 매우 강한 왕들이었습니다. 아모리 왕 '시혼'은 함의 자손으로 전설적인 왕 중의 한 사람이었습니다. 이스라엘이 아모리 왕 시혼에게 사자를 보내어 왕의 대로를 경유해 그들의 땅을 통과하는 여정을 허락해 달라고 부탁했습니다(22). 그러나 시혼은 이스라엘의 청을 거절하였을 뿐만 아니라 야하스에서 이스라엘을 즉시 공격해 왔습니다(23). 그래서 이스라엘은 아모리인을 쳐부수고, 남쪽으로는 아르논 강에서부터 북쪽으로 얍복까지 시혼의 영토를 모두 장악했습니다(24-26). 얍복강의 동쪽에는 암몬 사람들이 살고 있었는데 이들은 롯의 후손들이었기 때문에 하나님께서 공격하지 못하도록 하셨습니다(창 19:36-38; 신 2:19). 이스라엘은 시혼의 수도 헤스본을 비롯한 아모리의 성읍을 모두 취하여 그곳에 거하게 되었습니다. 이 땅들은 시혼이 그 이전에

살던 모압 왕을 치고 탈취한 땅이었습니다. 27-30절은 모압을 정복한 시혼 왕의 승리를 노래한 구절인데 이제 시혼 왕이 이스라엘에게 멸망하였으니 그의 권세가 허무하게 무너지게 되었습니다. 모세는 야셀을 정탐케 하고 그 촌락을 취하고 아모리인들을 몰아내고 그 땅에 거하였습니다.

33-35절은 바산 왕 옥을 격파한 사건입니다. 옥은 얍복강 바로 북쪽 땅에 살고 있었는데 그도 아모리인이었습니다. 바산은 목재와 목축업으로 유명했습니다. 옥은 '르바임' 족속의 남은 자로 아낙 족속으로 알려졌습니다. 그는 이스라엘이 북쪽으로 진군해 온다는 소식을 듣자 갈릴리 호수 남동쪽 약 64km에 위치한 에드레이에서 대항했습니다. 모세도 심히 두려웠습니다. 그러나 하나님께서 모세에게 말씀하셨습니다. **"그를 두려워 말라. 내가 그와 그 백성과 그 땅을 네 손에 붙였나니, 너는 헤스본에 거하던 아모리인의 왕 시혼에게 행한 것같이 그에게도 행할지니라."(34)** 모세는 하나님의 말씀에 순종하여 믿음으로 옥을 쳤습니다. 35절을 보십시오. 이스라엘은 옥과 그 아들들과 그 백성을 다 쳐서 파하고 한 사람도 남기지 아니하였습니다. 이스라엘은 그 땅을 점령하였습니다. 이를 통해서 이스라엘은 헬몬산과 아르논강 사이의 요단 저편 모두와 동쪽으로 암몬인의 땅에 이르기까지 정복했습니다. 이렇게 해서 그들은 가나안 공격의 준비로서 모압 평지로 어려움 없이 진군하였습니다(22:1).

결론

하나님께서는 모세에게 놋뱀을 만들어 장대에 높이 달게 하신 것처럼 죄 없으신 예수님을 십자가에 달려 죽게 하셨습니다. 이는 옛 뱀 마귀에게 미혹되어 범죄하여 사망에 이르게 된 저와 여러분을 구원하시기 위함이었습니다. 우리가 구원받는 길은 오직 십자가에 달리신 예수님을 믿는 길뿐입니다. 우리가 믿음으로 믿음의 주요, 온전케 하시는 예수님을 바라보고 영생을 얻을 수 있기를 기도합니다.

제 11 강

저주를 축복으로 바꾸신 하나님

(22:1 – 24:25)

요절 23:19,20 "하나님은 인생이 아니시니 식언치 않으시고, 인자가 아니시니 후회가 없으시도다. 어찌 그 말씀하신 바를 행치 않으시며 하신 말씀을 실행치 않으시랴. 내가 축복의 명을 받았으니 그가 하신 축복을 내가 돌이킬 수 없도다."

22:1. 이스라엘 자손이 또 진행하여 모압 평지에 진쳤으니 요단 건너편 곧 여리고 맞은편이더라

2. 십볼의 아들 발락이 이스라엘이 아모리인에게 행한 모든 일을 보았으므로

3. 모압이 심히 두려워하였으니 이스라엘 백성의 많음을 인함이라 모압이 이스라엘 자손의 연고로 번민하여

4. 미디안 장로들에게 이르되 이제 이 무리가 소가 밭의 풀을 뜯어먹음같이 우리 사면에 있는 것을 다 뜯어먹으리로다 하니 때에 십볼의 아들 발락이 모압 왕이었더라

5. 그가 사자를 브올의 아들 발람의 본향 강변 브돌에 보내어 발람을 부르게 하여 가로되 보라 한 민족이 애굽에서 나왔는데 그들이 지면에 덮여서 우리 맞은편에 거하였고

6. 우리보다 강하니 청컨대 와서 나를 위하여 이 백성을 저주하라 내가 혹 쳐서 이기어 이 땅에서 몰아내리라 그대가 복을 비는 자는 복을 받고저를 타고 그 두 종은 그와 함께 있더니 주하는 자는 저주를 받을 줄을 내가 앎이니라

7. 모압 장로들과 미디안 장로들이 손에 복술의 예물을 가지고 떠나 발람에게 이르러 발락의 말로 그에게 고하매

8. 발람이 그들에게 이르되 이 밤에 여기서 유숙하라 여호와께서 내게 이르시는 대로 너희에게 대답하리라 모압 귀족들이 발람에게서 유하니라

9. 하나님이 발람에게 임하여 가라사대 너와 함께 한 이 사람들이 누구냐

10. 발람이 하나님께 고하되 모압 왕 십볼의 아들 발락이 내게 보낸 자라 이르기를

11. 보라 애굽에서 나온 민족이 있어 지면에 덮였으니 이제 와서 나를 위하여 그들을 저주하라 내가 혹 그들을 쳐서 몰아낼 수 있으리라 하나이다

12. 하나님이 발람에게 이르시되 너는 그들과 함께 가지도 말고 그 백성을 저주하지도 말라 그들은 복을 받은 자니라

13. 발람이 아침에 일어나서 발락의 귀족들에게 이르되 너희는 너희의 땅으로 돌아가라 내가 너희와 함께 가기를 여호와께서 허락지 아니하시느니라

14. 모압 귀족들이 일어나 발락에게로 가서 고하되 발람이 우리와 함께 오기를 거절하더이다

15. 발락이 다시 그들보다 더 높은 귀족들을 더 많이 보내매

16. 그들이 발람에게로 나아가서 그에게 이르되 십볼의 아들 발락의 말씀에 청컨대 아무것에도 거리끼지 말고 내게로 오라

17. 내가 그대를 높여 크게 존귀케 하고 그대가 내게 말하는 것은 무엇이든지 시행하리니 청컨대 와서 나를 위하여 이 백성을 저주하라 하시더이다

18. 발람이 발락의 신하들에게 대답하여 가로되 발락이 그 집에 은금을 가득히 채워서 내게 줄지라도 내가 능히 여호와 내 하나님의 말씀을 어기어 덜하거나 더하지 못하겠노라

19. 그런즉 이제 너희도 이 밤에 여기서 유하라 여호와께서 내게 무슨 말씀을 더 하실는지 알아보리라

20. 밤에 하나님이 발람에게 임하여 이르시되

이스라엘을 꾸짖으라 하도다 그 사람들이 너
를 부르러 왔거든 일어나 함께 가라 그러나
내가 네게 이르는 말만 준행할지니라

21. 발람이 아침에 일어나서 자기 나귀에 안장을
지우고 모압 귀족들과 함께 행하니

22. 그가 행함을 인하여 하나님이 진노하심으로
여호와의 사자가 그를 막으려고 길에 서니라
발람은 자기 나귀

23. 나귀가 여호와의 사자가 칼을 빼어 손에
들고 길에 선 것을 보고 길에서 떠나 밭으로
들어간지라 발람이 나귀를 길로 돌이키려고
채찍질하니

24. 여호와의 사자는 포도원 사이 좁은 길에
섰고 좌우에는 담이 있더라

25. 나귀가 여호와의 사자를 보고 몸을 담에
대고 발람의 발을 그 담에 비비어 상하게
하매 발람이 다시 채찍질하니

26. 여호와의 사자가 더 나아가서 좌우로 피할
데 없는 좁은 곳에 선지라

27. 나귀가 여호와의 사자를 보고 발람의 밑에
엎드리니 발람이 노하여 자기 지팡이로 나귀
를 때리는지라

28. 여호와께서 나귀 입을 여시니 발람에게 이르
되 내가 네게 무엇을 하였기에 나를 이같이
세 번을 때리느뇨

29. 발람이 나귀에게 말하되 네가 나를 거역하는
연고니 내 손에 칼이 있었더면 곧 너를 죽였
으리라

30. 나귀가 발람에게 이르되 나는 네가 오늘까지
네 일생에 타는 나귀가 아니냐 내가 언제든
지 네게 이같이 하는 행습이 있더냐 가로되
없었느니라

31. 때에 여호와께서 발람의 눈을 밝히시매 여호
와의 사자가 손에 칼을 빼어 들고 길에 선
것을 보고 머리를 숙이고 엎드리니

32. 여호와의 사자가 그에게 이르되 너는 어찌하
여 네 나귀를 이같이 세 번 때렸느냐 보라
네 길이 내 앞에 패역하므로 내가 너를 막으
려고 나왔더니

33. 나귀가 나를 보고 이같이 세 번을 돌이켜
내 앞에서 피하였느니라 나귀가 만일 돌이켜
나를 피하지 아니하였더면 내가 벌써 너를
죽이고 나귀는 살렸으리라

34. 발람이 여호와의 사자에게 말씀하되 내가
범죄하였나이다 당신이 나를 막으려고 길에
서신 줄을 내가 알지 못하였나이다 당신이
이를 기뻐하지 아니하시면 나는 돌아가겠나
이다

35. 여호와의 사자가 발람에게 이르되 그 사람들
과 함께 가라 내가 네게 이르는 말만 말할지니
라 발람이 발락의 귀족들과 함께 가니라

36. 발락이 발람의 온다 함을 듣고 모압 변경의
끝 아르논 가에 있는 성읍까지 가서 그를
영접하고

37. 발락이 발람에게 이르되 내가 특별히 보내어
그대를 부르지 아니하였느냐 그대가 어찌
내게 오지 아니하였느냐 내가 어찌 그대를
높여 존귀케 하지 못하겠느냐

38. 발람이 발락에게 이르되 내가 오기는 하였으
나 무엇을 임의로 말할 수 있으리이까 하나님
이 내 입에 주시는 말씀 그것을 말할 뿐이니이
다

39. 발람이 발락과 동행하여 기럇후숫에 이르러
서는

40. 발락이 우양을 잡아 발람과 그와 함께한 귀족
을 대접하였더라

41. 아침에 발락이 발람과 함께 하고 그를 인도하
여 바알의 산당에 오르매 발람이 거기서 이스
라엘 백성의 진 끝까지 보니라

23:1. 발람이 발락에게 이르되 나를 위하여 여기
일곱 단을 쌓고 거기 수송아지 일곱과 숫양
일곱을 준비하소서 하매

2. 발락이 발람의 말대로 준비한 후에 발락과
발람이 매단에 수송아지 하나와 숫양 하나를
드리니라

3. 발람이 발락에게 이르되 당신의 번제물 곁에
서소서 나는 저리로 갈지라 여호와께서 혹시
오셔서 나를 만나시리니 그가 내게 지시하시
는 것을 다 당신에게 고하리이다 하고 사태난
산에 이른즉

4. 하나님이 발람에게 임하시는지라 발람이 고
하되 내가 일곱 단을 베풀고 매단에 수송아지
하나와 숫양 하나를 드렸나이다

5. 여호와께서 발람의 입에 말씀을 주어 가라사
대 발락에게 돌아가서 이렇게 말할지니라

6. 그가 발락에게 돌아간즉 발락과 모압 모든
귀족이 번제물 곁에 함께 섰더라

7. 발람이 노래를 지어 가로되 발락이 나를 아람
에서, 모압 왕이 동편 산에서 데려다가 이르기
를 와서 나를 위하여 야곱을 저주하라, 와서

8. 하나님이 저주치 않으신 자를 내 어찌 저주하
며 여호와께서 꾸짖지 않으신 자를 내 어찌
꾸짖을꼬

9. 내가 바위 위에서 그들을 보며 작은 산에서
그들을 타라보니 이 백성은 홀로 처할 것이라

그를 열방 중의 하나로 여기지 않으리로다
10. 야곱의 티끌을 뉘 능히 계산하며 이스라엘
사분지 일을 뉘 능히 계수할꼬 나는 의인의
죽음같이 죽기를 원하며 나의 종말이 그와
같기를 바라도다 하매
11. 발락이 발람에게 이르되 그대가 어찌 내게
이같이 행하느냐 나의 원수를 저주하라고
그대를 데려왔거늘 그대가 온전히 축복하였
도다
12. 대답하여 가로되 여호와께서 내 입에 주신 말씀
을 내가 어찌 말하지 아니할 수 있으리이까
13. 발락이 가로되 나와 함께 그들을 달리 볼
곳으로 가자 거기서는 그들을 다 보지 못하고
그 끝만 보리니 거기서 나를 위하여 그들을
저주하라 하고 목들 같고 물가의 백향목들
같도다
14. 소빔 들로 인도하여 비스가 꼭대기에 이르러
일곱 단을 쌓고 매단에 수송아지 하나와 숫양
하나를 드리니
15. 발람이 발락에게 이르되 내가 저기서 여호와
를 만날 동안에 여기 당신의 번제물 곁에
서소서 하니라
16. 여호와께서 발람에게 임하사 그 입에 말씀을
주어 가라사대 발락에게로 돌아가서 이렇게
말할지니라
17. 발람이 와서 본즉 발락이 번제물 곁에 섰고
모압 귀족들이 함께 있더라 발락이 발람에게
이르되 여호와께서 무슨 말씀을 하시더냐
18. 발람이 노래를 지어 가로되 발락이여 일어나
들을지어다 십볼의 아들이여 나를 자세히
들으라
19. 하나님은 인생이 아니시니 식언치 않으시고
인자가 아니시니 후회가 없으시도다 어찌
그 말씀하신 바를 행치 않으시며 하신 말씀을
실행치 않으시랴
20. 내가 축복의 명을 받았으니 그가 하신 축복을
내가 돌이킬 수 없도다
21. 여호와는 야곱의 허물을 보지 아니하시며
이스라엘의 패역을 보지 아니하시는도다 여
호와 그의 하나님이 그와 함께 계시니 왕을
부르는 소리가 그 중에 있도다
22. 하나님이 그들을 애굽에서 인도하여 내셨으
니 그 힘이 들소와 같도다
23. 야곱을 해할 사술이 없고 이스라엘을 해할
복술이 없도다 이 때에 야곱과 이스라엘에
대하여 논할진대 하나님의 행하신 일이 어찌
그리 크뇨 하리로다
24. 이 백성이 암사자같이 일어나고 수사자같이

일어나서 움킨 것을 먹으며 죽인 피를 마시기
전에는 눕지 아니하리로다 하매
25. 발락이 발람에게 이르되 그들을 저주하지도
말고 축복하지도 말라
26. 발람이 발락에게 대답하여 가로되 내가 당신
에게 고하여 이르기를 여호와께서 말씀하신
것은 내가 그대로 하지 않을 수 없다고 하지
아니하더이까
27. 발락이 발람에게 또 이르되 오라 내가 너를
다른 곳으로 인도하리니 네가 거기서 나를
위하여 그들을 저주하기를 하나님이 혹시
기뻐하시리라 하고
28. 발락이 발람을 인도하여 광야가 내려다 보이
는 브올 산 꼭대기에 이르니
29. 발람이 발락에게 이르되 나를 위하여 여기
일곱 단을 쌓고 거기 수송아지 일곱과 숫양
일곱을 준비하소서
30. 발락이 발람의 말대로 행하여 매단에 수송아
지 하나와 숫양 하나를 드리니라

24:1. 발람이 자기가 이스라엘을 축복하는 것을
여호와께서 선히 여기심을 보고 전과 같이
사술을 쓰지 아니하고 그 낯을 광야로 향하여
2. 눈을 들어 이스라엘이 그 지파대로 거하는
것을 보는 동시에 하나님의 신이 그 위에
임하신지라
3. 그가 노래를 지어 가로되 브올의 아들 발람이
말하며 눈을 감았던 자가 말하며
4. 하나님의 말씀을 듣는 자, 전능자의 이상을
보는 자, 엎드려서 눈을 뜬 자가 말하기를
5. 야곱이여 네 장막이, 이스라엘이여 네 거처가
어찌 그리 아름다운고
6. 그 벌어짐이 골짜기 같고 강가의 동산 같으며
여호와의 심으신 침향
7. 그 통에서는 물이 넘치겠고 그 종자는 많은
물가에 있으리로다 그 왕이 아각보다 높으니
그 나라가 진흥하리로다
8. 하나님이 그를 애굽에서 인도하여 내셨으니
그 힘이 들소와 같도다 그 적국을 삼키고
그들의 뼈를 꺾으며 화살로 쏘아 꿰뚫으리로
다
9. 꿇어 앉고 누움이 수사자와 같고 암사자와도
같으니 일으킬 자 누구이랴 너를 축복하는
자마다 복을 받을 것이요 너를 저주하는 자마
다 저주를 받을지로다
10. 발락이 발람에게 노하여 손뼉을 치며 발람에
게 말하되 내가 그대를 부른 것은 내 원수를
저주하라 함이어늘 그대가 이같이 세 번 그들

을 축복하였도다

11. 그러므로 그대는 이제 그대의 곳으로 달려가라 내가 그대를 높여 심히 존귀케 하기로 뜻하였더니 여호와가 그대를 막아 존귀치 못하게 하셨도다

12. 발람이 발락에게 이르되 당신이 내게 보낸 사자들에게 내가 고하여 이르지 아니하였나이까

13. 가령 발락이 그 집에 은금을 가득히 채워서 내게 줄지라도 나는 여호와의 말씀을 어기고 선악간 임의로 행하지 못하고 여호와께서 말씀하신 대로 말하리라 하지 아니하였나이까

14. 이제 나는 내 백성에게로 돌아가거니와 들으소서 내가 이 백성이 후일에 당신의 백성에게 어떻게 할 것을 당신에게 고하리이다 하고

15. 노래를 지어 가로되 브올의 아들 발람이 말하며 눈을 감았던 자가 말하며

16. 하나님의 말씀을 듣는 자가 말하며 지극히 높으신 자의 지식을 아는 자, 전능자의 이상을 보는 자, 엎드려서 눈을 뜬 자가 말하기를

17. 내가 그를 보아도 이 때의 일이 아니며 내가 그를 바라보아도 가까운 일이 아니로다 한

별이 야곱에게서 나오며 한 홀이 이스라엘에게서 일어나서 모압을 이편에서 저편까지 쳐서 파하고 또 소동하는 자식들을 다 멸하리로다

18. 그 원수 에돔은 그들의 산업이 되며 그 원수 서일도 그들의 산업이 되고 그 동시에 이스라엘은 용감히 행동하리로다

19. 주권자가 야곱에게서 나서 남은 자들을 그 성읍에서 멸절하리로다 하고

20. 또 아말렉을 바라보며 노래를 지어 가로되 아말렉은 열국 중 으뜸이나 종말은 멸망에 이르리로다 하고

21. 또 가인 족속을 바라보며 노래를 지어 가로되 너의 거처가 견고하니 네 보금자리는 바위에 있도다

22. 그러나 가인이 쇠미하리니 나중에는 앗수르의 포로가 되리로다 하고

23. 또 노래를 지어 가로되 슬프다 하나님이 이 일을 행하시리니 그때에 살 자가 누구이랴

24. 깃딤 해변에서 배들이 와서 앗수르를 학대하며 에벨을 괴롭게 하리라마는 그도 멸망하리로다 하고

25. 발람이 일어나 자기 곳으로 돌아갔고 발락도 자기 길로 갔더라

본문 말씀은 발람이 이스라엘을 저주해 달라는 발락 왕의 부탁을 받고 모압으로 갔으나 이스라엘의 하나님께서 저주를 축복으로 바꾸신 사건입니다. 모압 왕 발락은 소떼같이 몰려오는 이스라엘을 보고 심한 두려움에 시달리다가 당시 세계에서 유명한 복술가(卜術家)인 발람을 초청하여 이스라엘을 저주하려고 했습니다. 발람은 예물에 미혹되어 불의의 삯을 좇아갔습니다. 그러나 하나님께서 나귀를 통해 발람을 꾸짖으시고 발람의 입을 통해서 이스라엘을 축복하셨습니다. 본문 말씀을 통해서 우리는 우리 내면에 있는 발람과 같은 마음을 회개하고 저주를 축복으로 바꾸시는 전능하신 하나님을 만날 수 있습니다.

1. 나귀의 입을 열어 발람을 꾸짖으신 하나님 (22:1-35)

모압 왕 발락이 이스라엘을 저주하기 위해 발람을 초청하였습니다. 발람은 애매모호한 태도를 취하였다가 올무에 빠지게 되었습니다. 그래서 하나님께서 나귀의 입을 열어 발람을 꾸짖으셨습니다.

첫째, 애매모호한 태도를 취한 발람 (1-14)

1절을 보십시오. 이스라엘이 모압 평지에 진을 쳤습니다. 아모리 사람들을 쳐서 멸하고 모압 근방까지 올라오는 이스라엘 백성은 모압 사람들에게 큰 위협이 아닐 수 없었습니다(21:21-31). 모압 왕 발락은 심히 두려워하였습니다. 소가 밭의 풀을 뜯어먹음 같이 가나안 땅을 야금야금 정복해 올라오는 이스라엘 군대를 생각하니 두려움에 시달려 잠이 오지 않았습니다. 그래서 미디안 사람들과 연합하여 메소포타미아 브돌50)에 있는 발람51)을 초청하여 이스라엘을 저주할 계획을 세웠

---

50) 앗수루의 한 비문에 페투루(Petru)라는 지명이 있다. 갈그리스(Carchemish) 남쪽에 있는 지명으로 피투루가 바로 브돌과 같은 지명이라는 의견이 강하다. Mays, 「민수기 · 신명기」, p.188; 브돌은 유프라테스 계곡에서 1933년에 발굴한 '마리'라는 큰 성읍과 과히 멀지 않은 곳에 위치했을 것이다. 마리에서 수많은 설형문자 토판이 발견되었다. 이 토판에서 발람과 완전히 같은 활동을 하던 선지자들과 예언자들의 복합적인 예식의 존재를 밝혀 내었다. Merrill & Deere, 「민수기 · 신명기」, p.72; 브돌은 바벨론 마법사들의 유명한 소재지였다는 사실은 의심의 여지가 없다. Keil & Delitzsch, 「민수기」, p.240.

51) 카일 · 델리취에 의하면 발람이라는 이름은 '백성을 삼키는자', '멸하는 자'라는 뜻으로 그가 마술과 요술에 종사하던 집안에서 태어났을 가능성이 크다. 여호수아서에는 '술사'라고 불린다(수 13:22). 신명기 18:10b에서는 '복술가'로 불린다. 발람은 메소포타미아 사람이었지만 어느 정도 하나님을 아는 지식을 가졌으며, 하나님의 계시를 접할 수 있는 민감한 감수성을 가졌다. 발람이 이교의 복술가로서 여호와 하나님에 대한 지식을 가질 수 있었던 것은 이스라엘 족장들의 가정에서 흘러나온 계시들에 대해서 들을 수 있었기 때문이다. 뿐만 아니라 당시 메소포타미아는 아시아와 애굽과 무역이 활발하게 이루어졌기 때문에 이스라엘의 출애굽 소식을 세세히 들었을 가능성이 많다. 발람이 그런 소식을 통해서 이스라엘의 하나님 여호와에 대한 지식을 갖게 되었을 것이다. 그래서 그는 여호와 하나님을 자기 하나님으로 칭하며 선지자 노릇을 하기를

습니다. 5,6절을 보십시오. **"보라. 한 민족이 애굽에서 나왔는데 그들이 지면에 덮여서 우리 맞은 편에 거하였고, 우리보다 강하니 청컨대 와서 나를 위하여 이 백성을 저주하라. 내가 혹 쳐서 이기어 이 땅에서 몰아내리라. 그대가 복을 비는 자는 복을 받고 저주하는 자는 저주를 받을 줄을 내가 앎이니라."** 7절을 보면 모압 장로들과 미디안 장로들이 복술의 예물을 가지고 발람에게 갔습니다.

발람은 그에게 온 사절을 맞아 여호와의 듯을 알아보는 동안 그 밤에 거기에 유숙해야 한다고 말했습니다(8). 발람이 여호와께 알아보겠다고 한 것을 보면 출애굽한 민족이 이스라엘이라는 사실과 그들의 신이 여호와라는 사실을 알고 있었습니다. 그 밤에 하나님께서 발람에게 임하여[52] 말씀하셨습니다. **"너는 그들과 함께 가지도 말고 그 백성을 저주하지도 말라. 그들은 복을 받은 자니라."**(12) 그런데 13절을 보십시오. 발락은 아침에 일어나서 사절단들에게 **"너희의 땅으로 돌아가라. 내가 너희와 함께 가기를 여호와께서 허락지 아니하시느니라"**고 말했습니다. 발람은 이스라엘이 여호와께 복 받은 백성이기 때문에 저주할 수 없다는 사실을 분명히 밝히지 않았습니다. 그래서 사자들이 돌아가서 발락에게 발람이 일방적으로 거절한 것으로 보고했습니다(14). 그래서 발락 왕은 복술의 예물이 적어서 오지 않은 것으로 오해하고 더 많은 예물로 발람을 유혹했습니다. 이처럼 발람이 애매모호한 태도를 취했기 때문에 끈질긴 발락 왕의 유혹을 받게 되었고 결국 파멸에 이

염원했다. 이 모습은 사도행전에 나오는 마술사 시몬과 흡사하다(행 8:13). Keil & Delitzsch, 「민수기」(기독교문서출판사, 1984), pp.233-237.

52) 하나님께서 믿지 아니하는 왕들에게 자신을 나타내신 것은 발람이 유일한 사례가 아니다. 하나님은 아브라함 시대에 그랄의 아비멜렉 왕에게(창 20:6), 꿈에 바로에게(창 41:25), 꿈과 이상으로 느부갓네살에게(단 4:1-5), 기타 다른 인물들에게 자신을 나타내셨다. 주권자이신 하나님께서 인생의 다른 모든 분야와 마찬가지로 선지자의 계시도 주관하신다. Merrill & Deere, 「민수기 · 신명기」, p.72

르게 되었습니다(민 31:8).

이를 보면 유혹의 손길이 가까이 올 때 하나님의 종들은 분명한 태도를 취해야 합니다. 발람이 처음부터 태도를 분명하게 했으면 발락이 다시는 사람을 보내지 않았을 것입니다. 무슨 일이든지 처음부터 분명한 태도를 취하는 것이 좋습니다. 자기의 체면이나 물질적인 유혹이나 사람에 대한 미련 때문에 신앙적인 태도를 분명히 취하지 않으면 그것이 올무가 되어서 빠져 나올 수 없는 함정에 빠지게 되는 경우가 많습니다. 형제들이 군에 가서 처음부터 술을 마시지 않고 유행가를 부르지 않고 분명한 태도를 취하면 처음에는 놀림도 받고 핍박도 받습니다. 그러나 그것은 잠시 뿐이고 반드시 신앙을 인정받게 됩니다. 그렇지 않고 처음에 애매모호한 태도를 취하면 계속해서 많은 유혹에 시달리게 됩니다. 결국 그것이 올무가 되어서 영혼이 파멸에 이르게 됩니다. 우리가 직장 생활에서도 처음부터 분명한 태도를 취하는 것만이 많은 유혹을 이기고 승리할 수 있는 길입니다. 가정 생활이나 대인 관계에 있어서도 자신의 신분을 분명히 밝히고, 범사에 하나님의 말씀대로 사는 사람임을 드러낼 수 있기를 기도합니다. 이것이 죄의 유혹을 이기는 비결입니다.

둘째, 불의의 삯을 사랑한 발람 (15-21)

14,15절을 보면 발락은 이전보다 더 높은 귀족들을 더 많이 보냈습니다. 16,17절을 보십시오. 발람이 오기만 하면 재물뿐만 아니라 높은 벼슬도 주고 크게 존귀케 하겠다고 약속했습니다. 이스라엘을 저주만 해 주면 부와 권세와 명예와 세상 영광을 다 누리게 해 주겠다고 제안했습니다. 그러나 18절을 보면 발람은 발락이 그 집에 은금을 가득히 채워서 자기에게 줄지라도 능히 여호와의 말씀을 더하거나 뺄 수 없다고 대답했습니다. 그렇다면 발람은 예수님께서 천하만국의 모든 권세

를 다 주겠다고 하는 사단에게 **"사단아, 물러가라. 기록되었으되 주 너의 하나님께 경배하고 다만 그를 섬기라(마 4:10)"**고 하신 것처럼 적극적으로 발락 왕의 청을 거절했어야 했습니다. 그러나 19절을 보십시오. **"그런즉 이제 너희도 이 밤에 여기서 유하라. 여호와께서 내게 무슨 말씀을 더 하실는지 알아보리라."** 발람은 머리로는 하나님의 뜻이 무엇인지 잘 알고 있었지만 마음으로는 불의의 삯을 사랑하고 있었습니다. 발람은 하나님의 뜻도 거스르고 싶지 않고 세상의 부귀영화도 누리고 싶었습니다. 재물의 신과 하나님을 동시에 섬기려고 했습니다. 그는 세상과 하나님 사이에 양다리를 걸치고 있었습니다. 그래서 재차 여호와의 말씀을 듣겠다고 했습니다.

20절을 보십시오. 그 밤에 하나님께서 발람에게 임하여 말씀하셨습니다. **"그 사람들이 너를 부르러 왔거든 일어나 함께 가라. 그러나 내가 네게 이르는 말만 준행할지니라."** 하나님께서는 조건부로 허락하셨습니다. 이는 발람에게 세상을 사랑하는 마음이 가득하였기 때문이었습니다. 어떤 의미에서는 발람이 가지 말라고 해도 갈 사람이기 때문에 허락하셨는지도 모릅니다. 하나님께서는 원하시지 않았지만 사람이 탐욕에 눈이 어두워 고집을 부리면 마지못해 허락하십니다(삼상 8:5-9). 그러나 결국은 사람의 계획대로 되지 않고 하나님의 뜻대로 됩니다. 발람은 아침에 일어나서 모압 귀족들과 함께 행하였습니다(21). 사도 베드로는 모압 귀족들을 좇아 간 발람을 가리켜 불의의 삯을 좇아 간 미친 선지자라고 했습니다(벧후 2:15,16).

우리도 발람의 경우와 같은 상황에 처할 때가 있습니다. 평신도로서 직장을 구할 때 여러 길이 있습니다. 사명을 떠나면 인간적으로 성공할 수 있는 직장도 있습니다. 또 직장 생활에서도 조금만 타협하면 많은 물질을 손에 넣을 수 있는 기회도 있을 수 있습니다. 이 때 재물과 세상에 마음이 미혹되고 나면 그 때부터는 생각이 영적으로 돌아가지 않습니다. 말씀을 들어도 상대적으로 받아들입니다. 어떤 분은 욕심에 사로잡혀 하나님의 부르심을 의심하기도 하고, 신앙 생활이 체질에 맞지 않다고도 합니다. 심지어 어떤 분은 음심이 가득한 눈으로 굳세지 못한 영혼들을 미혹하여 죄에 빠지게 한 후에 도의적인 책임을 지는 것이 하나님의 뜻이라고 하며 회개하지 않습니다. 그러나 성경은 분명히 말합니다. **"저희가 바른 길을 떠나 미혹하여 브올의 아들 발람의 길을 좇는도다. 그는 불의의 삯을 사랑하다가 자기의 불법을 인하여 책망을 받되, 말 못하는 나귀가 사람의 소리로 말하여 이 선지자의 미친 것을 금지하였느니라."**(벧후 2:15,16) 사도 베드로는 이런 사람들은 물 없는 샘이요 광풍에 밀려가는 안개와 같으며, 그들에게는 캄캄한 어두움만이 예비되어 있을 뿐이라고 했습니다(벧후 2:17). 우리가 계속하여 정욕에 기초한 기도나, 불의의 삯을 좇는 기도를 드리면 하나님께서 그 마음의 정욕대로 더러움에 내어버려 두십니다(롬 1:24). 그러므로 우리는 적극적으로 하나님의 뜻을 좇고, 절대적인 자세로 하나님의 말씀대로 순종하고자 투쟁해야 합니다.

셋째, 발람을 꾸짖으신 하나님 (22-35)

22a절을 보십시오. **"그가 행함을 인하여 하나님이 진노하심으로 여호와의 사자가 그를 막으려고 길에 서니라."** 하나님께서 진노하신 것은 그의 마음에 숨겨진 동기나 의도에 대한 진노였다고 볼 수 있습니다. 여호와의 사자는 하나님 자신의 현현(顯現)이었습니다.[53] 여호와의 사자가 발람을 막으려고 칼을 들고 길에 서 계셨습니다. 그렇지만 발람은 여호와의 사자를 보지 못했습니다. 이는 불의의 삯을 사랑하는 마음으로 영적인 눈이 닫혀 있었기 때문이었습니다. 그런데 나귀가 여호와의

---

53) 하나님의 사자가 신과 동일시됐다는 사실에다 보통 천사들에게는 완전히 금지된 제물과 경배를 받으셨다는 사실로서 분명해진다(창 18:1,2; 22:14-18; 출 3:1-6).

사자가 칼을 빼어 들고 길에 선 것을 보고 길에서 떠나 밭으로 들어갔습니다(23). 발람은 길을 떠나 밭으로 들어가는 나귀를 돌이키려고 채찍질하였습니다.

또 한참 가다가 포도원 사이 좁은 길이 있었고, 좌우에는 담이 있었습니다. 여호와의 사자는 좁은 길에 서 있었습니다. 나귀는 여호와의 사자를 보고 주인에게 그 사실을 알려 주려고 몸을 담에 대고 발람의 발을 비비어 상하게 했습니다(25). 그러나 발람은 몹시 화가 나서 또 채찍질했습니다. 다시 여호와의 사자가 더 나가서 좌우로 피할 데 없는 좁은 곳에 서 있었습니다. 나귀는 여호와의 사자를 보고 발람의 밑에 아주 엎드려 버렸습니다. 발람은 지팡이로 나귀를 때렸습니다(26).

이 때 하나님께서 나귀의 입을 여셨습니다. **"내가 네게 무엇을 하였기에 나를 이같이 세 번을 때리느뇨?"(28)** 그러자 발람이 나귀에게 말했습니다. **"네가 나를 거역하는 연고니 내 손에 칼이 있었더면 곧 너를 죽였으리라."(29)** 나귀가 발람에게 물었습니다. **"나는 네가 오늘까지 네 일생에 타는 나귀가 아니냐? 내가 언제든지 네게 이같이 하는 행습이 있더냐?"** 발람이 없다고 대답했습니다. 그 때에 하나님께서 발람의 눈을 밝히셨습니다. 발람은 여호와의 사자가 손에 칼을 빼어 들고 서 있는 것을 발견하고 머리를 숙이고 엎드렸습니다(31).

32,33절을 보십시오. 여호와의 사자가 발람을 어떻게 책망했습니까? **"너는 어찌하여 네 나귀를 이같이 세 번 때렸느냐? 보라. 네 길이 내 앞에 패역하므로 내가 너를 막으려고 나왔더니 나귀가 나를 보고 이같이 세 번을 돌이켜 내 앞에서 피하였느니라. 나귀가 만일 돌이켜 나를 피하지 아니하였더면 내가 벌써 너를 죽이고 나귀는 살렸으리라."** 여호와의 사자는 발람의 가는 길이 멸망으로 뛰어드는 길이었기 때문에 막으려고 나왔다고 했습니다. 그리고 나귀가 아니었다면 벌써 죽였을 것이라고 했습니다. 이를 통해서 발람의 죄를 깨우쳐 주고자 했습니다. 발람은 그

제서야 자기의 죄를 깨닫고 여호와의 사자에게 말했습니다. **"내가 범죄하였나이다. 당신이 나를 막으려고 길에 서신 줄을 내가 알지 못하였나이다. 당신이 이를 기뻐하지 아니하시면 나는 돌아가겠나이다."**(34) 발람은 여호와의 뜻을 거스리는 죄와 나귀의 이상한 행동에서 하나님의 뜻을 가려내지 못한 무지의 죄를 깨닫게 되었습니다. 그는 브돌로 돌아가겠다고 했습니다. 그러나 여호와께서는 계속하여 가도록 명하셨습니다. **"그 사람들과 함께 가라. 내가 네게 이르는 말만 말할지니라."** 그래서 발람이 발락의 귀족들과 함께 모압 왕 발락에게로 갔습니다.

하나님께서는 나귀의 입을 여시고 발람의 양심을 일깨워 주셨습니다. 나귀를 통해서 자신의 죄를 깨닫게 하시고, 하나님의 말씀만을 선포하도록 도와주셨습니다. 하나님께서는 우리가 패역할 길로 갈 때 여러 가지 사건들을 통해서 회개하도록 경고하십니다. 작게는 고향으로 가는 버스를 놓치게도 하시고, 크게는 교통사고를 당하게도 하십니다. 질병에 걸리게도 하셔서 자신이 가는 길을 돌아보게 하십니다. 가까운 믿음의 동역자들과 양육하고 있는 양들을 통해서, 학문을 통해서, 직장 상관을 통해서 하나님께서 우리가 가는 길에 제동을 거실 때도 있습니다. 이 때 우리는 하나님 앞에서 자신을 살피고 마음에 숨은 죄악을 회개해야 합니다. 그렇지 않고 발람과 같이 탐욕에 눈이 어두워지면 하나님의 준엄한 심판을 피할 수 없습니다. 우리가 크고 작은 사건들을 통해서 영적인 위험을 알리시는 하나님의 손길을 깨닫고, 마음의 죄악을 회개하고 생명의 길로 돌이킬 수 있기를 기도합니다. 우리가 자신이 가고 있는 길이 과연 여호와 보시기에 옳은 길인지 아닌지 다시 한번 살피고, 하나님의 말씀만을 굳게 의지하고 순종하는 삶을 살 수 있기를 기도합니다.

2. 저주를 축복으로 바꾸신 하나님(22:36-24:25)

22장 36절을 보십시오. 발락 왕은 발람이 온다는 말을 듣고 모압 변경의 끝 아르논 가에 있는 성읍까지 직접 가서 영접하고 발람에게 온갖 부와 명예를 다 줄 것을 약속했습니다. 그러나 발람은 자기가 오기는 했지만 임의로 말할 수 없다고 했습니다. 발락은 발람에게 우양을 잡아 풍성히 대접했습니다. 이튿날 아침에 그와 함께 바알 산당[54]에 오르니 이스라엘 백성의 진 끝까지 다 보였습니다. 발락은 발람에게 이스라엘을 저주하도록 부탁했습니다. 발락은 세 번이나 장소를 옮겨 가면서 발람에게 이스라엘을 저주하도록 종용했습니다. 그러나 하나님께서 발람의 저주를 막으시고 도리어 이스라엘을 축복하게 하셨습니다. 그러면 발람은 어떻게 이스라엘을 축복하게 되었습니까?

첫째, 하나님이 저주하지 않은 자를 내 어찌 저주하랴 (23:1-12)

23장 1절을 보면 발람은 발락에게 일곱 단을 쌓게 하고 매 단에 수송아지 하나와 수양 하나를 번제로 드리게 했습니다.[55] 제사를 드린 후 발람은 발락을 번제물 곁에 세우고, 자기는 사태난 산으로 갔습니다(3).[56] 그러자 하나님께서 발람에게 임하셔서 발락에게 전할 말씀을

---

54) '바알의 산당'이라는 말은 히브리어로 '바알의 높은 곳들'을 의미한다. 이곳은 바알 신에게 예배하는 중심지였으며, 주로 언덕 높은 곳에 있는 자연적인 장소들을 나타낸다. 이런 장소는 바알의 제사장이나 예언자가 그들의 신과 의사 소통을 가장 잘 할 수 있는 곳으로 간주되었다. 왜냐하면 높고 공기가 맑은 그런 장소에서 별들이나 구름들, 새떼들의 움직임을 가장 잘 관찰할 수 있었으며, 이러한 것들이 모두 신들의 뜻을 해석하는 데 이용되었기 때문이다. 발락이 발람을 그런 장소로 데리고 간 것도 분명한 의도를 가진 것으로 간주된다. Riggans, 「민수기」, p.225.

55) 발람이 이렇게 일곱 단을 만들고, 각 단마다 번제를 드린 행위는 성경에서 선례가 없는 것으로서 이방 제사 의식의 하나로 추정된다.

56) 이교의 복술가들은 항상 그들의 점궤를 찾을 곳으로서 전망이 넓고 사람의 발길이 닿지 않는 높은 곳들, 특히 산꼭대기의 우뚝 솟아오른 암벽 위나 벌거숭이가 된 정점을

주셨습니다. 발람이 돌아오니 발락은 모압의 모든 귀족들과 함께 번제물 곁에 서 있었습니다. 발람이 하나님께서 주신 말씀을 노래를 지어 말했습니다. 7-10절을 보십시오. 발락이 자기를 데려와서 야곱을 저주하라 꾸짖으라 하는데, 발람은 **"하나님이 저주하시지 않은 자를 내가 어찌 저주하며, 여호와께서 꾸짖지 않으신 자를 내가 어찌 꾸짖으랴!"**고 했습니다(7,8). 발람이 이스라엘을 저주할 수 없는 이유를 두 가지로 말했습니다.

첫째는 이스라엘이 홀로 처하는 민족, 곧 다른 민족과 동일시 될 수 없는 특별한 민족이기 때문이었습니다. '홀로 처한다'는 것은 이스라엘이 이방 세계로부터 내면적으로 구별된 백성이라는 뜻이며, '열방 중의 하나로 여김을 받지 않는다'는 말은 열방의 운명을 함께 나누지 않는 특별한 백성임을 말해 줍니다.

둘째는 하나님의 복과 은총을 크게 입은 백성이었기 때문이었습니다. **"야곱의 후손들이 티끌같이 많으니 누가 그 수를 헤아릴 수 있으랴?"** 이 말씀은 창세기 13장 16절에 있는 약속의 말씀대로 이스라엘이 심히 번성할 것을 말해 줍니다. 발람은 자신도 이스라엘 백성 중의 하나가 되기를 원한다고 했습니다. 발람의 말을 듣고 있던 발락은 화가 났습니다. 발락은 이스라엘을 저주하기 위해서 엄청나게 많은 비용을 투자했는데 오히려 이스라엘을 온전히 축복하니 어찌 이같이 하느냐고 꾸짖었습니다(11).

둘째, 그가 하신 축복을 내가 돌이킬 수 없도다 (23:13-30)

발락은 발람이 벌떼같이 많은 이스라엘을 보고 겁에 질려서 축복한 것으로 생각했습니다. 그래서 이스라엘 백성의 끄트머리만 보이는 비

택하는 관습이 있었다(Hengstenberg). Keil & Delitzsch, 「민수기」, p.256.

스가산 꼭대기로 장소를 옮겼습니다(14: 21:20). 발람은 그곳에서 일곱 단을 쌓고 매 단에 수송아지 하나와 수양 하나를 번제로 드렸습니다. 발람은 다시 외딴 곳에 갔습니다. 여호와께서 발람에게 임하여 그 입에 말씀을 주셨습니다.

18-24절을 보십시오. 발람은 첫째로 하나님은 인생이 아니시니 식언치 아니하시고, 인자[57]가 아니시므로 후회가 없다고 했습니다. 그러므로 그 하신 말씀을 반드시 행하시며 실행하신다는 것이었습니다. 하나님은 다른 신들처럼 희생 제사와 주문에 넘어가는 변덕스러운 분이 아니라는 것이었습니다(19).

둘째로 하나님께서 자기에게 축복의 명을 주셨기 때문에 자기는 그 축복을 돌이킬 수 없다고 했습니다. 20절을 보십시오. **"내가 축복의 명을 받았으니 그가 하신 축복을 내가 돌이킬 수 없도다."** 발람은 자신이 하나님으로부터 이스라엘을 축복하라는 명을 받았다고 했습니다. 그러므로 하나님께서 하신 축복을 자신이 돌이킬 수 없다고 말했습니다.

셋째로 하나님께서는 이스라엘의 허물과 패역(悖逆)을 눈감아주시기 때문에 그들은 하나님을 왕으로 모시고 사는 백성이라고 했습니다. **"왕을 부르는 소리가 그 중에 있도다(21)"**라는 말은 여호와께서 그들의 왕이 되사 그들 중에 거하시며, 그들을 다스리시는 사실에 이스라엘이 기뻐 외치는 환성을 가리킵니다(출 15:18; 신 33:5).

넷째로 하나님께서 그들을 애굽에서 인도하여 내셨으며, 그 힘이 들소와 같으니 야곱을 해할 사술(邪術)이 없고, 이스라엘을 해할 복술(卜術)이 없다고 고백했습니다. 암사자같이 일어나고 수사자같이 일어나서 움킨 것을 먹으며, 죽인 피를 마시기 전에는 눕지 않는다고 노래했습니다. 따라서 이스라엘을 공격하려고 시도하는 것은 사나운 사자들과 대면하는

---

57) '인자(人子)'라는 용어를 에스겔서에는 '죽을 인간'으로 번역하고 있다.

것 같이 스스로 파멸을 초래하는 길이라는 것이었습니다. 그러자 발락은 그들을 저주하지 않으려거든 축복하지도 말라고 했습니다(25).

　셋째, 너를 축복하는 자마다 복을 받을 것이요 (23:27-24:9)
　발락은 이스라엘을 저주하는 일을 포기할 수 없었습니다. 발락은 또 다른 곳으로 가서 이스라엘을 저주하도록 요청했습니다. **"오라. 내가 너를 다른 곳으로 인도하리니, 네가 거기서 나를 위하여 그들을 저주하기를 하나님이 혹시 기뻐하시리라."(27)** 발락은 발람을 인도하여 광야가 내려다보이는 브올산 꼭대기에 이르렀습니다. 발람은 거기에 다시 일곱 단을 쌓게 하고 각 단에 수송아지 하나와 수양 하나로 번제를 드리게 했습니다. 그런데 이 때 발람은 자기가 이스라엘을 축복하는 것을 여호와께서 선히 여기심을 보고 전과 같이 사술(邪術)을 쓰지 아니하였습니다(24:1). 발람이 사술을 쓸 때는 하나님께서 직접 그 입에 말씀을 넣어 주셨습니다. 그러나 그 마음이 순수해졌을 때 하나님의 신이 직접 그 위에 임하셨습니다(2).[58] 하나님의 신이 예언자들에게 있었던 것처럼 발람을 황홀경으로 몰아넣었습니다. **"브올의 아들, 발람이 말하며, 눈을 감았던 자가 말하며, 하나님의 말씀을 듣는 자, 전능자의 이상을 보는 자, 엎드려서 눈을 뜬 자가 말하기를"(3,4)** 발람은 눈을 감고 황홀경에 들어가 놀라운 영적인 세계를 보고 장차 이스라엘이 누릴 영광과 번영을 노래했습니다.
　5절을 보십시오. **"야곱이여 네 장막이, 이스라엘이여 네 거처가 어찌**

---

58) 발람에게 하나님의 신이 임했다고 해서 발람이 하나님의 선지자가 되었다고 할 수는 없다. 구약에서는 일시적으로 하나님의 신이 사람에게 임한 적이 많다. 하나님의 신의 감동으로 사울은 힘이 세어져 소의 각을 뜰 정도가 되었다(삼상 11:6,7). 또 그에게 하나님의 신이 임했을 때 예언도 했다(삼상 10:10,11). 그러나 그러한 현상들은 일시적인 것들이었으며, 예수님을 믿음으로 죄 사함을 받은 자에게 선물로 주어진 성령의 임재하심과는 근본적으로 다르다.

그리 아름다운고?" 이 구절은 오늘에 이르기까지 회당에서 매일 아침 예배를 시작할 때 큰 소리로 읽혀지고 있는 구절입니다. 6절은 에덴에서의 생활을 암시하는 것 같은 인상을 줍니다(사 58:11). 발람은 이스라엘의 주거의 아름다움을 노래했습니다. 천막을 치고 있는 모습이 골짜기 같고 강가의 동산같이 아름답다고 했습니다. 그 나라가 번성할 것이며 들소와 같이 힘이 세고, 수사자 같고 암사자 같으니 건드릴 자가 아무도 없다고 노래했습니다(8). 9절을 보십시오. **"너를 축복하는 자마다 복을 받을 것이요, 너를 저주하는 자마다 저주를 받을지로다."** 무엇보다 그는 하나님께서 아브라함에게 주신 약속을 선포함으로써 예언의 절정에 이릅니다(창 12:1-3). 발람은 누구든지 이스라엘을 축복하는 자는 복을 받고, 그들을 저주하는 자마다 저주를 받는다고 선언했습니다. 이 말은 이스라엘을 저주하려는 발락에게 저주를 선포하는 말과 같았습니다.

넷째, 한 별이 야곱에게서 나오며 (24:10-25)

10,11절을 보십시오. 발락이 노하여 손뼉을 치며 발람을 꾸짖었습니다. **"내가 그대를 부른 것은 내 원수를 저주하라 함이어늘 그대가 이같이 세 번 그들을 축복하였도다."** 그리고 고향으로 돌아가라고 했습니다. 그러나 발람은 이스라엘 백성이 훗날에 모압 백성에게 행할 일을 고하고 가겠다고 했습니다. 15-24절은 발람이 발락에게 마지막으로 한 예언이었습니다. 이 예언은 크게 두 부분으로 나뉘어져 있습니다.

첫째는 야곱의 별에 관한 예언입니다(15-19). 곧 한 왕이 탄생하여 이스라엘은 강국이 되고, 주변의 여러 백성 위에 군림하게 될 것이라는 뜻이었습니다. 17절을 보십시오. **"한 별이 야곱에게서 나오며 한 홀이 이스라엘에게서 일어나서 모압을 이편에서 저편까지 쳐서 파하고 또 소동하는 자식들을 다 멸하리로다."** 고대 사회에 홀은 왕의 통치권을 상징했으며, 별은 고대 근동지방에서 왕의 인격이나 왕실의 운명을 상징했습니다. 이 예언은 다윗 왕이 모압과 에돔을 격파함으로써 성취되었습니다(삼하 8:2,13,14). 뿐만 아니라 이 예언은 다윗의 왕위에 오르신 예수 그리스도로 말미암아 성취되었습니다. 요한계시록 22장 16절에는 다윗의 후손인 예수님을 '광명한 새벽별'로 찬양하고 있습니다. 하나님께서는 이방의 복술가 발람의 입을 통해서 장차 오실 메시야를 통해 인류를 구원할 계획을 알려 주셨습니다.

둘째는 당시의 여러 민족들에 대한 예언입니다(20-24). 아말렉은 열국 중 으뜸이지만 결국은 멸망에 이른다고 했습니다(20). 아말렉은 이스라엘과 싸웠던 첫번째 가나안 민족이었습니다(출 17:8-15). 그러나 이들은 이스라엘의 초대 왕 사울에 의해 정복되었으며, 히스기야 왕 때 전멸되었습니다(삼상 15:7,8; 삼하 8:11,12; 대상 4:41-43). 21,22절에는 가인 족속에 대한 예언이 나오는데 이들은 겐 족속을 가리킵니다. 그들은 아말렉과 밀접하게 관련된 민족이었습니다(삼상 15:6). 또한 모세의 장인을 통하여 이스라엘과 밀접하게 관련되어 있었습니다(삿 4:11). 그래서 사울과 다윗은 모두 그들을 도우려고 노력했습니다(삼상 15:6; 30:25-30). 그러나 이들도 결국 쇠미하고 나중에는 앗수르의 포로가 된다고 했습니다. 24절의 깃딤 해변은 구부르 해변을 가리키는 말로서 지중해 연안을 제패한 제국이 등장하여 앗수르와 에벨을 괴롭게 할 것이지만 그들도 멸망한다고 했습니다. 그후 발람이 일어나 자기 곳으로 돌아갔고, 발락도 자기 길로 갔습니다.

모세는 광야 생활을 마치고 가나안에 들어가기 직전에 이 사건을 회고하며 다음과 같이 말했습니다. **"그들은 너희가 애굽에서 나올 때에 떡과 물로 너희를 길에서 영접하지 아니하고 메소보다미아의 브돌 사람 브올의 아들 발람에게 뇌물을 주어 너희를 저주케 하려 하였으나 네 하나님 여호와께서 너를 사랑하시므로 발람의 말을 듣지 아니하고, 그 저주를**

변하여 복이 되게 하셨나니"(신 23:4,5) 모세는 브올의 아들 발람의 사건을 통해서 저주를 변하여 복이 되게 하시는 축복의 하나님을 만났습니다. 아브라함에게 하신 약속을 신실하게 지키시는 복의 근원이 되시는 하나님을 만났습니다. 우리 하나님은 저주를 복으로 바꾸시는 전능하신 하나님이십니다. 택한 백성을 복의 근원으로 삼으시고 그들을 축복하는 자마다 축복하시고 저주하는 자마다 저주하시는 분이십니다. 하나님께서는 저와 여러분을 아브라함과 같은 복의 근원으로 삼으셨습니다. 예수님을 통해서 우리에게 아브라함의 복을 받게 하셨습니다. 예수님께서 우리 대신 저주를 받으심으로 우리가 율법의 저주에서 속량을 받게 되었습니다. 하나님께서는 예수님 안에서 모든 저주를 멸하시고, 저주가 복이 되게 하십니다. 그래서 사도 바울은 노래했습니다. **"우리가 알거니와 하나님을 사랑하는 자 곧 그 뜻대로 부르심을 입은 자들에게는 모든 것이 합력하여 선을 이루느니라."(롬 8:28)** 우리 하나님은 모든 것을 합력하여 선을 이루시는 하나님입니다. 하나님이 축복하신 자를 누가 저주할 수 있겠습니까? 이 하나님을 믿고, 믿음으로 성서한 국과 세계선교 역사를 감당할 수 있기를 기도합니다.

결론

하나님께서는 우리를 죄 가운데서 구원해 주시고, 아브라함과 같은 복의 근원으로 삼아 주셨습니다. 그렇지만 우리 마음속에는 발람과 같이 불의의 삯을 좇는 요소들이 많습니다. 우리가 어떤 상황에 처하더라도 하나님의 종으로서 분명한 태도를 취하여 처음부터 유혹의 손길을 뿌리칠 수 있기를 기도합니다. 또한 우리의 구체적인 삶 속에서 일어나는 크고 작은 사건들을 통해서 들려주시는 하나님의 음성에 귀를 기울일 수 있기를 기도합니다. 저주를 축복으로 바꾸어 주시는 하나님을 믿음으로 승리의 삶을 살 수 있기를 기도합니다.

제 12 강
모세의 후계자를 세우신 하나님
(25:1 – 27:23)

요절 27:18 "여호와께서 모세에게 이르시되 눈의 아들 여호수아는 신에 감동된 자니 너는 데려다가 그에게 안수하고"

25:1. 이스라엘이 싯딤에 머물러 있더니 그 백성이 모압 여자들과 음행하기를 시작하니라

2. 그 여자들이 그 신들에게 제사할 때에 백성을 청하매 백성이 먹고 그들의 신들에게 절하므로

3. 이스라엘이 바알브올에게 부속된지라 여호와께서 이스라엘에게 진노하시니라

4. 여호와께서 모세에게 이르시되 백성의 두령들을 잡아 태양을 향하여 여호와 앞에 목매어 달라 그리하면 여호와의 진노가 이스라엘에게서 떠나리라

5. 모세가 이스라엘 사사들에게 이르되 너희는 각기 관할하는 자 중에 바알브올에게 부속한 사람들을 죽이라 하니라

6. 이스라엘 자손의 온 회중이 회막문에서 울 때에 이스라엘 자손 한 사람이 모세와 온 회중의 목전에 미디안의 한 여인을 데리고 그 형제에게로 온지라

7. 제사장 아론의 손자 엘르아살의 아들 비느하스가 보고 회중의 가운데서 일어나 손에 창을 들고

8. 그 이스라엘 남자를 따라 그의 막에 들어가서 이스라엘 남자와 그 여인의 배를 꿰뚫어서 두 사람을 죽이니 염병이 이스라엘 자손에게서 그쳤더라

9. 그 염병으로 죽은 자가 이만 사천 명이었더라

10. 여호와께서 모세에게 일러 가라사대

11. 제사장 아론의 손자 엘르아살의 아들 비느하스가 나의 질투심으로 질투하여 이스라엘 자손 중에서 나의 노를 돌이켜서 나의 질투심으로 그들을 진멸하지 않게 하였도다

12. 그러므로 말하라 내가 그에게 나의 평화의 언약을 주리니

13. 그와 그 후손에게 영원한 제사장 직분의 언약이라 그가 그 하나님을 위하여 질투하여 이스라엘 자손을 속죄하였음이니라

14. 죽임을 당한 이스라엘 남자 곧 미디안 여인과 함께 죽임을 당한 자의 이름은 시므리니 살루의 아들이요 시므온인의 종족 중 한 족장이며

15. 죽임을 당한 미디안 여인의 이름은 고스비니 수르의 딸이라 수르는 미디안 백성 한 종족의 두령이었더라

16. 여호와께서 모세에게 일러 가라사대

17. 미디안인들을 박해하며 그들을 치라

18. 이는 그들이 궤계로 너희를 박해하되 브올의 일과 미디안 족장의 딸 곧 브올의 일로 염병이 일어난 날에 죽임을 당한 그들의 자매 고스비의 사건으로 너희를 유혹하였음이니라

26:1. 염병 후에 여호와께서 모세와 제사장 아론의 아들 엘르아살에게 일러 가라사대

2. 이스라엘 자손의 온 회중의 총수를 그 조상의 집을 따라 조사하되 이스라엘 중에 무릇 이십 세 이상으로 능히 싸움에 나갈 만한 자를 계수하라 하시니

3. 모세와 제사장 엘르아살이 여리고 맞은편 요단 가 도압 평지에서 그들에게 고하여 가로되

4. 여호와께서 애굽 땅에서 나온 모세와 이스라엘 자손에게 명하신 대로 너희는 이십 세 이상 된 자를 계수하라 하니라

5. 이스라엘의 장자는 르우벤이라 르우벤 자손

은 하녹에게서 난 하녹 가족과 발루에게서
난 발루 가족과

6. 헤스론에게서 난 헤스론 가족과 갈미에게서
난 갈미 가족이니

7. 이는 르우벤 가족들이라 계수함을 입은 자가
사만 삼천칠백삼십 명이요

8. 발루의 아들은 엘리압이요

9. 엘리압의 아들은 느무엘과 다단과 아비람이
라 이 다단과 아비람은 회중 가운데서 부름을
받은 자러니 고라의 무리에 들어가서 모세와
아론을 거스려 여호와께 패역할 때에

10. 땅이 그 입을 열어서 그 무리와 고라를 삼키매
그들이 죽었고 당시에 불이 이백오십 명을
삼켜 징계가 되게 하였으나

11. 그러나 고라의 아들들은 죽지 아니하였더라

12. 시므온 자손은 그 종족대로 이러하니 느무엘
에게서 난 느무엘 가족과 야민에게서 난 야민
가족과 야긴에게서 난 야긴 가족과

13. 세라에게서 난 세라 가족과 사울에게서 난
사울 가족이라

14. 이는 시므온 종족들이니 계수함을 입은 자가
이만 이천이백 명이었더라

15. 갓 자손은 그 종족대로 이러하니 스본에게서
난 스본 가족과 학기에게서 난 학기 가족과
수니에게서 난 수니 가족과

16. 오스니에게서 난 오스니 가족과 에리에게서
난 에리 가족과

17. 아롯에게서 난 아롯 가족과 아렐리에게서
난 아렐리 가족이라

18. 이는 갓 자손의 종족들이니 계수함을 입은
자가 사만 오백 명이었더라

19. 유다의 아들은 에르와 오난이라 이 에르와
오난은 가나안 땅에서 죽었고

20. 유다의 자손은 그 종족대로 이러하니 셀라에
게서 난 셀라 가족과 베레스에게서 난 베레스
가족과 세라에게서 난 세라 가족이며

21. 또 베레스 자손은 이러하니 헤스론에게서 난
헤스론 가족과 하물에게서 난 하물 가족이라

22. 이는 유다 종족들이니 계수함을 입은 자가
칠만 육천오백 명이었더라

23. 잇사갈 자손은 그 종족대로 이러하니 돌라에
게서 난 돌라 가족과 부와에게서 난 부니
가족과

24. 야숩에게서 난 야숩 가족과 시므론에게서
난 시므론 가족이라

25. 이는 잇사갈 종족들이니 계수함을 입은 자가
육만 사천삼백 명이었더라

26. 스불론 자손은 그 종족대로 이러하니 세렛에

게서 난 세렛 가족과 엘론에게서 난 엘론
가족과 얄르엘에게서 난 얄르엘 가족이라

27. 이는 스불론 종족들이니 계수함을 입은 자가
육만 오백 명이었더라

28. 요셉의 아들들은 그 종족대로 므낫세와 에브
라임이요

29. 므낫세의 자손 중 마길에게서 난 것은 마길
가족이라 마길이 길르앗을 낳았고 길르앗에
게서 난 것은 길르앗 가족이라

30. 길르앗 자손은 이러하니 이에셀에게서 난
이에셀 가족과 헬렉에게서 난 헬렉 가족과

31. 아스리엘에게서 난 아스리엘 가족과 세겜에
게서 난 세겜 가족과

32. 스미다에게서 난 스미다 가족과 헤벨에게서
난 헤벨 가족이며

33. 헤벨의 아들 슬로브핫은 아들이 없고 딸뿐이
라 그 딸의 이름은 말라와 노아와 호글라와
밀가와 디르사니

34. 이는 므낫세의 종족들이라 계수함을 입은
자가 오만 이천칠백 명이었더라

35. 에브라임 자손은 그 종족대로 이러하니 수델
라에게서 난 수델라 가족과 베겔에게서 난
베겔 가족과 다한에게서 난 다한 가족이며

36. 수델라 자손은 이러하니 에란에게서 난 에란
가족이라

37. 이는 에브라임 자손의 종족들이니
계수함을 입은 자가 삼만 이천오백 명이라 이상
은 그 종족을 따른 요셉 자손이었더라

38. 베냐민 자손은 그 종족대로 이러하니 벨라에
게서 난 벨라 가족과 아스벨에게서 난 아스벨
가족과 아히람에게서 난 아히람 가족과

39. 스부밤에게서 난 스부밤 가족과 후밤에게서
난 후밤 가족이며

40. 벨라의 아들은 아릇과 나아만이라 아릇에게
서 아릇 가족과 나아만에게서 나아만 가족이
났으니

41. 이는 그들의 종족을 따른 베냐민 자손이라
계수함을 입은 자가 사만 오천육백 명이었더
라

42. 단 자손은 그 종족대로 이러하니라 수함에게
서 수함 가족이 났으니 이는 그들의 종족을
따른 단 가족들이라

43. 수함 모든 가족의 계수함을 입은 자가 육만
사천사백 명이었더라

44. 아셀 자손은 그 종족대로 이러하니 임나에게
서 난 임나 가족과 이스위에게서 난 이스위
가족과 브리아에게서 난 브리아 가족이며

45. 브리아의 자손 중 헤벨에게서 난 헤벨 가족과

말기엘에게서 난 말기엘 가족이며
46. 아셀의 딸의 이름은 세라라
47. 이는 아셀 자손의 종족들이니 계수함을 입은
자가 오만 삼천사백 명이었더라
48. 납달리 자손은 그 종족대로 이러하니 야셀에
게서 난 야셀 가족과 구니에게서 난 구니
가족과
49. 예셀에게서 난 예셀 가족과 실렘에게서 난
실렘 가족이라
50. 이는 그 종족을 따른 납달리 가족들이니 계수
함을 입은 자가 사만 오천사 백 명이었더라
51. 이스라엘 자손의 계수함을 입은 자가 육십만
일천칠백삼십 명이었더라
52. 여호와께서 모세에게 일러 가라사대
53. 이 명수대로 땅을 나눠 주어 기업을 삼게
하라
54. 수가 많은 자에게는 기업을 많이 줄 것이요
수가 적은 자에게는 기업을 적게 줄 것이니
그들의 계수함을 입은 수대로 각기 기업을
주되
55. 오직 그 땅을 제비뽑아 나누어 그들의 조상
지파의 이름을 따라 얻게 할지니라
56. 그 다소를 물론하고 그 기업을 제비뽑아 나눌
지니라
57. 레위인의 계수함을 입은 자는 그 종족대로
이러하니 게르손에게서 난 게르손 가족과
고핫에게서 난 고핫 가족과 므라리에게서
난 므라리 가족이며
58. 레위 종족들은 이러하니 립니 가족과 헤브론
가족과 말리 가족과 무시 가족과 고라 가족이
라 고핫은 아므람을 낳았으며
59. 아므람의 처의 이름은 요게벳이니 레위의
딸이요 애굽에서 레위에게서 난 자라 그가
아므람에게서 아론과 모세와 그 누이 미리암
을 낳았고
60. 아론에게서는 나답과 아비후와 엘르아살과
이다말이 났더니
61. 나답과 아비후는 다른 불을 여호와 앞에 드리
다가 죽었더라
62. 레위인의 일 개월 이상으로 계수함을 입은
모든 남자가 이만 삼천 명이었더라 그들은
이스라엘 자손 중 계수에 들지 아니하였으니
이는 이스라엘 자손 중에서 그들에게 준 기업
이 없음이었더라
63. 이는 모세와 제사장 엘르아살의 계수한 자라
그들이 여리고 맞은편 요단 가 모압 평지에서
이스라엘 자손을 계수한 중에는
64. 모세와 제사장 아론이 시내 광야에서 계수한

이스라엘 자손은 한 사람도 들지 못하였으
니
65. 이는 여호와께서 그들에게 대하여 말씀하시
기를 그들이 반드시 광야에서 죽으리라 하셨
음이라 이러므로 여분네의 아들 갈렙과 눈의
아들 여호수아 외에는 한 사람도 남지 아니하
였더라

27:1 요셉의 아들 므낫세 가족에 므낫세의 현손
마길의 증손 길르앗의 손자 헤벨의 아들 슬로
브핫의 딸들이 나아왔으니 그 딸들의 이름은
말라와 노아와 호글라와 밀가와 디르사라
2. 그들이 회막 문에서 모세와 제사장 엘르아살
과 족장들과 온 회중 앞에 서서 가로되
3. 우리 아버지가 광야에서 죽었으나 여호와를
거스려 모인 고라의 무리에 들지 아니하고
자기 죄에 죽었고 아들이 없나이다
4. 어찌하여 아들이 없다고 우리 아버지의 이름
이 그 가족 중에서 삭제되리이까 우리 아버지
의 형제 중에서 우리에게 기업을 주소서 하매
5. 모세가 그 사연을 여호와께 품하니라
6. 여호와께서 모세에게 일러 가라사대
7. 슬로브핫 딸들의 말이 옳으니 너는 반드시
그들의 아비의 형제 중에서 그들에게 기업을
주어 얻게 하되 그 아비의 기업으로 그들에게
돌릴지니라
8. 너는 이스라엘 자손에게 고하여 이르기를
사람이 죽고 아들이 없거든 그 기업을 그
딸에게 돌릴 것이요
9. 딸도 없거든 그 기업을 그 형제에게 줄 것이요
10. 형제도 없거든 그 기업을 그 아비의 형제에
게 줄 것이요
11. 그 아비의 형제도 없거든 그 기업을 가장
가까운 친족에게 주어 얻게 할지니라 하고
나 여호와가 너 모세에게 명한 대로 이스라엘
자손에게 판결의 율례가 되게 할지니라
12. 여호와께서 모세에게 이르시되 너는 이 아바
림 산에 올라가서 내가 이스라엘 자손에게
준 땅을 바라보라
13. 본 후에는 네 형 아론의 돌아간 것같이 너도
조상에게로 돌아가리니
14. 이는 신 광야에서 회중이 분쟁할 제 너희가
내 명을 거역하고 그 물가에서 나의 거룩함을
그들의 목전에 나타내지 아니하였음이니라
이 물은 신 광야 가데스의 므리바 물이니라
15. 모세가 여호와께 여짜와 가로되
16. 여호와, 모든 육체의 생명의 하나님이시여
원컨대 한 사람을 이 회중 위에 세워서

17. 그로 그들 앞에 출입하며 그들을 인도하여 출입하게 하사 여호와의 회중으로 목자 없는 양과 같이 되지 않게 하옵소서
18. 여호와께서 모세에게 이르시되 눈의 아들 여호수아는 신에 감동된 자니 너는 데려다가 그에게 안수하고
19. 그를 제사장 엘르아살과 온 회중 앞에 세우고 그들의 목전에서 그에게 위탁하여 양과 같이 되지 않게 하옵소서
18. 여호와께서 모세에게 이르시되 눈의 아들 여호수아는 신에 감동된 자니 너는 데려다가 그에게 안수하고
19. 그를 제사장 엘르아살과 온 회중 앞에 세우고 그들의 목전에서 그에게 위탁하여
21. 그는 제사장 엘르아살 앞에 설 것이요 엘르아살은 그를 위하여 우림의 판결법으로 여호와 앞에 물을 것이며 그와 온 이스라엘 자손 곧 온 회중은 엘르아살의 말을 좇아 나가며 들어올 것이니라
22. 모세가 여호와께서 자기에게 명하신 대로 하여 여호수아를 데려다가 제사장 엘르아살과 온 회중 앞에 세우고
23. 그에게 안수하여 위탁하되 여호와께서 자기에게 명하신 대로 하였더라

본문 말씀은 이스라엘이 모압 여인들과 음행하다가 하나님의 징계를 받은 사건과 모세가 제2차 인구 조사를 하고 여호수아를 후계자로 세우는 사건입니다. 하나님께서는 음란과 우상 숭배의 죄악에 빠진 이스라엘을 징계하시고 염병으로 치셨습니다. 그래서 다시는 가나안 족속들과 통혼하지 않도록 엄히 경고하셨습니다. 뿐만 아니라 인구 조사를 실시하여 이스라엘 군대를 재정비하시고, 가나안 진군을 앞두고 그들을 지휘할 새로운 지도자를 세우셨습니다. 이를 통해서 모세의 시대는 가고 여호수아의 시대가 도래하게 되었습니다. 본문 말씀을 통해서 우리는 한 시대를 마감하시고 새로운 지도자를 세워 가나안 정복을 준비하시는 소망의 하나님을 만날 수 있습니다.

1. 모압 여자들과 음행한 백성에게 진노하신 하나님 (25:1-18)

25장에 나오는 '이스라엘이 모압 여자들과 음행한 사건'은 시내산에서의 금송아지 사건(출 32장), 가데스에서의 가나안 정탐 사건(민 13,14장), 고라의 반역 사건(민 16장)과 함께 광야 4대 반역의 사건이라 합니다.[59] 범죄한 이스라엘과 이들을 징계하시는 하나님을 통해서 이 시대

---

59) 특히 모압에서의 배도 사건은 아론의 금송아지 사건과 유사하다. 아론의 금송아지 사건은 출애굽 직후에 일어난 사건이고, 모압에서의 바알숭배 사건은 가나안에 들어가기

에 우리에게 주시는 경고의 음성을 들을 수 있기를 기도합니다.

첫째, 모압 여자들과 음행한 이스라엘 (1-5)

1절을 보십시오. 이스라엘이 싯딤에 머물러 있을 때였습니다. 싯딤 (acacia trees)은 모세가 신명기를 설교한 곳이었습니다(신 1:5; 29:1). 이곳은 가나안 공격의 근거지로서 여호수아가 여리고에 정탐군을 파견한 곳이기도 합니다(13:1,2,26). 그런데 거기에 있을 때 이스라엘 백성이 모압 여자들과 음행하기 시작했습니다. 이는 모압 여자들이 발람의 꾀를 좇아 이스라엘 자손으로 여호와 앞에 범죄케 한 것이었습니다 (25:14; 31:16). 발람은 이스라엘을 저주하는 일에 실패한 후 이스라엘을 타락하게 하여 스스로 멸망케 하는 꾀를 내었습니다. 40년 동안 광야에서 야생마처럼 살아온 이스라엘 백성의 가장 큰 약점은 육신의 안일과 정욕이었습니다. 발람은 이 약점을 이용하여 이스라엘을 유혹했습니다. 아리따운 모압 여인들이 적극적으로 꼬리를 치고 다니자 백성들은 넋을 잃고 모압 여자들과 음행하기 시작했습니다. 그들은 육체의 쾌락과 즐거움에 탐닉하게 되었습니다.

거기에서 끝나지 않았습니다. 2절을 보십시오. 그 여자들은 그 신들에게 제사할 때에 그들과 음행하던 이스라엘 남자들을 초청하였습니다. 그 신들은 바알(Baal)과 그 부인 아스다롯을 말합니다. 바알은 가나안에서 가장 중요한 신이었습니다. 바알은 풍요의 신으로 곡초와 결실을

직전에 일어난 사건이라는 점에서 다르다. 그러나 그들이 섬긴 바알신과 그 바알신의 상징인 송아지가 아론의 금송아지 사건과 비슷하다(출 32:8; 민 25:2). 또 범죄자를 처형함으로써 재앙이 정지되었으며, 범죄자를 처형하는 데 레위인과 비느하스(레위인)가 결정적인 역할을 했으며(출 32:29; 민 25:11-13), 이들에게 성직이 수여되고 보장되었다는 점에서 비슷하다. 시내 광야에서는 백성들이 모세와 하나님 사이에 어떤 일이 일어나고 있는지 몰랐으며, 모압 광야에서는 발람과 하나님 사이에 무슨 일이 일어나는지 몰랐다. Wenham, *Numbers*, pp.184,185.

돌보며 우양(牛羊)과 농가의 생산을 돕는 농업의 신이었습니다.[60] 그의
아내 아스다롯은 처녀로 아기를 밴 음란의 신이요 전쟁의 여신이었습니
다. 모압 사람들은 이 두 신이 성행위를 함으로써 비를 내려 주고 농사
를 풍요하게 한다고 믿었습니다. 따라서 이 두 신의 성욕을 자극하기
위해서 열심히 음란한 행위를 해야 한다고 생각했습니다. 그래서 바알
신전에는 많은 창녀들이 있었습니다. 예배 의식에 음행이 포함되기도
했으며(25:2), 예배 후에 뒤풀이로 음란한 축제를 벌이기도 했습니다(신
23:17,18; 왕상 14:22-24). 이스라엘 백성은 섹스 파트너들의 초청이었
기 때문에 거절할 수 없었습니다. 그들은 육신의 쾌락에 눈이 멀어 우상
의 제물을 먹고, 그 신들에게 절했습니다. 그래서 바알브올에게 부속되
었습니다. '부속되었다'는 말은 '스스로 멍에를 지다(yoked himself)'는
뜻으로 성(性)적인 의미가 있습니다.[61] 곧 그들은 하나님과 짝하지 않
고 바알의 동반자가 되었다는 뜻이었습니다(고후 6:14-16). 이들은 바
알과 멍에를 같이 함으로 **"나 외에 다른 신을 두지 말라"**, **"우상에게 절하
지 말라"**는 십계명의 첫번째 계명과 두번째 계명을 정면으로 어겼습니
다(출 20:3-5). 이들은 하나님과 맺은 언약을 저버리고, 원수의 편에 가
담하게 되었습니다.

그러면 하나님께서 음행하고 우상 숭배에 참여한 자들을 어떻게 징
계하셨습니까? 3b,4절에 보면 하나님께서 이스라엘에게 진노하시고,
모세에게 주동자들을 처형하도록 명령하셨습니다. **"백성의 두령들을
잡아 태양을 향하여 여호와 앞에 목매어 달라. 그리하면 여호와의 진노가
이스라엘에게서 떠나리라."** 백성의 두령들에게 책임을 묻도록 명하셨습

---

60) 유목 생활을 하던 이스라엘은 가나안에 정착하여 농경 생활로 접어들면서, 풍요의 신
이요, 농경의 신인 바알(Baal)을 숭배하고자 하는 끊임없는 유혹을 받았다(삿 2:13; 왕
상 18장; 왕하 17:16).
61) Budd, *Numbers*, p.279.

니다. 백성들을 인도해야 할 지도자들이 앞장서서 죄를 짓고, 백성들에게 악영향을 끼쳤습니다. 그래서 두령들을 죽여 태양을 향하여 목매달라고 하셨습니다. 이는 태양신을 자처하는 바알신에 대한 심판과 저주를 선포하신 것이었습니다. 하나님께서는 드령들을 공개적으로 처형함으로써 다시는 그런 죄가 반복되지 않도톡 경계하셨습니다. 5절을 보십시오. 모세는 사사들에게 명하여 모압 여인들에게 미혹된 두령들을 공개적으로 처형하도록 명령했습니다.

뿐만 아니라 9절에 보면 하나님께서 전염병으로 그 백성을 치셨습니다.[62] 그날에 죽은 자가 24,000명이나 되었습니다.[63] 이를 볼 때 음행의 죄와 우상 숭배의 죄가 얼마나 하나님을 진노케 하는 죄인가를 알 수 있습니다. 하나님께서는 이스라엘 백성을 애굽에서 구원하시고, 그들을 여호와를 섬기는 거룩한 백성이요, 제사장 나라로 세우셨습니다. 그런데 가나안 문턱에서 죄악된 이방 문화에 병들어 버린다면 어떻게 되겠습니까? 하나님께서는 이스라엘을 엄히 징계하심으로 다시는 그런 죄를 반복하지 않도록 거울로 삼으셨습니다. 바울은 **"저희 중에 어떤 이들이 간음하다가 하루에 이만 삼천 명이 죽었나니 우리는 저희와 같이 간음하지 말자(고전**

---

62) 카일(Keil)은 하나님께서 이스라엘의 두령들을 다 죽이라고 하셨으나 암묵적으로 바알에게 부속된 자만 죽이라는 뜻이었다고 했다. 기스펜(Gispen)에 의하면 하나님께서 모세에게 이스라엘의 두령들을 다 죽이면 여호와의 진노가 떠난다(민 25:4)고 하셨는데 모세가 두령들을 다 처형하지 않고 바알에 부속된 자만 처형했기 때문에 하나님께서 더 심각한 염병(8,9)으로 치셨다고 주장한다. Wenham, *Numbers*, pp.186-189; 그러나 웬함에 의하면 히브리인들의 자연스러운 해석자들과 대부분의 주석가들은 모세가 처형한 '바알에게 부속된 자들(them)'은 하나님께서 명하신 두령들을 가리킨다고 본다. 그래서 하나님께서 명하신 대로 이스라엘의 두령들을 처형한 것으로 보았다. *Ibid.*, p.186.
63) 바알브올에서 빚어진 이 사건은 신명기 4:3,4; 시편 106:26-29; 호세아 9:10; 고린도전서 10:8에도 언급되어 있다. 그런데 민수기 25:9에서는 24,000명이 죽었다고 했는데, 고린도전서 10:8에는 이 날에 죽은 사람이 23,000명이라고 했다. 서기관 학파들의 해석에 의하면 23,000명 중에는 모세의 명을 받아 죽임을 당한 두령들의 수 1,000명이 포함되지 않았기 때문이다. Keil & Delitzsch, 「레위기」, p.294.

10:8)."고 했습니다. 그리고 **"저희에게 당한 이런 일이 거울이 되고 또한 말세를 만난 우리의 경계로 기록하였느니라. 그런즉 선 줄로 생각하는 자는 넘어질까 조심하라(고전 10:11,12)"**고 경고했습니다.

우리가 살고 있는 이 시대는 한마디로 음란의 시대라 할 수 있습니다. 1997년 12월 IMF 경제 체제로 들어서면서 음란 문화가 독버섯처럼 온 백성에게 퍼져 나가고 있습니다. 며칠 전 신문에 우리 나라에 현재 성(性)을 파는 여성들이 백만 명이 넘는다는 기사를 읽고 큰 충격을 받았습니다. 4,500만 중에 여자가 2,300만 명쯤 됩니다. 그런데 그 중에 노인과 어린아이를 빼면 20, 30대 여성들은 많아야 800만 정도 될 것입니다. 그 중에 100만 명이면 8명 중에 1명은 성을 파는 여성이라는 결론이 나옵니다. 심지어 지성인이라 자처하는 여대생들까지 성을 팔아 잡비에 보태 쓰는 지경에 이르게 되었으니 참으로 통탄하지 않을 수 없습니다. 극장 포스터에서 대학원 연구실에 있는 인터넷에 이르기까지 음란의 불길이 번지고 있습니다.

이런 시대에 우리가 잠시라도 영적 긴장을 풀고 방심하면 즉시 음란한 문화에 빠져 들 수밖에 없습니다. 이런 시대에 우리 신자들이 어떻게 살아야 합니까? 보디발 아내의 유혹을 단호하게 물리친 요셉과 같이 하나님을 경외하는 믿음으로 유혹의 손길을 뿌리쳐야 합니다. **"그런즉 내가 어찌 이 큰 악을 행하여 하나님께 득죄하리이까? 여인이 날마다 요셉에게 청하였으나 요셉이 듣지 아니하여 동침하지 아니할 뿐더러 함께 있지도 아니하니라."(창 39:9b,10)** 우리는 유혹의 자리를 과감히 박차고 일어나야 합니다. 불 가까이 있으면 화상을 입기 쉽습니다. 할 수 있는 대로 유혹의 자리에 가까이 가지 말아야 합니다. 우리 신자들의 몸은 성령이 거하시는 하나님의 전(殿)입니다(고전 6:19). 따라서 음란으로 몸을 더럽히는 행위는 거룩한 성전을 더럽히는 죄악입니다. **"누구든지 하나님의 성전을 더럽히면 하나님이 그 사람을 멸하시리라. 하나님의 성전은 거룩하**

니 너희도 그러하니라."(고전 3:17) 하나님께서는 그 성전을 더럽히는 자를 반드시 멸하십니다.

"그러므로 땅에 있는 지체를 죽이라. 곧 음란과 부정과 사욕과 악한 정욕과 탐심이니 탐심은 우상 숭배니라. 이것들을 인하여 하나님의 진노가 임하느니라."(골 3:5,6) 우리는 땅에 있는 지체를 죽여야 합니다. 음란과 부정과 사욕과 악한 정욕과 탐심을 적극적으로 물리쳐야 합니다. 그렇지 않으면 우상 숭배자가 되어서 하나님의 진노를 받을 수밖에 없습니다. 요즘은 교회 안에서도 음행하는 자들이 많습니다. 음행은 아주 은밀히 행해지는 범죄이기 때문에 좀처럼 발견되지 않습니다. 그러나 음행의 사건이 터진 후에 돌아보면 '조금만 깨어 있었더라면 사전에 예방할 수 있었는데!' 하는 아쉬움이 남습니다. 주의 종들은 하나님의 공동체를 파괴하려는 사단의 궤계를 세심히 살피고, 은밀히 파고드는 정욕의 누룩을 과감히 제거해야 합니다. 그렇지 않으면 아무리 전도를 많이 하고 제자 양육에 힘써도 열매맺기 어렵습니다. 그러므로 음행의 연고로 실족하는 자가 생기지 않기를 간절히 기도해야 합니다.

둘째, 시므리를 찔러 죽인 비느하스 (6-18)

6절에 우리 번역에는 없지만 원어에는 "그런데, 보라(And behold)" 는 말이 있습니다. 이는 다음에 소개될 사건이 얼마나 크고 괴악한 것인가를 말해 줍니다. 6절을 보십시오. 이스라엘 자손은 회막문에 모여 회개의 눈물을 흘리고 있었습니다. 두령들이 공개처형 되고, 이스라엘 진중에는 전염병이 돌아 수많은 사람들이 죽었기 때문이었습니다. 그런데 이 때 이스라엘 자손 한 사람이 모세와 온 회중의 목전에 미디안 여인을 데리고 자기 천막으로 들어갔습니다. 14,15절에 보면 이 사람은 시므리라는 사람이었는데 시므온 지파의 한 족장이었으며, 그 여인은 이름은 미디안 백성 한 종족의 두령의 딸이었습니다. 동료 족장들이 교수형에 처해지고, 염병으로 수많은 백성이 죽어 가고, 백성들은 성막에서 회개의 눈물을 흘리고 있는데, 그는 뻔뻔스럽게도 이방 여인을 침실로 데리고 들어갔습니다. 이는 하나님의 언약에 대한 반역이요, 하나님의 심판을 경멸하는 가증스러운 행위였습니다.

7,8절을 보십시오. 그 모습을 보던 제사장 엘르아살의 아들 비느하스가 회중 가운데서 일어나 손에 창을 들고 그 남자를 따라 들어갔습니다. 그의 장막에 들어가 음행하는 그 남자와 그 여인의 배를 꿰뚫어서 두 사람을 죽였습니다. 그런데 그들이 죽임을 당한 후에 즉시 전염병이 그쳤습니다. 비느하스의 행동이 하나님의 진노를 돌이켰기 때문이었습니까? 11절을 보십시오. 하나님께서 모세에게 말씀하셨습니다. **"제사장 아론의 손자 엘르아살의 아들 비느하스가 나의 질투심으로 질투하여 이스라엘 자손 중에서 나의 노를 돌이켜서 나의 질투심으로 그들을 진멸하지 않게 하였도다."** 하나님께서는 비느하스의 행동을 기뻐하셨습니다. 비느하스가 하나님의 질투심으로 질투하여 시므리를 죽인 것으로 여기셨습니다. 비느하스의 영적 분노는 하나님의 분노를 대신한 것이었습니다. 비느하스는 하나님의 진노로 범죄자를 처벌했으며, 그의 행위는 하나님을 경외하는 믿음과 충성심에서 나온 의로운 행위였습니다. 그래서 하나님의 진노를 누그러뜨리고 이스라엘에 임한 염병을 그치게 했습니다

하나님께서는 모세에게 비느하스의 행위를 칭찬하시고 크게 축복하셨습니다. 12,13절을 보십시오. **"내가 그에게 나의 평화의 언약을 주리니 그와 그 후손에게 영원한 제사장 직분의 언약이라. 그가 그 하나님을 위하여 질투하여 이스라엘 자손을 속죄[64]하였음이니라."** 질투와 분노의 감정

---

64) '속하다'는 말은 '덮는다'는 뜻으로 희생(sacrifice)의 결과를 표현할 때 사용하는 자연스러운 용어이다. 비느하스의 행위가 하나님의 심판을 그치게 하는 하나의 '덮개' 역할을 했다는 것이다.

은 증오의 감정입니다. 그러나 하나님의 질투와 분노는 백성들이 하나님께만 헌신할 것을 요구하시는 열정이요. 하나님의 구원의 목적을 성취시키고 하나님의 왕국을 실현하기 위한 의지의 표현입니다.[65] 그래서 여호와를 위한 비느하스의 질투를 크게 기뻐하셨습니다. 비느하스는 하나님의 질투심으로 범죄한 자를 죽여서 하나님께 바침으로 하나님의 심판을 멈추게 하였으며, 이스라엘을 진멸할지도 모르는 전염병에서 구원했습니다. 엄밀한 의미에서 그는 제사장의 대속적 직책을 수행한 것이었습니다. 그래서 하나님께서는 그에게 영원한 제사장 직분을 선물로 주셨습니다. 시편 기자는 비느하스의 의로운 행위를 노래했습니다. **"저희가 또 바알브올과 연합하여 죽은 자에게 제사한 음식을 먹어서, 그 행위로 주를 격노케 함을 인하여 재앙이 그 중에 유행하였도다. 때에 비느하스가 일어나 처벌하니 이에 재앙이 그쳤도다. 이 일을 저에게 의로 정하였으니 대대로 무궁하리로다."(시 106:28-31)**

비느하스의 제사장적 행위는 예수 그리스도의 구속 사역에 대한 모형이었습니다. 비느하스는 범죄자를 찔러 죽임으로써 이스라엘을 속죄하였지만 우리 주님께서는 자신의 몸을 희생 제물로 드려 찔리고 죽임을 당하심으로 우리를 속죄하셨습니다. 우리도 본질상 이스라엘 백성처럼 하나님의 진노를 받아 마땅한 자들이었습니다. 그러나 예수님께서 죄와 허물로 죽은 우리를 살리셨습니다. **"전에는 우리도 다 그 가운데서 우리 육체의 욕심을 따라 지내며 육체와 마음의 원하는 것을 하여 다른 이들과 같이 본질상 진노의 자녀이었더니, 긍휼에 풍성하신 하나님이 우리를 사랑하신 그 큰 사랑을 인하여, 허물로 죽은 우리를 그리스도와 함께 살리셨고 너희가 은혜로 구원을 얻은 것이라."(엡 2:3-5)** 우리는 이스라엘 백성처럼 육체의 욕심을 좇아 범죄할 수밖에 없는 본질상 진

---

65) Mays, 「레위기 · 민수기」, p.199.

노의 자식들임에 틀림없습니다. 그러나 하나님께서 예수 그리스도를 보내셔서 우리 대신 십자가에 죽게 하사 허물로 죽은 우리를 살리셨습니다. 우리는 이 주님의 은혜로 값없이 구원을 받게 되었습니다. 죄와 허물로 죽은 우리를 그리스도와 함께 살리신 구원의 주 우리 하나님을 찬양합니다.

17,18절은 하나님께서 미디안을 치도록 명하신 말씀입니다. 바알 브올의 고스비 사건으로 인해 미디안이 동료가 아니라 적이라는 사실을 깨우쳐 주시고, 그들을 대적하여 싸우도록 방향을 잡아 주신 말씀입니다.

2. 제2차 인구 조사를 명하신 하나님 (26:1-27:11)

염병이 그친 후 여호와께서 모세와 제사장 아론의 아들 엘르아살에게 인구 조사를 명하셨습니다. 인구 조사의 목적은 두 가지였습니다. 첫째는 2절에 있는 대로 싸움에 나갈 만한 자의 수를 파악하는 것이었습니다(2). 이는 가나안 정복 전쟁을 앞두고 최종적으로 군대를 조직하기 위함이었습니다. 둘째는 가나안 정복 후 땅의 공정한 분배를 위한 것이었습니다(26:52-56). 모세는 하나님의 명에 따라 인구 조사를 실시했습니다. 인구 조사의 결과가 어떠합니까?

첫째, 인구가 줄어든 르우벤 진과 증가한 유다 진 (26:1-50)

12-14절을 보면 시므온의 인구는 22,200명이었습니다. 시내 광야에서 조사할 때는 59,300명이었으니(1:23), 37,100명이 줄어든 것이었습니다. 이는 시므리가 시므온 지파의 족장이었음을 감안해 볼 때 그의 악영향으로 수많은 백성이 브올에서의 음행과 우상 숭배에 참여하였다가 염병으로 죽은 것이라 추측해 볼 수 있습니다.[66] 또 시므온 지파와 같은 진에 있던 르우벤 지파도 2,770명이 줄고, 갓 지파도 5,150명이

줄었습니다(1:21,25).

반대로 유다 지파는 1,900명이 증가했고(1:27), 잇사갈 지파가 9,900명이 증가했고(1:29), 스불론 지파는 3,100명이 증가했습니다(1:31). 그래서 유다 진에서 총 14,900명이 증가했습니다. 이를 보면 하나님께서 유다의 믿음을 축복하신 것을 알 수 있습니다. 유다 지파는 광야 여정에서 항상 선봉을 맡았습니다. 이것은 그 지파에 형제 사랑과 희생 정신이 있었음을 말해 줍니다. 이를 볼 때 지파를 이끌고 있는 지파장들과 족장들의 역할이 참으로 중요함을 알 수 있습니다. 유다 지파가 자기 진에 있는 잇사갈과 스불론 지파를 잘 섬겼을 뿐만 아니라 다른 진에 있는 지파들을 위해서도 희생적으로 섬겼습니다. 그랬을 때 하나님께서 유다 진 전체를 축복해 주셨습니다. 르우벤 진은 시므리의 죄악으로 인해 시므온 지파뿐 아니라 르우벤과 갓 지파에게까지 그 죄의 악영향이 미쳤습니다. 이처럼 영적인 지도자 위치에 있는 사람들은 주위 사람들과 후손들에게 큰 은혜를 끼칠 수도 있고 치명적인 악영향을 끼칠 수도 있습니다. 그래서 사단의 집중적인 공격을 받습니다. 그러므로 영적인 지도자들은 백성들보다 더욱 적극적으로 사단의 유혹을 물리쳐야 합니다.

둘째, 40년 전보다 1,820명이 줄어든 이스라엘 (51-65)

먼저 51절에 보면 12지파의 총계가 601,730명이었습니다. 이는 40

---

66) 민수기 25:14,15에서 시므리와 고스비의 이름과 그 출신이 기록된 것은 그 문제가 공개적이었으며 신중한 조사가 이루어졌음을 말해 준다. 그리고 시므온 지파의 남자 인구(22,200명; 민 26:14)가 첫번째 인구 조사(59,300명; 민 1:23) 때보다 약 3분의 2 가까이 줄어든 이유를 말해 준다. 많은 시므온 지파 사람들이 바알브올에서의 음행과 우상 숭배 사건에 연관되어 염병으로 죽었음을 나타낸다. 미디안 여인 고스비의 이름이 기록된 것도 미디안이 이스라엘의 침략을 받게 된 원인을 설명하기 위한 것이다(민 25:16-18; 31:1-24).

년 전 출애굽 직후 조사한 인구 조사 결과와 비교해 볼 때 1,820명이 준 것이었습니다(1:46). 40년 동안 정상적으로 출산하고 죽었다면 인구가 배로 늘어났을 것입니다. 1950년 6·25 때는 이천 만 동포라고 했습니다. 그러나 40년 후 1990년에는 이미 사천 만 명이 넘어섰습니다. 산아제한을 시키고 하나만 낳아 잘 기르도록 했어도 인구가 40년 만에 배로 늘어났습니다. 자연스럽게 두었다면 서너 배로 늘어났을 것입니다. 그런데 이스라엘은 도리어 1,820명이 줄었습니다.

이는 무엇을 말해 줍니까? 광야 생활 40년 동안 하나님의 말씀대로 출애굽한 60만 명의 장정들이 다 죽었음을 말해 줍니다. 65절을 보십시오. **"이는 여호와께서 그들에게 대하여 말씀하시기를 그들이 반드시 광야에서 죽으리라 하셨음이라. 이러므로 여분네의 아들 갈렙과 눈의 아들 여호수아 외에는 한 사람도 남지 아니하였더라."** 시내 광야에서 계수함을 입은 장정들은 여호수아와 갈렙을 제외하고는 한 사람도 없었습니다(14:26-31). 제 2차 인구 조사에서 계수된 사람들은 모두 출애굽할 때에 20세 미만이었거나 광야에서 태어난 사람들이었습니다. 그러나 하나님께서 인구를 많이 줄게 하시지 않았습니다. 60만 명이 죽었지만 60만 명이 새롭게 태어나게 하셨습니다. 이는 이스라엘을 징계하시는 가운데서도 은혜와 긍휼을 베푸셨기 때문이었습니다. 그러므로 하나님의 섭리와 은혜의 역사였습니다. 인구 조사가 끝나자 하나님께서는 모세에게 인구수에 따라 공평하게 땅을 분배해 주되 분배 방법으로 제비를 뽑으라[67]고 명하셨습니다(52-56).

57-62절은 레위인에 대한 인구 조사였습니다. 레위인은 다른 지파처

---

67) 제비 뽑기는 각 지파의 영토 규모를 정하려는 것이 아니라 그들이 가나안 땅 어디에 정착할 것인가만 정하려는 것이었다. 큰 지파라면 큰 지역을 소유할 것이나 제비는 그들이 북쪽, 중앙, 남쪽 중 어느 곳에 머물 것인가를 정할 뿐이었다. 이런 제비는 십중팔구 대제사장의 우림과 둠밈이었을 것이다(출 28:30). Merrill & Deere, 「민수기·신명기」, p.86.

럼 기업이 없었습니다(62). 이는 여호와께 헌신하고 봉사하는 특별한 사명을 맡았기 때문이었습니다(3:11-13; 18:23,24). 그래서 다른 지파들과 함께 인구 조사에 계수되지 않았습니다. 레위 지파에는 세 자손 즉 게르손과 고핫과 므라리와 다섯 족속 자손이 포함되었습니다. 립니 가족은 게르손에게서(3:18), 헤브론 가족은 고핫에게서(3:19). 말리 가족과 무시 가족은 므라리에게서(3:20), 고라 가족은 역시 고핫에게서(16:1) 유래되었습니다. 모세에게 중요한 가계는 고핫의 후손인 아므람의 가계였습니다(3:19). 아므람의 처 요게벳은 레위의 딸로서 아론과 모세, 미리암을 낳았습니다.[68] 아론은 네 아들이 있었는데 두 아들 나답과 아비후는 다른 불로 제사를 드리다가 죽임을 당하였습니다(레 10:1,2; 민 3:4). 이상에서 일 개월 이상 된 레위 남자의 총수는 23,000명이었습니다(26:62). 이 인원을 보면, 38년 전에 실시되었던 처음 인구 조사에서 파악된 22,000명보다 1,000명이 더 늘어났음을 알 수 있습니다(3:39).

셋째, 아들이 없는 가문의 기업 분배 원칙 (27:1-11)

1-4절은 모세가 땅 분배 원칙에서 피해를 입게 된 므낫세 지파의 슬로브핫의 딸들의 슬픈 사연을 해결해 주는 사건입니다. 땅의 분배는 남자 호주에게만 주어집니다. 그런데 슬로브핫은 아들은 없었고(3), 딸만 다섯이 있었습니다(1). 따라서 슬로브핫의 가족들은 땅을 기업으로 받지 못하게 됩니다. 땅을 기업으로 받지 못하면 그 가문이 하나님의 백성에게서 끊어지게 됩니다. 그래서 슬로브핫의 딸들은 회막문에서

---

68) 이것은 모세가 레위의 증손자임을 말해주는 듯하나 연대기적으로 불가능한 일이다. 레위는 50세 정도에 애굽으로 이주하였으며 모세는 80세에 출애굽하였다(출 6:16-20). 하지만 애굽에서의 체류가 430년이었으므로 아므람은 고핫의 다음 세대가 아니라 더 후기 자손임이 분명하다(대상 6:1-3). Merrill & Deere, 「민수기 · 신명기」, p.87.

모세와 제사장 엘르아살과 족장들과 온 회중 앞에서 **"우리에게 기업을 주소서(4)."**라고 호소했습니다. 모세는 율법에 없는 문제가 발생하자 여호와께 여쭈어 보았습니다. 6,7절을 보십시오. 하나님께서는 슬로브핫의 딸들도 다른 자들과 마찬가지로 기업을 얻도록 허락하셨습니다. 이것이 선례가 되었으며 이와 함께 다른 규례도 주어졌습니다. 사람이 아들도 딸도 없이 죽었으면 그의 형제가 그 기업을 얻도록 했습니다 (9). 형제도 없으면 그의 숙부가 얻고(10), 숙부마저 없으면 그의 자손 중 가장 가까운 친족이 상속자가 되도록 했습니다(11). 이러한 문제 해결은 이스라엘 자손에게 영원한 판결의 율례가 되었습니다.

3. 모세의 후계자를 세우신 하나님 (27:12-23)

12-14절을 보십시오. 하나님께서는 모세에게 마지막으로 아바림 산에 올라가서 젖과 꿀이 흐르는 가나안 땅을 바라보게 하시고, 그 후에는 조상에게로 돌아가야 한다고 하셨습니다.[69] 그 이유가 무엇이었습니까? **"이는 신 광야에서 회중이 분쟁할 제 너희가 내 명을 거역하고 그 물가에서 나의 거룩함을 그들의 목전에 나타내지 아니하였음이니라. 이 물은 신 광야 가데스의 므리바 물이니라."(14)** 이는 모세에게 사명을 끝낼 때가 다 되었음을 알리는 음성이었습니다. 미리암도 가데스에서 죽었습니다(20:1). 아론도 호르산에서 죽었습니다(20:27-29). 이제 모세가 죽을 차례가 되었습니다. 하나님께서는 모세에게는 멀리서나마 가나안 땅을 바라보도록 허락해 주셨습니다. 모세는 아바림산 꼭대기, 곧 느보산에서 서쪽을 바라보았습니다(신 32:49; 34:1). 이 산에 오르면 사방 48km가 눈에 들어오고 남쪽으로는 96km까지 관측할 수 있다

---

69) 신명기 3:27에서는 비스가산으로 불려진다.

고 합니다. 하나님께서는 모세에게 그 백성이 들어갈 광대한 땅 가나안을 바라보게 하시고 임종을 맞이하도록 하셨습니다.

이에 대한 모세의 반응이 어떠합니까? 모세는 자기의 죽음을 감사함으로 영접하고 후계자를 위하여 기도하였습니다. 15-17절을 보십시오. **"여호와, 모든 육체의 생명의 하나님이시여, 원컨대 한 사람을 이 회중 위에 세워서 그로 그들 앞에 출입하며 그들을 인도하여 출입하게 하사 여호와의 회중으로 목자 없는 양과 같이 되지 않게 하옵소서."** 모세는 자기 연민에 빠져서 슬퍼하지 않고, 후계자를 세워 주시도록 간절히 기도했습니다. 모든 육체의 생명의 하나님께 그 백성을 인도할 지도자를 택해 달라고 간청하였습니다. 그래서 백성이 목자 없는 양과 같이 흩어지지 않고 가나안 땅에 들어갈 수 있도록 해 달라고 기도했습니다. 모세는 자기 백성을 목자 없는 양 같다고 했습니다. 이는 40년 동안 광야에서 그들을 섬기면서 깨달은 진리였습니다. 목자 없는 양들은 가장 불쌍한 자들입니다. 모세는 40년 동안 광야에서 십보라와 함께 양을 치면서 목자 없는 양들이 어떻게 되는가를 잘 알고 있었습니다. 또 40년 동안 광야에서 이스라엘 백성을 섬기면서 그들이 목자 없는 양과 다를 바 없는 존재들임을 깨달았습니다. 잠시라도 목자가 없으면 엇길로 갈 수밖에 없는 백성들이었습니다. 하루라도 목자가 없으면 금송아지를 섬기고 급속히 타락할 수밖에 없는 그들을 생각할 때 마음이 타는 듯이 괴로웠습니다. 모세는 백성들에 대한 목자의 심정이 충만하였습니다. 그래서 그들을 목자 없는 양같이 버려 두지 마시도록 간절히 기도했습니다. 이 모습은 자기에게 몰려온 양들을 목자 없는 양같이 불쌍히 여기시고 여러 가지로 가르치시는 예수님의 모습을 생각나게 합니다(막 6:34).

하나님께서 모세의 기도를 어떻게 응답하셨습니까? 18-21절을 보십시오. 하나님께서는 눈의 아들 여호수아를 세우라고 명하셨습니다. 그 이유는 여호수아가 하나님의 신에 감동된 사람이기 때문이라고 하셨습니다. 여호수아는 믿음의 사람이었습니다. 가나안 정탐 때 다른 두령들이 모두 거역할 때 갈렙과 함께 가나안을 공격하자고 주장한 믿음 있는 장군이었습니다. 여호수아는 모세의 동역자로서 오래 동안 후계자 수업을 받은 자였습니다(출 17:8-10; 24:13; 33:11; 민 11:28,29; 14:30,38). 그는 지혜의 영을 가진 사람이었습니다(신 34:9). 하나님께서는 여호수아를 신에 감동된 사람이라고 하셨습니다. 모세는 온 회중을 모으고, 제사장 엘르아살이 사회를 보는 가운데 여호수아를 임명하였습니다.

22절을 보십시오. 모세가 여호와께서 자기에게 명하신 대로 여호수아를 데려다가 안수하여 제사장 엘르아살과 온 회중 앞에 세웠습니다. 제사장 엘르아살은 우림을 통해 하나님의 뜻을 묻고(출 28:30) 여호수아에게 순종하도록 하였습니다. 하나님의 말씀이 중보자 모세를 통해서 이미 주어졌기 때문에 이제부터는 제사장과 권위 있는 율법 선생들을 의지하여 백성을 통치하도록 방향을 잡아 주신 것이었습니다. 모세가 여호수아에게 안수하여 자기의 권위를 수여하게 되었습니다. 하나님께서 모세가 아직도 일할 수 있을 때 그 직무를 끝내도록 하신 것은 모세가 죽은 직후에 올 공백이 너무 컸기 때문이었습니다. 또 하나님께서 보실 때 가나안 정복 역사는 늙은 모세가 감당하기에는 그 짐이 너무 무겁고 벅찼기 때문이었습니다. 그래서 젊은 군대장관 출신 여호수아 장군을 세우셨습니다. 하나님께서는 각 시대마다 구속 역사에 가장 필요하고 적합한 지도자를 세워서 자기 백성을 인도하십니다. 저는 개인적으로 오십 줄을 넘어서면서 우리 교회의 장래에 대해서 많은 염려가 되었습니다. 다음 세대가 이 역사를 잘 계승할 수 있을지 염려가 되었습니다. 그러나 본문 말씀을 통해서 그 염려를 내려놓게 되었습니다. 사람을 세우고 폐하시는 분은 육체의 생명의 하나님 여호와이십니다. 이 하나님께서 친히 가장 합당한 자를 세우시고, 당신의 구속역사를 이루어 가실 것을 믿습니다.

결론

우리 하나님은 음행과 우상 숭배를 가장 증오하십니다. 우리가 음란하고 부도덕한 시대의 죄악에 물들지 않고, 하나님 한 분을 경외하며 믿음의 순결을 지킬 수 있기를 기도합니다. 또한 세계선교 사명을 맡은 자들로서 영적인 무장을 하여 맡은 직분에 충성을 다할 수 있기를 기도합니다. '나 아니면 안 된다'는 의와 교만을 버리고 하나님의 큰 역사를 바라보며 후계자를 키우는 성숙한 종들이 될 수 있기를 기도합니다.

제 13 강

절기와 제사의 규례를 명하신 하나님

(28:1 - 30:16)

요절 29:7　　"칠월 십일에는 너희가 성회로 모일 것이요 마음을 괴롭게 하고 아무 노동도 하지 말 것이며"

28:1. 여호와께서 모세에게 일러 가라사대

2. 이스라엘 자손에게 명하여 그들에게 이르라 나의 예물, 나의 식물 되는 화제, 나의 향기로운 것은 너희가 그 정한 시기에 삼가 내게 드릴지니라

3. 또 그들에게 이르라 너희가 여호와께 드릴 화제는 이러하니 일 년 되고 흠 없는 숫양을 매일 둘씩 상번제로 드리되

4. 한 어린 양은 아침에 드리고 한 어린 양은 해질 때에 드릴 것이요

5. 또 고운 가루 에바 십분지 일에 빻아낸 기름 힌 사분지 일을 섞어서 소제로 드릴 것이니

6. 이는 시내산에서 정한 상번제로서 여호와께 드리는 향기로운 화제며

7. 또 그 전제는 어린 양 하나에 힌 사분지 일을 드리되 거룩한 곳에서 여호와께 독주의 전제를 부어 드릴 것이며

8. 해질 때에는 그 한 어린 양을 드리되 그 소제와 전제를 아침 것같이 여호와께 향기로운 화제로 드릴 것이니라

9. 안식일에는 일 년 되고 흠 없는 숫양 둘과 고운 가루 에바 십분지 이에 기름 섞은 소제와 그 전제를 드릴 것이니

10. 이는 매안식일의 번제라 상번제와 그 전제 외에니라

11. 월삭에는 수송아지 둘과 숫양 하나와 일 년 되고 흠 없는 숫양 일곱으로 여호와께 번제를 드리되

12. 매수송아지에는 고운 가루 에바 십분지 삼에 기름 섞은 소제와 숫양 하나에는 고운 가루 에바 십분지 이에 기름 섞은 소제와

13. 매어린 양에는 고운 가루 에바 십분지 일에 기름 섞은 소제를 향기로운 번제로 여호와께 화제를 드릴 것이며

14. 그 전제는 수송아지 하나에 포도주 반 힌이요 숫양 하나에 삼분지 일 힌이요 어린 양 하나에 사분지 일 힌이니 이는 일 년 중 매월삭의 번제며

15. 또 상번제와 그 전제 외에 숫염소 하나를 속죄제로 여호와께 드릴 것이니라

16. 정월 십사일은 여호와의 유월절이며

17. 또 그 달 십오일부터는 절일이니 칠 일 동안 무교병을 먹을 것이며

18. 그 첫날에는 성회로 모일 것이요 아무 노동도 하지 말 것이며

19. 수송아지 둘과 숫양 하나와 일 년 된 숫양 일곱을 다 흠 없는 것으로 여호와께 화제를 드려 번제가 되게 할 것이며

20. 그 소제로는 고운 가루에 기름을 섞어서 쓰되 수송아지 하나에는 에바 십분지 삼이요 숫양 하나에는 에바 십분지 이를 드리고

21. 어린 양 일곱에는 매 어린 양에 에바 십분지 일을 드릴 것이며

22. 또 너희를 속하기 위하여 숫염소 하나로 속죄제를 드리되

23. 아침의 번제 곧 상번제 외에 그것들을 드릴 것이니라

24. 너희는 이 순서대로 칠 일 동안 매일 여호와께 향기로운 화제의 식물을 드리되 상번제와 그 전제 외에 드릴 것이며

25. 제 칠 일에는 성회로 모일 것이요 아무 노동도 하지 말 것이니라

---

26. 칠칠절 처음 익은 열매 드리는 날에 너희가
여호와께 새 소제를 드릴 때에도 성회로 모
일 것이요 아무 노동도 하지 말 것이며
27. 수송아지 둘과 숫양 하나와 일 년 된 숫양
일곱으로 여호와께 향기로운 번제를 드릴
것이며
28. 그 소제로는 고운 가루에 기름을 섞어서
쓰되 매수송아지에는 에바 십분지 삼이요
숫양 하나에는 에바 십분지 이요
29. 어린 양 일곱에는 매 어린 양에 에바 십분지
일을 드릴 것이며
30. 또 너희를 속하기 위하여 숫염소 하나를
드리되
31. 너희는 다 흠 없는 것으로 상번제와 그 소제와
전제 외에 그것들을 드릴 것이니라

29:1. 칠월에 이르러는 그 달 초일일에 성회로
모이고 아무 노동도 하지 말라 이는 너희가
나팔을 불 날이니라
2. 너희는 수송아지 하나와 숫양 하나와 일
년 되고 흠 없는 숫양 일곱을 여호와께 향기
로운 번제로 드릴 것이며
3. 그 소제로는 고운 가루에 기름을 섞어서
쓰되 수송아지에는 에바 십분지 삼이요 숫양
에는 에바 십분지 이요
4. 어린 양 일곱에는 매 어린 양에 에바 십분지
일을 드릴 것이며
5. 또 너희를 속하기 위하여 숫염소 하나로
속죄제를 드리되
6. 월삭의 번제와 그 소제와 상번제와 그 소제와
그 전제 외에 그 규례를 따라 향기로운 화제
로 여호와께 드릴 것이니라
7. 칠월 십일에는 너희가 성회로 모일 것이요
마음을 괴롭게 하고 아무 노동도 하지 말
것이며
8. 너희는 수송아지 하나와 숫양 하나와 일
년 된 숫양 일곱을 다 흠 없는 것으로 여호와
께 향기로운 번제를 드릴 것이며
9. 그 소제로는 고운 가루에 기름을 섞어서
쓰되 수송아지 하나에는 에바 십분지 삼이요
숫양 하나에는 에바 십분지 이요
10. 어린 양 일곱에는 매 어린 양에 에바 십분지
일을 드릴 것이며
11. 또 숫염소 하나를 속죄제로 드릴 것이니 이는
속죄제와 상번제와 그 소제와 그 전제 외에
니라
12. 칠월 십오일에는 너희가 성회로 모일 것이요
아무 노동도 하지 말 것이며 칠 일 동안 여호와

닿에 절기를 지킬 것이라
13. 너희 번제로 여호와께 향기로운 화제를 드리
되 수송아지 열셋과 숫양 둘과 일 년 된 숫양
열넷을 다 흠 없는 것으로 드릴 것이며
14. 그 소제로는 고운 가루에 기름을 섞어서 수송
아지 열셋에는 각기 에바 십분지 삼이요 숫양
둘에는 각기 에바 십분지 이요
15. 어린 양 열넷에는 각기 에바 십분지 일을
드릴 것이며
16. 또 숫염소 하나를 속죄제로 드릴지니 상번제
와 그 소제와 그 전제 외에니라
17. 둘째 날에는 수송아지 열둘과 숫양 둘과 일
년 되고 흠 없는 숫양 열넷을 드릴 것이며
18. 그 소제와 전제는 수송아지와 숫양과 어린
양의 수효를 따라서 규례대로 할 것이며
19. 또 숫염소 하나를 속죄제로 드릴지니 상번제
와 그 소제와 그 전제 외에니라
20. 셋째 날에는 수송아지 열하나와 숫양 둘과
일 년 되고 흠 없는 숫양 열넷을 드릴 것이며
21. 그 소제와 전제는 수송아지와 숫양과 어린
양의 수효를 따라서 규례대로 할 것이며
22. 또 숫염소 하나를 속죄제로 드릴지니 상번제
와 그 소제와 그 전제 외에니라
23. 넷째 날에는 수송아지 열과 숫양 둘과 일
년 되고 흠 없는 숫양 열넷을 드릴 것이며
24. 그 소제와 전제는 수송아지와 숫양과 어린
양의 수효를 따라서 규례대로 할 것이며
25. 또 숫염소 하나를 속죄제로 드릴지니 상번제
와 그 소제와 그 전제 외에니라
26. 다섯째 날에는 수송아지 아홉과 숫양 둘과
일 년 되고 흠 없는 숫양 열넷을 드릴 것이며
27. 그 소제와 전제는 수송아지와 숫양과 어린
양의 수효를 따라서 규례대로 할 것이며
28. 또 숫염소 하나를 속죄제로 드릴지니 상번제
와 그 소제와 그 전제 외에니라
29. 여섯째 날에는 수송아지 여덟과 숫양 둘과
일 년 되고 흠 없는 숫양 열넷을 드릴 것이며
30. 그 소제와 전제는 수송아지와 숫양과 어린
양의 수효를 따라서 규례대로 할 것이며
31. 또 숫염소 하나를 속죄제로 드릴지니 상번제
와 그 소제와 그 전제 외에니라
32. 일곱째 날에는 수송아지 일곱과 숫양 둘과
일 년 되고 흠 없는 숫양 열넷을 드릴 것이며
33. 그 소제와 전제는 수송아지와 숫양과 어린
양의 수효를 따라서 규례대로 할 것이며
34. 또 숫염소 하나를 속죄제로 드릴지니 상번제
와 그 소제와 그 전제 외에니라
35. 여덟째 날에는 거룩한 대회로 모일 것이요

아무 노동도 하지 말 것이며
36. 번제로 여호와께 향기로운 화제를 드리되 수송아지 하나와 숫양 하나와 일 년 되고 흠 없는 숫양 일곱을 드릴 것이며
37. 그 소제와 전제는 수송아지와 숫양과 어린 양의 수효를 따라서 규례대로 할 것이며
38. 또 숫염소 하나를 속죄제로 드릴지니 상번제와 그 소제와 그 전제 외에니라
39. 너희가 이 절기를 당하거든 여호와께 이같이 드릴지니 이는 너희 서원제나 낙헌제 외에 번제, 소제, 전제, 화목제를 드릴 것이니라
40. 모세가 여호와께서 자기로 명하신 모든 일을 이스라엘 자손에게 고하니라

30:1. 모세가 이스라엘 자손 지파의 두령들에게 일러 가로되 여호와의 명령이 이러하니라
2. 사람이 여호와께 서원하였거나 마음을 제어하기로 서약하였거든 파약하지 말고 그 입에서 나온 대로 다 행할 것이니라
3. 또 여자가 만일 어려서 그 아비 집에 있을 때에 여호와께 서원한 일이나 스스로 제어하려 한 일이 있다 하자
4. 그 아비가 그의 서원이나 그 마음을 제어하려는 서약을 듣고도 그에게 아무 말이 없으면 그 모든 서원을 행할 것이요 그 마음을 제어하려는 서약을 지킬 것이니라
5. 그러나 그 아비가 그것을 듣는 날에 허락지 아니하면 그 서원과 마음을 제어하려던 서약이 이루지 못할 것이니 그 아비가 허락지 아니하였은즉 여호와께서 사하시리라
6. 또 혹시 남편을 맞을 때에 서원이나 마음을 제어하려는 서약을 경솔히 그 입에서 발하였다 하자
7. 그 남편이 그것을 듣고 그 듣는 날에 그에게 아무 말이 없으면 그 서원을 행할 것이요 그 마음을 제어하려는 서약을 지킬 것이니라
8. 그러나 그 남편이 그것을 듣는 날에 허락지 아니하면 그 서원과 마음을 제어하려고 경솔히 입술에서 발한 서약이 무효될 것이니 여호와께서 그 여자를 사하시리라
9. 과부나 이혼당한 여자의 서원이나 무릇 그 마음을 제어하려는 서약은 지킬 것이니라
10. 부녀가 혹시 그 남편의 집에 있어 서원을 하였다든지 마음을 제어하려고 서약을 하였다 하자
11. 그 남편이 그것을 듣고도 아무 말이 없고 금함이 없으면 그 서원은 두릇 행할 것이요 그 마음을 제어하려는 서약은 무릇 지킬 것이니라
12. 그러나 그 남편이 그것을 듣는 날에 무효케 하면 그 서원과 마음을 제어하려던 일에 대하여 입술에서 낸 것을 무엇이든지 이루지 못하나니 그 남편이 그것을 무효케 하였은즉 여호와께서 그 부녀를 사하시느니라
13. 무릇 서원과 무릇 마음을 괴롭게 하려는 서약은 그 남편이 그것을 지키게도 할 수 있고 무효케도 할 수 있나니
14. 그 남편이 일향 말이 없으면 아내의 서원과 스스로 제어하려는 일을 지키게 하는 것이니 이는 그가 그것을 들을 때에 그 아내에게 아무 말도 아니하였으므로 지키게 됨이니라
15. 그러나 그 남편이 들은 지 얼마 후에 그것을 무효케 하면 그가 아내의 죄를 담당할 것이니라
16. 이는 여호와께서 모세에게 명하신 율례니 남편이 아내에게, 아비가 자기 집에 있는 유년 여자에게 대한 것이니라

본문 말씀은 제사에 관한 규례들과 서원에 관한 규례입니다. 이스라엘은 인구 조사를 마쳤고, 새로운 군대 장관이 취임하였습니다. 이제 가나안 진군 명령을 내려야 할 때였습니다. 그러나 하나님께서는 먼저 제사에 관한 규례를 말씀하셨습니다. 이는 가나안에 들어가기 직전에 먼저 그들의 신앙을 점검하고, 하나님께 드려야 할 제사의 기준을 제시하기 위함이었습니다. 가나안에 들어갈 백성은 시내산에서 주신 제사에 관한 규례를 직접 받지 못한 신세대들이었습니다. 게다가 이제

가나안 정복 전쟁이 시작되면 보이지 않는 하나님께 드리는 제사를 소홀히 하기 쉽습니다. 그래서 다시 한번 그들이 지켜야 할 절기들과 각 절기에 드려야 할 희생 제사가 무엇인지를 분명히 밝히셨습니다. 본문 말씀은 오늘날 신자들에게는 다소 생소하게 여겨질 수도 있습니다. 바울도 **"먹고 마시는 것과 절기나 월삭이나 안식일을 인하여 누구든지 너희를 폄론하지 못하게 하라(골 2:16)."**고 했습니다. 그렇지만 이러한 절기와 제사 규례의 근본정신이 무엇인가를 생각할 때 하나님께 예배드리는 우리의 자세가 어떠해야 하는가를 배울 수 있습니다. 본문 말씀을 통해서 우리는 절기의 영적 의미와 하나님께 예배드리는 올바른 자세에 대해 배울 수 있습니다.

1. 매일, 매주, 매월 드리는 제사들 (28:1-15)

1,2절을 보십시오. **"여호와께서 모세에게 일러 가라사대 이스라엘 자손에게 명하여 그들에게 이르라. 나의 예물, 나의 식물 되는 화제, 나의 향기로운 것은 너희가 그 정한 시기에 삼가 내게 드릴지니라."** '나의 예물'이란 '나의 고르반'이라는 말로 하나님께 바치는 일체의 예물을 가리킵니다(7:3). '화제(火祭)'란 희생 제사 전체의 중추를 이루고 있는 제사 방식으로 불로 태워서 드리는 제사입니다. '나의 식물(떡)'과 '나의 향기로운 냄새'라는 말은 하나님께서 만족하시고 기뻐하시는 모습을 의인화해서 표현한 것입니다. 예물은 하나님을 공경하고 사랑하는 신앙의 표현이요, 고백입니다. 그래서 하나님께서는 예배드리는 사람들의 신앙과 그 정성을 보시고 기뻐하십니다. 그런데 이스라엘은 광야 생활 중에 하나님께 제물을 충실하게 드리지 않았습니다(암 5:25; 행 7:42). 이는 여건이 허락되지 않았기 때문일 수도 있고, 그들의 신앙이 약해졌기 때문일 수도 있습니다. 그래서 가나안에 들어가기 직전에 다

시 한번 여호와께 드리는 제사를 엄수하고, 소홀히 하지 말 것을 명하셨습니다. 하나님께 드리는 제사는 매일 드리는 제사, 매주 드리는 제사, 매월 드리는 제사가 있고, 매년 드리는 제사가 있습니다.

첫째, 매일 드리는 제사 (3-8)

3,4절을 보십시오. **"일 년 되고 흠 없는 숫양을 매일 둘씩 상번제로 드리되 한 어린양은 아침에 드리고 한 어린양은 해질 때에 드릴 것이요."** 하나님께서는 제일 먼저 매일 드릴 화제(火祭)[70]에 관해 말씀하셨습니다. '일년 된 흠 없는 수양' 두 마리를 번제로 드리되 한 마리는 아침에 드리고 나머지 한 마리는 저녁 해질 때에 드리라고 했습니다. 아침에 드리는 번제는 헌신과 서원의 의미가 있습니다. 저녁에 드리는 번제는 사죄와 감사의 의미가 있습니다. 번제를 드릴 때에는 각 어린양에 대해서 고운 가루 4분의 1에바에 빻아 낸 기름 사분지 일 힌을 섞어서 소제(素祭)[71]로 드려야 합니다. 소제를 드리는 것은 온 몸이 가루가 되도록 하나님께 충성을 드리는 헌신의 의미가 있습니다.[72] 이 때 사분의 일 힌의 독주를 전제(奠祭)로 드려야 합니다.[73] '독주'란 석류, 야자 등 열매를 발효시켜 만든, 포도주보다 도수가 높은 매우 값지고 감미로운 술이었습니다.[74] 전제는 우리 신자들의 믿음의 제물과 희생의

---

70) 화제란 불로 태워서 드리는 제사를 말한다. 유대인들의 제사를 드리는 방법에는 화제 외에도 요제, 거제, 전제 등이 있다.

71) 소제는 식물을 제물로 드리는 제사이며, 동물로 드리는 제사는 번제가 있고, 술로 드리는 제사에 전재가 있다.

72) 정도열, 「레위기강해」, pp.47-59.

73) 전제에 관한 특별한 지시는 어디에도 찾아볼 수 없다(레 23장; 민 15:7,10). 제주(祭酒)가 제단대에 부어졌는지(지혜서 50:15에는 분명히 그렇게 되어 있다), 아니면 제단 위에 놓인 제물 위에 부어졌는지(빌 2:17) 확실치 않다. Winterobtham, 「민수기(하)」, p.357.

74) 독주(שֵׁכָר)는 탐굼들에서는 '묵은 포도주'라고 하는데, 이는 다른 곳에서는 어디를 보나 포도주로 제주(祭酒)를 삼도록 되어 있기 때문이었다(출 29:40). 그러나 '쉐카르(שֵׁכָר)'는 포도주가 아니라 독주이며 항상 포도주와 구별되며, 대비되는 뜻으로 사용되었

봉사 위에 부어질 순교자들의 피에 대한 상징입니다(빌 2:17). 이처럼 값비싼 독주를 전제로 드리도록 명하신 것은 우리가 매일 삶 속에서 가장 귀한 것을 하나님께서 드리고, 순교자적인 자세로 살아야 함을 말해 줍니다. 요세푸스에 의하면 번제를 한 번 드리는데 3시간씩이 걸렸다고 합니다. 따라서 제사장은 매일 아침저녁으로 3시간씩 번제를 드렸습니다. 상번제는 일년 365일 변함없이 드려지는 제사였습니다. 이는 제사의 가장 기본적인 형태였으며, 제사장들의 가장 기본적인 사명이요, 생활이었습니다.

이상과 같은 매일 드리는 상번제와 소제와 전제는 우리 신자들이 아침저녁으로 드리는 기도와 찬미의 제사를 의미합니다. 복음의 제사장들이 365일 변함없이 감당해야 할 기본적인 사명입니다. 우리 신자들은 매일 아침에 '오늘도 하나님의 영광을 위해서 살겠습니다.'라는 헌신과 충성을 서약하는 기도를 드리며 하루를 시작해야 합니다. 저녁이 되면 그날 지은 죄를 회개하고, 하나님이 주신 은혜를 감사함으로 찬미의 제사를 드려야 합니다. 우리는 아침저녁으로 기도와 찬송의 제사를 드려야 합니다. 뒤에 나오지만 매일 드리는 제사와 희생은 안식이나 월삭이나 명절에도 빼먹어서는 안 됩니다. 다른 제사들은 매일 드리는 제사 위에 더해져야지 특별한 제사를 드린다고 매일 드리는 기본적인 제사가 생략되어서는 절대로 안 됩니다(28:10,15,24,31; 29:11). 이만큼 상번제는 모든 제사의 기본입니다. 이처럼 우리 신자들의 기본 생활이 중요하고, 매일의 삶을 하나님께 온전히 헌신해야 합니다. 우리가 기본적으로 매일 성경을 읽고 묵상하며, 기도하며 찬송하는 생활을 365일 하루도 빠짐 없이 감당할 수 있기를 기도합니다.

다(레 10:9; 민 6:3). 이는 광야에서 포도를 얻기가 어려웠기 때문일 것으로 추측한다. Winterobtham, 「민수기(하)」, p.357.

둘째, 매 안식일에 드리는 제사 (9-10)

9,10절을 보십시오. **"안식일에는 일 년 되고 흠 없는 고운 숫양 둘과 가루 에바 십분지 이에 기름 섞은 소제와 그 전제를 드릴 것이니 이는 매 안식일의 번제라. 상번제와 그 전제 외에니라."** 하나님께서 안식일을 지키게 하신 데에는 두 가지 영적인 의미가 있습니다. 하나는 하나님께서 엿새 동안 천지 만물을 창조하신 날을 기억하며 창조주 하나님께 찬양과 경배를 드리는 것이었습니다(출 20:11). 다른 하나는 안식이 없던 애굽의 노예 생활을 회상하며 참 안식을 주시는 하나님의 구속의 은혜를 기억하고 감사드리는 것이었습니다(신 5:15). 역사적으로 안식일을 거룩하게 지키는 일은 이스라엘 백성만이 지켜 온 전통이었습니다. 안식일 제사에는 일 년 된 흠 없는 수양 두 마리와 고운 가루 10분의 2에바에 기름 섞은 소제와 그 전제를 드리라고 했습니다. 이 제물들은 아침저녁으로 드리는 제물을 합한 양(量)와 같습니다. 곧 안식일에는 평일보다 두 배의 제물로 제사를 드려야 했습니다. 이는 우리가 매일 매일 하나님께 헌신하지만 안식일에는 또 다른 봉사와 헌신을 드려야 함을 말해 줍니다.

복음 시대를 가리키는 성전 봉사에 대해 에스겔이 받은 계시에 의하면, 안식일에는 소제물과 전제와 함께 어린 양 6마리와 수양 1마리를 바치도록 되어 있습니다(겔 46:4,5). 이는 그리스도의 날에도 안식일의 성결이 지속되며 더 강화된다는 것을 말해 줍니다. 예수님께서도 자신이 '안식일의 주인'이라고 하셨습니다(막 2:28). 그래서 우리 신자들은 예수님께서 부활하신 날을 기념하여 안식일을 지킵니다. 하나님께서 안식일에 두 배의 제물을 드리도록 하신 것처럼 우리도 주일에는 평상시보다 배나 더 하나님께 충성하고 헌신해야 합니다. 평상시와 같이 기본 생활을 잘 할 뿐 아니라 아침에 일찍 일어나 하나님께 드릴 예물을 준비하고 신령과 진정으로 예배드려야 합니다. 또 예배를 섬기는 직분을 맡은 분들은 기도로 준비하여 예배 환경을 만들고, 하나님께서 기뻐 받으시는 예배가 되도록 힘써야 합니다.

셋째, 매월삭에 드리는 제사 (11-15)

11-15절은 월삭에 드리는 제사에 대한 규례입니다. 월삭(月朔)은 '너의 달들의 시작이라.'는 뜻입니다. 이는 달이 기울었다가 다시 차기 시작하는 매월 초하루를 가리킵니다. 매월 초하루는 달의 변화에 의존하여 사는 유목민들과 농민들의 삶에 깊이 뿌리 박혀 있는 축제의 날이었습니다. 안식일이 창조주 하나님께 드리는 제사라면, 월삭은 세상을 주관하시고 섭리하시는 하나님께 드리는 제사입니다.[75] 왜냐하면 하나님께서 계절에 따라 달을 지정하시고, 달의 변화에 따라 시간을 알려 주시고, 세상의 모든 사물을 다스리시기 때문입니다.

구약에 보면 이스라엘은 월삭에 모여서 서로의 친분을 두텁게 하고(삼상 20:5,24), 말씀을 듣기 위해 선지자를 찾아갔습니다(왕하 4:23). 이날에는 안식일과 같이 노동을 쉬었습니다(암 8:5). 은 나팔을 불어 하나님께서 자신들의 기도를 들어주시고 기억해 주시기를 바라는 소원을 표하였습니다(10:10). 월삭에는 수송아지 2마리와 수양 1마리, 일년 된 흠 없는 수양 7마리를 여호와께 번제로 드려야 했습니다(11). 각 송아지마다 기름 섞은 고운 가루 10분의 3에바의 소제를 드리고 수양에는 10의 2에바의 소제, 어린 양에는 10분의 1에바의 기름 섞은 소제를 화제로 드려야 했습니다(12,13). 그 외에 15절에 보면 수염소 한 마리를 속죄제로 여호와께 드려야 했습니다. 이는 지난달에 지은 죄를 청산하고 새로운 달의 헌신을 다짐하는 것이었습니다. 월삭의 제사는 매월 드리는 헌신 예배나 월례회에 해당하는 것 같습니다. 새로운 달을

---

75) Henry, 「민수기」, p.420.

시작하면서 함께 모여 사죄와 감사와 헌신의 예배를 드리는 것은 하나님께서 기뻐 받으시는 향기로운 예배가 됩니다.

2. 매년 드리는 제사들 (28:16-29:40)

하나님께서는 이제 매년 정기적으로 드려야 할 제사가 무엇인지를 밝히셨습니다.

첫째, 유월절 제사 (16-25)

정월 14일은 여호와의 유월절이었습니다(16). 이 날은 이스라엘이 출애굽한 날을 기념하는 날이었습니다. 이 날에는 어떤 제사도 드리지 않았으며, 가족끼리 모여서 유월절 양고기와 쓴 나물과 무교병을 먹었습니다. 이 때 가장이 출애굽의 사건을 가족들에게 이야기해 주었습니다. 따라서 이 날은 제사보다 어제의 구원과 오늘의 자유와 행복이 오직 하나님께로 말미암았음을 고백하고 가르치는 신앙 교육의 날이었습니다. 유월절은 애굽을 탈출하여 홍해를 건너 가나안에 들어가는 새로운 삶의 시작이었습니다. 그래서 민수기에서는 유월절 그 자체보다 다음 날부터 7일 동안 지켜야 할 무교절에 무게를 두고 있습니다. 17절을 보십시오. **"또 그 달 십오 일부터는 절일이니 칠 일 동안 무교병을 먹을 것이며"** '절일(חַג)'이란 세상 즐거움을 피하고 하나님 앞에서 거룩히 지켜야 할 날을 말합니다.[76] 한 주간 동안 무교병을 먹고 쓴 나물을 먹도록 명하셨습니다(민 9:11). 첫날과 마지막날에는 성회로 모이고, 아무 노동도 하지 말아야 합니다(18,25). 하나님께서는 한 주간 동안

---

76) '절일(חַג)'은 '성수하는 날'을 뜻하고, 환락을 피하고, 그 방법의 하나로 무교병을 먹으며, 성결한 삶을 위해 힘쓰는 날이다(신 5:12; 고전 5:7,8). 이상근, 「민수기(하)·레위기」, p.89.

무교병을 먹으며 제사를 드리도록 명하셨습니다. 무교절 제사는 수송 아지 2마리와 수양 1마리, 일 년 된 수양 7마리를 다 흠 없는 것으로 번제로 드려야 합니다(19). 각 제물에 다라 소제를 드리며 수염소로 속 죄제를 드려야 합니다(20,22). 이 모든 제사는 매일 드리는 상번제 외에 드리는 것이었습니다.

사도 바울은 **"우리의 유월절 양 곧 그리스도께서 희생이 되셨느니라(고전 5:7b)"**고 했습니다. 예수님께서 십자가에 죽으심으로 우리의 희생양이 되셨습니다(마 26:28). 예수님께서 잡히시던 밤에 성만찬을 하시면서 자신의 죽음을 기념하라고 하셨습니다(눅 22:19). 따라서 우리 신자들에게 있어서 유월절은 성만찬에 참여하며 우리 죄를 위해 십자가에서 피 흘려 죽으신 예수 그리스도의 구속의 사랑과 은혜를 기억하고 감사하는 날이라 할 수 있습니다.

영적인 유월절에 임하는 우리의 자세가 어떠해야 합니까? 먼저 거룩함을 지켜야 합니다. 하나님께서 이스라엘을 애굽에서 이끌어 내신 목적은 하나님의 거룩하심을 본받게 하시기 위함이었습니다(레 11:45; 19:2). 바울은 **"우리가 하나님을 두려워하는 가운데서 거룩함을 온전히 이루어 육과 영의 온갖 더러운 것에서 자신을 깨끗케 하자(고후 7:1)"**라고 했습니다. 베드로는 **"오직 너희를 부르신 거룩한 자처럼 너희도 모든 행실에 거룩한 자가 되라(벧전 1:15)"**고 했습니다. 그러므로 우리 구원받은 신자들은 구원의 은혜를 생각하면서 거룩한 삶을 살아야 합니다. 우리의 삶이 불신자들과 구별되어야 합니다. 세상을 본받지 않고, 우리 몸을 거룩한 산 제사로 드려야 합니다(롬 12:1,2). 그래서 바울은 말했습니다. **"너희는 누룩 없는 자인데 새 덩어리가 되기 위하여 묵은 누룩을 내어 버리라. 우리의 유월절 양 곧 그리스도께서 희생이 되셨느니라. 이러므로 우리가 명절을 지키되 묵은 누룩도 말고, 괴악하고 악독한 누룩도 말고 오직 순전함과 진실함의 누룩 없는 떡으로 하자."**(고전

5:7,8) 예수님께서 유월절 어린 양으로 희생이 되신 것은 우리가 누룩 없는 새 인생을 살도록 하시기 위함이었습니다. 그러므로 우리는 묵은 누룩, 곧 조상으로부터 물려받은 망령된 행실을 온전히 버리고 거룩한 새 삶을 살 수 있기를 기도합니다.

둘째, 칠칠절의 제사 (26-31)

칠칠절은 유월절이 지난 후 7주 후라 칠칠절(七七節)이라고 불렀으며, 50일째 되는 날이라 하여 오순절(五旬節)이라고도 불렀습니다(레 23:15,16). 이 때는 보리를 추수하는 때라 하여 맥추절(출 23:16)이라고도 불렀습니다. 유대 전승에 의하면 이 날은 모세가 시내산에서 십계명을 받은 날이었습니다. 26절을 보십시오. **"칠칠절 처음 익은 열매 드리는 날에 너희가 여호와께 새 소제를 드릴 때에도 성회로 모일 것이요 아무 노동도 하지 말 것이며,"** 이 날은 그해 처음 익은 열매를 드리는 날이었습니다. 처음 익은 곡식으로 만든 떡 2개를 새 소제로 드려야 합니다(레 23:17,18). 성회로 모이고, 아무 노동도 하지 말아야 합니다. 수송아지 2마리와 수양 1마리, 일 년 된 수양 7마리를 번제로 드려야 합니다. 각 제물에 해당하는 소제물도 드리고, 속죄 제물로 수염소 한 마리를 드려야 합니다.

칠칠절의 제사는 삶의 전 영역에 미치는 하나님의 보살피심과 다스리심에 대한 감사의 표현으로 하나님께 드리는 제사였습니다. 땅과 생산물의 주인이 하나님이심을 고백하는 신앙의 행위였습니다. 이사야 선지자는 **"하늘을 창조하여 펴시고 땅과 그 소산을 베푸시며 땅 위의 백성에게 호흡을 주시며 땅에 행하는 자에게 신을 주시는 하나님 여호와(사 42:5)"**라고 찬양했습니다. 이 세상 만물이 다 하나님의 것입니다. 우리가 가진 모든 것이 하나님의 은혜로 주어진 것입니다. 그러므로 우리는 삶의 전 영역에서 감사 조건을 찾고, 감사의 표시를 해야 합니다.

이것이 바로 칠칠절의 의미입니다. 우리 하나님은 감사의 제사, 찬미의 제사를 가장 기뻐하십니다(히 13:15). **"항상 기뻐하라. 쉬지 말고 기도하라. 범사에 감사하라. 이는 그리스도 예수 안에서 너희를 향하신 하나님의 뜻이니라."(살전 5:16-18)** 어떤 상황 속에서도 감사하는 믿음을 배울 수 있기를 기도합니다.

셋째, 나팔절의 제사 (29:1-6)

유대 종교력(宗敎曆)으로 7월에는 나팔절과 속죄일, 초막절 등 많은 제사들이 집중되어 있었습니다. 유대인들에게 있어서 7월은 추수기와 파종기 사이에 있는 휴식의 달이었습니다. 하나님께서는 연중 가장 한가한 기간 동안 대부분의 여가를 하나님을 섬기는 데 보내도록 여러 절기를 두셨습니다. 1절을 보십시오. **"칠월에 이르러는 그 달 초 일일에 성회로 모이고 아무 노동도 하지 말라. 이는 너희가 나팔을 불 날이니라."** 7월 1일은 유대인들의 민간력(民間曆)으로 정월 초하루였습니다. 곧 우리 나라의 설날에 해당하는 날이었습니다. 정월 초하루가 종교력으로 7월 1일이 된 것은 하나님께서 출애굽한 그 달을 기념하여 새해 첫 달로 삼도록 명하셨기 때문이었습니다. 하나님께서는 7월 1일에는 성회로 모이고, 아무 노동도 하지 말고, 나팔을 불어 새해가 되었음을 알리도록 명하셨습니다. 이 날은 월삭과 겹치는 날이므로 월삭의 번제와 소제, 전제 외에 나팔절의 제물을 더 드리도록 명하셨습니다. 나팔절에 드리는 제사에는 수송아지 1마리와 수양 1마리, 일 년 된 수양 7마리를 드리도록 명하셨습니다. 월삭 제사를 드릴 때보다는 수송아지 1마리가 줄었습니다.

느헤미야 8장 1-12절에 보면 이스라엘 백성들이 칠월 초하루에 수문 앞 광장에 모여서 학사 에스라를 초빙하여 새벽부터 정오까지 여호와의 율법을 들으며 신년 수양회를 가졌습니다. 그 날에 하나님의 말씀을 듣고 눈물을 흘리며 자기 죄를 애통하며 회개하였습니다. 나팔절에는 이처럼 새해를 시작하는 의미에서 하나님의 말씀을 붙들고 자기 죄를 회개하고, 한 해를 하나님 앞에서 새 출발하는 결단을 하였습니다. 이는 우리가 송구영신 예배를 드리고, 신년 수양회를 가지며 새해를 맞이하는 것과 같습니다. 동시에 나팔절은 복음 전파의 나팔과 우리가 새 하늘과 새 땅에 들어가는 날을 알리는 예수 그리스도의 재림 나팔을 암시해 주고 있습니다(살전 4:16). 우리가 새로운 각오와 결단으로 힘차게 복음 전파의 나팔을 불며 죄로 병든 세상으로 진군해 들어갈 수 있기를 기도합니다.

넷째, 속죄일의 제사 (29:7-11)

7월 10일은 속죄일이었습니다. 속죄일에 대한 규례는 레위기에 상세하게 기록되어 있습니다(레 16:11-15; 23:26-32). 여기에는 단지 속죄일을 맞이하는 마음 자세와 그날에 드릴 제물에 대해서 기록되어 있습니다. 구약에는 '속죄제', '속건제'의 규례가 있습니다(레 4:1-6:7). 이런 제사는 일상 생활 중에 짓게 되는 죄와 허물에 대해 죄 사함을 받기 위한 것이었습니다. 그러나 1년에 한 차례 7월 10일에 드리는 대속죄제는 전 국민이 1년 간 지은 죄를 크게 회개하고 속죄제사를 드리는 것이었습니다. 이 날에는 전 국민이 성회로 모이고, 아무 노동도 하지 않고 금식하였습니다. 대제사장이 먼저 자신을 위하여 수송아지로 속죄제를 드리고, 백성을 위하여 염소로 속죄제를 드렸으며, 그 피를 가지고 지성소에 들어가 속죄소 위에, 앞에 뿌렸습니다(레 16:11-15).

속죄일을 맞는 마음 자세가 어떠해야 합니까? '마음을 괴롭게' 해야 합니다. 이 말은 금식하며 회개의 표시로 하나님 앞에 자신을 낮추고 괴롭게 하는 행위를 말합니다(레 16:29; 사 58:3-5). 이와 같은 속죄일의 절차를 지낸 후에 거기에 곁들여 번제를 드렸습니다. 번제물은 수송아지 1마리, 수양 1마리, 일 년 된 수양 7마리이며, 소제도 겸하여 드렸습니다. 대속죄일은 예수 그리스도를 통해서 이루어질 완전하고 영원한 속죄제사의 필요성을 암시해 주는 날입니다. 우리 신자들에게는 완전하고 영원한 속죄 제물이 되신 예수님이 계십니다. 그래서 언제든지 예수님의 보혈의 공로를 의지하여 하늘에 있는 지성소에 담대히 나갈 수 있습니다(히 4:16). 우리가 하나님의 보좌 앞에 나갈 때 마음을 괴롭게 하고, 죄를 애통하며 회개하는 심정으로 나가야 합니다. 하나님께서는 마음이 상한 자를 가까이 하시고, 중심에 통회하는 자를 구원하십니다(시 34:18). 구약의 성도들은 1년에 한 번씩 속죄일을 정하고 회개했지만 구원받은 우리 신자들은 매일 하나님 앞에 나가 죄를 회개하고 회개에 합당한 열매를 맺는 삶을 살아야 합니다.

다섯째, 초막절 제사 (29:12-40)

12절을 보십시오. **"칠월 십오 일에는 너희가 성회로 모일 것이요, 아무 노동도 하지 말 것이며, 칠 일 동안 여호와 앞에 절기를 지킬 것이라."** 초막절은 7월 15일부터 22일까지 8일간 지켰습니다. 이 기간 동안 백성들은 집을 떠나 초막을 짓고 초막에 기거해야 했습니다(레 23:34-43). 이는 이스라엘 백성의 광야 40년 간 광야 생활을 기념하기 위한 것이었습니다(레 23:43). 동시에 초막절은 한 해 추수를 마치고 하나님께 감사의 제사를 드리는 절기였습니다(신 16:13). 그래서 '장막절(帳幕節)'이라고도 하고 '수장절(收藏節)'이라고도 불렀습니다(출 23:16).

초막절은 3대 절기 중에서 최대의 명절이었습니다. 제물의 양이 엄청나게 많았습니다. 첫날은 수송아지 13마리와 수양 2마리와 1년 된 수양 14마리를 번제로 드렸습니다(13). 각 제물에 따라 소제물(수송아지에는 10분의 3에바, 수양에는 10분의 2에바, 어린양에는 10분의 1에바)을 드렸습니다(14,15). 그리고 수염소 1마리로 속죄제를 드렸습니다(16). 첫날에 드린 제물만 30마리였습니다. 둘째 날부터는 다른 제물은 동일한데 수송아지만 13마리에서 매일 1마리씩 줄여서 일곱째 날에는 7마리로 줄고, 여덟째 날에는 수송아지 1마리, 수양도 1마리, 어린 양도 7마리만 드리도록 했습니다. 이는 율법적인 제사는 마침내 없어질 것이며, 구약의 무수히 많은 제물이 무한히 값지고 귀한 한 제물로 완성될 것을 암시해 줍니다.[77] 초막절 제사에 바쳐진 짐승은 총 199마리이고, 상번제 16마리를 합하면 총 215마리나 됩니다. 이만큼 하나님께서는 자기 백성들에게 완전한 헌신과 충성을 요구하십니다. 또 가장 풍성한 때에 장막에 거하면서 과거 어렵게 살던 시절을 기억하며 하나님의 은혜를 감사하도록 하셨습니다.

우리는 썩어질 세상에 소망을 두지 아니하고 영원한 하나님 나라에 대한 소망을 가져야 합니다. 요한계시록 21장 3,4절을 보십시오. **"내가 들으니 보좌에서 큰 음성이 나서 가로되 보라, 하나님의 장막이 사람들과 함께 있으매 하나님이 저희와 함께 거하시리니 저희는 하나님의 백성이 되고, 하나님은 친히 저희와 함께 계셔서 모든 눈물을 그 눈에서 씻기시매 다시 사망이 없고, 애통하는 것이나 곡하는 것이나 아픈 것이 다시 있지 아니하리니 처음 것들이 다 지나갔음이러라."** 사람들은 좀 잘 살게 되며 마음이 부요해집니다. 사람들은 이 땅에서 천년 만년 살 것처럼 생각하지만 사실 이 땅은 우리가 잠시 거할 장막에 불과합니다. 그러므로 영원한 하나님 나라를 소망하며 하나님께 절대적인 충성과 헌신을 드려야 합니다. 가장 풍요로운 때에 가장 어렵게 살던 시절을 기억하며 고난의 떡을 먹으며 고난받는 이웃을 생각해야 합니다. 우리가 먹을 것이 많고, 배부른 때일수록 가난하던 시절을 생각하고, 하나님의 은혜를 기억하며 하나님 앞에 겸손히 살 수 있기를 기도합니다.

---

77) Matthew Henry, 「민수기」, p.428.

3. 서원에 관한 규례 (30:1-16)

나실인의 서원에 관하여 지적되었듯이(6:1-12), 사람이 여호와께 무엇을 하겠다고 서원할 수 있었습니다. 또 지정된 기간 동안 무엇을 하지 않겠다고 서원할 수 있었습니다(레 27장). 30장의 기록 목적은 서원 준수가 얼마나 중요한 일인가를 가르치기 위함이었습니다.

첫째, 서원한 것은 다 행하라 (1,2)

1,2절을 보십시오. **"모세가 이스라엘 자손 지파의 두령들에게 일러 가로되 여호와의 명령이 이러하니라. 사람이 여호와께 서원하였거나 마음을 제어하기로 서약하였거든 파약하지 말고 그 입에서 나온 대로 다 행할 것이니라."** 서원은 '맹세하다, 다짐하다'는 뜻에서 유래한 종교적 성격이 강한 말입니다. 이스라엘 백성들은 하나님의 은혜를 기대하며 그분의 영광을 위해서 서원했습니다. 자신의 신앙적인 성숙과 하나님과 깊은 영적인 교제를 위해서 자발적으로 서원했습니다.

유대 전통에 의하면 서원은 '분리의 울타리'라고 하여 신앙을 보호해 주는 담과 같습니다. 서원은 우리의 신앙을 지켜 주고 보호해 주는 담의 역할을 하는 것이 사실입니다. 야곱이 벧엘에서 서원 기도를 했습니다(창 28:19,20). 하나님께서는 그 서원 기도를 들으시고, 야곱을 철통같이 보호하시고 믿음의 조상으로 키우셨습니다. 그의 서원이 그를 보호해 주는 울타리 역할을 했습니다. 또 **"마음을 제어하기로 서약하였거든 파약하지 말고 반드시 행하라"**고 했습니다. '마음을 제어한다'는 말은 '혼을 속박한다'는 뜻입니다. 따라서 하나님께 서원한다는 것은 모든 힘을 다하여 자신을 하나님께 붙들어 매고, 스스로 속박 당하는 것입니다.

그러므로 우리가 하나님께 서약한 것은 반드시 지켜야 합니다. **"네**

하나님 여호와께 서원하거든 갚기를 더디 하지 말라. 네 하나님 여호와께서 반드시 그것을 네게 요구하시리니 더디면 네게 죄라. 네가 서원치 아니하였으면 무죄하리라마는, 네 입에서 낸 것은 그대로 실행하기를 주의하라."(신 23:21-23a) 시편 기자는 해로울지라도 서원한 것을 지키는 자는 여호와의 장막에 거한다고 했습니다(시 15:1-4). 반면에 서원해 놓고 실수였다고 하는 자에게 하나님은 진노하십니다(전 5:6). 하나님께서는 서원해 놓고 흠 있는 것으로 사기(詐欺)하는 자를 저주하십니다(말 1:14). 사도행전에는 아나니아와 삽비라가 나옵니다. 이들이 서원하기 전에는 모든 재물이 자신들의 소유였으며, 임의로 처분할 수 있었습니다. 그러나 하나님께 다 드리기로 서원한 후 그 서원을 행하지 않았기 때문에 하나님의 징계를 받았습니다(행 5:1-11). 그러므로 하나님께 서원한 것은 어떤 이유로든지 파약(破約)해서는 안 됩니다. 전도서 기자는 **"서원하고 갚지 아니하는 것보다 서원하지 아니하는 것이 나으니(전 5:5)"**라고 했습니다.

둘째, 서원의 예외 규칙 (3-16)

만일 미혼인 딸이 그 아비의 동의 없이 서원을 했을 경우는 어떻게 해야 합니까? 4,5절을 보십시오. **"그 아비가 그의 서원이나 그 마음을 제어하려는 서약을 듣고도 그에게 아무 말이 없으면 그 모든 서원을 행할 것이요, 그 마음을 제어하려는 서약을 지킬 것이니라. 그러나 그 아비가 그것을 듣는 날에 허락지 아니하면 그 서원과 마음을 제어하려던 서약이 이루지 못할 것이니 그 아비가 허락지 아니하였은즉 여호와께서 사하시리라."** 그 아비가 허락하지 않으면 그녀의 약속은 무효가 됩니다(5).[78]

---

78) 구약에 근거한 유대 율법에서는 소년이 성년이 되는 나이가 13세였다. 13세에 바 미쯔바(Bar Mitzvah:계명의 아들)가 된 후에는 스스로 계약과 서약을 할 수 있었다. 이것은 누가복음 2:41-52에만 기록되어 있는 사건의 배경이다. 그 때에 나이가 차서 예수는

결혼한 경우도 마찬가지였습니다. 아내가 서약을 경솔히 했을 경우 그 남편이 듣고 아무 말이 없으면 그 서원은 행해야 합니다. 그러나 남편이 듣고 허락하지 아니하면 그 서약은 무효가 됩니다(8). 그렇지만 과부나 이혼 당한 여자의 경우는 서원했으면 반드시 지켜야 합니다. 예외 규정이 없습니다. 왜냐하면 자신이 그 가정의 책임자요, 스스로 결정한 것이므로 스스로 책임을 져야 합니다. 결혼한 여자의 경우 남편이 아내의 서원을 들은 후에 잠잠히 있다가 얼마 후에 무효케 하면 남편은 아내의 죄를 담당해야 합니다(15). 이 때는 적절한 속건제를 드렸습니다(레 5:4-13).

결론

우리는 매일, 매주, 매월의 삶을 하나님께 온전히 드려야 합니다. 매년의 삶을 하나님의 스케쥴에 따라서 살아야 합니다. 하나님께서는 무엇보다 우리가 매일 드리는 제사를 기본적으로 요구하고 계십니다. 안식일에도, 월삭에도, 그 외 많은 특별한 절기에도 상번제와 소제와 전제는 변함없이 드리기를 요구하셨습니다. 이는 우리가 하나님 앞에서 기본 생활을 충실하게 해야 함을 말해 줍니다. 기본적인 경건 생활을 게을리 하고, 태만하게 하는 자의 예배는 하나님께서 기뻐 받으시지 않습니다. 우리가 사람들의 눈에 띄는 화려한 제사보다 보이지 않는 가운데 꾸준히 드리는 개인기도 생활과 아침저녁으로 드리는 기도와 찬미의 제사를 성실하게 충성스럽게 감당할 수 있기를 기도합니다.

그의 부모와 함께 바 미쯔바로서 봉헌되도록 예루살렘 성전으로 갔다. 그가 하나님 앞에서 '성년'이 되자마자 그는 "성전 안에서 선생들 가운데 앉아 그들의 말을 듣고 그들에게 질문을 하고 있는 것"이 발견되었다. Riggans, 「민수기」, p.277; 그러나 여자의 경우에는 나이에 상관없이 결혼하기 전까지는 전적으로 그 아버지의 권한하에 서약할 수 있었다.

제 14 강

르우벤과 갓 지파를 책망한 모세

(31:1 – 33:49)

요절 32:6 "모세가 갓 자손과 르우벤 자손에게 이르되 너희 형제들은 싸우러 가거늘 너희는 여기 앉았고자 하느냐"

31:1. 여호와께서 모세에게 일러 가라사대

2. 이스라엘 자손의 원수를 미디안에게 갚으라 그 후에 네가 네 조상에게로 돌아가리라

3. 모세가 백성에게 일러 가로되 너희 중에서 사람을 택하여 싸움에 나갈 준비를 시키고 미디안을 치러 보내어서 여호와의 원수를 미디안에게 갚되

4. 이스라엘 모든 지파에 대하여 각 지파에서 일천 인씩을 싸움에 보낼지니라 하매

5. 매지파에서 일천 인씩 이스라엘 천만인 중에서 일만 이천 인을 택하여 무장을 시킨지라

6. 모세가 매지파에 일천 인씩 싸움에 보내되 제사장 엘르아살의 아들 비느하스에게 성소의 기구와 신호 나팔을 들려서 그들과 함께 싸움에 보내매

7. 그들이 여호와께서 모세에게 명하신 대로 미디안을 쳐서 그 남자를 다 죽였고

8. 그 죽인 자 외에 미디안의 다섯 왕을 죽였으니 미디안의 왕들은 에위와 레겜과 수르와 후르와 레바이며 또 브올의 아들 발람을 칼로 죽였더라

9. 이스라엘 자손이 미디안의 부녀들과 그 아이들을 사로잡고 그 가축과 양 떼와 재물을 다 탈취하고

10. 그 거처하는 성읍들과 촌락을 다 불사르고

11. 탈취한 것, 노략한 것, 사람과 짐승을 다 취하니라

12. 그들이 사로잡은 자와 노략한 것과 탈취한 것을 가지고 여리고 맞은편 요단 가 모압 평지의 진에 이르러 모세와 제사장 엘르아살과 이스라엘 자손의 회중에게로 나아오니라

13. 모세와 제사장 엘르아살과 회중의 족장들이 다 진 밖에 나가서 영접하다가

14. 모세가 군대의 장관 곧 싸움에서 돌아온 천부장들과 백부장들에게 노하니라

15. 모세가 그들에게 이르되 너희가 여자들을 다 살려 두었느냐

16. 보라 이들이 발람의 꾀를 좇아 이스라엘 자손으로 브올의 사건에 여호와 앞에 범죄케 하여 여호와의 회중에 염병이 일어나게 하였느니라

17. 그러므로 아이들 중에 남자는 다 죽이고 남자와 동침하여 사내를 안 여자는 다 죽이고

18. 남자와 동침하지 아니하여 사내를 알지 못하는 여자들은 다 너희를 위하여 살려 둘 것이니라

19. 너희는 칠 일 동안 진 밖에 주둔하라 무릇 살인자나 죽임을 당한 시체를 만진 자나 제 삼 일과 제 칠 일에 몸을 깨끗케 하고 너희의 포로도 깨끗케 할 것이며

20. 무릇 의복과 무릇 가죽으로 만든 것과 무릇 염소털로 만든 것과 무릇 나무로 만든 것을 다 깨끗케 할지니라

21. 제사장 엘르아살이 싸움에 나갔던 군인들에게 이르되 이는 여호와께서 모세에게 명하신 법률이니라

22. 금, 은, 동, 철과 상납과 납의

23. 무릇 불에 견딜 만한 물건은 불을 지나게 하라 그리하면 깨끗하려니와 오히려 정결케 하는 물로 그것을 깨끗케 할 것이며 무릇 불에 견디지 못할 모든 것은 물을 지나게 할 것이니라

24. 너희는 제 칠 일에 옷을 빨아서 깨끗케 한 후에 진에 들어올지니라
25. 여호와께서 모세에게 일러 가라사대
26. 너는 제사장 엘르아살과 회중의 족장들로 더불어 이 탈취한 사람과 짐승을 계수하고
27. 그 얻은 물건을 반분하여 그 절반은 싸움에 나갔던 군인들에게 주고 절반은 회중에게 주고
28. 싸움에 나갔던 군인들로는 사람이나 소나 나귀나 양 떼의 오백분지 일을 여호와께 드리게 하되
29. 곧 이를 그들의 절반에서 취하여 여호와의 거제로 제사장 엘르아살에게 주고
30. 또 이스라엘 자손의 얻은 절반에서는 사람이나 소나 나귀나 양 떼나 각종 짐승을 오십분지 일을 취하여 여호와의 성막을 맡은 레위인에게 주라
31. 모세와 제사장 엘르아살이 여호와께서 모세에게 명하신 대로 하니라
32. 그 탈취물 곧 군인들의 다른 탈취물 외에 양이 육십칠만 오천이요
33. 소가 칠만 이천이요
34. 나귀가 육만 일천이요
35. 사람은 남자와 동침하지 아니하여서 사내를 알지 못하는 여자가 도합 삼만 이천이니
36. 그 절반 곧 싸움에 나갔던 자들의 소유가 양이 삼십삼만 칠천오백이라
37. 여호와께 세로 드린 양이 육백칠십오요
38. 소가 삼만 육천이라 그 중에서 여호와께 세로 드린 것이 칠십이 두요
39. 나귀가 삼만 오백이라 그 중에서 여호와께 세로 드린 것이 육십일이요
40. 사람이 일만 육천이라 그 중에서 여호와께 세로 드리운 자가 삼십이 명이니
41. 여호와께 거제의 세로 드린 것을 모세가 제사장 엘르아살에게 주었으니 여호와께서 모세에게 명하심과 같았더라
42. 모세가 싸움에 나갔던 자에게서 나누어 취하여 이스라엘 자손에게 준 절반
43. 곧 회중의 얻은 절반은 양이 삼십삼만 칠천오백이요
44. 소가 삼만 육천이요
45. 나귀가 삼만 오백이요
46. 사람이 일만 육천이라
47. 이스라엘 자손의 그 절반에서 모세가 사람이나 짐승의 오십분지 일을 취하여 여호와의 장막을 맡은 레위인에게 주었으니 여호와께서 모세에게 명하심과 같았더라

48. 군대의 장관들 곧 천부장과 백부장들이 모세에게 나아와서
49. 그에게 고하되 당신의 종들의 영솔한 군인을 계수한즉 우리 중 한 사람도 축나지 아니하였기로
50. 우리 각 사람의 얻은 바 금 패물 곧 발목고리, 손목고리, 인장반지, 귀고리, 팔고리들을 여호와의 예물로 우리의 생명을 위하여 여호와 앞에 속죄하려고 가져왔나이다
51. 모세와 제사장 엘르아살이 그들에게서 그 금으로 만든 모든 패물을 취한즉
52. 천부장과 백부장들이 여호와께 드린 거제의 금의 도합이 일만 육천칠백오십 세겔이니
53. 군인들이 각기 자기를 위하여 탈취한 것이니라
54. 모세와 제사장 엘르아살이 천부장과 백부장들에게서 금을 취하여 회막에 들여서 여호와 앞에 이스라엘 자손의 기념을 삼았더라

32 1. 르우벤 자손과 갓 자손은 심히 많은 가축의 떼가 있었더라 그들이 야셀 땅과 길르앗 땅을 본즉 그 곳은 가축에 적당한 곳인지라
2. 갓 자손과 르우벤 자손이 와서 모세와 제사장 엘르아살과 회중 족장들에게 말하여 가로되
3. 아다롯과 디본과 야셀과 니므라와 헤스본과 엘르알레와 스밤과 느보와 브온
4. 곧 여호와께서 이스라엘 회중 앞에서 쳐서 멸하신 땅은 가축에 적당한 곳이요 당신의 종들에게는 가축이 있나이다
5. 또 가로되 우리가 만일 당신에게 은혜를 입었으면 이 땅을 당신의 종들에게 산업으로 주시고 우리로 요단을 건너지 않게 하소서
6. 모세가 갓 자손과 르우벤 자손에게 이르되 너희 형제들은 싸우러 가거늘 너희는 여기 앉았고자 하느냐
7. 너희가 어찌하여 이스라엘 자손으로 낙심케 하여서 여호와께서 그들에게 주신 땅으로 건너갈 수 없게 하려느냐
8. 너희 열조도 내가 가데스바네아에서 그 땅을 보라고 보내었을 때에 그리하였었나니
9. 그들이 에스골 골짜기에 올라가서 그 땅을 보고 이스라엘 자손으로 낙심케 하여서 여호와께서 그들에게 주신 땅으로 갈 수 없게 하였었느니라
10. 그 때에 여호와께서 진노하사 맹세하여 가라사대
11. 애굽에서 나온 자들의 이십 세 이상으로는 한 사람도 내가 아브라함과 이삭과 야곱에게

맹세한 땅을 정녕히 보지 못하리니 이는 그들이 나를 온전히 순종치 아니하였음이니라

12. 다만 그나스 사람 여분네의 아들 갈렙과 눈의 아들 여호수아는 볼 것은 여호와를 온전히 순종하였음이니라 하시고

13. 여호와께서 이스라엘에게 진노하사 그들로 사십 년 동안 광야에 유리하게 하신 고로 여호와의 목전에 악을 행한 그 세대가 필경은 다 소멸하였느니라

14. 보라 너희는 너희의 열조를 계대하여 일어난 죄인의 종류로서 이스라엘을 향하신 여호와의 노를 더욱 심하게 하는도다

15. 너희가 만일 돌이켜 여호와를 떠나면 여호와께서 또 이 백성을 광야에 버리시리니 그리하면 너희가 이 모든 백성을 멸망시키리라

16. 그들이 모세에게 가까이 나아와 가로되 우리가 이 곳에 우리 가축을 위하여 우리를 짓고 우리 유아들을 위하여 성읍을 건축하고

17. 이 땅 거민의 연고로 우리 유아들로 그 견고한 성읍에 거하게 한 후에 우리는 무장하고 이스라엘 자손을 그 곳으로 인도하기까지 그들의 앞에 행하고

18. 이스라엘 자손이 각기 기업을 얻기까지 우리 집으로 돌아오지 아니하겠사오며

19. 우리는 요단 이편 곧 동편에서 산업을 얻었사오니 그들과 함께 요단 저편에서는 기업을 얻지 아니하겠나이다

20. 모세가 그들에게 이르되 너희가 만일 이 일을 행하여 무장하고 여호와 앞에서 가서 싸우되

21. 너희가 다 무장하고 여호와 앞에서 요단을 건너가서 여호와께서 그 원수를 자기 앞에서 쫓아내시고

22. 그 땅으로 여호와 앞에 복종케 하시기까지 싸우면 여호와의 앞에서나 이스라엘의 앞에서나 무죄히 돌아오겠고 이 땅은 여호와 앞에서 너희의 산업이 되리라마는

23. 너희가 만일 그같이 아니하면 여호와께 범죄함이니 너희 죄가 정녕 너희를 찾아낼 줄 알라

24. 너희는 유아들을 위하여 성읍을 건축하고 양을 위하여 우리를 지으라 그리하고 너희 입에서 낸 대로 행하라

25. 갓 자손과 르우벤 자손이 모세에게 대답하여 가로되 우리 주의 명대로 종들이 행할 것이라

26. 우리의 어린 자와 아내와 양 떼와 모든 가축은 이 곳 길르앗 성읍들에 두고

27. 우리 주의 말씀대로 종들은 무장하고 여호와 앞에서 다 건너가서 싸우리이다

28. 이에 모세가 그들에게 대하여 제사장 엘르아살과 눈의 아들 여호수아와 이스라엘 자손 지파의 두령들에게 명하니라

29. 모세가 그들에게 이르되 갓 자손과 르우벤 자손이 만일 각기 무장하고 너희와 함께 요단을 건너가서 여호와 앞에서 싸워서 그 땅이 너희 앞에 항복하기에 이르거든 길르앗 땅을 그들에게 산업으로 줄 것이니라

30. 그러나 그들이 만일 너희와 함께 무장하고 건너지 아니하거든 가나안 땅에서 너희 중에 산업을 줄 것이니라

31. 갓 자손과 르우벤 자손이 대답하여 가로되 여호와께서 당신의 종들에게 명하신 대로 우리가 행할 것이라

32. 우리가 무장하고 여호와 앞에서 가나안 땅에 건너가서 요단 이편으로 우리의 산업이 되게 하리이다

33. 모세가 갓 자손과 르우벤 자손과 요셉의 아들 므낫세 반 지파에게 아모리인의 왕 시혼의 국토와 바산 왕 옥의 국토를 주되 곧 그 나라와 그 경내 성읍들과 그 성읍들의 사면 땅을 그들에게 주매

34. 갓 자손은 디본과 아다롯과 아로엘과

35. 아다롯소반과 야셀과 욕브하와

36. 벧니므라와 벧하란들의 견고한 성읍을 건축하였고 또 양을 위하여 우리를 지었으며

37. 르우벤 자손은 헤스본과 엘르알레와 기랴다임과

38. 느보와 바알므온들을 건축하고 그 이름을 고쳤고 또 십마를 건축하고 건축한 성읍들에 새 이름을 주었고

39. 므낫세의 아들 마길의 자손은 가서 길르앗을 쳐서 취하고 거기 있는 아모리인을 쫓아내매

40. 모세가 길르앗을 므낫세의 아들 마길에게 주매 그가 거기 거하였고

41. 므낫세의 아들 야일은 가서 그 촌락들을 취하고 하봇야일이라 칭하였으며

42. 노바는 가서 그낫과 그 향촌을 취하고 자기 이름을 따라서 노바라 칭하였더라

33:1. 이스라엘 자손이 모세와 아론의 관할하에 그 항오대로 애굽 땅에서 나오던 때의 노정이 이러하니라

2. 모세가 여호와의 명대로 그 노정을 따라 그 진행한 것을 기록하였으니 그 진행한 대로 그 노정은 이러하니라

3. 그들이 정월 십오일에 라암셋에서 발행하였으니 곧 유월절 다음 날이라 이스라엘 자손이

애굽 모든 사람의 목전에서 큰 권능으로 나왔으니

4. 애굽인은 여호와께서 그들 중에 치신 그 모든 장자를 장사하는 때라 여호와께서 그들의 신들에게도 벌을 주셨더라

5. 이스라엘 자손이 라암셋에서 발행하여 숙곳에 진쳤고

6. 숙곳에서 발행하여 광야 끝 에담에 진쳤고

7. 에담에서 발행하여 바알스본 앞 비하히롯으로 돌아가서 믹돌 앞에 진쳤고

8. 하히롯 앞에서 발행하여 바다 가운데로 지나 광야에 이르고 에담 광야로 삼 일 길쯤 들어가서 마라에 진쳤고

9. 마라에서 발행하여 엘림에 이르니 엘림에는 샘물 열둘과 종려 칠십 주가 있으므로 거기 진쳤고

10. 엘림에서 발행하여 홍해 가에 진쳤고

11. 홍해 가에서 발행하여 신 광야에 진쳤고

12. 신 광야에서 발행하여

13. 돕가에 진쳤고 돕가에서 발행하여 알루스에 진쳤고

14. 알루스에서 발행하여 르비딤에 진쳤는데 거기는 백성의 마실 물이 없었더라

15. 르비딤에서 발행하여 시내 광야에 진쳤고

16. 시내 광야에서 발행하여 기브롯핫다아와에 진쳤고

17. 기브롯핫다아와에서 발행하여 하세롯에 진쳤고

18. 하세롯에서 발행하여 릿마에 진쳤고

19. 릿마에서 발행하여 림몬베레스에 진쳤고

20. 림몬베레스에서 발행하여 립나에 진쳤고

21. 립나에서 발행하여 릿사에 진쳤고

22. 릿사에서 발행하여 그헬라다에 진쳤고

23. 그헬라다에서 발행하여 세벨 산에 진쳤고

24. 세벨 산에서 발행하여 하라다에 진쳤고

25. 하라다에서 발행하여 막헬롯에 진쳤고

26. 막헬롯에서 발행하여 다핫에 진쳤고

27. 다핫에서 발행하여 데라에 진쳤고

28. 데라에서 발행하여 밋가에 진쳤고

29. 밋가에서 발행하여 하스모나에 진쳤고

30. 하스모나에서 발행하여 모세롯에 진쳤고

31. 모세롯에서 발행하여 브네야아간에 진쳤고

32. 브네야아간에서 발행하여 홀하깃갓에 진쳤고

33. 홀하깃갓에서 발행하여 욧바다에 진쳤고

34. 욧바다에서 발행하여 아브로나에 진쳤고

35. 아브로나에서 발행하여 에시온게벨에 진쳤고

36. 에시온게벨에서 발행하여 신 광야 곧 가데스에 진쳤고

37. 가데스에서 발행하여 에돔 국경 호르 산에 진쳤더라

38. 이스라엘 자손이 애굽 땅에서 나온 지 사십 년 오월 일일에 제사장 아론이 여호와의 명으로 호르 산에 올라가 거기서 죽었으니

39. 아론이 호르 산에서 죽던 때에 나이 일백이십삼 세이었더라

40. 가나안 땅 남방에 거한 가나안 사람 아랏 왕이 이스라엘의 옴을 들었더라

41. 그들이 호르 산에서 발행하여 살모나에 진쳤고

42. 살모나에서 발행하여 부논에 진쳤고

43. 부논에서 발행하여 오봇에 진쳤고

44. 오봇에서 발행하여 모압 변경 이예아바림에 진쳤고

45. 이임에서 발행하여 디본갓에 진쳤고

46. 디본갓에서 발행하여 알몬디블라다임에 진쳤고

47. 알몬디블라다임에서 발행하여 느보 앞 아바림 산에 진쳤고

48. 아바림 산에서 발행하여 여리고 맞은편 요단 가 모압 평지에 진쳤으니

49. 요단 가 도압 평지의 진이 벧여시못에서부터 아벨싯딤에 미쳤었더라

본문 말씀은 모세가 이스라엘이 가나안에 정착할 즈음에 일어난 인본주의와 지파 간의 갈등을 하나님 편에서 해결한 사건입니다. 어떤 신앙 공동체든지 구성원들이 인본주의와 집단 이기주의를 극복하지 못하면 분열될 수밖에 없습니다. 이스라엘은 외적으로 가나안 동쪽 지역을 정복하고 승리에 도취되어 있었지만 내적으로는 분열의 위기에 처

하게 되었습니다. 모세는 지파 이기주의에 사로잡혀 가나안 동편에 주저앉고자 하는 르우벤과 갓 지파를 책망하고, 역사의식을 가지고 가나안 정복 전쟁에 참여하도록 방향을 잡아 주었습니다. 본문 말씀을 통해서 우리는 우리 마음에 자리잡기 쉬운 인본주의와 집단 이기주의를 극복하고 견고한 성령의 그릇을 이루어 하나님께서 우리에게 맡기신 사명을 감당할 수 있습니다.

1. 군대 장관들에게 노를 발한 모세 (31:1-54)

1절을 보십시오. "이스라엘 자손의 원수를 미디안에게 갚으라. 그 후에 네가 네 조상에게로 돌아가리라." 하나님께서는 모세에게 마지막으로 이스라엘 자손의 원수를 갚으라는 사명을 주셨습니다. 하나님께서는 미디안[79]을 이스라엘 자손의 원수라고 하셨습니다. 3절에서는 여호와의 원수를 갚으라고 하셨습니다. 미디안은 브올에서 이스라엘을 배교시켜 우상 숭배에 빠지도록 미혹했습니다(민 25:16-18). 이는 하나님과 거룩한 백성을 욕되게 한 큰 죄악이었습니다. 하나님은 택한 백성을 유혹하여 죄에 빠지게 하는 자들을 원수로 여기시고 반드시 심판하시는 분이십니다.

2-4절을 보면 하나님께서는 각 지파에서 1,000명씩 군대를 뽑아서 미디안을 치러 보내라고 명하셨습니다. 60만 군대를 총동원하지 않고 12,000명만 뽑아서 전쟁에 보내라고 명하신 것은 이 전쟁이 하나님께 속했으며, 하나님께서 친히 싸우실 전쟁임을 말해 줍니다.

---

79) 미디안 사람들은 그두라가 낳은 아브라함의 후손들이었다(창 25:2). 그들 중 일부는 이드로가 살고 있던 가나안 남쪽에 정착하여 참되신 하나님을 섬기며 살았다. 그러나 대부분의 미디안 사람들은 가나안 동편에 정착하여 모압 사람들과 이웃하고 동맹함으로써 우상 숭배에 빠졌다. 그들의 땅은 이스라엘에게 주기로 계획되어 있지 않았다. 그들이 이스라엘을 해하려 하지 않았다면 이스라엘의 공격을 받지 않았을 것이다.

모세는 하나님의 말씀대로 순종하여 매 지파에서 1,000명씩 뽑아 무장을 시켜 싸움에 보냈습니다. 6절에 보면 제사장 엘르아살의 아들 비느하스에게 성소의 기구와 신호 나팔을 들려서 그들과 함께 싸움에 보냈습니다. 모세는 후계자인 여호수아 장군을 보내지 않고, 브올의 사건에서 결정적인 역할을 했던 비느하스를 총사령관으로 세웠습니다. 이는 그가 이스라엘의 원수, 하나님의 원수 갚는 일에 그의 열심과 충성심을 인정받았기 때문이었습니다(딘 25:13-15). 전쟁에 제사장이 참여하고, 성소의 기구가 동원된 것은 이 전쟁이 여호와께서 싸우시는 성전(聖戰)이었음을 말해 줍니다. 모세는 그 전쟁이 영적인 전쟁임을 알았기 때문에 영적인 무기를 들고 전쟁에 임하도록 명했습니다.

우리 신자들의 신앙 생활은 우리를 미혹하여 우상 숭배에 빠지게 하려는 사단과의 싸움입니다. 우리의 싸움은 혈과 육의 싸움이 아니라 하늘에 있는 악한 영들과의 싸움입니다(엡 6:12). 마귀는 우리가 주의 일을 하지 않고 가만히 있으면 아무 일도 하지 않습니다. 그렇지만 우리가 열심히 주의 일을 하고자 하면 마귀도 열심을 내어 우리를 넘어뜨리고자 합니다. 그러므로 우리가 주의 일을 하고자 할 때는 반드시 하나님의 전신 갑주를 입고 영적인 무장을 해야 합니다. 진리로 허리띠를 띠고 의의 흉배를 붙여야 합니다. 믿음의 방패를 가지고 구원의 투구와 성령의 검, 곧 하나님의 말씀을 가져야 합니다(엡 6:14-18).

미디안과의 전쟁의 결과가 어떠합니까? 7-12절에 보십시오. 이 전쟁에서 이스라엘은 대승을 거두었습니다. 여호와께서 명하신 대로 미디안을 쳐서 그 남자들을 다 죽였습니다. 미디안의 다섯 왕들을 죽였습니다. 미디안의 왕들은 에위와 레겜과 수르[30]와 후르와 레바였습니다. 특히 브올의 아들 발람을 칼로 죽였습니다. 발람은 이스라엘을 저주하

---

80) 수르는 이스라엘 장막에서 비느하스에게 죽임을 당한 고스비의 아버지였다(민 25:15).

는 일에 실패한 후 메소포타미아로 돌아가지 않고 미디안에 거하면서 이스라엘을 미혹하여 범죄케 한 모사꾼이었습니다. 그는 재물에 대한 탐심을 이기지 못하고 하나님의 백성을 멸망시키려 하였습니다. 그는 자신의 출세와 부귀 영화를 위해서 하나님의 구속 역사를 훼방하다가 여호와의 칼에 죽임을 당했습니다. 이스라엘은 미디안의 부녀들과 그 아이들을 사로잡고 그 가축과 양 떼와 재물을 다 탈취하였습니다. 성읍과 촌락을 불사르고 탈취한 것, 노략한 것, 사람과 짐승을 다 취하였습니다(10,11). 그들은 승리의 기쁨에 충만하여 여리고 맞은편 요단 가 모압 평지의 진으로 돌아왔습니다.

13절을 보십시오. 모세와 제사장 엘르아살과 회중의 족장들이 다 진 밖에까지 나가 승리하고 돌아오는 군인들을 환영했습니다. 그런데 모세는 그들을 환영하다가 천부장들과 백부장들에게 노를 발하였습니다. 그 이유가 무엇입니까? 15,16절을 보십시오. **"모세가 그들에게 이르되 너희가 여자들을 다 살려 두었느냐? 보라, 이들이 발람의 꾀를 좇아 이스라엘 자손으로 브올의 사건에 여호와 앞에 범죄케 하여 여호와의 회중에 염병이 일어나게 하였느니라."** 율법에 음행한 남자와 여자는 반드시 죽여야 합니다(레 20:10). 성전(聖戰)의 규칙으로도 모든 사람을 진멸해야 했습니다(신 20:16). 하나님께서 미디안을 치도록 명하신 것은 브올의 사건으로 범죄케 한 죄에 대한 징계였습니다. 따라서 이스라엘을 미혹하여 범죄케 한 장본인들인 미디안 여자들을 당연히 죽여야 합니다. 그런데 군대 장관들은 미디안 여자들을 살려 두었습니다. 도리어 그 여자들과 아이들을 데리고 왔습니다. 그들은 여자들까지 죽일 필요가 있겠는가, 아이들까지 죽일 필요가 있는가 하는 인본주의적인 생각 때문에 원수를 진멸할 수 없었습니다. 그들은 바알 숭배에 참여하고 이방 여인과 음행한 죄악이 얼마나 심각한 죄인지 깨닫지 못하고 있었습니다. 하나님께서 왜 염병을 일으켜 24,000명이나 죽게 하셨는지, 왜 미디안에게 하나님의 원수를 갚으라고 명하셨는지 그 영적인 의미를 깨닫지 못하고 있었습니다. 그래서 앞으로도 얼마든지 브올의 사건이 반복해서 일어날 가능성이 있었습니다. 모세는 이 문제를 어떻게 해결했습니까?

첫째, 순결한 처녀 외에는 다 죽였습니다 (17,18)

17,18절을 보십시오. **"그러므로 아이들 중에 남자는 다 죽이고 남자와 동침하여 사내를 안 여자는 다 죽이고, 남자와 동침하지 아니하여 사내를 알지 못하는 여자들은 다 너희를 위하여 살려 둘 것이니라."** 모세는 아이들 중에 남자 아이들을 다 죽이도록 명하였습니다. 이는 그들이 자라서 다시 미디안 족속을 형성하고 이스라엘을 대적하고 괴롭힐 수 있었기 때문이었습니다. 또 남자와 동침하여 사내를 안 여자는 다 죽이라고 명했습니다. 이는 그들이 이스라엘을 미혹한 여인들이었기 때문이었습니다. 모세는 이를 통해서 브올에서의 범죄가 얼마나 심각한 죄악이었는지를 깨우쳐 주었습니다. 또 그들이 얼마나 철저하게 죄를 미워하고, 경계해야 하는지 보여 주었습니다. 인본주의적인 생각과 작은 이익에 눈이 어두워지지 않도록 하나님의 원수들을 철저히 징벌하였습니다.

둘째, 군인들과 포로들과 전리품을 정결케 했습니다 (19-24)

제사장 엘르아살은 여호와께서 도세에게 명하신 대로 전쟁에 참여한 자들의 몸을 정결케 하도록 명했습니다(21). 7일 동안 진 밖에 거하면서 3일과 7일에 몸을 깨끗이 하도록 했습니다. 포로들도 깨끗케 해야 했습니다. 불에 견딜만한 물건들, 즉 금, 은, 동, 철과 납과 같은 것들은 불과 정결케 하는 물로 깨끗케 될 수 있었습니다(23). 그러나 불에 타는 전리품들은 물로써만 정결케 하도록 했습니다. 의복과 무릇 가죽으로 만든 것과 무릇 염소털로 만든 것과 무릇 나무로 만든 모든 것은 물로써 깨끗케 했습니다(20).

이렇게 전쟁에서 돌아온 사람들과 전리품들을 정결케 한 것은 이스라엘 백성이 이방의 타락한 문화에 물들지 않도록 하기 위함이었습니다. 군인들은 많은 사람을 죽였기 때문에 이방인들과 같이 사람의 생명을 경시하고 강포하기 쉽습니다. 또 그들은 죽은 시체를 만졌기 때문에 의식적(儀式的)으로도 부정하게 되었습니다. 그만큼 그들은 세속화되고 부정하게 되었습니다. 또 이방 여인들은 음란하고 부도덕하였으며, 그 탈취물들은 타락한 이방 문화의 유물들이었습니다. 그들을 정결케 하지 않고 곧바로 진에 들어오게 하면 이스라엘 진 자체가 더러워질 수 있습니다. 그래서 7일 동안 진 밖에 거하며 몸과 마음을 정결케 하고, 모든 전리품도 물과 불로 정결케 하였습니다. 이를 통해서 가나안을 정복하지만 철저히 그들의 죄악을 떨쳐 버리고 거룩한 하나님의 백성으로서의 순결과 순수성을 지키도록 하였습니다.

셋째, 전리품을 공정하게 분배했습니다 (25-47)

하나님께서는 모세에게 전리품을 공정하게 분배하도록 명하셨습니다. 모든 탈취물을 절반으로 나누어 그 절반은 전쟁에 참여한 군인들에게 분배해 주라고 했습니다. 이는 하나님의 말씀에 순종하여 생명을 걸고 전쟁에 나가서 승리하고 돌아온 자가 받는 분깃이었습니다. 26,27절을 보면 전리품의 나머지 절반은 전쟁에 직접 참여하지 않은 백성에게도 나누어주도록 했습니다. 그들은 전쟁에 참여하지 않았지만 후방에서 적극적으로 기도로 동참한 동역자들이었습니다. 그래서 그들도 전리품을 취하는 기쁨을 누릴 수 있도록 하였습니다.

28,29절에 보면 전쟁에 참여한 군인들은 그 받은 전리품의 오백 분의 일을 여호와의 거제로 드리되 제사장 엘르아살에게 주라고 명하셨

습니다. 이스라엘 자손들은 받은 전리품의 오십 분의 일을 여호와의 성막을 맡은 레위인들의 몫으로 주라고 명하셨습니다(30). 군인들과 백성들은 여호와께서 모세에게 명하신 대로 순종하여 전리품을 공정하게 나누었습니다. 하나님께서 주신 승리의 기쁨과 축복을 모든 사람들이 함께 누리게 하였습니다.[81] 한 사람도 소외됨이 없이 하나님의 축복에 참여하도록 하였습니다.

넷째, 군대장관들이 자원해서 여호와께 예물을 드렸습니다 (48-54)

48,49절을 보십시오. 군대 장관들이 귀환하여 군대를 계수해 보니 한 사람의 희생자도 없었습니다. 이는 하나님께서 원수의 손에서 그들을 구원해 주셨기 때문이었습니다. 그래서 군대 장관들은 자신들의 생명을 지켜 주시고 구원해 주신 은혜를 감사하여 하나님께 특별한 예물을 드렸습니다. 50절을 보십시오. **"우리 각 사람의 얻은 바 금 패물 곧 발목고리, 손목고리, 인장반지, 귀고리, 팔고리들을 여호와의 예물로 우리의 생명을 위하여 여호와 앞에 속죄하려고 가져왔나이다."** 모세와 제사장 엘르아살이 그들에게서 그 금으로 만든 모든 패물을 취하니 여호와께 드린 거제의 금의 합이 16,750세겔이나 되었습니다. 모세와 제사장 엘르아살은 천부장과 백부장들에게서 금을 취하여 회막에 들여서

---

81) 예를 들면 처녀들이 총 32,000명이었으므로 군인들이 취한 여자들이 16,000명이었다. 그들 중 1/500은 32명이다. 따라서 제사장들의 몫은 32명이었다. 이 여자들은 제사장이나 성막을 섬기는 노예가 되었을 것이다(삼상 2:22). 전리품을 분배한 내용을 요약하면 다음과 같다.

전리품	총계	군인들	제사장	회중	레위인
양	675,000	337,000	675	337,000	6,750
소	72,000	36,000	72	36,000	720
나귀	61,000	30,500	61	30,500	610
처녀	32,000	16,000	32	16,000	320

여호와 앞에 이스라엘 자손의 기념을 삼았습니다. 이는 '주 앞에서 이스라엘 백성을 위한 기념'이 되었습니다. 전쟁에서의 승리는 오직 하나님께서 주신 것임을 고백하고 하나님께 영광을 돌렸습니다.

2. 르우벤과 갓 자손을 책망한 모세 (32:1-42)

르우벤과 갓 자손은 심히 많은 가축의 떼가 있었습니다. 그들이 야셀 땅과 길르앗 땅을 본즉 그 곳은 목축에 적당한 곳이었습니다.[82] 이 두 지파의 족장들은 그곳에 머물게 해 달라고 간청했습니다. 3-5절을 보십시오. **"아다롯과 디본과 야셀과 니므라와 헤스본과 엘르알레와 스밤과 느보와 브온 곧 여호와께서 이스라엘 회중 앞에서 쳐서 멸하신 땅은 가축에 적당한 곳이요, 당신의 종들에게는 가축이 있나이다. 또 가로되 우리가 만일 당신에게 은혜를 입었으면 이 땅을 당신의 종들에게 산업으로 주시고 우리로 요단을 건너지 않게 하소서."** 그들에게는 많은 가축들이 있었기 때문에 목축에 좋은 땅을 보고 마음에 탐심이 생겼습니다. 많은 가축을 이끌고 가나안 정복 전쟁을 한다는 것은 그들에게 위험천만한 일이었습니다. 약속의 땅에 들어간다고 하더라도 그곳보다 더 좋은 목초지가 있을 것 같지도 않았습니다. 그래서 요단을 건너지 않고 그 땅에 거하게 해 달라고 했습니다. 그들은 요단을 건너 약속의 땅에 들어가기를 원치 않았습니다. 눈앞에 보이는 안목의 정욕과 이생의 자랑에 눈이 어두워졌습니다. 하나님께서 이스라엘 민족에게 두신 소망을 저버리고 이기적이고 자기중심적인 결정을 하였습니다.

그러나 모세의 반응이 어떠했습니까? 6,7절을 보십시오. **"모세가 갓**

---

82) 야셀은 랍바 암몬 동쪽 약 **4.8km**에 위치한 거주지로서 길르앗 남쪽 거대한 고원에 있었다(민 21:32). 고대 문헌에 의하면 이 지역은 농산물을 공급하는 곡창지대로 알려져 있었다.

자손과 르우벤 자손에게 이르되 너희 형제들은 싸우러 가거늘 너희는 여기 앉았고자 하느냐? 너희가 어찌하여 이스라엘 자손으로 낙심케 하여서 여호와께서 그들에게 주신 땅으로 건너갈 수 없게 하려느냐?" 갓 지파와 르우벤 지파 자손들만 해도 9만 명에 가까웠으며, 므낫세 반 지파를 합하면 전 인구의 오 분의 일에 해당하는 인구였습니다. 이들이 가나안 전쟁에 참여하지 않는다면 전력에 각대한 차질이 생길 수밖에 없습니다. 뿐만 아니라 다른 형제들의 사기를 떨어뜨려 약속의 땅으로 들어가지 못하게 하는 결과를 초래하게 됩니다. 모세는 그들의 이기적인 생각을 꾸짖었습니다. **"너희 형제들은 싸우러 가거늘 너희는 여기 앉았고자 하느냐?"** 그 두 지파만 생각하면 그들의 생각이 옳았을 수도 있습니다. 그렇지만 이스라엘을 택하신 하나님 편에서 볼 때 너무나 이기적이고 편협한 생각이었습니다. 그들의 행위는 신앙 공동체를 파괴하는 행위였으며, 하나님의 구속 역사를 망치는 치명적인 죄악이었습니다. 이스라엘을 낙심케 하여서 약속의 땅으로 들어가지 못하게 하는 죄는 참으로 심각한 죄였습니다.

8-13절을 보십시오. 모세는 가데스 바네아 사건을 상기시키며 그들의 죄악이 얼마나 심각한 죄인가를 깨우쳐 주었습니다. 가데스에서 가나안을 정탐한 두령들이 부정적인 보고를 하여 온 백성을 낙심케 하였으며, 하나님께서 주신 땅으로 들어가지 못하게 했습니다. 하나님께서 그때 심히 진노하여 맹세하셨습니다. **"애굽에서 나온 자들의 이십 세 이상으로는 한 사람도 내가 아브라함과 이삭과 야곱에게 맹세한 땅을 정녕히 보지 못하리니 이는 그들이 나를 온전히 순종치 아니하였음이니라."(11)** 하나님께서 맹세하신 대로 이스라엘은 사십 년 동안 광야에 유리하며 엎드러져 죽게 되었습니다. 여호수아와 갈렙을 제외하고 여호와의 목전에 악을 행한 그 세대가 다 소멸하게 되었습니다(12,13). 모세는 르우벤과 갓 지파의 행동도 그 열조와 같은 죄악이며, 하나님

의 진노를 더욱 심하게 하는 죄임을 깨우쳐 주었습니다(14). 모세는 그들에게 경고하였습니다. **"너희가 만일 돌이켜 여호와를 떠나면 여호와께서 또 이 백성을 광야에 버리시리니 그리하면 너희가 이 모든 백성을 멸망시키리라."(15)** 그들의 죄악으로 온 이스라엘 백성이 하나님의 진노를 받아 멸망하게 된다고 경고했습니다. 모세는 눈앞에 있는 이익에 눈이 어두워 공동체를 파괴하고, 하나님의 크신 뜻을 저버리는 죄악을 책망하고, 회개를 촉구했습니다.

성도의 공동체가 파괴되는 가장 큰 원인은 이기심입니다. 이기심에 눈이 어두워져 자기의 유익만 구할 때 공동체는 생명력을 잃게 되고, 더 이상 하나님의 구속 역사에 쓰임 받을 수 없게 됩니다. 하나님의 교회에도 여러 지체들이 있습니다. 각 지체들이 자립적으로 역사를 섬기지만 집단 이기주의에 사로잡혀서는 안 됩니다. 다른 지체들을 돌아보고 공동체 전체를 살리는 방향으로 역사의 방향을 잡아가야 합니다. 그렇지 않으면 하나님께서 교회에 두신 크신 뜻과 소망을 이룰 수 없습니다. **"너희 형제들은 싸우러 가거늘 너희는 여기 앉았고자 하느냐?"** 고생을 해도 함께 하고, 기쁨을 나눌 때도 함께 나누어야 합니다. 참 사랑이란 자기의 유익을 구치 아니하는 것입니다(고전 13:5). 성도들이 서로 도와 주고, 서로 사랑하고, 서로 짐을 져 주어야 합니다. **"너희가 짐을 서로 지라. 그리하여 그리스도의 법을 성취하라."(갈 6:2)** 서로 짐을 져주는 것이 그리스도의 법을 성취하는 것입니다.

16-19절을 보십시오. 르우벤과 갓 자손들은 모세의 책망을 받아들였습니다. 자신들의 행위가 얼마나 하나님을 진노하게 하고, 백성을 낙망케 하는 죄악인가를 깨달았습니다. 그래서 그들은 가축과 처자식을 안전하게 거하게 한 후에 가나안을 정복할 때까지 선봉에 서서 싸우겠다고 결심했습니다. 다른 형제들이 다 정착한 후에 다시 돌아오겠다고 했습니다. 모세는 이들의 계획에 찬성하였습니다. 그들이 무

장하고 요단을 건너가서 그 땅으로 여호와 앞에 복종케 하시기까지 싸우면 이 땅은 그들의 산업이 되리라고 했습니다(20-22). 그러나 그같이 아니하면 여호와께 범죄한 것이기 때문에 그 죄에 합당한 징벌이 주어질 것이라고 경고했습니다(23). 모세는 그들에게 유아들을 위하여 성읍을 건축하게 하고, 양을 위하여 우리를 짓게 했습니다(24). 르우벤 자손과 갓 자손은 다시 그들의 약속을 확언했습니다(25-27). 모세는 그 내용을 엘르아살과 여호수아와 이스라엘 자손 지파의 두령들에게 말했습니다(28-30). 모세는 르우벤과 갓과 므낫세 반 지파에게 이전에 아모리인의 왕 시혼과 옥이 차지하고 있었던 지역을 할당해 주었습니다(21:21-35).[83]

3. 애굽에서 모압 평지까지의 여정 (33:1-49)

1절을 보십시오. **"이스라엘 자손이 모세와 아론의 관할 하에 그 항오대로 애굽 땅에서 나오던 때의 노정이 이러하니라."** 33장에는 모세가 이스라엘 자손을 이끌고 애굽 땅에서 나와서 가나안에 들어오기까지의 여정

---

83) 모세는 그들에게 시혼과 옥의 나라들과 그 경내 성읍들과 그 성읍들의 사면 땅을 주었다. 갓 자손은 디본과 아다롯과 아로엘과 아다롯소반과 야셀과 욕브하와 벧니므라와 벧하란들의 견고한 성읍을 건축하였고, 또 양을 위하여 우리를 지었다. 그들은 남쪽으로는 아르논강가에 있는 아로엘에서부터 북쪽으로 랍바 암몬의 16km 북서쪽에 있는 욕브하에 이르기까지 길르앗 남부에다 성읍들을 재건하였다. 르우벤 자손은 헤스본과 엘르알레와 기랴다임과 느보와 바알므온들을 건축하고 그 이름을 고쳤고 또 십마를 건축하고 건축한 성읍들에 새 이름을 주었다. 이들의 성읍들은 대체로 헤스본 서쪽과 남서쪽에서부터 요단강과 사해에 이르렀다. 이 지역은 서쪽의 약간 고립된 지역이었다. 므낫세 반 지파는 마길의 자손과 길르앗의 자손으로 구성되었다(민 26:29). 마길의 자손은 가서 길르앗을 쳐서 취하고 거기 있는 아모리인을 쫓아냈다. 모세는 길르앗을 마길에게 주었다. 갓과 르우벤의 북쪽에 있는 그들의 영토는 므낫세의 아들의 이름을 따서 하봇야일(야일의 거주지)이라 칭하였다(신 3:13-15). 다른 자손인 노바는 그낫과 인근 성읍을 취하고 자기 이름을 따서 노바라 명했다. 그낫은 바산에 있었는데 게네사렛 호수 약 96km 동쪽에 위치하였다.

이 기록되어 있습니다. 모세는 여호와의 명을 받아 그 노정을 기록했습니다. 이스라엘은 정월 15일 애굽의 삼각주에 있는 라암셋에서 발행했습니다(3). 그 때가 유월절 다음날이었습니다. 이스라엘 자손은 애굽 모든 사람의 목전에서 큰 권능으로 나왔습니다. 당시 하나님께서 애굽의 모든 장자들을 죽이셨으며 그들의 신들에게도 벌을 주셨습니다(4).

출애굽한 후 그들은 제일 먼저 숙곳에 진을 쳤습니다(5). 이곳은 라암셋 남동쪽 약 64km 떨어진 곳이었습니다. 그들은 그후 광야 끝 에담에 진을 쳤으며(출 13:20), 북쪽으로 바알스본 앞 비하히롯으로 돌아가서 믹돌 앞에 진을 쳤습니다(7). 여기에서 이스라엘 백성은 바다와 광야 사이에 끼어 애굽인의 추격을 받았습니다. 그들은 홍해를 건너(8; 출 15:22), 에담(수르) 광야로 사흘 길을 들어가서 마라에 진을 쳤습니다(9; 출 15:22). 그후 엘림에 진을 쳤는데 그곳은 샘물 열둘과 종려나무가 칠십 주나 있는 오아시스였습니다(9).[84] 엘림에서 발행하여 홍해 가에 진쳤으며(10), 다음에 시내 반도의 중심부에 있는 신 광야에 진쳤습니다(11). 그곳에 이를 때가 제 2월 15일이었는데 출애굽한 지 한 달 후였습니다(출 16:1). 이곳을 떠나 돕가로 갔다가 알루스로 가서 진을 쳤습니다(12,13). 이스라엘은 그곳에서 르비딤으로 가서 진을 쳤습니다(14; 출 17:1-19:2). 그런데 거기에는 백성이 마실 물이 없었습니다. 그후 반도 남단에 있는 시내 광야로 가서 진을 쳤습니다(15). 그곳에서 11개월을 머물었습니다(10:12; 출 19:1). 그곳에서 하나님께서 십계명을 주셨으며, 모든 제사 제도와 규례들을 주셨습니다.

16-36절을 보십시오. 그후, 3일 길 되는 기브롯핫다아와로 가서 진

---

84) '엘림'에는 '물의 열두 샘과 70 종려나무들'이 있었다. 이는 이스라엘의 열두 지파들과 바벨론 유수 이후 시대의 산헤드린에서 70장로들을 나타내도록 은유되었다. 70 장로들은 유대 백성을 위한 최상의 영적인, 그리고 법적인 중역이었다. Riggans, 「민수기」, p.294.

을 쳤습니다(16; 10:33; 11:34). 그 다음 하세롯으로 가서 진을 쳤습니다(11:35-12:16). 그런 후 릿마로 가서 진을 쳤습니다(19). 릿마는 가데스 바네아를 가리킵니다. 가데스는 가나안에 들어갈 수 있는 접경지였습니다. 가데스에서 모세는 12명의 정탐꾼을 보내었습니다. 40일 후에 정탐꾼들이 돌아와서 부정적인 보고를 하여 온 이스라엘을 낙담케 했습니다. 백성들은 밤새도록 통곡하여 울며 하나님을 원망했습니다. 이 일로 이스라엘은 38년 동안 광야에서 엎드러지는 징계를 받았습니다(14:2-34). 그후 림몬베레스(19), 립나(20), 릿사(21), 그헬라다(22), 세벨산(23), 하라다(24), 막헬롯(25), 다핫(26), 데라(27), 밋가(28), 하스모나(29), 모세롯(30), 브네야아간(31), 홀하깃갓(32)에 진을 쳤습니다. 그후 욧바다(33)로 갔는데 이곳은 아카바 만 서쪽 해안에 있는 엘랏의 남쪽 7마일 지점에 위치한 곳이었습니다. 그후 아브로나에 진쳤고(34), 다시 에시온게벨에 가서 진을 쳤습니다(35). 이곳은 아카바만의 유명한 항구였습니다(왕상 9:26). 에시온게벨에서 이스라엘은 신 광야 가데스로 나갔습니다(36).

37절을 보십시오. **"가데스에서 발행하여 에돔 국경 호르 산에 진쳤더라."** 가데스에서 호르산에 이르렀을 때 아론이 123세로 죽었습니다(38,39). 이 때는 출애굽 후 40년 5월 1일이었습니다. 이스라엘이 호르산에 있을 때 아랏 왕은 그들이 아다림으로 진행하리라는 소식을 들었으므로 그들을 공격하였습니다(40). 그렇지만 이스라엘은 반격하여 여러 가나안 성읍을 정복했습니다(21:3). 그후 그들은 살모나(41), 아라바의 부논(42)[85], 오봇(43), 이예아바림에 진을 쳤고(44), 다음에 아로논강 정북쪽에 있는 디본갓(45, 21:11-13), 알몬디블라다임, 그후 느보

---

85) 민수기에서는 언급되지 않았지만 이스라엘 백성은 남쪽으로 부논에서 에시온게벨로 가서 '모압 광야길로 진행하여(민 21:4, 신 2:8)' 동쪽과 북쪽으로 에돔을 돌아갔음이 분명하다. Merrill & Deere, 「민수기 · 신명기」, p.1)1.

앞 아바림산에 진을 쳤습니다(47). 그후 드디어 여리고 맞은편 요단 가 모압 평지에 진쳤습니다. 당시 이스라엘 진영이 커서 벧여시못에서부터 아벨싯딤에 이르기까지 즉 남북으로 10km의 지역에 모두 찼을 정도였습니다.

모세는 광야 40년을 다음과 같이 회고했습니다. **"여호와께서 그를 황무지에서, 짐승의 부르짖는 광야에서 만나시고 호위하시며 보호하시며 자기 눈동자같이 지키셨도다. 마치 독수리가 그 보금자리를 어지럽게 하며 그 새끼 위에 너풀거리며 그 날개를 펴서 새끼를 받으며 그 날개 위에 그것을 업는 것같이 여호와께서 홀로 그들을 인도하셨고 함께 한 다른 신이 없었도다."**(신 32:10-12) 이스라엘이 진을 친 곳은 모두 마흔 한 곳이었습니다. 그 장소들은 이스라엘이 하나님께 받은 광야 훈련의 역사를 말해 줍니다. 인간은 끊임없이 하나님을 대적하고, 슬프시게 할 수밖에 없는 죄인임이 드러났습니다. 타락한 인간의 본성으로서는 결코 하나님의 거룩한 백성이 될 수 없음을 알 수 있습니다. 그렇지만 하나님의 은혜는 너무나 크고 놀랍습니다. 하나님께서는 변함없이 택한 백성을 사랑하시고, 크신 뜻과 섭리 가운데 훈련하셨습니다. 시편 106편에 보면 '이스라엘의 광야에서의 방종', '다단과 아비람의 죽음', '정탐꾼들의 부정적인 보고', '브올의 바알에 대한 배교', '비느하스의 일화' 등을 기억하고 전 회중에게 "아멘, 주를 찬양하라"라고 외쳤습니다. 유대인들은 율법의 이 부분이 회당에서 낭독될 때마다 하나님의 크신 은혜를 감사하며 찬송과 영광을 하나님께 돌렸습니다.

우리 자신의 인생 여정을 돌아볼 때도 마찬가지임을 고백하지 않을 수 없습니다. 우리 중에는 아직 마흔 한 번 이상 이사를 한 분은 없을 것입니다. 그렇지만 우리가 이사하고 살던 곳을 돌아보면 감회가 깊습니다. 우리의 지나온 날들을 생각해 보면 모두 하나님의 은혜뿐입니다. 우리가 남긴 것은 허물과 죄뿐입니다. 연약한 우리를 훈련하시는 하나님의 크신 사랑에 감격하지 않을 수 없습니다. 우리가 이스라엘 백성과 같이 늘 살아온 날들을 돌아보며 우리를 훈련하시는 하나님의 크신 사랑을 감사하는 삶을 살 수 있기를 기도합니다.

결론

우리 신자들은 성서한국과 세계선고의 사명을 받은 자들입니다. 우리가 죄에 대한 경각심과 영적인 분노를 가지고 양떼들을 미혹하는 원수를 물리칠 수 있기를 기도합니다. 또한 개인적인 이기심과 집단이기주의를 극복하고, 하나님께서 우리에게 두신 크신 소망을 이루기 위하여 자신을 희생함으로 사랑의 공동체를 이룰 수 있기를 기도합니다.

제 15 강

도피성을 예비하신 하나님

(33:50 – 36:13)

요절 35:10,11 "이스라엘 자손에게 말하여 그들에게 이르라. 너희가 요단을 건너 가나안 땅에 들어가 거든 너희를 위하여 성읍을 도피성으로 정하여 그릇 살인한 자로 그리로 피하게 하라."

33:50. 여리고 맞은편 요단 가 모압 평지에서 여호와께서 모세에게 일러 가라사대

51. 이스라엘 자손에게 말하여 그들에게 이르라 너희가 요단을 건너 가나안 땅에 들어가거든

52. 그 땅 거민을 너희 앞에서 다 몰아내고 그 새긴 석상과 부어 만든 우상을 다 파멸하며 산당을 다 훼파하고

53. 그 땅을 취하여 거기 거하라 내가 그 땅을 너희 산업으로 너희에게 주었음이라

54. 너희의 가족을 따라서 그 땅을 제비뽑아 나눌 것이니 수가 많으면 많은 기업을 주고 적으면 적은 기업을 주되 각기 제비뽑힌 대로 그 소유가 될 것인즉 너희 열조의 지파를 따라 기업을 얻을 것이니라

55. 너희가 만일 그 땅 거민을 너희 앞에서 몰아내 지 아니하면 너희의 남겨 둔 자가 너희의 눈에 가시와 너희의 옆구리에 찌르는 것이 되어 너희 거하는 땅에서 너희를 괴롭게 할 것이요

56. 나는 그들에게 행하기로 생각한 것을 너희에 게 행하리라

34:1. 여호와께서 모세에게 일러 가라사대

2. 너는 이스라엘 자손에게 명하여 그들에게 이르라 너희가 가나안 땅에 들어가는 때에 그 땅은 너희의 기업이 되리니 곧 가나안 사방 지경이라

3. 너희 남방은 에돔 곁에 접근한 신 광야니 너희 남편 경계는 동편으로 염해 끝에서 시작 하여

4. 돌아서 아그랍빔 언덕 남편에 이르고 신을

지나 가데스 바네아 남방에 이르고 또 하살 아달을 지나 아스몬에 이르고

5. 아스몬에서 돌아서 애굽 시내를 지나 바다까 지 이르느니라

6. 서편 경계는 대해가 경계가 되나니 이는 너희 의 서편 경계니라

7. 북편 경계는 이러하니 대해에서부터 호르 산까지 긋고

8. 호르 산에서 그어 하맛 어귀에 이르러 스닷에 미치니

9. 그 경계가 또 시브론을 지나 하살에난에 미치 나니 이는 너희 북편 경계니라

10. 너희의 동편 경계는 하살에난에서 그어 스밤 에 이르고

11. 그 경계가 또 스밤에서 리블라로 내려가서 아인 동편에 이르고 또 내려가서 긴네렛 동편 해변에 미치고

12. 그 경계가 또 요단으로 내려가서 염해에 미치 나니 너희 땅의 사방 경계가 이러하니라

13. 모세가 이스라엘 자손에게 명하여 가로되 이는 너희가 제비뽑아 얻을 땅이라 여호와께 서 이것을 아홉 지파와 반 지파에게 주라고 명하셨나니

14. 이는 르우벤 자손의 지파와 갓 자손의 지파가 함께 그들의 종족대로 그 기업을 받았고 므낫 세의 반 지파도 기업을 받았음이라

15. 이 두 지파와 반 지파가 여리고 맞은편 요단 건너편 곧 해돋는 편에서 그 기업을 받았느니 라

16. 여호와께서 또 모세에게 일러 가라사대

17. 너희에게 땅을 기업으로 나눌 자의 이름이

이러하니 제사장 엘르아살과 눈의 아들 여호
수아니라

18. 너희가 또 기업의 땅을 나누기 위하여 매지파
에 한 족장씩 택하라

19. 그 사람들의 이름은 이러하니 유다 지파에서
는 여분네의 아들 갈렙이요

20. 시므온 지파에서는 암미훗의 아들 스므엘이요

21. 베냐민 지파에서는 기슬론의 아들 엘리닷이요

22. 단 자손 지파의 족장 요글리의 아들 북기요

23. 요셉 자손 중 므낫세 자손 지파의 족장 에봇의
아들 한니엘이요

24. 에브라임 자손 지파의 족장 십단의 아들 그므
엘이요

25. 스블론 자손 지파의 족장 바르낙의 아들 엘리
사반이요

26. 잇사갈 자손 지파의 족장 앗산의 아들 발디엘
이요

27. 아셀 자손 지파의 족장 슬로미의 아들 아히훗
이요

28. 납달리 자손 지파의 족장 암미훗의 아들 브다
헬이니라 하셨으니

29. 여호와께서 명하사 가나안 땅에서 이스라엘
자손에게 기업을 나누게 하신 자들이 이러하
였더라

35:1. 여호와께서 여리고 맞은편 요단 가 모압
평지에서 모세에게 일러 가라사대

2. 이스라엘 자손에게 명하여 그들의 얻은 기업
에서 레위인에게 거할 성읍들을 주게 하고
너희는 또 그 성읍 사면의 들을 레위인에게
주어서

3. 성읍으로는 그들의 거처가 되게 하고 들로는
그들의 가축과 물산과 짐승들을 둘 곳이 되게
할 것이라

4. 너희가 레위인에게 줄 성읍들의 들은 성벽에
서부터 밖으로 사면 이천 규빗이라

5. 성을 중앙에 두고 성 밖 동편으로 이천 규빗,
남편으로 이천 규빗, 서편으로 이천 규빗,
북편으로 이천 규빗을 측량할지니 이는 그들
의 성읍의 들이며

6. 너희가 레위인에게 줄 성읍은 살인자로 피케
할 도피성으로 여섯 성읍이요 그 외에 사십이
성읍이라

7. 너희가 레위인에게 모두 사십팔 성읍을 주고
그들도 함께 주되

8. 이스라엘 자손의 산업에서 레위인에게 너희
가 성읍을 줄 때에 많이 얻은 자에게서는
많이 취하여 주고 적게 얻은 자에게서는 적게

취하여 줄 것이라 각기 얻은 산업을 따라서
그 성읍들을 레위인에게 줄지니라

9. 여호와께서 또 모세에게 일러 가라사대

10. 이스라엘 자손에게 말하여 그들에게 이르라
너희가 요단을 건너 가나안 땅에 들어가거든

11. 너희를 위하여 성읍을 도피성으로 정하여
그릇 살인한 자로 그리로 피하게 하라

12. 이는 너희가 보수할 자에게서 도피하는 성을
삼아 살인자가 회중 앞에 서서 판결을 받기까
지 죽지 않게 하기 위함이니라

13. 너희가 줄 성읍 중에 여섯으로 도피성이 되게
하되

14. 세 성읍은 요단 이편에서 주고 세 성읍은
가나안 땅에서 주어 도피성이 되게 하라

15. 이 여섯 성읍은 이스라엘 자손과 타국인과
이스라엘 중에 우거하는 자의 도피성이 되리
니 무릇 그릇 살인한 자가 그리로 도피할
수 있으리라

16. 만일 철 연장으로 사람을 쳐죽이면 이는 고살
한 자니 그 고살자를 반드시 죽일 것이요

17. 만일 사람을 죽일 만한 돌을 손에 들고 사람을
쳐죽이면 이는 고살한 자니 그 고살자를 반드
시 죽일 것이요

18. 만일 사람을 죽일 만한 나무 연장을 손에
들고 사람을 쳐죽이면 이는 고살한 자니 그
고살자를 반드시 죽일 것이니라

19. 피를 보수하는 자가 그 고살자를 친히 죽일
것이니 그를 만나거든 죽일 것이요

20. 만일 미워하는 까닭에 밀쳐 죽이거나 기회를
엿보아 무엇을 던져 죽이거나

21. 원한으로 인하여 손으로 쳐죽이면 그 친 자를
반드시 죽일 것이니 이는 고살하였음이라
피를 보수하는 자가 그 고살자를 만나거든
죽일 것이니라

22. 원한 없이 우연히 사람을 밀치거나 기회를
엿봄이 없이 무엇을 던지거나

23. 보지 못하고 사람을 죽일 만한 돌을 던져서
죽였다 하자 이는 원한도 없고 해하려 한
것도 아닌즉

24. 회중이 친 자와 피를 보수하는 자 간에 이
규례대로 판결하여

25. 피를 보수하는 자의 손에서 살인자를 건져내
어 그가 피하였던 도피성으로 돌려 보낼 것이
요 그는 거룩한 기름 부음을 받은 대제사장의
죽기까지 거기 거할 것이니라

26. 그러나 살인자가 어느 때든지 그 피하였던
도피성 지경 밖에 나갔다 하자

27. 피를 보수하는 자가 도피성 지경 밖에서 그

살인자를 만나 죽일지라도 위하여 피 흘린 죄가 없나니

28. 이는 살인자가 대제사장의 죽기까지 그 도피성에 유하였을 것임이라 대제사장의 죽은 후에는 그 살인자가 자기의 산업의 땅으로 돌아갈 수 있느니라

29. 이는 너희 대대로 거하는 곳에서 판단하는 율례라

30. 무릇 사람을 죽인 자 곧 고살자를 증인들의 말을 따라서 죽일 것이나 한 증인의 증거만 따라서 죽이지 말 것이요

31. 살인죄를 범한 고살자의 생명의 속전을 받지 말고 반드시 죽일 것이며

32. 또 도피성에 피한 자를 대제사장의 죽기 전에는 속전을 받고 그의 땅으로 돌아가 거하게 하지 말 것이니라

33. 너희는 거하는 땅을 더럽히지 말라 피는 땅을 더럽히나니 피 흘림을 받은 땅은 이를 흘리게 한 자의 피가 아니면 속할 수 없느니라

34. 너희는 너희 거하는 땅 곧 나의 거하는 땅을 더럽히지 말라 나 여호와가 이스라엘 자손 중에 거함이니라

36:1. 요셉 자손의 가족 중 므낫세의 손자 마길의 아들 길르앗 자손 가족의 두령들이 나아와 모세와 이스라엘 자손의 두령 된 족장들 앞에 말하여

2. 가로되 여호와께서 우리 주에게 명하사 이스라엘 자손에게 그 기업의 땅을 제비뽑아 주게 하셨고 여호와께서 또 우리 주에게 명하사 우리 형제 슬로브핫의 기업으로 그 딸들에게 주게 하셨은즉

3. 그들이 만일 이스라엘 자손의 다른 지파 남자들에게 시집가면 그들의 기업은 우리 조상의 기업에서 감삭되고 그들의 속할 그 지파의 기업에 첨가되리니 그러면 우리 제비 뽑은 기업에서 감삭될 것이요

4. 이스라엘 자손의 희년을 당하여 그 기업이 그가 속한 지파에 첨가될 것이라 그런즉 그들의 기업은 우리 조상 지파의 기업에서 아주 감삭되리이다

5. 모세가 여호와의 말씀으로 이스라엘에게 명하여 가로되 요셉 자손 지파의 말이 옳도다

6. 슬로브핫의 딸들에게 대한 여호와의 명이 이러하니라 이르시되 슬로브핫의 딸들은 마음대로 시집가려니와 오직 그 조상 지파의 가족에게로만 시집갈지니

7. 그리하면 이스라엘 자손의 기업이 이 지파에서 저 지파로 옮기지 않고 이스라엘 자손이 다 각기 조상 지파의 기업을 지킬 것이니라 하셨나니

8. 이스라엘 자손의 지파 중 무릇 그 기업을 이은 딸들은 자기 조상 지파 가족 되는 사람에게로 시집갈 것이라 그리하면 이스라엘 자손이 각기 조상의 기업을 보존하게 되어서

9. 그 기업으로 이 지파에서 저 지파로 옮기게 하지 아니하고 이스라엘 자손 지파가 각각 자기 기업을 지키리라

10. 슬로브핫의 딸들이 여호와께서 모세에게 명하신 대로 행하니라

11. 슬로브핫의 딸 말라와 디르사와 호글라와 밀가와 노아가 다 그 아비 형제의 아들들에게로 시집가되

12. 그들이 요셉의 아들 므낫세 자손의 가족에게로 시집간 고로 그 기업이 그 아비 가족의 지파에 여전히 있었더라

13. 이는 여리고 맞은편 요단 가 모압 평지에서 여호와께서 모세로 이스라엘 자손에게 명하신 명령과 규례니라

본문 말씀은 하나님께서 이스라엘 백성에게 요단을 건너가서 취할 약속의 땅의 경계를 정해 주시고 도피성을 만들도록 하신 사건입니다. 하나님께서는 모세를 통하여 그 백성에게 요단을 건너 가나안에 들어가거든 그 땅 거민을 다 몰아내고 그 땅을 취하여 거기 거하라고 명하셨습니다. 그후 그들이 정복해야 할 땅의 경계를 구체적으로 정해 주셨습니다. 땅을 기업으로 받지 못할 레위인들을 위해 성읍들을 내어

주고 그 성읍 중에 도피성을 정하여 과실치사(過失致死) 혐의로 쫓기는 자들을 보호하도록 명하셨습니다. 마지막으로 아버지의 재산을 상속받을 슬로브핫의 딸들의 결혼 문제에 대한 방향을 잡아 주셨습니다. 일반적으로 요단강을 건너 가나안에 들어가는 것을 나그네 인생 길을 마치고 영원한 하나님 나라에 들어가는 것에 비유합니다. 우리는 언제 이 세상을 떠나야 할지 모릅니다. 따라서 하나님 나라에 들어가기 위해 이 땅에서 어떤 삶을 살아야 하는가를 배워야 합니다. 본문 말씀을 통해서 우리는 택한 백성을 약속의 땅으로 인도하여 들이시는 신실하신 하나님과 범죄한 한 생명까지도 소중히 여기시는 자비로우신 하나님을 만날 수 있습니다.

1. 그 땅 거민을 다 몰아내라 (33:50-56)

50-52절을 보십시오. 하나님께서는 여리고 맞은편 요단 가 모압 평지에서 모세에게 말씀하셨습니다. 하나님께서는 요단을 건너 가나안 땅에 들어가거든 그 땅 거민을 다 몰아내고, 새긴 석상과 부어 만든 우상을 다 파멸하고, 산당을 훼파하라고 명하셨습니다. '몰아내라'는 말은 '깨끗이 하기 위해서 멸절시키라'는 뜻입니다. '파멸하라'는 말은 '부수라'는 뜻이고, '훼파하라'는 말도 '철저히 파괴하여 흔적을 찾아볼 수 없도록 하라'는 뜻입니다. 이스라엘은 요단을 건너가면 그 땅 거민을 몰수히 쫓아내야 합니다. 돌에 새긴 우상이든지, 쇳물을 부어 만든 우상이든지 철저히 부수고, 산당을 남김 없이 파괴해야 했습니다. 기념물이나 장식물로서 남겨 두어도 안 되고, 아이들의 장난감으로도 남겨 두어서는 안 됩니다. 이스라엘 백성의 가나안 정복은 그 땅을 수탈하기 위한 인간적인 야망에서 비롯된 것이 아니었습니다. 이는 가나안 거민들에 대한 공의로우신 하나님의 심판이었으며, 주권 행사였습니

다. 주인은 자신의 소유물이 불법적인 목적이나 비도덕적인 목적으로 사용되지 않도록 살필 권리가 있습니다. 따라서 가나안 거민을 몰아내고, 택한 백성을 거하게 하시는 것은 하나님의 당연한 권리요, 의무였습니다. 그러므로 그 땅에 거할 택한 백성은 하나님의 명령대로 순종하여 그 땅 거민을 몰수히 몰아내고, 우상들과 산당을 철저히 파괴해야 합니다.

하나님께서 이러한 명령을 하신 것은 그 땅 거민의 죄악에 오염되지 않고, 그들이 섬기던 우상 숭배에 미혹되지 않도록 하기 위함이요, 오직 여호와 하나님 한 분만을 사랑하고 섬기도록 하기 위함이었습니다. 우리 하나님은 질투하시는 거룩한 분이십니다. 그래서 불신자들의 죄악된 악영향을 받고, 그들이 섬기던 우상을 따라 섬기는 것을 참으실 수 없습니다. 그래서 신명기 6장 4,5절에서 말했습니다. **"이스라엘아 들으라. 우리 하나님 여호와는 오직 하나인 여호와시니 너는 마음을 다하고 성품을 다하고 힘을 다하여 네 하나님 여호와를 사랑하라."** 예수님께서도 이것이 크고 첫째 되는 계명이라고 말씀하셨습니다(마 22:37,38). 우리 하나님은 우리가 오직 하나님 한 분만을 사랑하기를 원하십니다. 하나님을 사랑하되 마음과 성품과 힘을 다하여 사랑하기를 원하십니다. 하나님을 사랑하고 그 뜻대로 행하는 자에게는 모든 것이 합력하여 선을 이루게 하십니다(롬 8:28). 그러므로 세상 사람들이 섬기는 재물의 신이나 쾌락의 신이나 욕망의 신을 섬기지 않고, 오직 여호와 한 분을 사랑하고 섬길 수 있기를 기도합니다.

53,54절을 보십시오. **"그 땅을 취하여 거기 거하라. 내가 그 땅을 너희 산업으로 너희에게 주었음이라. 너희의 가족을 따라서 그 땅을 제비뽑아 나눌 것이니 수가 많으면 많은 기업을 주고 적으면 적은 기업을 주되 각기 제비 뽑힌 대로 그 소유가 될 것인즉 너희 열조의 지파를 따라 기업을 얻을 것이니라."** 하나님께서는 백성들에게 그 땅을 취하여 거기 거하라

고 명하셨습니다. 그 땅을 취하여 거할 때 그 땅을 취하는 원칙이 무엇입니까? 제비를 뽑아 지파별로 나누는 것이었습니다. 또 수가 많으면 많은 기업을 주고, 적으면 적은 기업을 주는 것이었습니다(26:53-56).

이 말씀은 땅을 분배하는 과정에서 발생할지도 모르는 분쟁을 미연에 방지하기 위한 것이었습니다. 우리말에 견물생심(見物生心)이라는 말이 있습니다. 좋은 땅, 기름진 땅을 보면 그 땅을 자기 지파에서 차지하고 싶은 마음이 드는 것은 당연한 일입니다. 그렇게 되면 마치 뼈다귀 하나를 놓고 싸우는 개들처럼 지파들이 서로 좋은 땅을 차지하기 위해서 피차 물고 뜯다가 멸망하게 될 것입니다. 그래서 하나님께서는 원칙을 정해 주셨습니다. 그것은 제비를 뽑도록 한 것입니다. 그 땅은 근본적으로 하나님께 속한 것이며, 땅 분배는 근본적으로 하나님의 주권 행사로 이루어져야 함을 분명히 밝히셨습니다. 어떤 지파도 임의로 땅을 요구할 수 없도록 하셨습니다. 하나님께서 정해 주신대로 감사함으로 받고, 거기에 거해야 합니다. 욕심을 부리게 되면 다 망하게 됩니다. 우리가 인생을 살면서 하나님께서 주신 것에 자족하는 법을 배워야 합니다. 끝없는 탐욕의 노예가 되어 욕심을 부리면 피차 멸망하게 됩니다. 현재 하나님께서 주신 것을 만족하며 감사함으로 살 때 필요한 모든 것으로 채워 주십니다.

그런데 이스라엘이 그 땅 거민을 온전히 몰아내지 아니하면 어떻게 됩니까? 55,56절을 보십시오. **"너희가 만일 그 땅 거민을 너희 앞에서 몰아내지 아니하면 너희의 남겨 둔 자가 너희의 눈에 가시와 너희의 옆구리에 찌르는 것이 되어 너희 거하는 땅에서 너희를 괴롭게 할 것이요, 나는 그들에게 행하기로 생각한 것을 너희에게 행하리라."** 눈에 가시가 들어가면 얼마나 괴롭습니까? 옆구리를 찌르는 가시가 뽑히지 않는다면 얼마나 아프겠습니까? 하나님께서는 이스라엘에게 완전한 순종을 요구하셨습니다. 백성들 중에는 전쟁을 하다가 가나안 사람들이 항복하면 더 이상 싸우지 않고 화친을 맺고자 하는 평화주의자들도 있었을 것입니다. 가나안 사람들이 종이 되겠다고 하면, 죽이는 것보다 종으로 삼아 부리고자 하는 실용주의자들도 있었을 것입니다. 값싼 동정심 때문에 그들도 우리와 동일한 인간인데 왜 반드시 죽여야 하는가, 왜 반드시 쫓아내야 하는가 하는 인본주의자들도 있었을 것입니다. 하나님께서는 이런 자들로 인해서 그 땅 거민을 몰아내지 않을 경우 올무가 되고 덫이 되고 눈의 가시가 되고, 옆구리의 채찍이 되어 그들을 괴롭게 할 것임을 깨우쳐 주셨습니다(수 23:13). 뿐만 아니라 그들의 미혹을 받아서 이스라엘이 그들과 함께 우상을 섬기다가 그들처럼 그 땅에서 쫓겨나게 될 것을 경고하셨습니다.

이스라엘의 역사를 보면 하나님의 이 말씀대로 되었습니다. 이스라엘은 그 땅 거민을 온전히 몰아내지 않았습니다. 기브온 거민과 화친 조약을 맺기도 하고(수 9:15), 산지에 있는 거민을 끝까지 몰아내지 못했습니다(수 13:13). 그래서 가나안 사람들의 미혹을 받아 우상을 숭배하다가 가나안에서 쫓겨나게 되었습니다(왕하 17:7-20). 주전 721년에 북 이스라엘이 앗수르로 끌려가게 되었고, 주전 586년에 남 유다가 바벨론으로 끌려가게 되었습니다(대하 36:20). 솔로몬도 자기 능력을 과신하여 이방 여인들을 아내로 삼았다가 말년에 그들의 유혹에 넘어가 우상 숭배자가 되었습니다(왕상 11:1-13). 이처럼 죄에 대해서는 작은 불씨라도 남겨 두면 그 불씨가 온 집을 불태워 버립니다. 그러므로 우리는 죄의 불씨를 아예 꺼버려야 합니다. 꺼진 불도 다시 보고 확인하여야 합니다.

우리가 하나님의 말씀을 상대적으로 순종하고, 자기 나름대로 해석하여 순종하면 자기 꾀에 빠져 스스로 파멸하게 됩니다. 특히 우리 내면에 끊임없이 돋아나는 세상을 향한 욕망의 불을 꺼야 합니다. 사도 요한은 **"누구든지 세상을 사랑하면 아버지의 사랑이 그 속에 있지 아니하**

니(요일 2:15b)"라고 했습니다. 우리 신자들은 세상을 사랑하거나 동경해서는 안 됩니다. 세상의 악을 물리치고, 세상을 변화시키는 자들이 되어야 합니다. 특히 우리는 세상과 화평을 누리고자 하는 평화주의를 경계해야 합니다. 물질적이고 실리적인 생각만 하는 실용주의적인 생각을 경계해야 합니다. 신앙 원수들에 대한 값싼 동정심 때문에 하나님의 말씀대로 철저히 순종하지 않는 인본주의를 경계해야 합니다. 이러한 것을 신앙 생활에 끌어들이게 되면 스스로 파멸을 초래하게 됨을 명심해야 합니다.

2. 땅의 경계를 정해 주신 하나님 (34:1-29)

34장 1,2절을 보십시오. 하나님께서는 이제 모세에게 가나안에 들어가 취하게 될 땅의 사방 경계를 명확하게 밝히셨습니다. 이는 백성들에게 용기와 희망을 심어 주고, 승리에 대한 확신을 심어 주기 위함이었습니다. 동시에 그들이 정복해야 할 땅의 범위를 정해 주신 것이었습니다. 3-5절을 보십시오. 남쪽 경계선은 염해(사해) 끝에서 시작하여 서쪽으로 아그랍빔(사해 남쪽 32km지점) 언덕 남편에 이르고, 거기에서 신 광야를 지나 사해 남서쪽 104km 지점에 있는 가데스 바네아에 이르렀습니다. 그곳에서 북서쪽으로 하살아달과 아스몬에 이르렀습니다. 아스몬에서 돌아서 애굽 시내[86]를 지나 지중해까지 미쳤습니다. 그곳은 가사 남쪽 90km지점이었습니다. 6절에 보면 서편 경계는 지중해였습니다. 북편 경계는 7-9절을 보십시오. 대해(지중해)에서 호르산

---

86) 애굽시내는 시내 반도의 북서쪽 사막 지더에 생기는 동절기 급류의 하나였다. 그것은 많은 와디(wadi)에서 간헐적으로 범람되는 물을 한꺼번에 흘려 보내는 하나의 통로로서 애굽과 가나안을 뚜렷이 구분짓는 경계역할을 했다(대하 7:8; 사 27:12). Wintervotham, 「민수기(하)」, p.480.

까지 그어졌습니다. 이 호르산은 아론이 죽었던 그 호르산이 아니라 (33:38), 페니키아 성읍 비블로스 북쪽 16km 지점에 있는 산을 말합니다. 거기에서 동쪽으로 하맛 어귀에 이르렀는데 하맛 어귀는 다메섹 북쪽 약 80km 지점에 위치해 있었습니다. 거기에서 스닷(하맛의 북동쪽 48km 지점)과 시브론(16km 동쪽)을 거쳐 다메섹 북동쪽 112km 지점인 하살에난에서 끝났습니다. 10-12절은 동편 경계에 대한 말씀입니다. 동편 경계는 북쪽에서 하살에난으로부터 시작하여 남쪽으로 스밤과 리블라(다메섹 112km 북쪽)로 내려가서 긴네렛(갈릴리) 바다 동편을 지나 요단강으로 내려가서 사해에 이르렀습니다.

13,14절을 보십시오. 모세는 이스라엘 자손에게 명했습니다. **"이는 너희가 제비뽑아 얻을 땅이라. 여호와께서 이것을 아홉 지파와 반 지파에게 주라고 명하셨나니, 이는 르우벤 자손의 지파와 갓 자손의 지파가 함께 그들의 종족대로 그 기업을 받았고 므낫세의 반 지파도 기업을 받았음이라."** 두 지파 반은 여리고 맞은편 요단 건너편 곧 해 돋는 편에서 그 기업을 받았기 때문에 이제부터 정복될 가나안 본토는 아홉 지파 반에게 제비를 뽑아 분배하도록 명했습니다. 이상의 지역들을 보면 남쪽으로는 애굽을 내려다보고, 동남쪽 끝에는 소돔 고모라가 멸망한 사해를 끼고 있습니다. 이는 애굽에서 구원받은 구속의 은혜를 감사하며, 소돔과 고모라의 죄악을 경계하며 하나님 앞에서 경건한 삶을 살도록 경계를 지어 주신 것 같습니다. 하나님께서 정해 주신 땅은 당대에 다 확보하지는 못했습니다. 사사 시대에도 그 땅 경계를 확보하지 못하고, 다윗 시대에 와서야 차지할 수 있었습니다(대하 9:26).[87] 하나

---

87) 이 윤곽은 에스겔 47장과 48장의 이스라엘 영토의 이상적인 묘사와 상당히 밀접한 관계를 가지고 있다. 남쪽 경계는 지파 시대에 알려진 것과 잘 맞다(수 15:1-4). 서쪽과 동쪽 경계는 해안과 요단 계곡을 따라 그어졌다. 물론 동쪽의 르우벤과 갓과 므낫세 반 지파는 예외이다(민 34:13-15). 북쪽 경계는 그 지명들이 다 알려진 것이 아니기 때문에 대단히 불명확하다. Mays, 「레위기 · 민수기」, p.215.

님께서는 그 땅의 경계를 정해 주셨지만 그 땅을 그냥 차지하도록 하시지 않았습니다. 그 땅의 거민을 다 몰아내는 치열한 전쟁을 통해서 그 땅을 차지하도록 하셨습니다. 그래야 지속적으로 그 땅을 지킬 수 있기 때문이었습니다. 그것도 당대에 다 주시지 않고, 긴 역사를 두고 그 땅을 차지하도록 하셨습니다.

하나님께서는 우리 선교회(UBF)에 한국 200개 캠퍼스와 세계 233개국 7,000개 캠퍼스를 약속의 땅으로 주셨습니다. 동쪽으로는 일본을 비롯해 태평양 건너 미국과 캐나다 캠퍼스들이 있습니다. 서쪽으로는 12억이 살고 있는 중국이 있습니다. 중국에는 북경 대학을 비롯하여 1075개 캠퍼스가 우리를 기다리고 있습니다. 그 서쪽에는 중동 지방이 있고, 그 서쪽에는 유럽이 붙어 있습니다. 그 아래에는 아프리카 검은 대륙이 있습니다. 북쪽에는 북한의 김일성 대학과 러시아의 캠퍼스가 있습니다. 남쪽으로는 필리핀과 인도, 호주 캠퍼스가 있습니다. 캠퍼스에는 가나안 거민들처럼 많은 불신자들과 우상 숭배자들이 거하고 있습니다. 합리주의자들과 평화주의자들, 인본주의자들과 실용주의자들이 중무장을 하고 살고 있습니다. 하나님께서 우리에게 그 땅에 들어가 그 거민을 몰아내고 거기에 거하라고 명하셨습니다. 우리는 이제 겨우 1,450명의 선교사들을 파송해 놓았습니다. 세계 캠퍼스 정복은 이제 시작 단계에 불과합니다.

저는 1999년 졸업생들의 '비전 2010' 모임에 참석하여 큰 은혜를 받았습니다. 졸업생들은 2010년에 하나님께서 각자에게 두신 비전대로 이루어진 것을 믿고 믿음으로 작성한 선교보고를 했습니다. 그런데 이들의 보고가 실제로 선교사로 갔다 온 선교사들의 보고(報告)보다 더 실감이 났습니다. 하나님께서 이분들의 믿음대로 축복해 주실 것을 믿습니다. 구체적으로 우리가 믿음으로 캠퍼스에 들어가 캠퍼스에 만연해 있는 인본주의와 죄악된 문화를 몰아내고, 복음의 씨를 뿌릴 수 있기를 기도합니다. 믿음으로 하나님께서 정해 주신 캠퍼스를 정복할 수 있기를 기도합니다.

16-18절을 보십시오. 하나님께서는 모세에게 구체적으로 땅을 분배하고 감독할 책임자를 세우도록 명하셨습니다. **"너희에게 땅을 기업으로 나눌 자의 이름이 이러하니 제사장 엘르아살과 눈의 아들 여호수아니라."(17)** 하나님께서는 제사장 엘르아살과 여호수아를 총책임자로 세웠습니다(27:22). 또 12지파에서 한 족장씩을 택하여 분배 위원으로 세워 그들을 돕도록 했습니다. 이들의 이름을 보면 그들의 신앙의 일면을 볼 수 있습니다. 스므엘(하나님의 이름), 엘리닷(나의 하나님이 사랑하신다), 북기(인정되다), 한니엘(하나님의 은총), 그므엘(하나님에 의해 세워지다), 엘리사반(나의 하나님이 보호하신다), 발디엘(하나님이 나의 구원이시다), 아히룻(나의 형제는 위엄이 있다), 브다헬(하나님이 구원하신다) 등입니다. 모두 신앙적인 이름들이었습니다. 이들은 신앙적인 부모 밑에서 신앙 교육을 받은 믿음의 사람들이었습니다. 이들은 하나님을 의지하고, 하나님의 구원을 갈망하는 하나님의 군대들이었습니다. 하나님께서는 이들을 세워 각 지파가 어느 면으로든지 손해를 보지 않고, 공정하게 땅이 분배되도록 하셨습니다. 또 이들이 백성의 대표들로서 공동의 관심사를 의논하고, 협의를 하도록 하셨습니다.

3. 레위인들의 성읍과 도피성 (35:1-34)

하나님께서는 이제 약속의 땅을 분배받지 못하는 레위 지파를 위해서 성읍을 내어 줄 것과 과실치사자(過失致死者)들을 보호하기 위해 도피성(逃避城)을 마련하도록 명하셨습니다.

첫째, 레위인들을 위한 성읍 (1-9)

여호와께서는 모세에게 레위인들을 위해서 특별한 지시를 하셨습니다. 2,3절을 보십시오. **"이스라엘 자손에게 명하여 그들의 얻은 기업에서 레위인에게 거할 성읍들을 주게 하고 너희는 또 그 성읍 사면의 들을 레위인에게 주어서, 성읍으로는 그들의 거처가 되게 하고 들로는 그들의 가축과 물산과 짐승들을 둘 곳이 되게 할 것이라."** 레위 지파는 그 형제 중에 분깃이 없고 기업이 없었습니다. 그들의 기업은 하나님 여호와께서 말씀하심같이 여호와 자신이 그들의 기업이 되셨습니다(신 10:9). 따라서 그들은 가나안 땅을 분배받지 못합니다. 하나님께서는 이런 레위인들을 위해서 각 지파가 받을 땅 중에서 그들이 거할 성읍을 주고, 그들의 가축과 물산(物産)과 짐승들을 둘 들을 주라고 명하셨습니다. 4,5절을 보면 성읍의 들은 성벽에서 사면 2,000규빗이라고 했습니다. 1규빗이 43cm이니까 860m 정도 됩니다. 성을을 중앙에 두고, 성읍 사방 860m 정도의 들을 레위인에게 주게 하셨습니다.

7,8절을 보십시오. 하나님께서는 레위인들에게 총 48개의 성읍을 주라고 하셨습니다. 땅을 많이 받은 지파는 많은 성읍을 주고, 땅을 적게 받은 지파는 적게 주도록 하여 공평하게 하셨습니다. 여호수아서 21장에 의하면 대부분의 지파에서는 4개의 성읍을 레위인들을 위해 내어 주었으며, 유다 지파에서는 8개의 성읍을 내어 주고, 시므온 지파에서 1개, 납달리 지파에서 3개의 성읍을 내어 주었습니다. 또 48개 성읍 중에서 아론의 후손들을 위해 13개 성읍이 주어졌고, 나머지 35개 성읍은 레위인들에게 주어졌습니다.

레위인들의 인구가 남자 장정만 23,000명이었습니다(26:62). 그러므로 전체 인구는 8,9만 명은 되었을 것입니다. 그렇다면 한 성읍에 약 2,000명 정도씩 거주할 수 있었을 것입니다. 하나님께서는 야곱의 저주 대로 레위인들을 그 백성 중에서 흩으셨습니다(창 49:7). 그러나 저주를 축복으로 바꾸어 그 백성 중에 흩어져서 제사장 직분을 감당하게 하셨습니다. 이 하나님은 참으로 기묘하신 분이십니다. 레위인들은 기업이 없었지만 다른 백성들이 내는 십일조로 먹고살도록 하셨습니다. 그리고 그들에게 율법 연구에 전념하고, 백성들을 가르치는 사명을 주셨습니다(신 33:10).

레위인들의 성읍은 각 지파의 영적인 양식을 공급하는 영적인 발전소와 같은 역할을 하였습니다. 백성들에게 부지런히 하나님의 말씀을 가르치고, 백성들이 여호와 하나님을 경외하는 백성이 되도록 교육하는 일을 담당하였습니다. 그래서 전국에 흩어진 각 지파 사람들이 여호와 하나님을 섬기는 백성으로서의 동일성을 유지하고, 신앙 공동체로서 정체성을 잃지 않도록 하였습니다.[88] 하나님께서는 레위인들이 먹고사는 문제에 얽매이지 않고, 전적으로 하나님의 말씀을 연구하고 가르치는 일에 전념하도록 환경을 만들어 주셨습니다. 사도 바울도 **"말씀을 가르치는 자와 모든 좋은 것을 함께 하라"**고 권면했습니다(갈 6:6).

둘째, 과실치사자들을 위한 도피성 (10-34)

6절에 보면 하나님께서는 레위인의 성읍 중 6개의 성읍을 도피성으로 만들도록 명하셨습니다. 그 이유가 무엇입니까? 10-12절을 보십시오. **"너희가 요단을 건너 가나안 땅에 들어가거든 너희를 위하여 성읍을 도피성으로 정하여 그릇 살인한 자로 그리로 피하게 하라. 이는 너희가 보수할 자에게서 도피하는 성을 삼아 살인자가 회중 앞에 서서 판결을 받기까지 죽지 않게 하기 위함이니라."** 만일 누가 과실치사를 하였을 경우 그는 복수를 피해 이 도피성으로 피하여 판결을 받을 때까지 목숨을

---

88) 랍비들의 전통에 의하면 이러한 제도는 솔로몬 성전이 파괴된 후 없어지게 되었다. Riggans, 「민수기」, p.302.

보존할 수 있도록 하셨습니다. 이 6개의 도피성 중에 3개는 요단 이편에 있게 하고(수 20:8), 3개는 가나안 땅에 있게 하였습니다(수 20:7).[89] 그런데 이 도피성은 유대인만을 위한 것이 아니었습니다. 15절을 보십시오. **"이 여섯 성읍은 이스라엘 자손과 타국인과 이스라엘 중에 우거하는 자의 도피성이 되리니 무릇 그릇 살인한 자가 그리로 도피할 수 있으리라."**

그런데 도피성으로 도피할 자격이 없는 사람도 있었습니다. 이들은 바로 고의로 사람을 살해한 고살자(故殺者)들이었습니다. 16-18절을 보십시오. **"고살자는 반드시 죽일 것이니라"**고 했습니다. 철 연장으로 사람을 죽인 자나, 돌을 손에 들고 사람을 쳐죽인 자나, 나무 연장을 들고 사람을 쳐죽인 자도 고의적으로 살해한 자이기 때문에 그 사람은 반드시 죽여야 합니다. 피를 보수하는 자가 그 고살자를 친히 죽여야 합니다(19; 출 21:14). 20,21절을 보십시오. 미워하는 까닭에 밀쳐 죽이거나 기회를 엿보아 무엇을 던져 죽이거나, 원한으로 인하여 손으로 쳐죽인 자도 반드시 죽이라고 했습니다. 이러한 자들은 도피성으로 피신하지 못합니다.

그러나 원한 없이 사람을 밀쳤는데 죽었다든지, 무엇을 던졌는데 우연히 맞아서 죽었을 경우는 고살자와 상황이 전혀 다릅니다. 그는 원한도 없고 해하려 한 것도 아니었습니다(22,23). 이런 경우에는 회중이 규례대로 판결하여 살인자를 도피성으로 보내어 그 안에서 보호를 받도록 해야 합니다. 그렇지만 우발적이기는 하지만 사람을 죽게 했기 때문에 평생 동안 도피성 밖으로 나올 수 없었습니다. 그런데 대제사장이 죽으면 모든 죄가 사면(赦免) 되어서 집으로 돌아갈 수 있었습니

---

89) 여호수아 20:7,8에 의하면 그 이름들이 게데스, 세겜, 기럇 아르바, 베셀, 길르앗 라못, 바산 골란으로 제시되고 있다. 이중 바산 골란, 길르앗 라못, 베셀은 요단강 동편에 있었다.

다(25). 이는 대제사장의 죽음은 곧 그 살인자의 죄를 대신하여 죽은 것으로 간주되었기 때문이었습니다. 따라서 대제사장의 죽음으로 그 살인자의 죄가 소멸되었습니다. 이처럼 살인자는 대제사장이 죽은 경우를 제외하고는 어떤 이유로든지 도피성 밖으로 나올 수 없었습니다. 도피성 밖으로 나온 살인자를 보수하는 자가 죽여도 죄가 되지 않았습니다. 이러한 도피성 제도를 율법으로 제정하신 것은 오직 참 살인자만 처벌하고(출 21:12-14), 우연히 살인을 하게 된 자들을 보호함으로 피의 복수가 되풀이되지 않도록 하기 위한 것이었습니다(신 19:1-10).

그런데 고살자를 처형할 때는 신중을 기해야 합니다. 30절을 보십시오. 살인죄가 입증되려면 사건에 대한 증인이 있어야 했으며 한 증인으로는 부족했습니다(신 17:6; 마 18:16). 사형은 한 번 집행되면 다시 돌이킬 수 없습니다. 그러므로 신중에 신중을 기해야 합니다. 고살죄가 판명되면 반드시 처형해야지 보석금을 받고 풀어 주어서는 안 됩니다(31). 과실치사로 사람을 죽게 한 사람도 대제사장의 죽음으로 속함받는 경우를 제외하고는[90] 어떤 이유로도 그 집으로 돌아가게 해서는 안 됩니다(32). 이렇게 엄하게 규정하신 것은 그만큼 고의적이든, 부주의하여서든 사람의 피를 흘려 죽게 하는 것은 심각한 죄임을 깨우쳐 주시기 위함이었습니다. 사람의 피를 흘리게 되면 그 피가 땅을 더럽히게 됩니다. 그런데 그 땅은 피를 흘리게 한 자의 피가 아니면 거룩하게 될 수가 없었습니다(33, 창 4:10; 9:6). 그 땅은 하나님께서 거하시

---

90) 범죄자의 추방 기간을 대제사장이 죽을 때까지로 제한시키셨다. 이는 대제사장의 직책을 영예롭게 하신 것이다. 대제사장은 그의 나라의 큰 축복으로 여겨졌으므로 그가 죽었을 때 그에 대한 그들의 슬픔은 다른 모든 분노를 삼켜 버려야 했다. 도피성은 모두 레위인들의 성읍이었고, 대제사장은 그 지파의 우두머리로서 이 성읍들에 대한 고유의 주권를 갖고 있었기 때문에 거기에 감금된 자들은 그의 포로로 간주되어야 마땅했다. 따라서 대제사장의 죽음은 그들의 방면임에 틀림없다. 범죄자가 감금된 것은 그의 소송에 의한 것이었으므로 그가 죽을 때 소송은 끝난다. 소송은 당사자에게서 만료된다. Henrry, 「민수기」, p.484.

는 거룩한 땅이었기 때문이었습니다(34).

이상을 볼 때 하나님께서 무죄한 자를 보호하고 범죄자는 철저히 가려서 처벌하신 것은 사람의 생명을 함부로 죽이는 죄악을 근절시키기 위함이었습니다. 왜냐하면 이스라엘은 출애굽 이후 사람들의 죽음을 너무나 많이 보고 겪어 왔기 때문입니다. 출애굽 때 바로의 수많은 군대가 수장되는 것을 보았습니다. 금송아지를 만들 때 레위인들이 칼을 차고 수많은 동족들을 찔러 죽였습니다. 고라의 반역 때에도 많은 사람들이 죽었습니다. 염병으로 죽었습니다. 광야에서 60만 장정들이 다 죽었습니다. 아말렉 사람들과 아모리 족속들을 진멸시켰습니다. 앞으로 계속해서 가나안 정복 전쟁을 치러야 했습니다. 이런 환경 속에서 생명을 경시하고, 함부로 죽일 가능성이 많았습니다. 그래서 하나님께서는 생명을 귀히 여기고, 비록 살인자라도 과실치사자를 구별하여 그 생명을 보호해야 함을 깨우쳐 주셨습니다. 또 집단적인 보복을 하지 못하도록 공정한 재판을 하여, 고의적으로 생명을 죽인 자는 반드시 처벌하도록 명하셨습니다. 또 부주의하여 생명을 죽인 자라도 도피성에서 연금 생활을 하도록 하셨으며, 보석금을 받고 풀어 주지 못하도록 엄히 명하셨습니다. 하나님께서는 이렇게 하여 인간의 생명을 소중히 여기며 생명을 사랑하는 민족이 되도록 하셨습니다.

이 도피성은 우리의 생명을 지켜 주시는 예수 그리스도를 상징합니다. 도피성은 여섯 곳이나 되었고, 어느 곳에서든지 반나절이면 도착할 수 있는 거리에 있었습니다. 매년 한 차례씩 도피성으로 가는 길을 새롭게 닦았다고 합니다. 이만큼 그리스도는 우리에게 가까이 계시고, 예수님께 나가는 길이 활짝 열려 있습니다. 어떤 죄인도 이 예수님께 가기만 하면 보호를 받고, 새 삶을 살 수 있습니다. 도피성은 고살자들은 보호를 받을 수 없었지만 예수님은 고살자들까지도 진정으로 자기 죄를 회개하는 자는 다 받아 주시고, 구원해 주십니다. 누구든지 예수님을 믿는 자는 하나님의 진노와 율법의 저주로부터 보호해 주십니다. **"그러므로 이제 그리스도 예수 안에 있는 자에게는 결코 정죄함이 없나니"(롬 8:1)**

4. 여성들의 상속법 (36:1-13)

27:1-11에서는 아들이 없이 딸만 있는 사람이 죽었을 때에 그 지파 안에서 재산을 유지하기 위하여 딸들에게 아버지의 재산을 상속하는 법을 정하였습니다. 모세는 아들이 없이 죽은 자의 기업은 그 딸들에게 돌아가야 한다고 판결을 내렸습니다. 이것은 므낫세 가족의 길르앗 자손이 슬로브핫의 딸들과 관련된 독특한 상황에서 비롯된 것이었습니다(27:1-11). 아마도 당시에 슬로브핫의 딸들이 상속을 받게 되었다는 말을 듣고 다른 지파 청년들이 청혼을 해 왔는지도 모릅니다. 이 딸들이 만일 다른 지파의 남자들에게 시집가는 경우에 딸들이 재산을 가지고 가게 되면 므낫세 지파의 땅이 근본적으로 줄어들게 된다는 것이었습니다. 그래서 므낫세 지파의 사람들이 문제를 제기했습니다. 3,4절을 보십시오. **"그들이 만일 이스라엘 자손의 다른 지파 남자들에게 시집 가면 그들의 기업은 우리 조상의 기업에서 감삭되고 그들의 속할 그 지파의 기업에 첨가되리니 그러면 우리 제비뽑은 기업에서 감삭될 것이요, 이스라엘 자손의 희년을 당하여 그 기업이 그가 속한 지파에 첨가될 것이라. 그런즉 그들의 기업은 우리 조상 지파의 기업에서 아주 감삭되리이다."**

이 문제에 대해서 모세는 어떻게 대답했습니까? 5,6절을 보면 모세는 슬로브핫의 딸들은 마음대로 시집갈 수 있지만 오직 그 조상 지파의 가족에게로만 시집가야 한다고 했습니다. 그리하면 이스라엘 자손의 기업이 이 지파에서 저 지파로 옮기지 않고, 이스라엘 자손이 다 각기 조상 지파의 기업을 지킬 수 있기 때문이었습니다. 슬로브핫의 딸들은 여호와께서 모세에게 명하신 대로 행하였습니다. 다섯 딸들이 다 그 아비 형제의 아들들에게로 시집갔습니다. 그래서 그 기업이 그 아비 가족의 지파에 여전히 있었습니다(11,12). 이러한 방법으로 이스라엘의 각 지파는 그 영토를 유지할 수 있었습니다(36:7-9).

13절을 보십시오. **"이는 여리고 맞은편 요단 가 모압 평지에서 여호와께서 모세로 이스라엘 자손에게 명하신 명령과 규례니라."** 앞에 기록한 모든 것이 **"모압 평지에서…여호와께서 모세에게 말씀하신 것이라."**는 요약어로 끝을 맺었습니다. 우리가 배운 민수기 말씀은 하나님께서 주의 종 모세를 통해서 전해 주신 하나님의 말씀입니다. 이 말씀을 마음에 새기고, 하늘 나라를 소망하며 거룩한 순례의 삶을 살 수 있기를 기도합니다.

본문 공부 문제집

제 1 강

인구 조사를 명령하신 하나님

민수기 1:1-2:34   요절 1:3,4

Ⅰ. 싸움에 나갈 만한 자를 계수하라 (1:1-53)

1. 하나님께서 언제 어디에서 인구 조사 명령을 내렸습니까(1,2)? 인구 조사의 목적이 무엇이었습니까(3)?

2. 인구 조사에 함께 참여해야 할 사람들은 어떤 사람들이었습니까(4-16)? 모세는 여호와의 명령을 어떻게 순종했습니까(17-19)?

3. 각 지파의 통계를 도표로 작성해 보고 총계를 말해 보시오(20-46). 유다 지파가 가장 많은 것은 어떤 말씀이 이루어진 것입니까(창 49:8-11)? 요셉의 아들들인 에브라임과 므낫세가 별개의 지파로서 계수된 이유가 무엇인가 생각해 보시오(창 48:5; 49:22).

4. 하나님께서는 인구 조사에서 왜 레위 지파를 제외시키셨으며, 레위인들에게는 군대를 면제해 주는 대신 어떤 책임을 맡기셨습니까(47-53)?

Ⅱ. 회막을 중심으로 진행하라 (2:1-34)

1. 하나님께서 각각 자기가 속한 지파에 머물게 하시고, 모든 진을 성막을 중심으로 설치하도록 하신 뜻이 무엇인가 생각해 보시오(1,2). 유다의 진에 속한 지파는 어떤 지파들이며, 그들은 어디에 진을 쳤습니까(3-9)?

2. 르우벤의 진, 레위인의 진, 에브라임의 진, 단의 진 등 각 진의 위치와 각 진에 속한 지파들을 말해 보시오(10-31). 레위인의 진을 왜 모든 진의 중앙에 위치시키셨을까요(17)? 이스라엘 백성들은 하나님의 명령에 어떻게 순종했습니까(32-34)?

제 2 강

레위인을 택하신 하나님

민수기 3:1-4:49   요절 3:11,12

I. 레위인들을 아론에게 돌리신 하나님 (3:1-51)

1. 아론의 아들들의 이름이 어떠하며, 그들이 받은 직무가 무엇이었습니까
(1-3)? 아들 중 나답과 아비후는 왜 죽었습니까(4)?

2. 하나님께서는 아론의 후손들과는 달리 레위 지파에게는 어떤 사명을 주셨
습니까(5-10)? 하나님께서 레위인을 택하여 자기 것으로 삼으신 영적인 의
미가 무엇입니까(11-13; 출 13:2)?

3. 레위의 각 집안에 1개월 이상 된 남자의 수가 몇 명입니까(21,28,34)? 그들의
진의 위치는 어디이며, 그들 집안에 주어진 직무가 무엇입니까(14-38)? 레
위인들은 총 몇 명이었습니까(39)?

4. 이스라엘 자손 중 처음 난 자가 레위인보다 몇 명이 더 많았습니까(40-46)?
사람의 장자와 짐승의 초태생을 어떻게 속하라고 명하셨습니까(47-51)?

II. 레위 자손들에게 직무를 주신 하나님 (4:1-49)

1. 30세부터 50세까지의 고핫 자손들에게 주어진 임무가 무엇입니까(1-4)? 성
막에 필요한 기구들을 이동할 때 어떤 절차를 밟아야 합니까(5-6)? 그 외
기명들과 등대와 등잔에 필요한 기구들, 번제단은 어떻게 운반해야 합니까
(7-15)?

2. 고핫 자손들이 사명을 감당하는 데 있어서 주의해야 할 사항이 무엇입니까
(16-20)? 게르손 자손들에게 주어진 임무가 무엇입니까(21-28)? 므라리 자
손들에게 주어진 임무가 무엇입니까(29-33)?

3. 모세는 하나님의 명령에 어떻게 순종했습니까(34-49)?

제 3 강

진 가운데 거하시는 하나님

민수기 5:1-7:89   요절 5:3

I. 내 진을 더럽히지 말라 (5:1-31)

1. 하나님께서는 어떤 자들을 다 진 밖으로 내보내라고 하셨습니까(1-4)? '내 진을 더럽히지 말라'고 하신 하나님은 어떤 분이십니까?

2. 사람에게 범죄하였을 경우 그 죄 문제를 어떻게 해결하도록 명하셨습니까 (5-7)? 죄 값을 받을 만한 사람이 없을 경우에는 어떻게 해야 합니까(8-10)? 하나님께서는 왜 반드시 죄를 자복하고, 손해를 배상하도록 명하셨을까요?

3. 아내가 간통죄를 지었으나 증거가 없을 경우, 혹은 아내에게 의심이 가는 경우 어떻게 해결해야 합니까(11-15)? 제사장은 간통 혐의가 있는 여자를 어떻게 가려내어야 합니까(16-31)? 하나님께서 '의심의 법'을 두신 뜻이 무엇일까요?

II. 자기 몸을 구별한 나실인의 규례 (6:1-27)

1. 나실인이 자기 몸을 구별하여 하나님께 드리기 위해서 어떻게 해야 합니까 (1-7)? 부지중에 시체를 가까이 했을 경우 어떻게 해야 합니까(9-12)?

2. 나실인이 서원한 기간이 끝나면 어떤 제사를 드려야 합니까(13-21)? 제사장들은 나실인을 어떻게 축복해 주어야 합니까(22-27)? 이상에서 하나님께 자신을 드리고자 하는 자가 가져야 할 자세가 어떠해야 하는가 생각해 보시오(롬 12:1,2).

III. 지성소에서 말씀하신 하나님 (7:1-89)

1. 장막 세우기를 필하고 모세가 한 일이 무엇입니까(1)? 성막 모든 기구에 기름을 바른 것은 어떤 의미가 있을까요? 열두 두령들은 무엇으로 예물을 드렸습니까(2,3)? 하나님께 드려진 예물들은 누구에게 주어졌으며, 어떻게 분배되었습니까(5-9)?

2. 각 지파 족장들이 드린 예물은 몇 가지였습니까(11-88)? 동일한 예물을 하

나님께 드린 것은 어떤 의미가 있는가 생각해 보시오. 하나님께서 그들의 예물을 어떻게 받으셨습니까(89)?

제 4 강

레위인을 정결케 하신 하나님

민수기 8:1-10:10   요절 9:14,15

Ⅰ. 레위인을 정결케 하신 하나님 (8:1-26)

1. 하나님께서는 모세에게 아론이 등불을 켤 때 어떻게 켜야 한다고 하셨습니까(1,2)? 아론은 어떻게 순종했습니까(3)? 등대는 어떻게 만든 것이었습니까(4)? 성막 안에 등불을 켜는 것은 어떤 의미가 있는가 생각해 보시오(레 24:1-4).

2. 레위인들의 몸을 어떻게 정결케 해야 합니까(5-7)? 레위 사람들을 정결케 하는 제물은 무엇입니까(8)? 레위인들은 누구에게 안수를 받아야 합니까(9,10)? 하나님께서 레위인을 요제로 바치라고 하신 것은 어떤 의미가 있는가 생각해 보시오(11-13).

3. 레위인들을 하나님께 바쳐야 하는 이유가 무엇입니까(14-19)? 모세와 아론, 이스라엘 자손의 온 회중은 하나님의 말씀에 어떻게 순종했습니까(21-22)? 레위인들의 봉사 연령은 어떠합니까(23-26)?

Ⅱ. 첫 유월절을 지키게 하신 하나님 (9:1-14)

1. 하나님께서는 유월절을 언제 어떻게 지키라고 명하셨습니까(1-3)? 이스라엘 백성들은 첫 유월절을 어떻게 지켰습니까(4,5)? 첫 유월절을 지키게 하신 뜻이 무엇인가 생각해 보시오.

2. 시체로 부정케 된 자는 언제 어떻게 유월절을 지킬 수 있습니까(6-12)? 정당한 이유 없이 유월절에 불참하는 자는 어떻게 됩니까(13)? 타국인은 어떻게 유월절에 참여할 수 있습니까(14)?

Ⅲ. 광야 길을 인도하신 하나님 (9:15-10:10)

1. 성막을 세운 날부터 하나님의 임재하심이 어떤 모습으로 나타났습니까(15,16)? 이스라엘은 언제 진행하였으며, 어느 곳에 진을 쳤습니까(17-23)? 이들로부터 하나님의 인도하심을 받는 자세에 대해서 무엇을 배울 수 있습니까?

2. 하나님께서 은 나팔을 만들게 하신 뜻이 무엇입니까(10:1,2)? 나팔 신호에 따라 백성들이 어떻게 움직여야 합니까(3-7)? 나팔은 누가 불어야 합니까(8)? 또 어떤 특별한 날에 나팔을 불어야 하며 거기에 따른 약속이 무엇입니까(9,10)?

제 5 강

충성된 종, 모세를 세우신 하나님

민수기 10:11-12:16   요절 12:7,8

Ⅰ. 여호와께서 명하신 대로 순종한 이스라엘 (10:11-36)

1. 이스라엘이 언제 시내 광야를 떠났으며, 어디에 머무르게 되었습니까(11,12)? 어느 진영이 제일 먼저 출발했습니까(13-16)? 게르손 자손은 언제 발행했으며, 여호와의 성물을 멘 고핫 자손은 언제 진행했습니까(17-21)? 다음에 어떤 진영의 순으로 진행했습니까(22-28)?

2. 모세는 처남 호밥에게 무엇을 간청했습니까(29-32)? 그들이 진행할 때 무엇을 앞세우고 진행했습니까(33,34)? 그 이유가 무엇인가 생각해 보시오. 모세는 떠나고 쉴 때에 무슨 기도를 드렸습니까(35,36)?

Ⅱ. 이스라엘의 탐욕을 징계하신 하나님 (11:1-35)

1. 하나님께서는 악한 말로 원망하는 백성에게 어떻게 진노하셨으며, 어떻게 수습되었습니까(1-3)? 이스라엘 백성은 누구의 영향으로 어떤 불평을 하게 되었습니까(4-9)? 저자는 이들의 죄악을 왜 탐심이라고 했을까요? 이들이 왜 이런 죄악에 빠지게 되었을까요?

2. 모세는 왜 괴로워했습니까(10)? 모세는 하나님께 무슨 기도를 드렸습니까(11-15)? 이 기도의 내용을 볼 때 모세가 해결 받아야 할 신앙 문제가 무엇

인지 생각해 보시오.

3. 하나님께서는 모세의 기도를 어떻게 응답해 주셨습니까(16-17, 18-23)? 하나
   님께서는 모세와 70인 장로들에게 어떤 은사를 주셨습니까(24-26)? 진에서
   예언하는 자들을 시기하는 여호수아에게 모세는 어떻게 대답했습니까
   (29,30)?

4. 하나님께서는 이스라엘 백성에게 어떻게 고기를 먹이셨습니까(31)? 백성들
   은 얼마나 탐욕스러웠습니까(32)? 하나님께서는 왜 진노하셨으며, 심히 큰
   재앙을 내리셨습니까(33-35)?

III. 미리암의 교만을 징계하신 하나님 (12:1-16)

1. 미리암과 아론은 모세의 어떤 점을 비방하였으며, 그들의 영적 교만이 어떠
   했습니까(1-2)? 모세는 어떤 사람이었습니까(3)? 하나님께서는 아론과 미
   리암에게 일반 선지자와 모세의 차이점이 무엇이라고 하셨습니까(4-8)? 하
   나님께서 미리암에게 어떻게 진노하셨습니까(9,10)?

2. 아론은 모세에게 무엇을 간청했습니까(11,12)? 모세는 그들을 위해서 어떤
   기도를 드렸으며, 하나님께서 어떻게 응답해 주셨습니까(13-16)?

제 6 강

40년 광야 훈련을 명하신 하나님

민수기 13:1-14:45   요절 14:33

I. 정탐 보고를 하는 열두 두령들 (13:1-14:9)

1. 하나님께서 모세에게 무슨 명령을 내리셨습니까(1,2)? 정탐에 나가게 된
   사람들이 누구입니까(3-16)? 모세는 그들에게 무엇을 조사해 올 것을 명했
   습니까(17-20)? 그들은 어느 곳을 정탐했으며, 무엇을 가지고 돌아왔습니
   까(21-24)?

2. 40일 동안 가나안 땅을 정탐하고 돌아온 자들이 그 땅에 대해서 어떻게
   보고했습니까(25-27)? 그러나 실제로 그 땅을 정복하기는 어렵다는 점을

어떻게 강조했습니까(28,29)? 그들은 그 땅을 어떻게 악평했습니까(31-33)? 그들이 왜 이렇게 부정적인 보고를 했을까요?

3. 지도자들의 부정적인 보고를 들은 백성들의 반응이 어떠했습니까(1,2)? 이들이 염려하는 것이 무엇이며 어떤 악한 생각을 했습니까(3-5)? 이런 백성들에게 여호수아와 갈렙은 어떻게 믿음을 심었습니까(6-9; 13:30)?

II. 40년 광야 훈련을 명하신 하나님 (14:10-45)

1. 여호수아와 갈렙에 대한 백성들의 반응은 어떠했습니까(10a)? 하나님께서는 불신으로 슬퍼하는 백성들을 어떻게 보셨으며, 그들을 어떻게 하고자 하셨습니까(10b-12)? 모세는 진멸당할 위기에 처한 백성들을 위해서 무슨 기도를 드렸습니까(13-19)? 기도의 내용을 통해서 하나님에 대한 모세의 충성심과 백성들을 향한 사랑을 생각해 보시오.

2. 하나님께서 모세의 기도를 어떻게 응답하셨습니까(20)? 그러나 왜 약속하신 땅을 결단코 보지 못하게 하겠다고 하셨습니까(21-23)? 갈렙에게는 어떤 땅을 주시겠다고 약속하셨습니까(24)? 하나님께서는 모세에게 이스라엘을 어느 길로 인도하라고 명하셨습니까(25)?

3. 하나님께서는 원망하는 백성들을 어떻게 징계하셨습니까(26-32)? 그들의 자녀들은 어떤 짐을 지게 되었습니까(33-35)? 악평하던 지도자들은 어떻게 되었습니까(36-38)?

4. 백성들은 왜 악평하던 땅으로 올라가고자 합니까(39,40)? 모세는 왜 이를 만류했습니까(41-43)? 그러나 백성들의 불순종의 결과가 어떠합니까(44-45)?

제 7 강

고라와 그 무리를 멸하신 하나님

민수기 15:1-16:50   요절 16:32,33

I. 제사에 관한 규례 (15:1-31)

1. 이스라엘의 후손들이 가나안 땅에 들어가서 여호와께 향기로운 제물을 드릴 때에 어떤 율례를 따라 제사를 드려야 합니까(1-12)? 왜 타국인도 이 율례를 따르라고 하셨습니까(13-16)?

2. 그 땅의 양식을 먹을 때에는 어떤 제사를 드리라고 말씀하셨습니까(17-21)? 왜 하나님께서 처음 익은 곡식을 대대로 받고자 하셨을까요?

3. 부지중에 죄를 지은 회중이나 개인은 어떻게 죄 사함을 받을 수 있습니까(22-28)? 고의로 범죄한 자는 어떻게 처벌해야 합니까(29-31)?

II. 옷단 귀에 술을 달게 하신 하나님 (32-41)

1. 안식일에 나무 한 자를 어떻게 벌해야 합니까(32-36)?

2. 하나님께서 왜 옷단의 귀에 청색술을 만들라고 명하셨습니까(37-40)? 하나님께서 이렇게까지 하여 그의 계명을 지키도록 하신 뜻이 무엇입니까(41)?

III. 고라와 그 무리를 멸하신 하나님 (16:1-50)

1. 어떤 자들이 당을 짓고 모세와 아론을 거스렸습니까(1-2)? 그들이 거스려 하는 말이 무엇이었습니까(3)? 모세는 이들에게 무엇을 제안했습니까(4-7)? 모세는 그들의 교만과 죄악을 어떻게 지적하였습니까(8-11)?

2. 모세가 엘리압의 두 아들을 부르러 보냈을 때 그들은 모세를 어떻게 비방하였습니까(12-14)? 심히 노한 모세는 하나님께 무슨 기도를 드렸으며, 고라에게 무엇을 명했습니까(15-18)?

3. 고라가 온 회중을 선동하여 모세와 아론을 대적하려 할 때 하나님께서 그들에게 어떻게 나타나셨으며, 반역자들을 어떻게 벌하고자 하셨습니까(19-21)? 모세는 어떻게 하나님의 진노를 누그러뜨렸으며, 그 백성을 어떻게 보호했습니까(22-27)?

4. 모세는 백성에게 무엇을 깨우쳤으며, 하나님께서는 고라와 그 추종자들을 어떻게 벌하셨습니까(25-35)? 하나님께서 범죄한 자들이 드린 향로로 무엇을 만들라고 했으며, 그 뜻이 무엇입니까(36-40)?

5. 이튿날 어떤 새로운 반역이 일어났습니까(41,42)? 하나님께서 이들에 대해

어떤 벌을 내리셨습니까(43-46)? 아론이 이를 어떻게 속죄했습니까(47-50)?

제 8 강

아론의 지팡이에 싹을 내신 하나님

민수기 17:1-19:22   요절 17:8

Ⅰ. 아론의 지팡이에 싹을 내신 하나님 (17:1-13)

1. 여호와께서 각 종족을 따라 취한 지팡이에다 구엇을 쓰라고 명하셨습니까
   (1-2)? 레위 족속의 지팡이에는 누구의 이름을 쓰라고 명하셨습니까(3)?
   지팡이를 어디에 두게 하셨으며, 그 이유가 무엇입니까(4,5)?

2. 열두 지팡이를 언약궤 앞에 두었을 때 이튿날 아론의 지팡이에 어떤 신기한
   일이 일어났습니까(6-8)? 하나님께서 이를 어떤 표징으로 삼으셨습니까
   (9-11)? 이를 통해서 백성들 가운데 어떤 두려움이 임했습니까(12,13)?

Ⅱ. 제사장과 레위인들의 기업 (18:1-32)

1. 아론과 그 종족이 담당해야 할 제사장 직무가 무엇입니까(1)? 제사장 직무
   와 레위 지파의 직무가 어떻게 다릅니까(2-7)? 하나님께서 아론에게 레위
   인을 돌리신 뜻이 무엇입니까?

2. 하나님께서 아론과 그 후손들의 몫으로 주신 것들이 무엇입니까(8-19)? 하
   나님께서 아론과 후손들에게 왜 이스라엘 자손의 땅을 기업으로 주시지 않
   았습니까(20)? '하나님이 그들의 기업'이라는 뜻이 무엇인가 생각해 보시오.

3. 하나님께서는 레위인들에게는 무엇을 분깃으로 주셨습니까(21-24)? 레위
   인들은 무엇을 하나님께 예물로 드려야 합니까(25-32)? 그 예물은 누구의
   몫이 되는가 말해 보시오.

Ⅲ. 주검으로 부정케 된 자를 정결케 하는 규례 (19:1-22)

1. 부정을 깨끗케 하는 물에 사용할 '재'는 어떻게 만들어야 합니까(1-6)? 제사
   장과 송아지를 불사른 자와 재를 거둔 자는 자신을 어떻게 정결케 해야 합
   니까(7,8,10)? 암송아지의 재를 거두어 어디에 두어야 합니까(9)?

2. 사람의 시체를 만진 자는 얼마 동안 부정하게 되며 어떻게 깨끗케 될 수 있습니까(11-13)? 장막에서 사람이 죽었을 때나 들에서 동물의 사체나 사람의 뼈나 무덤을 만진 경우 어떻게 해야 깨끗하게 될 수 있습니까(14-19)? 하나님께서 깨끗케 하는 율례를 두신 뜻이 무엇인가 말해 보시오(20-22)?

제 9 강

모세와 아론을 징계하신 하나님

민수기 20:1-29   요절 20:12

I. 모세와 아론을 징계하신 하나님 (1-13)

1. 이스라엘 자손이 언제 어디에 이르렀으며 그곳은 이스라엘 백성에게 어떤 장소였습니까(13,14장)? 가데스에 도착한 후 누가 죽었습니까(1)? 미리암을 잃은 모세의 슬픔이 어떠했을까요?

2. 그 때 회중이 무엇 때문에 모세와 아론을 공박했습니까(2)? 그들이 모세를 공박한 내용이 어떠합니까(3-5)? 그들의 신앙 문제가 무엇인지 생각해 보시오.

3. 모세와 아론은 어떻게 행했습니까(6)? 하나님께서는 모세에게 물이 부족한 문제를 어떻게 해결하도록 방향을 주셨습니까(7,8)? 이스라엘 백성에 대한 하나님의 마음이 어떠한지 생각해 보시오(출 34:6).

4. 모세는 하나님의 말씀에 어떻게 순종했습니까(9-11)? 모세가 하나님께 순종한 것과 불순종한 것이 무엇인지 생각해 보시오. 특히 모세가 총회를 향하여 한 말과 그의 행동이 하나님의 마음과 어떻게 다른가 말해 보시오.

5. 하나님께서는 모세의 죄를 어떻게 지적하셨으며, 어떻게 징계하셨습니까(12-13)? 모세의 행동이 어떤 점에서 하나님을 믿지 않은 것이며, 어떤 점에서 하나님의 거룩하심을 가린 것인가 생각해 보시오(27:14; 시 106:32,33). 모세는 이 문제를 어떻게 해결했습니까(신 3:26)?

II. 에돔을 우회하는 모세 (14-21)

1. 모세가 가데스에 이르러 에돔 왕에게 무슨 부탁을 했으며, 무엇을 약속했습니까(14-17)? 그러나 에돔 왕은 모세의 청을 어떻게 거절했습니까(18)? 그 이유가 무엇이었을까요?

2. 모세가 백성을 이끌고 가서 재차 간청했을 때 에돔 왕은 어떻게 그 길을 막았습니까(19-20)? 모세는 에돔 통과 계획을 어떻게 바꾸었습니까(21; 21:4)? 그 이유가 무엇이었습니까(신 2:4,5)?

III. 열조에게 돌아간 아론 (22-29)

1. 호르산에 이르렀을 때 여호와께서 모세와 아론에게 어떤 말씀을 하셨습니까(22-26)? 모세는 어떻게 순종했습니까(27,28)? 아론의 죽음을 본 이스라엘의 슬픔이 어떠했습니까(29)?

제 10 강

놋뱀을 달게 하신 하나님

민수기 21:1-35　　　　　　　　　　　　　　　　　요절 21:8

I. 서원 기도를 들어주신 하나님 (1-3)

1. 아랏 왕이 왜 이스라엘을 쳤습니까(1)? 아랏 왕에게 패배한 이스라엘 백성들은 어떤 서원 기도를 했습니까(1,2)? '다 멸하다(totally destroy)'는 말이 무슨 뜻인가 생각해 보시오.

2. 하나님께서는 그들의 기도를 어떻게 들어 주셨습니까(3)? 하나님께서 가나안 사람들을 철저히 진멸하시는 이유가 무엇입니까(창 15:16-21; 출 3:8,17; 신 9:4)?

II. 놋뱀을 달게 하신 하나님 (4-9)

1. 이스라엘 백성들은 또 무엇 때문에 마음이 상했습니까(4)? 그들은 하나님과 모세를 어떻게 원망했습니까(5)? 하나님께서 원망하는 백성들을 어떻게 치셨습니까(6)?

2. 백성은 그들의 죄를 어떻게 회개했으며, 모세에게 무엇을 간청했습니까(7)?

하나님께서는 모세에게 어떤 구원의 방법을 제시하셨습니까(8)? 하나님께서 왜 이런 비합리적인 방법을 구원의 방법으로 제시하셨을까요?

3. 뱀에게 물린 자들이 어떻게 목숨을 구할 수 있었습니까(9)? 이 사건이 복음 진리에 대해서 계시해 주는 바가 무엇인가 생각해 보시오(요 3:14-16; 12:32, 사 11:10; 고전 1:21).

III. 아모리 왕들을 정복한 이스라엘 (10-35)

1. 이스라엘이 오봇에서 모압 경계까지 진행하는 동안 어떤 사건들이 있었습니까(10-20)?

2. 이스라엘은 화친을 거절한 아모리 왕 시혼을 어떻게 물리쳤습니까(21-23)? 이스라엘이 전쟁으로 거둔 승리가 어떠했습니까(24-32)?

3. 바산 왕 옥이 그의 백성을 이끌고 이스라엘을 위협할 때 하나님께서 이스라엘을 어떻게 격려하셨습니까(33-35)?

제 11 강

저주를 축복으로 바꾸신 하나님

민수기 22:1-24:25   요절 23:19,20

I. 나귀의 입을 열어 꾸짖으신 하나님 (22:1-35)

1. 이스라엘이 모압 평야에 진을 쳤을 때 모압 왕 발락의 두려움이 어느 정도였습니까(1-4)? 그는 이 문제를 어떻게 해결하고자 했습니까(5-7)? 발람은 발락의 사자들을 어떻게 대했으며, 그 밤에 하나님께서 발람에게 어떤 방향을 주셨습니까(8-12)?

2. 발람이 거절하자 발락은 어떤 매력적인 조건으로 발람을 매수하고자 했습니까(13-17)? 발람은 이를 뿌리치면서도 왜 다시 하나님의 말씀을 알아보겠다고 했을까요(18,19)? 이런 발람에게 하나님께서 무슨 말씀을 하셨습니까(20)? 하나님께서 왜 이런 방향을 주셨을까요?

3. 발람이 발락에게 갈 때 하나님의 마음이 어떠했습니까(21,22a)? 하나님께서

는 발람의 길을 어떻게 막으셨습니까(21-27)? 나귀는 발람을 어떻게 보호했으며, 발람은 왜 나귀를 때리기만 했을까요?

4. 하나님께서는 발람의 눈을 어떻게 밝혀 주셨습니까(28-31; 벧후 2:14-16)? 천사는 발람에게 무엇을 깨우쳐 주었습니까(32-34, 유 11)? 회개하는 발람에게 하나님께서는 다시 어떤 지시를 하셨습니까(35)?

II. 저주를 축복으로 바꾸신 하나님 (22:36-24:25)

1. 발락의 영접을 받은 발람은 어떻게 자기 입장을 분명히 했습니까(36-41)? 하나님의 음성을 듣기 위해 발람은 발락 왕에게 어떤 준비를 시켰습니까(1-3)? 발람에게 임한 하나님의 말씀이 무엇이었습니까(4-10)? 이는 발락 왕이 기대했던 것과 어떻게 달랐습니까(11)? 그러나 발람은 왜 그렇게 할 수밖에 없다고 했습니까(12)?

2. 발락 왕은 왜 발람을 소빔 들로 인도하였습니까(13,14)? 그러나 발람은 이스라엘을 어떻게 축복했습니까(15-24)? 발락은 발람을 데리고 다시 어디로 갔습니까(25-30)?

3. 발람은 무엇을 깨닫게 되었습니까(24:1,2)? 성령이 그에게 임했을 때 자신을 누구라고 했으며, 이스라엘이 받을 축복이 무엇이라고 말했습니까(3-9)?

4. 발락 왕이 화를 내며 발람을 꾸짖자 발람은 자신에 대해서 어떻게 변명했습니까(10-14)? 마지막으로 이스라엘 백성의 미래에 대해서, 아말렉 사람들의 미래에 대해서 어떻게 예언했습니까(15-25)? 이상에서 발락의 저주를 축복으로 바꾸신 하나님은 어떤 분이십니까(신 23:4-5; 느13:2)? 발람의 최후가 어떠했습니까(31:8)?

제 12 강

모세의 후계자를 세우신 하나님

민수기 25:1-27:23   요절 27:18

I. 모압 여자들과 음행한 백성에게 진노하신 하나님 (25:1-18)

1. 이스라엘이 싯딤에 머물면서 어떤 죄에 빠졌습니까(1,2)? 하나님께서 이들에게 어떻게 진노하셨습니까(3-5)? 언제 하나님의 진노가 그치게 되었습니까(6-9)?

2. 비느하스의 행동이 어떤 점에서 하나님의 노를 돌이키게 하셨습니까(11)? 하나님께서는 그에게 어떤 언약을 주셨습니까(12,13)? 비느하스의 영적 분노에 대해서 생각해 보시오.

3. 비느하스에게 죽임을 당한 남자와 여자는 누구였습니까(14,15)? 하나님께서 미디안인들에 대해 어떤 명령을 내리셨습니까(16,17)? 그 이유가 무엇입니까(18)?

II. 제 2차 인구 조사를 명하신 하나님 (26:1-27:11)

1. 염병 후에 하나님께서 모세와 제사장 엘르아살에게 어떤 자를 계수하라고 명령하셨습니까(1-4)? 이스라엘 각 자손별로 계수함을 입은 자의 수를 적어 보시오(5-50). 그 총수가 1차 때와 어떻게 다릅니까(51; 1:46)? 기업의 땅을 어떻게 분배하라고 명령하셨습니까(52-56)?

2. 레위인의 계수함을 입은 자는 몇 명이었습니까(57-62a)? 왜 이들은 이스라엘 자손 중 계수에 들지 아니하였습니까(62b)? 또 2차 계수에 어떤 사람들이 들지 못했으며, 그 이유가 무엇입니까(63-65)?

3. 슬로보핫의 딸들이 무슨 사연으로 모세에게 탄원하였습니까(27:1-5)? 하나님께서는 이 탄원을 어떻게 해결해 주셨습니까(6-11a)? 왜 판결의 율례로 삼도록 하셨을까요(11b)?

III. 모세의 후계자를 세우신 하나님 (27:12-23)

1. 하나님께서 모세에게 어떤 방향을 주셨으며, 그 이유가 무엇이라고 하셨습니까(12-14)? 모세는 하나님의 말씀을 어떻게 받아들였으며, 그의 간절한 기도 제목이 무엇이었습니까(16,17)? 자신의 죽음을 수용하는 자세와 기도에 나타난 모세의 믿음에 대해서 생각해 보시오.

2. 하나님께서는 모세에게 왜 여호수아를 후계자로 세우라고 하셨습니까

(18a)? 그를 어떻게 세우라고 명령하셨습니까(18b-21)? 모세는 이 방향에 어떻게 순종했습니까(22,23)?

제 13 강

절기와 제사의 규례를 명하신 하나님

민수기 28:1-30:16   요절 29:7

I. 매일, 매주, 매월 드리는 제사들 (28:1-15)

1. 하나님께서 백성에게 어떤 제사를 드리라고 명하셨습니까(1,2)? 백성이 드리는 예물은 하나님께 어떤 의미가 있는가 생각해 보시오. 상번제는 무슨 예물로 언제 어떻게 드려야 합니까(3-8)?

2. 안식일에는 무슨 예물로 어떻게 제사 드려야 합니까(9,10)? 월삭에는 무슨 예물로 어떻게 제사를 드려야 합니까(11-15)?

II. 매년 드리는 제사들 (28:16-29:40)

1. 유월절에는 언제, 무슨 예물로 어떻게 제사를 드려야 합니까(16-25)? 칠일 동안 무교병을 먹으라 하신 뜻이 무엇입니까(17; 출 13:5-10)? 또 첫날과 마지막 날에는 무엇을 해야 합니까(18-25)?

2. 칠칠절은 어떤 절기이며 무슨 예물로 어떻게 제사 드려야 합니까(25-31)?

3. 칠월 일일은 어떤 날이며 무슨 예물로 어떻게 제사를 드려야 합니까(1-6)? 칠월 십일은 어떤 날이며 무슨 예물로 어떻게 제사를 드려야 합니까(7-11)?

4. 칠월 십오일부터 일주일 동안 각 날에 무슨 예물로 어떻게 제사를 드려야 합니까(12-34; 레 23:34)? 또 제 팔일은 어떤 날이며 어떤 제사를 드려야 합니까(35-38)?

III. 서원을 규제하는 율법들 (30:1-16)

1. 하나님께서는 하나님께 서원한 것을 어떤 자세로 지키라고 하셨습니까(30:1,2)? 시집 가지 않은 처녀가 서원한 것은 어떻게 지켜야 합니까(3-5)? 처녀 시절에 서약했거나 경솔한 약속을 했을 경우는 어떻게 지켜야 합니까

(6-8)? 과부나 이혼녀의 경우는 어떻게 해야 합니까(9)?

2. 결혼한 여인의 경우는 어떻게 서약을 지켜야 합니까(10-15)? 이스라엘이 가나안에 들어가기에 앞서 하나님께서 절기와 제사를 말씀하시는 뜻이 무엇인가 생각해 보시오(16).

제 14 강

르우벤과 갓 지파를 책망한 모세

민수기 31:1-33:49   요절 32:6

I. 군대 장관들에게 노를 발한 모세 (31:1-54)

1. 하나님께서 모세가 죽기 전 마지막으로 그에게 맡기신 사명이 무엇입니까(1,2)? 모세는 이스라엘 백성에게 어떤 방향을 주었습니까(3,4)? 이스라엘은 하나님의 원수를 어떻게 갚았습니까(3-12)?

2. 모세는 승리하고 돌아온 장관들에게 왜 노를 발했습니까(13-16)? 모세는 미디안의 여자들과 아이들을 어떻게 하라고 명했습니까(17,18)? 싸움에 나갔다가 온 군사들과 포로들과 전리품을 어떻게 깨끗케 하라고 명령했습니까(19-24)?

3. 하나님께서는 모세에게 탈취물을 어떻게 분배하라고 하셨습니까(25-30)? 모세는 여호와께서 명하신대로 어떻게 전리품을 분배하였습니까(31-46)? 군대의 장관들은 무엇으로 하나님께 예물을 드렸습니까(48-54)? 그들이 여호와께 예물을 드린 이유가 무엇입니까?

II. 르우벤과 갓 자손을 책망한 모세 (32:1-42)

1. 르우벤과 갓 자손은 모세에게 무슨 부탁을 했으며, 그 이유가 무엇이었습니까(1-5)? 모세는 그들을 어떻게 책망했습니까(6-15)? 모세가 그들을 심하게 책망한 이유가 무엇인가 생각해 보시오.

2. 모세의 책망을 들은 르우벤과 갓 자손들은 어떤 결단을 했습니까(16-19)? 모세는 그들의 결의를 어떻게 받아들였습니까(20-27)? 모세는 이 문제를

어떻게 해결했습니까(28-42)? 여기서 하나님의 역사를 감당하는 사람들의 합심과 동역의 중요성을 말해 보시오.

III. 애굽에서 모압 평지까지의 여정 (33:1-49)

1. 이스라엘은 누구의 관할 하에 애굽에서 나왔습니까(1)? 그들은 언제 어떻게 출애굽하게 되었습니까(2-4)? 출애굽 후 이스라엘의 노정을 지도에서 찾아 보시오(5-37).

2. 아론은 언제 어디에서 죽었습니까(38-39)? 광야 생활 40년을 마친 후의 여정을 살펴 보시오(41-49).

제 15 강

도피성을 예비하신 하나님

민수기 33:50-36:13   요절 35:10,11

Ⅰ. 그 땅 거민을 다 몰아내신 하나님 (33:50-56)

1. 여리고 맞은 편 모압 평지에서 하나님께서 모세에게 주신 명령의 핵심 사항이 무엇입니까(50-54)? 이 명령에 복종하지 않을 때 어떻게 됩니까(55,56)? 이 명령이 오늘날 신자들에게 주는 의미가 무엇인가 생각해 보시오.

Ⅱ. 땅의 경계를 정해 주신 하나님 (34:1-29)

1. 이스라엘 자손이 차지할 땅의 경계가 어떠한지 말해 보시오(34:1-12). 이 땅을 누구에게 분배할 예정이었습니까(13-15)? 하나님께서 가나안 땅을 나누어 줄 책임자들을 누구로 정하셨습니까(16-29)?

Ⅲ. 레위 사람들의 성읍과 도피성 (35:1-34)

1. 하나님께서는 땅을 기업으로 받지 못한 레위인에게는 무엇을 기업으로 주라고 명하셨습니까(1-8)?

2. 하나님께서는 과실로 사람을 죽인 사람을 보호하기 위하여 무엇을 만들라고 하셨습니까(9-15)? 그러나 고의로 살인한 자는 어떻게 하라고 명령하셨습니까(16-21)? 오살자에 대한 구제책을 어떻게 제시하셨습니까(22-29)?

3. 살인자들을 어떻게 처벌하라고 명하셨습니까(29-34)? 하나님께서 살인자들을 왜 이처럼 엄정하게 다루도록 하셨을까요?

IV. 여성들의 상속법 (36:1-13)

1. 므낫세 집안의 가장들이 슬로보핫 딸들이 다른 지파 사람과 결혼하게 될 경우 야기될 문제가 무엇이라고 했습니까(1-4)?

2. 모세는 슬로보핫의 딸들에게 어떤 방향을 주었습니까(5-9)? 그들은 어떻게 순종했습니까(10-13)?

참고 도서

Budd, Philip J. *Numbers, In Word Biblical Commentary, Vol.5.* New York:Word, Incorporated, 1984.

Henry, Matthew, *Genesis to Deuteronomy,* In *Matthew Henry's commentary on The Whole Bible,* Vol. I. Mclean: Macdonald Publishing Company.

Keil, C. F. & Delitzsch, F., *The Pentateuch. In Commentary on the Old Testament in Ten Volumes Vol.1.* Reprint(25 vols. in 10). Grand Rapids: Wm. B. Eerdmans Publishing Co., 1982.

Olson, Dennis T. *Numbers, In Interpretation. A Bible Commentary of Teaching and Preaching,* Louisvile: John Knox Press, 1996.

Wenham, Gordon J. *Numbers, In Tyndale Old Testament Commentaries,* Downers Grove: Inter-Varsity Press, 1981.

Grabbe, Lester L. *Leviticus,* England: Sheffield Academic Press, 1993.

Calvin, John. 존 칼빈 성경주석출판위원회 역편, 『구약성경주석4, 출애굽기·레위기·민수기·신명기』, 서울, 성서교재간행사, 1979.

G. Herbert, Livingstone, 김의원 역, 『모세오경의 문화적 배경』, 서울, 기독교문서선교회, 1992.

Hannah & Lindsey, 김태훈 역, 『출애굽기·레위기』, 서울, 도서출판 두란노, 1983.

Henry, Matthew, 김현영 역, 『민수기』, 서울, 기독교문사, 1991.

Keil & Delitzsch, 김만풍 역, 『민수기』, 서울, 기독고문화출판사, 1984.

Mackintosh, C.H. 권혁봉 역, 『민수기 강해』, 서울, 생명의말씀사, 1976.

Merrill, Eugene H. & Deere, Jack S. 문동학 역, 『민수기·신명기』, 서울, 도서출판 두란노, 1996.

Mays, James. L. 김중기 역, 『레위기·민수기』, 서울, 대한기독교서회, 1965.

R. 드 보, 이양구 역, 『구약시대의 사회풍습』, 서울, 도서출판 솔로몬, 1994.
R. 드 보, 이양구 역, 『구약시대의 종교풍속』, 서울, 도서출판 나단,
    1993.
Riggans, Walter 이원규 역, 『민수기』, 서울, 기독교문사, 1986.
Sailhammer, John H. 정충하 역, 『서술로서의 모세 오경』, 서울, 새순 출판사, 1995.
Winterbotham, R. 풀핏 번역위원회, 『민수기(상)』, 대구, 보문출판사,
    1996.
강병도, 『QA시스템 성경연구시리즈 2』, 서울, 기독지혜사, 1986.
박윤선, 『성경주석, 레위기 · 민수기 · 신명기』, 영음사, 1981.
이용걸, 『민수기 강해』, 서울, 성광문화사, 1998.
이상근, 『레위기 · 민수기(상)』, 서울, 성등사, 1997.
______, 『민수기(하) · 신명기』, 서울, 성등사, 1997.
정갈렙, 『거룩한 제사장 나라』, 대구, 대학생성경읽기출판사, 1995.
정도열, 『레위기 강해』, 서울, UBF출판부, 1998.
정중호, 『구약성서와의 대화』, 『기독교 이해』, 대구, 계명대학교출판부, 1998.
한동구, "성경 신학으로 본 민수기(I)-거룩의 질서를 세우는 광야를 지나다", 《목회와 신학》,
    제12월호, 서울, 도서출판 두란노, 1996.
______, "성경 신학으로 본 민수기(II)-반역의 발자국을 남긴 광야 여행", 《목회와 신학》,
    제1월호, 서울, 도서출판 두란노, 1997.